中华之源与嵩山文明研究系列丛书

执中致德

中庸价值观念的历史考察

高涌瀚　陈道德　著

创于1897
商务印书馆
The Commercial Press

图书在版编目(CIP)数据

执中致德：中庸价值观念的历史考察／高涌瀚，陈道德著．—北京：商务印书馆，2022
（中华传统中文化研究丛书）
ISBN 978-7-100-21586-2

Ⅰ．①执… Ⅱ．①高… ②陈… Ⅲ．①中庸之道—研究 Ⅳ．① B222.05

中国版本图书馆 CIP 数据核字（2022）第 153093 号

中华传统中文化研究丛书

执中致德

中庸价值观念的历史考察

高涌瀚 陈道德 著

商 务 印 书 馆 出 版
（北京王府井大街 36 号 邮政编码 100710）
商 务 印 书 馆 发 行
南京新洲印刷有限公司印刷
ISBN 978-7-100-21586-2

2022 年 10 月第 1 版　　开本 889×1240 1/32
2022 年 10 月第 1 次印刷　　印张 12¾

定价：98.00 元

郑州中华之源与嵩山文明研究会

郑州嵩山文明研究院

郑州市嵩山文明研究基金会

资助研究出版

“中华之源与嵩山文明研究系列丛书”
编纂委员会

“中华之源与嵩山文明研究系列丛书”
编辑委员会

中华传统中文化研究丛书
编辑委员会

序

中华文化源远流长，博大精深，是世界上唯一没有中断的文化。中华文化的核心和灵魂是中文化。中文化是指中华民族信中、尚中、求中、执中、用中的文化精神及其文化体系。其主要内涵和特质体现在以下五个方面。

一、中是中华民族传统的宇宙观

人生天地间，首先关注的是天地人之间的关系。古人通过对天地运行变化的长期观察，形成了以下观念：

其一是天地之中的观念。天在上，地在下，人在天地中间。北斗星“运乎天中”，地中则在嵩洛地区。地中是“天地之所合也，四时之所交也，风雨之所会也，阴阳之所和也”。即地中自然环境条件最好，最适合人类繁衍生息。显而易见，这里的“中”既是描述空间方位的概念，也是表达价值的概念。“天地之中”观念的形成，标志着中华民族原初的宇宙观已经确立起来。

其二是“天圆地方”说。天是“圆”的，地是“方”的。随着时间的推移、知识的增加和思维能力的不断提升，人们逐渐认识到了天“大”、地“广”，认识到了宇宙的无限性、事物的多样性。

其三是万物皆“易”，都是恒变无常的。何谓易？生生不息之谓易。

宇宙的本质就是一个不断运动、变化、创新的过程。

其四是天人合一的观念。人与自然是对立的，又是统一的，天地与人是共生、共存的有机整体。

在这些观念形成的过程中，人们逐渐认识到“中”对于事物形成、发展、变化的极其重大的意义，从而提出了“中也者，天下之大本也”的论断。沿着这一思维路向，后世思想家则进一步强调：“中者，天地之所终始也”“人受天地之中以生”。并将“中”称为“天理”，认为“天下之理统一于中”。这样，以“天地之中”观念为基础，中华传统文化以“中”为核心的精神体系便逐步建立和不断完善起来。

二、中是中华民族认识事物、推动事物发展的方法论

在实际生活中，人们必然要面对各种各样的事物，处理各种各样的问题。通过长期的社会实践，人们逐渐总结、形成了以下认识事物、推动事物发展的方法。

首先，将构成天地万物的各种要素，归结为“阴”“阳”两个方面。提出了“万物负阴而抱阳”“一阴一阳之谓道”“一物两体”等论断。强调任何具体事物内部都包含着“阴阳”“两体”，这两个方面既对立又统一，是事物存在、变化和发展的基本法则。

其次，强调事物内部各要素之间的和谐、平衡，人和事物与外部环境的和谐、平衡，是人和事物存在、发展的前提。当某一事物内部各方面处于高度和谐、平衡状态时，即谓之“中”。反之，则为“不中”。“中”既是对事物良好状态的描述，又是对事物良好状态的评价、肯定。因此，“求中”也就成了人们认识事物、分析问题和价值选择的基本原则和方法。

再次,“执其两端,用其中于民”。即是说,在治理民众、处理各种政事时,要注意倾听各方面的意见,了解各方面的情况,兼顾各方面的利益,采取“适中”的方针措施。从而实现社会稳定,促进社会发展。这种思想对后世产生了极其深远的影响。

最后,执中致和。“中也者,天下之大本也,和也者,天下之达道也。致中和,天地位焉,万物育焉。”中为本,和为用,执中才能致和,致和才能够促使事物各适其位,遵循规律、繁衍生息。

三、中是中华民族传统的行为规范

人类社会要保持有序运行,就必须建立一套规范系统来约束、规范人们的行为。中华民族传统的行为规范涵盖了多个方面,是“中”的具体化。其中最主要的就是道德规范和礼仪规范。

首先是道德规范。早在五帝时期,执政者就强调执中修德,“顺天之意,知民之急,仁而威,惠而信,修身而天下服”。开始重视以德为政,以德教民。经夏、商、西周到春秋时期,道德规范趋于成熟。一是尚中、守中,以中为至高之德。二是以仁、义、礼、智、信五常为标准修身养性。三是坚守君子之道。敏而好学,文质彬彬,坦坦荡荡,成人之美,和而不同,己所不欲,勿施于人。四是做到“诚”,从而达到“不勉而中,不思而得,从容中道”。

其次是礼仪规范。中华传统礼仪规范由来已久。西周时期,周公旦主持制定周礼。在夏、商礼制基础上,制定了一套系统的礼仪规范。其核心内容是:以中为本,以礼立序,以德治国,以乐致和,自强不息,忠诚无私,举贤任能,礼让为先,尊老爱幼。周礼涉及社会生活的方方面面,是礼仪规范、治国方案,也是一部法典,对后世产生了极其深远的影响。

四、中是中华民族的审美理想

审美是人认识、理解和评价外部事物的一种活动方式。与主体自身的宇宙观、道德观等密切相关。《国语》中提出了“和实生物”的命题。各种事物的生存、发展，正是构成事物的各要素高度“融和”的结果。而这种“融和”是以各要素的协调、平衡即“中”为前提和基础的。即由“中”致“和”。事物各要素“融和”的程度越高，事物的存续状态就越美好，就越能使主体得到愉悦。

《左传》载，晏子在论述“和”时曾谓“和如羹焉”。厨师做汤之所以要放入多种食材、佐料，目的正是在于“济其不及，以泄其过”。好喝的汤，是不同的食材、佐料由“中”致“和”的结果。同样道理，好听的音乐也是不同的乐声由“中”致“和”的结果。孔子在评论乐曲《韶》时曰：“尽美矣，又尽善也。”孔子认为乐曲《韶》的表现形式与思想内容高度和谐，故称“尽善尽美”。

孔子曰：“质胜文则野，文胜质则史。文质彬彬，然后君子。”“质胜”则“文”不及，表现为粗野；“文胜”则“质”不及，表现为虚浮。“质”“文”高度协调、和谐，无过无不及，这才是完美的“君子”形象。

一般来说，审美有三种境界：一是“时中”之美，也可称和时之美；二是中和之美，也可称和谐之美；三是和而不同之美，各美其美，美美与共，是最高理想境界。

五、中是中华民族传统治国理政之策

《尚书》载，舜传位禹时说，“人心惟危，道心惟微，惟精惟一，允执厥中”。舜要求禹要秉持“执中”的理念治国理政。舜这种治国理政的基本理念，承继于尧。尧、舜、禹一脉相承的这种治国理政的“执中”理念，为后世人们所继承和发扬，成为中华民族传统治国理政的基本理念。

秉持“执中”的理念治国理政，首先就是要“明于刑之中”。治理国家要“善刑”，“刑新国用轻典，刑平国用中典，刑乱国用重典”。要选择公正的贤人做刑官，犯罪依律惩治，凡有疑不符者，从轻发落。审慎施法，让当事者信服。

其次，“为政以德”“宽猛相济”。“敬事而信，节用而爱人，使民以时。”当政者要忠诚守信，取信于民；要用财节俭，爱护百姓，薄赋轻徭，调用民力适时有度。

最后，要施行“仁政”。对民众要先“富之”，然后“教之”。“制民之产”，使民众具有一定的产业。要注重解决民众面临的实际问题。同时，“谨庠序之教，申之以孝悌之义”；还要抓好农业生产，做好资源的利用与保护工作。特别是要注意把控贫富之间的差距，不能使之过于悬殊。“大富则骄，大贫则忧。忧则为盗，骄则为暴。”要对“大富”与“大贫”进行“调均之”。所谓“调均”，就是在“大富”与“大贫”之间“求中”。

总之，秉持“执中”的理念治国理政，就是要求执政者做到公平、公正、无私，注意协调社会各方面的关系，注重教养民众，不要采取偏激措施，以避免激化矛盾，从而实现社会的和谐、稳定和发展。秉持“执中”的理念治国理政，就是“以德治国”，就是“善政”。这种“执中”的执政理念，对于中国社会的发展产生了极其深刻而持久的影响。

中华文明的方方面面，都彰显着中文化的精神。正是中文化精神的滋养，使得中华民族具有自强不息、兼容并包、宽厚仁和、敦亲睦邻、天下为公、协和万邦的博大胸怀。中华民族的生命力、凝聚力、感召力日渐增强。

基于这样的认识，郑州中华之源与嵩山文明研究会设立了"中华传统中文化研究"重大课题。课题组先后邀请了中国社会科学院、中国科学院、北京大学、南开大学、中国传媒大学、首都经济贸易大学、上海科技大学、天津社会科学院、湖北大学、深圳大学、中南财经政法大学、中共河南省委党校、河南省社会科学院、郑州大学、河南大学、河南中医药大学、河南农业大学等单位的三十多位学者参与讨论和研究工作。确定了从资料收集梳理开始，然后设立子课题进行专题研究，最后进行综合研究的思路和步骤。中华传统中文化研究的任务是：探讨中文化形成、发展的历程；研究中文化在中华文化发展中所发挥的重大作用；明确中文化在中华文化体系中的地位；揭示中文化在新时代的意义和价值。

郑州市嵩山文明研究基金会为本课题的研究和成果的出版提供了资金支持；郑州嵩山文明研究院的同志为本课题的研究提供了非常周到的服务和保障工作。在此，特向为本课题研究做出贡献的各个单位、各位专家和工作人员，致以诚挚的敬意和衷心的感谢！

2022 年 6 月

目　录

导　言

“中”“执中”“尚中”“中道”“中和”都是中庸价值观念的不同表述方式。《中庸》载“中也者，天下之大本也”[①]，故“中”在中国传统文化中处于核心地位。“中庸”作为中国传统哲学的世界观、认识论、方法论和最高道德价值标准影响了传统仁人志士乃至普罗大众的个体修为、精神生活、为人处世和价值系统的形成。它强调在天地的发展化育中以人为本。扩而大之，中庸价值观念重视万事万物的多样性和包容性，强调在矛盾的对立统一中遵循天地万物规律而生生不息，在中正、平衡、有序、适度、合律、和谐中获得生命的延伸和文化的拓展。所以，以中庸价值观念为核心的中华文化是一种真诚的和谐文化，更是中国儒家传统价值体系的主干与核心。

本书以中庸价值观念为研究对象，着重探究中庸价值观念的源流演变，厘清其形成、发展的不同阶段、不同类型以及不同的表达方式。论证作为中国传统价值哲学体系的精髓——“中庸”在我国古典文化发展过程中所起到的至关重要的作用及其至高无上的特殊历史地位。详尽地分析和阐释中庸价值哲学的学理层次——价值本源、价值选择、价值实现方法以及中庸价值观念的最高境界，进而表明“中庸”作为我国自古传承已久的至明哲理不仅时刻影响着人与自然、人与人、人与社会

① 陈晓芬、徐儒宗译注：《论语·大学·中庸》，中华书局2015年版，第289页。

之间复杂多变的关系，而且对弘扬儒家优秀传统文化也起到了不可估量的推动作用。

一

“中”是我国传统文化中的一个重要概念，在人类早期的思想意识中占据着非常重要的地位。从字源上看，“中”字由“旌旗”和“战鼓”组成，表明它的原始意义是古代人们视觉和听觉的“中央”。随着社会文明的进步以及人类知识结构的增长，人们开始探究人与人、人与自然、人与社会的和谐关系，发端于农耕社会中的“尚中”观念、弓矢文化中的“尚中”观念、“部落中央”观念、“地中”观念、“天中”观念逐渐出现在人们的视野当中。这些观念引导人们形成“对称”“平衡”“中和”“协调”的价值取向，产生了对实体形态“中心”的向往和对神圣之“中”观念的敬畏，反映了中国先民追求与自然和谐相处的乐生意识、追求人际和睦的氏族观念、追求感性与理性平和协调的强烈愿望。

从尧舜禹时期开始，“执中”的思想观念在统治阶级和被统治阶级相互对抗、相互磨合、相互依存的背景下逐渐深入人心。尧曰：“天之历数在尔躬，允执其中。”[①]舜告诫禹道：“人心惟危，道心惟微，惟精惟一，允执厥中。”[②]孟子称赞汤曰：“汤执中，立贤无方。”[③]周公告诫众官员：“尔克永观省，作稽中德。尔尚克羞馈祀，尔乃自介用逸。”[④]后来，周太史史伯为了求得事物多样性的统一，强调不同意见的客观存在，从本体

① 陈晓芬、徐儒宗译注：《论语·大学·中庸》，中华书局2015年版，第238页。

② 王世舜、王翠叶译注：《尚书》，中华书局2012年版，第361页。

③ 方勇译注：《孟子》，中华书局2015年版，第158页。

④ 王世舜、王翠叶译注：《尚书》，中华书局2012年版，第200页。

论的角度将“和”与“同”进行了对比。晏婴在继承史伯“和”思想的基础上，又将“可”与“否”的思想内容加入“和”的思想之中，形成了新的内涵。由此，“执中”“尚和”的治国指导方针最终得以形成。

先秦时期，孔子在充分吸收前人“执中”“尚和”思想的基础上，从方法论、本体论两个角度提出了“中庸”学说。一方面，他将“中庸”视为一种“过犹不及”的辩证思维方式。另一方面，他又将“中庸”视作“德”之最高境界——“至德”。子思作为孔子的孙子，其对《中庸》的阐释不仅继承了孔子思想的精髓，而且巧妙地回避了其“知其不可为而为之”的缺陷。他提出的“中和”思想已经超越了孔子“中庸”思想的范畴，上升到了万物根本的境界。就如《中庸》中所论述的那样，“中也者，天下之大本也；和也者，天下之达道也”[①]。人们如果能够遵循这一准则，那么世界就会趋于一种和平、有序、安稳的状态，进而达到“天地位焉，万物育焉”的理想境界。孟子是继子思之后的又一位儒学大师。他提出的“中道”哲学观念坚持以“时”和“中”为核心，在融入“经权”思想的同时，追求一种无过无不及、可进可退、不骄不馁的人生智慧。孟子讲究修己安人、内圣外王，主张天地万物生生不息、对立统一。其中的平衡、适度、合律、中正等和谐观念不仅是对先人尚中观念的继承和发展，而且是中华民族数千年的文化理论及伦理道德标准，承载着中华民族数千年来的精神诉求。荀子提出的“中和”思想独具特色，是儒家“中庸”思想在战国后期的延续。他以“性恶论”为基点，分别从“中”“和”“中和”三个层面对“中和”之意蕴进行阐述，主张通过协调异质以及调节矛盾之间的冲突，实现个人身心和谐、人与社会和谐相处、人与自然和谐共生的理想局面。

---

① 陈晓芬、徐儒宗译注：《论语·大学·中庸》，中华书局2015年版，第289页。

董仲舒作为汉代的经学大师，在承袭先秦儒家中和思想观念的基础上，第一次从哲学角度解释我国古代的阴阳五行学说。他通过对阴阳五行及天人关系的充分论证，彰显了儒家“中和”之道，真正实现了先秦儒者“与天地参”的宏愿。同时，“以中和理天下”虽然更多地滞留于学理层面，但它确实是儒家中和哲学践行人道化、治道化的第一次尝试，对于后期中和文化的传播起到了传承的作用，使得中和思想历久弥新，并表现出隽永的魅力。“中和”说作为朱熹理学思想体系的第一块基石，形成于朱熹师从李侗然后转向湖湘学派再到程颐理论的长期探索过程。朱熹继承“喜怒哀乐之未发，谓之中；发而皆中节，谓之和”中的“已发”“未发”思想，先后提出了“中和”旧说和“中和”新说，进而确立了自己的问学宗旨。究其实质，朱熹“中和”说的形成不仅突出了传统“中庸”思想“中和”的内涵，而且强调了以人的行为自律、情感中节来达到“天地位、万物育”，从而通过人的自觉来实现世界秩序的稳定与和谐。

明末清初的儒家伦理是中国社会近世转型阶段社会意识对社会存在的反映，同时也彰显了社会意识发展中自我反思的一个过程。王阳明作为明代最有影响的儒学代表人物之一，在继承先秦儒家“中庸”基本理论的基础上，融入了独具新意且自具特色的“中庸”观念，将“中”解释为性善之“中”、“境界”以及“天理”，将“庸”解释为“常”和“用”。纵观王阳明的“中庸”学说，可以发现从“良知”到“致良知”的形成过程是一个从简单到复杂，从得于人到成于己的演变过程。“良知”无论作为心之本体、认识范畴或是道德范畴，都在强调“未发之中”。“致良知”则致力于恢复“良知”的本来面目，克服“过”与“不及”的偏失状态，最终达到“知行合一”的境界。清代的另一位思想家王夫之对儒家学说的贡献并不在于提出全新的范畴和命题，而在于对既有学说及思想体系的重新诠释。他以“六经责我开生面”的学术独立和批判精神将“中”解释为“性”和天下之理的根源，将“庸”解释为“用”和“平常”，进而证明“中庸”即是“用中”，从而使“中庸”具有普遍的方法论意义。在此基础上，王夫之又提出“中体庸用”的思想观念，第一次从哲学的高度用体用范畴界定了中庸范畴中“中”与“庸”的关系是“体”与“用”的关系，指出体是用之体，体必有其用；用是体之用，用必有其体，反映了其高度的抽象思辨能力和水平。

二

“中庸”的价值哲学之本源可以概称为“得天为性”的价值本体论。天命既是一切存在的终极本源，也是一切价值的终极源泉。天下万物之本是什么？人的价值之本源何在？“天命之谓性，率性之谓道，修道之谓教。”[①]得天为性，率性为道，修道为天。这是一个环状的结构，圆上有三个点（天、性、道），有三段弧（由天而性，由性而道，由道而天）；圆心即所谓“中”，就是“人”。也就是说，“中庸之道”其实就是一个“得天为性，率性为道，修道为天”的循环过程。在这一过程中，“天”“命”“性”“道”“教”作为价值哲学中的关键点对中庸价值哲学的形成起到了至关重要的作用。

三

中庸是儒家伦理思想的重要范畴，是儒学的基本方法论原则。“过

---

① 陈晓芬、徐儒宗译注：《论语·大学·中庸》，中华书局 2015 年版，第 288 页。

犹不及”“执两用中”作为中庸方法论的基本原则，反映了孔子中庸思想对事物所处平衡状态以及如何维持平衡状态的认识。究其实质，它是一种调节社会矛盾使之达到中庸状态的高级哲理，是传统观念中最富训诫意义的治世法则。

“执中用权”作为儒家重要的权变方法，在每一时期都有着不同的阐述。作为儒家学派的开创者，孔子经权思想的内涵奠定了儒学经权思想的基础。他虽然没有对“经”“权”这对范畴做出清晰的界定，但在他日常生活、处世原则、君臣关系等方面随处可见其灵活变通、不拘泥、不古板同时又不越礼的“执经用权”特点。从整体要求来看，孔子所要追求达成的境界是：“君子之于天下也，无适也，无莫也，义之与比。”[①]这就要求道德主体既要遵从普遍道德原则，又要发挥其主观能动性，充分发挥自己的才智，结合自己所处的特定情景，随机应变，视君子立身处世的权变能力高低为人成熟与否的判断标准，视权变能力为个人修养的一种重要品质。众所周知，孟子时常以孔子继承者自居。在“经权”思想方面，孟子将“权”看成一种智慧、一种技巧，提倡要依据具体的时间变化行“权”，要依据具体的情境变化行“权”，要以条件变化行“权”，要以时局变化行“权”。《孟子·万章下》载道：“始条理者，智之事也；终条理者，圣之事也。智，譬则巧也；圣，譬则力也。”[②]另外，他还对“执一”这种僵化式的、教条式的处事方式非常厌恶。对此，《孟子·尽心上》又载：“执中无权，犹执一也。所恶执一者，为其贼道也，举一而废百也。”[③]作为先秦儒家思想的总结者，荀子在继承孔、孟经权思想的同时，对经

① 陈晓芬、徐儒宗译注：《论语·大学·中庸》，中华书局2015年版，第42页。

② 方勇译注：《孟子》，中华书局2015年版，第193—194页。

③ 方勇译注：《孟子》，中华书局2015年版，第271页。

权思想做了进一步的拓展，并对经权关系做了具体深入的阐释，确定了两者辩证统一的关系。随着经权关系的不断完善和深入，荀子为孔、孟的经权思想注入了更多的人文内涵，在“经”“权”两者的关系中强调了原则的恒定性，“经”处于主要地位，“权”处于次要地位，两者之间是从属关系，即“经主权从”。不仅如此，他还将孔、孟的经权思想由“迂阔”推向了具体化，在维护“仁”“义”“礼”的基础上拓展了道德准则和行为准则之间的张力，体现了先秦儒家经权思想内生权变的灵活性。

在“经权”问题的演变史上，汉宋之争一直是当今学术界讨论的重点话题。在汉代，以《公羊传》为代表的“权者反于经”的表达将对“权”的论述导向了功利主义，使“反经”之“权”流于“权变”和“诡计”，导致了“经”这一普遍价值体系的崩溃。宋儒为纠汉儒之偏，提出“权即是经”的理论观点。他们以知理为行“权”之前提，认为只有圣贤认识天理，才能准确地行“权”。汉宋儒者关于“经权”关系的表述方式看似相反，但实质上其差异只具有表面性，其对“权”的道德处理方式乃至思想结构都是一致的，都是通过构建具体价值序列，将“权”的行为选择问题转化为道德原则体系自身的问题，在一个秩序井然的道德体系中，道德冲突被消解，从而“权”的价值实质上也被消解了。

明清时期，王阳明、王夫之的经权理论都具有鲜明的启蒙色彩，对于主体价值的发现以及破除外在权威的束缚，都起到了积极的作用。王阳明认为，“经”的形而上的依据只能在“良知”中寻求。通过“良知”对具体情境中的行为的正当性进行判断取舍的过程，就是施行“权”的过程。经权统一的现实路径就是“致良知”。而王夫之针对“反经合道为权”的经权观在道德实践中可能导致权术、变诈的流弊，提出了“就事上说”“学问心德”的观点。他将“经”“权”关系理解为一种体用关系，认为二者是统一的，在承认道德准则的普遍约束力的基础上，对主体在具体情境中意志自由的发挥给予了充分的尊重，深化和推进了儒家的经权理论。

四

实现中庸思想价值理想的路径是通过五达道（君臣、父子、夫妇、兄弟、朋友）、三达德（知、仁、勇），统一“明”和“诚”、融合尊德性与道问学而彰显天地之文。“至诚达德”是处理人际关系应坚守的价值原则。智慧、仁爱、勇敢是实现五达道的方法，是天下最重要的美德。“达德”也叫“至德”，孔子奉“中庸”为“至德”。所谓“至德”，即尽善尽美、至高无上之德。中庸之所以被奉为“至德”不仅是因为它言无定体，抽象若虚，没有具体的行为承担者，须以道德实践或行为过程作为载体才能实现自己，还因为中庸是自尧舜以降历代圣王治国安民的指导方针，背离了中庸，则民不能安，国不能治。那么，如何实行“至德”？《中庸》概括为一个字，就是“诚”。不管是哪种途径，最终目的都是实行大道，这都具有实现“诚”的可能性。“诚者，天之道也；诚之者，人之道也。诚者，不勉而中，不思而得，从容中道，圣人也；诚之者，择善而固执之者也。”[①]“在下位不获乎上，民不可得而治矣；获乎上有道，不信乎朋友，不获乎上矣；信乎朋友有道，不顺乎亲，不信乎朋友矣；顺乎亲有道，反诸身不诚，不顺乎亲矣；诚身有道，不明乎善，不诚乎身矣。”[②]从实际功夫行动顺序而言：“君子不可以不修身；思修身，不可以不事亲；思事亲，不可以

① 陈晓芬、徐儒宗译注：《论语·大学·中庸》，中华书局2015年版，第331页。

② 陈晓芬、徐儒宗译注：《论语·大学·中庸》，中华书局2015年版，第330页。

不知人；思知人，不可以不知天。”[①]从反身而诚的反思顺序而言，则在于以“修身”为“九经”之始，再在切实修身功夫行动的基础上，合理地理解与安置“理念秩序”与“功夫顺序”二者的关系，即位育，既关乎个体身、心、意、知、物几种因素相互之间的和谐关系，也关乎个体与家、国、天下之间的和谐关系。

五

儒家“天人合一”思想作为中国哲学的核心精神之一，不仅彰显着中国文化的整体思维观念，同时也是中国先哲对于人与自然关系的独特思考的智慧结晶。

其基本观点是从“天人一物，初无间隔”出发，探究天地自然界发展变化特点同人类追求生存发展行为之间协调共济的一般规律。在此基础上，它还强调人与自然、人与社会、人与人之间以及人的身心的整体和谐，蕴含着厚生爱物、节用适度、尊重自然的思想观念。

① 陈晓芬、徐儒宗译注：《论语·大学·中庸》，中华书局2015年版，第324页。

第一章　“中庸”价值观念之起源与形成

“中”是我国传统文化中的一个重要概念。从字源上看，它由“旌旗”和“战鼓”组成，表明它的原始意义是族群或部落的“中央”。探索“中”的意义发展链条，我们不难发现它有一个由“形下”到“形上”的嬗变过程。“中”最初表示一个族群或部落的“中央”位置，进而发展为空间地域上的“中”，形成了“地中”“天中”“天地之中”的说法。在意义发展上虽然有所抽象和活化，但人们还是在“形下”意义上使用“中”字。后来，先秦、汉、宋、明、清儒家代表将其进一步抽象为哲学意义上的“中”，形成了“中庸”“中道”“中和”等重要的哲学观念，体现了宇宙观、道德观意义上的本然价值以及身与心、人与人、人与自然、人与社会之间相互和谐的实然价值，实现了“中”的意义由“形下”到“形上”的飞跃，而实现这种飞跃的民族心理机制就是中国人对“中”的崇拜和敬仰。

第一节　“中”范畴的本义及引申义

“中”观念在人类早期的思想意识中就已经出现，并占据着非常重要的地位。许多国家都以“世界中心”自居，声称本民族的文化是人类文化发展的源头。我国作为四大文明古国之一，对“中”则有着更为深切的理解，其原因在于“中”文化思想自殷代萌芽，其发展几乎贯穿了我国各个历史时期和各个文化领域，在我国传统文化中占据着绝对的统领地位。因此，重新审视和发掘“中”的演变过程，汲取“中”范畴思想中的有益成分，对于重新理解中庸这一传统伦理文化精髓具有重要的理论价值和现实意义。

一、“中”范畴的本义及起源

“中”字的起源最早可以追溯到殷代的甲骨文。因此只有从甲骨文入手，深入研究“中”字的起源，才能掌握它最原始的含义、引申义及其演变规律。在《甲骨文编》一书中，孙海波一共收录了33个“中”的独体字和5个含有“中”的合文字。其写法大致可以归纳为两种：中和[illegible]。

对中字学术界主要以“射箭中靶”来解释。持这种观点的学者很多，例如朱骏声在《说文通训定声》一书中指出：“中”的原义就是“矢着正”，这里的“矢”是箭的意思，“矢着正”就是射箭中靶的意思。姜亮夫同意上述观点，并在此观点的基础上做了进一步的丰富和发展。他说：“盖O象侯鹄，而丨则象矢。矢贯的曰‘中’，斯为此字朔义矣。《仪礼·大射仪》：‘中离维纲。’《礼记·射义》：‘持弓矢审固。然后可以言中。’皆谓射为‘中’。射中为中，故射的亦曰‘中’。《周礼·射人》：‘与太史教射中。’郑注云：‘画五正之侯，中朱次白，次苍，次黄，玄居外。三正损黄、玄，二正去白、苍，而画朱绿。其外皆居侯中三分之一，中二尺。’是也。射中亦曰‘的’。《宾筵篇》：‘发彼有的。’‘的’亦声变也。引申之，则射侯当中之处曰‘鹄’。”[①]在这里，“鹄”也是正中靶心的意思。

① 转引自萧兵：《中庸的文化省察——一个字的思想史》，湖北人民出版社1997年版，第8页。

甲骨文里“中”字的另一种写法中，学术界有两种不同的观点。一部分学者认为，中与中在写法和基本含义上都不相同。另一部分学者则不同意上述观点，他们坚持认为中与中只是写法上有所不同，其基本含义是相同的。

罗振玉先生是第一种观点的代表。他认为中是旗帜之状，㫃是旗游或者飘带的象形。他说：“古金文及卜辞皆作中或作中，斿或在左或在右，斿盖因风而左右偃也。无作中者，斿不能同时既偃于左又偃于右矣。”①从以上的叙述中我们可以看出，罗先生认为有飘带的“中”是“旗帜”的象形。他进一步指出，在甲骨卜辞中，有飘带的“中”与没有飘带的“中”是有区别的，有飘带的“中”表示“中正”的含义，而无飘带的“中”则表达“伯仲”的意思。支持这种观点的学者还有于省吾先生，他指出：“大中小是纵列的，大为第一位，中为第二位，小为第三位。这是对先辈排列的顺序称谓。大中小之中与后世伯仲之仲同义，但与中间之中有别。大仲小犹记数字之有一二三，前后是顺序的。乙类的右中左是横列的，以中为主，左右为辅，与伯仲之仲不同。”②

唐兰先生是第二种观点的代表。他认为，中与中虽然在写法上有所不同，但其本质是一样的，都是“中”字，并详细刻画了“中”字的演变过程，如图1所示：

① 罗振玉：《增订殷虚书契考释》，朝华出版社2018年版，第85页。

② 于省吾：《甲骨文字释林》，商务印书馆2017年版，第202页。

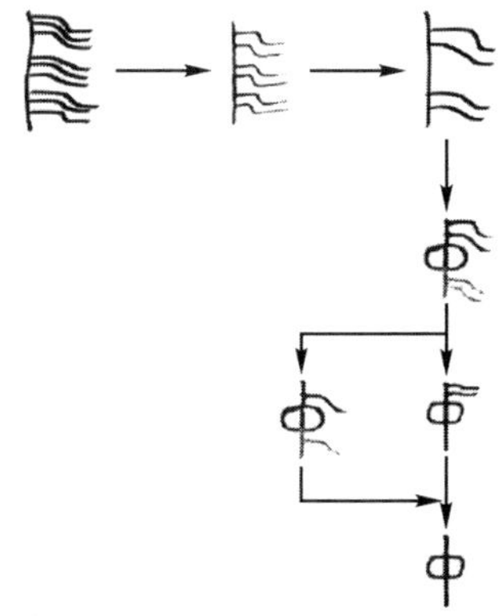

图 1 “中”字演变过程图

罗先生进一步指出，既然“中”字最初的意思是氏族社会的旗帜，那么它又是怎么演变成“中间”的意思的呢？唐兰解释道：“余谓中者最初为氏族社会中之徽帜，周礼司常所谓：皆画其号象焉，官府各象其事，州里各象其名，家各象其号，显为皇古图腾制度之孑遗。……此其徽帜，古时用以集众，周礼大司马教大阅，建旗以致民，民至，仆之，诛后至者，亦古之遗制也。盖古者庭宇有大事，聚众于旷地，先建中焉，群众望见中而趋附，群众来自四方，则建中之地为中央矣。列众为陈，建中之酋长或贵族恒居中央，而群众左之右之，望见中之所在，即知为中央矣。……然则中本徽帜，而其所立之地，恒为中央，遂引申为中央之义，因更引申为一切之中。……后人既习用中央等引申之义，而中之本义晦。”①唐兰对“中”从“旌旗”演变成“中间”的论证是非常有说服力的，但他未对〇形做出解释。

对〇进行解释的学者也不少，影响最大的看法有两种。第一种看

① 唐兰：《殷墟文字记》，上海古籍出版社 2016 年版，第 82—83 页。

法认为它代表“旌鼓”,第二种看法认为它代表“盛器”。

田树生先生是第一种看法的代表。他认为旗游之“中”的基本意义是与“旌鼓”有直接联系的,字上的旗游并不是主体部分,它只是附加物,是可有可无的,而文字的主体部分是○或□,○是鼓的正面,□是鼓的侧面。他说:“旌旗是视觉信号,它可以标明空间。集众就需要有个集合地点。但是还须有个时间信号。古人传递时间信号的手段是鼓而非旗帜。具有斿的建鼓恰好即可以用来标明地点,又可为跨越空间传递信息、时间等听觉信号。”[①]《太平御览》中也曾记载周幽王为博褒姒一笑数次击鼓欺骗诸侯:“周宅酆、镐,近戎人。与诸侯约,为高堡置鼓其上,远近相闻。戎寇至,传鼓相告,诸侯之兵皆至,救天子。……褒姒大悦,笑之。王欲褒姒之笑也,因数击鼓,诸侯兵数至而无寇。后戎寇真至,幽王击鼓,诸侯兵不至,幽王之身乃死骊山之下,为天下笑。”[②]从上述记载中我们可以充分认识到“鼓”在中国古代社会人们心中的重要性。在通信工具不发达的时代背景下,“鼓”是古代社会城乡居民之间与临近城邦之间集众和传递信息的重要手段,甚至在特定的条件下它能决定一个国家的存亡。

萧兵是第二种看法的代表。近年来,萧兵在综合各家观点的基础上提出了“神杆说”的观点。他说ф与[illegible]在本质上其实是一样的,其中○有两种解释,一种解释说,○象征着“射鞠”。另一种解释说,○象征着古代的“盛器”。如果将盛器挂到旗杆的某一个部分,盛器代表○,旗杆代表丨,两者结合起来看的确很像“中”了。而如果把“射鞠”(球状靶)或盛血的革囊吊在旗杆上,那它就是原始的旐旗式神杆——[illegible]。以球状

① 田树生:《释中》,《殷都学刊》,1991 年第 2 期。

② 李昉等:《太平御览》,中华书局 1960 年版,第 1551—1552 页。

靶(射鞠)贯箭,或吊挂着某种圆物的神杆来解释也不是不可以的。萧兵在对○进行解释之后,再次对○的作用进行了论述。他指出,○其实就是人类祭拜天地神灵的一种“中介物”,象征着一种“天梯”,具有联系神灵的功能。人类将要祭拜的物品放置到“中介物”里,并将自己的心愿告诉神灵,神灵通过“中介物”取得祭祀品,并了解人们内心的愿望,最终选择是否接受人们的心愿,并帮他们实现,这就在“幻想”中完成了人们与神灵之间的“物质—能量”交换。由此可以看出,[illegible]字中间的○不论从内容上,还是从形式上都不是可有可无的。

众所周知,人类所产生的一切观念都与社会物质生活有着千丝万缕的联系,而不论人类所产生的观念和意识有多么抽象,它总能在人们现实生活的细节中得以反映。从以上学者对“中”的解读可以看出,他们都是以原始社会人们对生产、军事、政治活动等方面的理解作为切入点提出了自己对“中”的理解,并且都存在着一定的合理性。下面我们在以上前辈学者对“中”的理解基础上谈一下自己的看法。

我们认为,关于“中”字的两种写法在其本质意义上是没有区别的,两种写法之所以在形式上有所不同,其根本原因就是繁简二体。众所周知,甲骨文作为原始社会记录事件的一种文字,其在相当长的一段时间内主要是根据事物的具体形状来确定对应的字的写法。随着社会文明的发展和文字的演变,甲骨文的写法也慢慢地由繁到简。那么“中”字的演变到底依据什么呢?我们认为,上述分析中“旗帜说”是最符合文字的演变过程的,作为旗游是非常形象易懂的。关于○的含义,萧兵先生认为○代表“盛器”,我们认为这种说法是值得商榷的,因为如果○是联系人们和天地神灵的一种“盛器”,它不应该放在中间,应该放在旗帜的顶端,因为顶端更靠近“天”,也就是说更接近神灵。我们赞同田树生先生的说法,○代表的是“旌鼓”。因为旗帜在视觉上面已经代表了

“中”，而旌鼓是古代传递时间信号和声音信息的重要工具，可以说是听觉上面的“中”。

二、“中”范畴的引申义

从古至今，“中”范畴的演变不仅是一个由复杂到简单的变化过程，还是人们持之以恒的“尚中”思想的具体体现。随着社会文明的进步以及人类知识结构的增长，人类对“中”范畴含义的崇敬不仅仅体现在“中”的本意和起源上，而是进一步扩大到了各个领域，农耕社会的“尚中”观念、弓矢文化中的“尚中”观念、“部落中央”观念、“地中”观念、“天中”观念等引申义也逐渐出现在人们的视野当中。

（一）农耕社会的“尚中”观念

农耕社会中人们通过最原始的农作工具进行生产劳作、畜牧养殖来维持自身生计。因此，居住区域天气状况的好坏和地理环境的优劣程度等生产环境要素决定着与他们自身息息相关的衣、食、住、行。也正是因为受到外部自然环境的严重影响，相比于其他国家的人，我国早期的人们则将更多的精力花费在如何和谐地处理天、地、人三者之间的关系上面。

“尚中”观念是我国早期农耕社会中人们基于对农业生产、生活的理解所形成的普遍意识理论。在农耕社会时期，由于受到生产工具、生存条件、劳动手段、合作范围等大量外在因素的影响，人们从自然界得到的物资极其有限。为了使自己的生存环境以及农耕收入得到有效改善和提高，年长者不仅要经常分享自己观察、体会、总结的各种星辰运动、气候变迁、季节变化等自然规律，还要总结各种种植经验，尝试选择优良的物种和淘汰低劣的物种，并将这些经验不断地传授给下一代。

他们仔细观察和研究太阳、月亮、星辰等天体变化规律，总结天、人以及农作物三者之间的相互关系，寻找和发现制约农作物生长的外部因素以及人类所应遵循的活动规律，结合世间万物变化现象，最终得出促成万物生生不息的神秘因素就是万物的雌雄结构、五行规律、刚柔结合、阴阳结合、两端取中等。由此，"尚中"观念从日积月累的总结中脱颖而出，被人们看作日常实践的理性行为方式，并最终得以固化。在众多事物中，促使"尚中"观念产生的重要因素就是农业生产活动。人们通过总结发现，制约农业产量的要素是季节、气候、种植地理条件等自然因素。为了使自己的劳动和收入成正比，先人们逐渐摸索出一套人与自然和谐共生的发展规律。

在这里需要提醒人们注意的是，先人的农业生产活动不仅深刻地体现了人类与自然、人类与大地之间和谐相处的理想状态。更为重要的是，农耕经验还将"尚中"观念固化到人们日常的各种行为活动当中，促使人们对天、地、人三个方面的本源、根本、中心等核心问题进行了理性思考。例如，在人类与天、地两者之间谁是中心的问题上，人们坚定地认为，天无可辩驳地处于中心位置。天是强大力量的象征，它能够操控世间的万事万物，制约万事万物的发展。在选择何地应该作为氏族的居住地点时，人们理性地选择了靠近水源的地方，以水为中心。水能够影响人们的生产、生活条件，限制人们的活动范围。在氏族内部的尊卑秩序中，长者自然而然地处于中心地位，拥有更多的话语权和决定权。

总而言之，在农耕社会时期，"中"就是万物的本质，是力量的来源。人们要想生存发展，就必须竭尽所能地得到"中"或与"中"和谐共生。在这种认识的促使下，"尚中"思想就是大势所趋，理所应当地成为了人们的主流价值观念。人们根据这种观念可以把握和改造周围的有限居住环境，以适应自身以及整个氏族发展的需要。

既然在先人看来，“中”是处理一切事务的本质要素，对于那些不受人们控制的“中”，人们理所当然地应该无条件接受。但是对于那些大多数可以选择的、需要进行权衡的“中”，人们应该怎么办呢？主要有两个处理方式：一方面，依据经验。先人们会将自己一生所观察、总结到的各种自然现象、各种现实情况以及处理事务的各种方法传授给后人，其中的大部分内容都可以概括为如何处理“中”的问题。另一方面，通过占卜和祭祀。由于受到知识水平的限制，先人们对那些不可控制的、神秘的“中”怀有崇敬之情。如若想要得到神灵的护佑，人们只能通过巫师进行占卜，并将他们的意愿通过巫师传递给神灵。

(二)弓矢文化中的“尚中”观念

弓矢文化之所以产生，是因为在农耕社会时期，各氏族逐渐在黄河、长江等以水为中心的区域定居，农业生产率得到极大的提高。畜牧业不再成为人们主要的生产方式，而仅仅只是为了辅助农业生产，丰富人们在食物方面的日常需求。此时弓箭的主要作用不再是用来战争和射猎，而是作为祭祀礼器，被赋予了更多的文化功能。它被当作一种竞技、娱乐的工具，成为礼“物化”与“具象化”的重要载体。也就是说，弓箭在这一时期变为“尚中”观念的一种外在体现。

在古代弓矢文化的后期，射礼作为吉、凶、宾、军、嘉五礼中的嘉礼在商周非常盛行。弓矢文化在射礼、丧礼等重大礼节中体现了礼的阶级性与差等性，表现出明显的“尚中”观念，形成了“贵贱之等，长幼之差”的社会格局。《礼记・射义》载道：“古代射礼有五：一曰乡射，谓州长招集民众习礼于州序之射；二曰大射，谓诸侯与其臣在国学习礼之射；三曰燕射，谓君宴其臣，一献之后举行之射；四曰宾射，谓天子、诸侯宴飨来朝之宾，因与之射；五曰泽宫之射，谓天子祭前选择助祭之士之射。"[①]射礼作为古代重要的礼仪活动，对主宾、君臣使用的弓矢的制色、大小、强度、形制都有明确的礼制要求，体现出明显的尊卑秩序和"尚中"观念。

就弓矢的制色而言。由于天子、诸侯、大夫三者的等级不同，所以他们使用的弓矢色彩类型也不尽相同，进而彰显弓矢具有的礼辨等列功能。《荀子·大略》载道："天子雕弓，诸侯彤弓，大夫黑弓，礼也。"[②]就弓矢的大小和强度而言。按照礼制要求，弓矢所有者的合弓越多，强度就越大，地位也就愈加尊贵。反之合弓越少，弓矢的强度也就越小，持弓者的身份就越低下。《周礼·司弓矢》载道："天子之弓合九而成规，诸侯合七而成规，大夫合五而成规，士合三而成规。句者谓之弊弓。"[③]就弓矢的形制而言。弓矢的形制与持弓者的身份、体型搭配也要符合礼制的要求。《周礼·弓人》载道："弓长六尺有六寸，谓之上制，上士服之；弓长六尺有三寸，谓之中制，中士服之；弓长六尺，谓之下制，下士服之。"[④]除此之外，不同阶级的人群所举行的射礼对其所使用的弓矢以及弓矢所摆放的位置和方位也有严格的限制。《周礼·司弓矢》载道："凡祭祀，共射牲之弓矢。泽，共射椹质之弓矢。大射、燕射共弓矢如数、并夹。大丧，共明弓矢。凡师役、会同，颁弓弩各以其物，从授兵甲之仪。田弋，充笼箙矢，共矰矢。凡亡矢者，弗用则更。"[⑤]《仪礼·乡射礼》载道："宾与大夫之弓倚于西序，矢在弓下，北括。众弓倚于堂西，矢在其

---

① 胡平生、张萌译注：《礼记》，中华书局2017年版，第1203页。

② 方勇、李波译注：《荀子》，中华书局2015年版，第430页。

③ 徐正英、常佩雨译注：《周礼》，中华书局2014年版，第674页。

④ 徐正英、常佩雨译注：《周礼》，中华书局2014年版，第1038页。

⑤ 徐正英、常佩雨译注：《周礼》，中华书局2014年版，第675页。

上。主人之弓矢，在东序东。”①

由前文分析可以看出，在弓矢文化盛行时期，弓矢衍生出了兵器之外的另一种社会属性，被广泛运用于各种礼仪活动之中。它不仅内化了辨尊卑、别贵贱等丰富的礼仪内涵，而且成为表达礼差的物质载体，具有明显的差等性，体现出以“尊”为“中”的“尚中”观念。

(三)“部落中央”观念

“部落中央”观是经过氏族、部落、部落联盟等几个重要时期的发展后才最终形成的观念。尤为重要的是，“部落中央”观并不是生物学或人类学的某种理论，更不是唯心主义的主观想象，其发展过程体现的是物质生产方式的发展规律，其发展动力就是生产力和生产关系的发展。

1. 氏族之“中”

氏族，我们又可以称为氏族公社，是民族共同体最初的一个历史阶段。氏族公社产生于旧石器时代的中期和晚期，几乎跨越了整个新石器时代，是原始社会最基本、最小的社会组织。摩尔根在《古代社会》一书中对氏族公社进行过界定：“氏族就是一个由共同祖先传下来的血亲所组成的团体，这个团体有氏族的专名以资区别，它是按血缘关系结合起来的。”②在人类进入氏族社会以后，其主要特征表现得非常明显。首先，在经过无数次失败的生产活动之后，人类逐渐掌握了猎杀动物的技巧、驯养动物的经验以及农业耕种、修筑住所等基本生活技能。其次，人们逐渐过上了定居的生活，拥有相对集中的生产、生活、活动地域，并逐渐形成了自己氏族的语言、物质文化、精神文化、特殊财产、宗教仪

---

① 彭林译注：《仪礼》，中华书局2012年版，第133页。

② 路易斯·亨利·摩尔根：《古代社会》，马东莼、马雍、马巨译，商务印书馆2009年版，第72—73页。

式、风俗习惯等等。最后，氏族公社的出现与人类文明的进步逐渐形成了相互促进、相互发展的良好局面，氏族社会的社会制度逐渐完善，人类开始逐渐进入文明社会。

氏族社会的发展大致可以分为两个阶段，母系氏族社会和父系氏族社会。这两个阶段的发展并不是随意而定的，而是取决于当时社会的经济发展水平、生产力与生产关系是否相适应等条件。

母系氏族公社，即“母权制氏族”。母系氏族公社是母权制时代的社会基本结构，它是由氏族内部的一个或者几个女始祖所生养的后代以及后代再繁衍的儿女所组成的氏族社会。母系氏族公社，即母权制时代主要具有以下特点：

第一，在母系氏族公社中，各个氏族被认为来自同一个女始祖，并把女始祖作为最高的神灵。在母系氏族社会里，妇女在氏族内部处于中央地位，她们拥有氏族内部男性成员无法拥有的权力与地位。氏族内部的孩子只知道自己的母亲是谁，并不知道父亲是谁。更为重要的是，氏族内部的血缘关系是以母系进行计算的。例如，《吕氏春秋·恃君览》篇载：“昔太古尝无君矣，其民聚生群处，知母不知父，无亲戚兄弟夫妻男女之别，无上下长幼之道。”①这里的“聚生群处”就是指氏族内部成员是以血缘关系为基础建立的氏族集团。而“知母不知父”则显现了在母系氏族公社时期，母系在自己氏族、族群中的中心地位。因为世系是以母系计算的，所以氏族后代的姓氏都遵从自己的母亲，并以此为荣。我国古代传说中的三皇——伏羲、女娲、神农都可能处于我国早期的母系氏族社会阶段。刘达成在《论氏族社会发展的两个阶段》一文中对我国古代女性氏族社会还有“同姓不婚”的说法解释道：“‘男子称氏，

① 陆玖译注：《吕氏春秋》，中华书局2011年版，第736页。

妇人称姓。'为什么有姓氏之别呢？因为'姓可以别婚姻，故有同姓、异姓、庶姓之别，氏同姓不同者，婚姻可通；姓同氏不同者，婚姻不可通'。"[①]《周易·系辞下》中也对包牺氏的日常劳作有所记载："作结绳而为罔罟，以佃以渔，盖取诸《离》。"[②]上古的圣人包牺氏发明了编结绳子并用其编织成罗网，用来打猎和捕鱼，可见当时的人们以狩猎、捕捞为生。在包牺氏去世以后，神农氏开始兴起，《周易·系辞下》一书中记载："包牺氏没，神农氏作，斲木为耜，揉木为耒，耒耨之利，以教天下，盖取诸《益》。"[③]神农氏探索如何砍削树木制成犁地的耜，如何将树木用火烤软之后弯曲成耜上端的曲柄，如何翻土除草，并将这些方法全部教给了天下的人们。另外，氏族社会时期的生产工具极为简陋，主要为木制工具和石器工具。

第二，母系氏族公社时期的人们过着原始共产制的生活。在母系氏族公社时期，氏族所共同拥有的土地、房屋、种植得到的粮食以及饲养的牲畜全部归氏族公社所有，个人仅仅保留部分生产工具，如弓箭、石器、木器等等。据《尉缭子·治本》记载："夫谓治者，使民无私也。民无私则天下为一家，而无私耕私织，共寒其寒，共饥其饥。"[④]之所以会出现上述引用中所指出的"共寒"和"共饥"的现象，是因为在氏族社会时期，各种生活资源极端匮乏，氏族首领若想使自己的氏族得到长期有效的发展就必须采取平均分配的原则，将氏族内部的有限劳动所得平均分配给氏族内的每一个成员。这种原始平均主义的分配原则，在许多

① 刘达成：《论氏族社会发展的两个阶段》，《西北民族学院学报（哲学社会科学版）》，1985年第3期。

② 杨天才、张善文译注：《周易》，中华书局2011年版，第607页。

③ 杨天才、张善文译注：《周易》，中华书局2011年版，第607页。

④ 徐勇注译：《尉缭子·吴子》，中州古籍出版社2010年版，第75页。

尚保留氏族制度残余的土著居民中都可以找到活的实例，例如：1949年以前，云南省少数民族景颇族、独龙族、布朗族都保留着“一户杀猪，全寨分食”“剽牛祭天，全寨共食”的共食制度。

第三，母系氏族公社时期普遍存在着群婚制和对偶婚制的婚姻形态。群婚制是在同一个氏族群体内部，相同辈分或者相同年龄阶段的男女氏族成员相互之间既是兄弟姐妹的关系，也是夫妻的关系。而对偶婚制是指一男一女在一定时期内，结成相对稳定配偶关系的婚姻形式。另外，恩格斯也曾经对母系氏族公社时期的社会形态做过分析。他认为，在氏族社会时期的群婚制家庭中，一个孩子的身份、姓氏等个人信息是跟随其母亲的，而不是跟随其父亲的。例如，纳西族一共分为六个大的母系氏族，每一个大的母系氏族又由若干个相对较小的女儿氏族组成。每个女儿氏族之下又包括了四到五户以母系为中心的母系氏族大家庭。在这里，每一个母系氏族都有他们共同活动的区域，他们养殖自己所捕获的小动物，共同去猎杀大型动物以供氏族内部成员享用。他们拥有共同的祭祀节日，一起祭拜氏族的祖先，以求祖先神灵的保佑。不论是在大的母系氏族内部还是小的母系氏族大家庭中，都有一位女性作为一家之长掌控着氏族内部的绝对权力，她不仅享有绝对的崇高威望，还拥有氏族内部的生杀大权，是绝对的统治者。尤其要指出的是，男性在母系氏族社会里是没有任何地位的，更有甚者，男性到了晚年，常常会被妻子赶出家庭，即使不被赶走，男性死后也不得进入氏族的公墓，由此可见，在母系氏族公社时期，妇女在氏族内受到极高的尊敬，处于中心地位。

随着氏族社会的发展，生产力水平得到了极大的提高，受到空间活动的限制，人们开始较大规模地砍伐森林，拓荒种植，原始农业逐渐形成。在这一发展过程中，男子在生产中的作用得到了极大的突显和认可，在氏族中的地位得到了显著提升。到了后来，随着氏族势力的进一步扩大，男子开始担任氏族的首领，由此慢慢地进入了父权制时期。母权制向父权制的过渡是历史发展的必然选择，虽然各个民族进入父权制时期的进程、时间、方式各不相同，但最终人类还是进入了父权制时代。

母系氏族公社和父系氏族公社是两个相邻的历史发展阶段。如果我们认为母系氏族公社第一次将人类聚集在了一起，并形成了一个有组织、有纪律的社会集团的话，父系氏族公社就将人们带入了初级的历史文明阶段。更为重要的是，母系氏族公社向父系氏族公社的过渡，虽然是人类的一次巨大变革，使氏族内部以“女权”为“中”转换成了氏族内部以“男权”为“中”，但这种权力的转换并不是以武装冲突为基础的，而是由男性在日常生活中作用的提升，以及生产力发展的需求所决定的。其主要表现在以下方面：

在农业生产方面。据资料显示，与母系氏族公社相比，父系氏族公社时期最大的特点就是农业生产的确立。农业生产的确立不仅将氏族的活动区域固定在了一个相对稳定的区域，而且还保证了父权在氏族内部的绝对统治，人们生活资料的来源从原来的狩猎、捕鱼又添加了耕种和家庭手工业。例如，《管子·揆度》曰：“至于黄帝之王，谨逃其爪牙，不利其器，烧山林，破增薮，焚沛泽，逐禽兽，实以益人，然后天下可得而牧也。至于尧、舜之王，所以化海内者，北用禺氏之玉，南贵江、汉之珠，其胜禽兽之仇，以大夫随之。”[①]所谓“烧山林，破增薮”显然是砍倒烧光山林的原始状况，而“焚沛泽，逐禽兽”则是渔猎生活的真实写照。在家畜饲养方面虽然没有文献记载，但考古资料证实，山东章丘县龙山

① 李山、轩新丽译注：《管子》，中华书局 2019 年版，第 1006 页。

镇城子崖遗址发现的马的骨骼、浙江嘉兴马家浜发现的水牛骨骼、河北邯郸涧沟发现的21块猪的骨骼，都属于父系氏族公社时期的龙山文化。由此可以看出，父系氏族公社时期的人们已经开始饲养家畜，而这些现象也正好说明人们在父权制时期已经形成了相对稳定的生活范围。

在家庭手工业方面。父系氏族公社时期的各种家庭手工业在经过一段时期的发展之后，以陶土著称。《孟子·公孙丑上》对这种现象有所记载："自耕稼、陶、渔，以至为帝，无非取于人者。"[①]在这里，孟子评价舜，从他种庄稼、做瓦器、做渔夫，一直到成为天子，没有一处优点不是从别人那里吸取来的。由此可见，处于父系氏族公社时期的尧、舜时代的制陶业已经得到了长足的发展。不仅如此，后来在黄河中下游龙山文化地区、甘肃齐家文化地区、湖北京山屈家岭文化地区、江苏淮安青莲岗文化地区发现的各种陶器制品都足以说明父系氏族公社时期的陶土业已经发展到一个相当发达的水平。

在世系计算方面。父系氏族公社时期，世系必须按父系进行计算。究其原因，主要在于区别不同的氏族以及规定享有对父系财产的继承权利。随着父系氏族公社时期生产水平的提高，氏族内部逐渐出现了资源剩余的现象。不同氏族之间相互侵占，战胜的一方经常会侵占战败一方的各种资源，所抓获的俘虏一般并不会像前期那样直接杀掉，而是让他们留在战胜方的氏族内部，充当劳动力，以增加剩余收入，这种情况虽然对整个氏族的发展有很大的好处，但也带来了一些不可回避的问题。例如，剩余生产资料如何分配的问题、财产继承的问题、血缘混杂等问题。虽然上述问题并没有从根本上破坏父系氏族结构和制

① 方勇译注:《孟子》，中华书局2015年版，第61页。

度，但对其还是产生了一定的影响。另外，随着父系氏族公社的发展、内部人员的增多，氏族内部开始出现以主要成员为中心的“近亲”“远亲”之分。这里的“近亲”主要是指氏族主要成员的众表兄妹，而“远亲”是指氏族主要成员的众表兄妹的家庭成员以及其他成员。之所以会有所区分，是因为在这一时期，受到资源、土地、劳动工具等外在因素的影响，氏族的“近亲”和“远亲”不可能全部生活在一起，而“远亲”的那部分人只好自己去寻找和建立新的耕种、狩猎场所、捕鱼地点。从这一现象我们可以看出，我国早期每一个氏族的成员数量以及规模不可能太大，最多也不会超过几代人。

在社会组织方面。父系氏族公社时期的基本社会组织与母系氏族公社时期的基本社会组织相同，都是氏族公社。在以氏族公社为主体结构的基础上，不同的氏族又分出了若干兄弟氏族以及更小的个体家庭。这些父系家庭的所有人共同居住在一个大房子里，在这个大房子中，又分隔成许多户，形成了“蜂窝”结构。例如，云南的拉祜族就是父系氏族公社的代表。拉祜族拥有共同的祖先，并形成了一个以血缘为纽带组成的父系大家庭。在这个父系大家庭内，又分成若干个“小户”，大家称这种大家庭为“底页”，小户称为“底谷”。大家庭的土地归大家共同拥有，各家各户的所有成员集体耕种，等到收获的时候，大家将所收获的所有粮食集中保管，由氏族内部的妇女平均分配给各个家族成员食用。

在婚姻制度方面。父系氏族公社时期的婚姻制已经从母系氏族公社时期的群婚制转变为对偶婚。对偶婚是指在原始社会时期，不同氏族之间的成年男女，在一定的时间期限内，由一男一女根据自己的意愿组成的临时配偶关系，这种婚姻关系并不稳固，是一种两相情愿、不受约束而稍有固定的成对同居形式。

综合上述内容,我们可以看出,氏族公社时期的特征主要表现在两个方面:一方面,氏族成员出自一个共同的祖先,具有相同的血缘关系,过着定居的生活,有共同的活动地域。另一方面,氏族内部的生产资料和所获得的劳动成果归集体所有,所有成员平均分配。在共同经济生活的基础上,形成氏族共同的语言、文化、生活习惯和原始的宗教信仰。不管是在母系氏族公社时期还是在父系氏族公社时期,氏族成员是共同劳动、平均分配产品的,没有剥削和压迫。但是,在氏族里已经开始出现了“中”的思想萌芽,而这个“中”就体现在氏族内部的“女尊”或“男尊”上。

随着青铜器的出现和普遍使用,氏族社会的农业、畜牧业、家庭手工业水平得到了显著提高,氏族内部的物质资料也越来越丰富。但是,随着氏族内部成员人数的增加以及相邻氏族之间的联系日趋紧密和复杂,氏族的分裂、扩大,氏族之间的战争、兼并也随之出现,这时就要求人们进一步完善氏族组织和管理方式,部落也就在这一特殊情况下逐渐产生与形成。

2. 部落联盟之“中”

部落是民族共同体发展的第二个历史类型。部落形成于原始社会晚期,由同一血缘的两个以上的氏族、胞族或由各个不同的、但在血缘上有亲属关系和地处邻近的氏族组成。从社会发展史上看,氏族发展到部落,无疑是社会发展的又一进步。这是因为,与氏族的组织结构相比,部落的组织结构比氏族更加趋于稳定和完善。除了共同的地域、共同的语言、共同的经济方式、共同的风俗习惯、共同的物质文化和精神文化以外,部落内部还设立了一些独特的社会组织。例如,部落议事会等。在一个部落中,一般都会以一到两个相对强大的氏族为中心,这些强大的氏族首领在部落中具有很大的话语权。随着各个部落经济水平的提高，各部落都得到了很快的发展。部落原本的活动范围和统治范围已经不能够满足各部落发展的需求，各部落之间开始出现较大规模的部落冲突和军事斗争活动，至此，部落联盟开始进入人们的视野。

部落联盟的各个成员之间主要有以下特点。第一，部落联盟内的各成员起源于同一个祖先，拥有相近的血缘关系。第二，部落联盟内部各成员出于某些外在原因，曾经从同一个氏族或相近的氏族中分离出来。第三，各成员相互之间都比较了解，能够彼此相互交流，且领土相邻。第四，各成员之间拥有相同的发展方向和合作基础。就部落联盟的职能而言，部落之间相互结盟最主要的目的就是从事军事活动，他们不仅吞并和入侵周围相对弱小的部落，而且还会与自身周围相对强大的部落联盟相互照应，共同防御外来的侵略者。

随着各部落之间结成相对稳定的联盟团体，部落“中央”的说法逐渐得到了部落以及整个社会的承认，并表现出了以下两个方面的特征：

一方面，在部落联盟中，某一个部落的首领在部落联盟中处于中心地位。某一部落首领在部落联盟机构中中心地位的确立并不是一成不变的，而是随着时间而变化的。例如，《尚书·尧典》中记载了众多与尧帝关系密切的氏族或部落：“克明俊德，以亲九族。”[①]这里的“九族”主要是指与自己同宗的族人，也就是以自己为本位，上推四代（父、祖、曾祖、高祖），下推四代（子、孙、曾孙、玄孙），合称为“九族”，并且这些相互联盟的部落都有自己部落图腾的名称。由此可以看出，唐尧在其所在的部落联盟中当之无愧处于中心地位。

到了舜主政期间，联盟议事会的机构比尧时趋于完善，舜在部落联盟中处于中心地位。例如，舜曾命皋陶掌管刑罚，制定和推行“五教”

① 王世舜、王翠叶译注：《尚书》，中华书局2012年版，第5页。

“五刑”来掌管民众，并凌驾于社会之上。但在这里需要注意的是，尧帝和舜帝在主政各自的部落联盟时期，作为首领的他们并没有完全与部落联盟内的群众相对立。之所以这样主要取决于三个方面的因素：其一，部落联盟首领的更替虽然实行“禅让”制，但氏族内部的“选贤”传统制度以及反“僭取”力量依然很强大，所以选取的部落首领不可能由一人说了算。其二，作为部落联盟首领的尧帝和舜帝虽然掌握着部落联盟中主要的权力，并且在部落联盟中拥有绝对的威望，但是他们还是不能与后世的那些掌握着生杀大权的帝王相比，不能决定部落联盟内部的所有事宜。关于部落联盟的重大事宜，还是得经过联盟议事会的所有人员讨论之后才能确定最终的结果。其三，联盟议事会的组成成员并不仅仅只是那些有权有势的氏族首领，还包括那些相对贫穷和弱小的氏族部落首领。值得我们注意的是，在这一时期，部落联盟内部的关系还是以氏族的血缘关系为主，氏族之间经济的强弱和阶级矛盾并未对部落联盟内部的关系结构产生太大的影响。

到了禹主政华夏部落联盟时期，部落联盟内部的关系结构发生了翻天覆地的变化，其中最根本的变化就是部落联盟首领的选举已经由原本的民主推选转变成了世袭制度。这一制度在根本上确立了部落联盟首领在部落联盟中绝对的话语权以及军事中的绝对领导地位，并最终确立了部落首领在整个部落中绝对的“中”的地位。在禹主政期间，他凭借在三苗战争中所创下的不世之功以及在治理水域方面的特殊政绩拥有了在部落联盟内部的绝对威望，他就像后世专制君主那样在部落联盟中拥有绝对的生杀大权。《国语·鲁语下》载：“昔禹致群神于会稽之山，防风氏后至，禹杀而戮之，其骨节专车。”[①]夏禹在会稽山召集各

① 陈桐生译注：《国语》，中华书局2013年版，第227页。

方诸侯，防风氏因为最后到达，夏禹杀了防风氏，防风氏的骨头可以装满一车。以上引文可以看出，在禹主政期间，部落联盟的内部结构已经完全被打乱，尧舜时期的民主议事已经一去不复返，禹已经能够轻易地决定联盟成员的生死，部落联盟的内部机构形同虚设，议事会成员的增加与减少再也不需要经过议事会所有成员的集体讨论，而是由禹自己决定人事任免，联盟议事会实际已不复存在。禹在主政期间，组织自己的部落联盟四处征战，长期对其他部族进行掠夺性的侵略战争，并把战争所得的大量财物占为己有，以此来扩充自己家族的实力。禹的家族成员逐渐取代了联盟议事会成员，并控制了华夏部落联盟的广大土地。禹的儿子启也在禹的培植下，成为实际上禹联盟部落的接班人。至此，“世袭制”取代了“禅让制”，部落首领“中”的地位得到了坚实的保障。

另一方面，部落联盟或部落的地理位置在其所活动的区域处于中央位置。从史料可以看出，尧、舜、禹三位德才兼备的部落首领在其各自活动区域所形成的部落联盟，就是当时最大的部落“中央”。

以尧氏族为主体的尧部落的活动中心刚开始在河北唐县附近，后来由于洪水的压力迁移到山西冀州平阳一带。《尚书·五子之歌》记载：“惟彼陶唐，有此冀方。”[①]这里所说的冀方，就是《禹贡》所说的冀州。后来在尧迁晋南后，其后裔受封于唐国，尧为其谥号。《后汉书·郡国一》载道：“河东郡。秦置，雒阳西北五百里。……平阳。侯国。有铁。尧都此。”[②]《读史方舆纪要》载道：“《禹贡》冀州地，即尧舜之都，所谓平阳也。春秋属晋。战国属魏。秦为河东郡地。两汉因之。”[③]

① 王世舜、王翠叶译注：《尚书》，中华书局 2012 年版，第 370 页。

② 范晔、司马彪撰：《后汉书》，陈焕良、李传书标点，岳麓书社 2008 年版，第 995 页。

③ 陆岩司、程秀龙、吕福利：《〈读史方舆纪要〉选译》，山西人民出版社 1978 年版，第 275 页。

以舜氏族为主体的舜部落的居住中心应该在现在的山西永济附近。《尚书·尧典》载道：“帝曰：‘我其试哉！’女于时，观厥刑于二女。厘降二女于妫汭，嫔于虞。”[①]由此可以看出，舜应当是居住于妫汭的，而妫汭为水名，地址在现在的山西永济市境内。又《史记·五帝本纪》载：“舜，冀州之人也。舜耕历山，渔雷泽，陶河滨，作什器于寿丘，就时于负夏。”[②]

以禹氏族为主体的禹部落的居住中心应该在如今的翼城、夏县一带。《孟子·万章上》载：“三年之丧毕，禹避舜之子于阳城。”[③]阳城即唐城，地在今翼城县。顾炎武在《日知录》中对禹的居住区域描述道：“又《史记·晋世家》曰：‘成王封叔虞于唐。’唐在河汾之东方百里，翼城正在二水之东，而晋阳在汾水之西，又不相合。窃疑唐叔之封，以至侯缗之灭，并在于翼。《史记》屡言禹凿龙门通大夏。《吕氏春秋》言：龙门未闭，吕梁未凿，河出孟门之上。则所谓大夏者，正今晋、绛、吉、隰之间。《书》所云：‘维彼陶唐，有此冀方’，而舜之命皋陶曰：‘蛮夷猾夏’者也。当以服氏之说为信。”[④]由此可见，禹部落的居地与翼城关系密切。

从上述事实可以看出，尧、舜、禹等部落在部落增殖的基础上，都形成了以自己部落为中心的一个大的部落集团，这一集团活动的地区主要在今山西西南部。

(四)“地中”观念

随着一些强大的部落联盟快速扩张，部落联盟的首领逐渐将目光

① 王世舜、王翠叶译注：《尚书》，中华书局2012年版，第14页。

② 司马迁：《史记》，中华书局2011年版，第30页。

③ 方勇译注：《孟子》，中华书局2015年版，第184页。

④ 顾炎武：《日知录校注》，陈垣校注，安徽大学出版社2007年版，第1789—1790页。

转向整片大地上。由此,“地中”的意识逐渐出现在人们的脑海里。

远古人类对“地中”的认识是通过对天地形状以及天体运行轨迹的观察而得出来的。其过程大概分为三个阶段:第一,神话阶段。在这一阶段,人们将自然界所发生的一切自然现象都归功于人类活动,人类的力量大于天、地以及自然界的力量,如盘古开天辟地、女娲炼石补天等传说。第二,平天说阶段。在这一阶段,由于人类受到知识水平的限制,对自然界的认知还只能够停留在以上、下、左、右四个方位来理解天地。第三,浑天说阶段。在这一阶段,随着人类知识水平的提升以及对自然界认知能力的加强,人类对天体运行轨迹以及天体自然现象的发生有了自己的认识,并且通过观察发现天体是球形的。

早在先秦时期,随着古人对自然界以及上下方位认知能力的加强,人们便提出了“天圆地方”的观点。古人们将神秘莫测的浩瀚宇宙称为“天”,天在人们的头顶,令人充满敬畏。将人们赖以生存的地方称为“地”,地在人们的脚下。当时人们仅感知到宇宙内的众多天体不停地在做一个类似圆周的运动,大地是平的,且大小是有限的,于是就产生了“天圆地方”的概念。既然大地是平的,并且大小是有限的,就应该有一个地方是它的“中心”,“地中”的观念就这样产生了。

随着“地中”观念的产生,人们自然会追问“地中”到底在哪呢?当时流传最广的是“洛邑地中说”。据《尚书》记载,公元前 11 世纪,周公为了寻找大地的“中心”以便建立新的都城,在嵩山下阳城(今告成镇)使用圭表,观察日影的长短变化确定大地的“中心”。《周礼·大司徒》中记载:“以土圭之法测土深,正日景,以求地中。日南则景短,多暑。日北则景长,多寒。日东则景夕,多风。日西则景朝,多阴。日至之景,尺有五寸,谓之地中,天地之所合也,四时之所交也,风雨之所会也,阴阳之所和也。”[①]“洛邑地中说”最直接的证据就是建造在嵩山地区的周公测影台和观星台，它们是“洛邑地中说”最有说服力的实物证据。

随着“地中”说的形成，“天中”的概念也慢慢地进入了人们的视野。在当时的人们看来，所谓的“天中”就是天下之中，所以人们“聚土垒石”以标记“天中”，名曰“天中山”。天中山位于现在的河南省驻马店市汝南县城北两公里处，是一座圆形的小山，占地540平方米，高3.6米。

（五）“天地之中”观念

“天地之中”的说法主要起源于嵩山地区。自古以来，由于平民大众受统治阶级以及宗教意识的影响，对“居中”之人都普遍怀有崇敬之情。所以古代帝王一方面为了更好地笼络人心，另一方面为了更加方便地统治和控制全国疆土，都会想方设法使自己能够居于“天地之中”，并将自己的重大活动与“中”相联系。如：居“中”、祀“中”等。据史料记载，周武王伐纣灭商之后，瞻望中原大地之后说道：“自洛汭延于伊汭，居易毋固，其有夏之居。我南望三涂，北望岳鄙，顾詹有河，粤詹雒、伊，毋远天室。”[②]由此可以看出，洛阳不仅自然环境优美，而且地理位置优越，为四方诸侯纳贡提供了巨大的方便，自然就成了人们心目中的“天地之中”。

总而言之，无论从“中”范畴的本义来讲，还是从“中”范畴的五种引申义来讲，“尚中”观念都是发端于人与人、人与自然、人与社会调和共生的和谐关系之中，由此导引出来了“对称”“平衡”“中和”“协调”等价值取向，进而产生了原始的“尚中”观念。不同的是，最初的“尚中”观念仅仅表现为实体之“中”，即人们对实体形态的“中心”的向往和尊崇。

① 徐正英、常佩雨译注：《周礼》，中华书局2014年版，第219—220页。

② 司马迁：《史记》，中华书局2011年版，第114页。

例如，在早期农耕社会，先民们将天体运行、季节变化、动植物生长与农事活动联系在一起，依据经验、占卜、祭祀等活动进行取“中”，并将其运用于实际的农业生产实践以及社会生活中，体现了古代农家对“中”思想的生态化取向以及对事物中和、联系、制约及整体的关注和追求。随着古人对周围自然环境、自然现象的感悟和认知逐渐加深，部分带有空间色彩、神秘色彩、宗教色彩、政治色彩、文化色彩以及社会含义的神圣之“中”的价值观念开始悄然进入古人生活中。神圣之“中”不仅表现出古人能够切身感受以及实际存在的实体之“中”，还表现出令人心怀敬畏的神圣之“中”。例如，弓矢文化中的“尚中”观念就是将弓箭作为祭祀或礼仪活动的礼器，通过尊者举行盛大的祭祀活动进而祈求得到祖先神、至上神的保佑。这里的“中”就是指具有祭祀特权的部落首领。这些实力强大的部落首领通过召集部落成员处理部落大事并支配其部落成员，进而获得世俗权力。那些曾经具有实体意义的中心广场和中心庭院就逐渐转化为虚指的符号——权力。随着权力意识的介入以及“天圆地方”宇宙观念的逐渐确立，那些执着于权力的部落首领开始对自然秩序进行人为的设计，形成了“地中”“天地之中”等祭祀天神、地神的神圣之地。概言之，不论是实体之“中”还是神圣之“中”，这些“尚中”观念都反映了中国先民追求与自然和谐相处的乐生意识，追求人际和睦的氏族观念，追求感性与理性平和协调的强烈愿望。这种“尚中”的意识、观念和愿望都曾十分强烈地影响、支配着质朴的先民的致思途径，使他们从最初只能凭借感性思维直观地把握万千物象的零星表象特征，进而逐渐认识到一切事物的运动发展都有一个从弱到强、从生到死的恒定过程。因此，只有推崇和坚持执“中”原则才能准确把握同质事物的一致性以及异质事物的动与静、一与多、异与同，才能在剧烈激荡的原始社会中把握住事物发展的客观规律，协调世间万物，使整个氏族、部落的生存环境趋于和谐、安宁。

第二节 中庸思想形成的社会、文化背景

春秋战国时期精神文化的活跃与辉煌，可以说是人所共知的事情。这一时期，儒、墨、道、法等学派相继涌现出来，他们不仅相互吸收政治、社会、文化等方面的精华，还以兼容并蓄的恢宏气度来发展自己的学派。从历史进程看，春秋战国时期的社会、文化都发生了前所未有的变化，出现了新旧交替的动荡局面。社会失范、王室跌落固然使有等级的社会秩序被打乱了，但也为社会发展带来了新的机遇。学术下移、官学失守虽然对古代文化造成了一定的损失，但也为当时的人们提供了积极、乐观、进取、向上的文化氛围。

一、社会“失范”：中庸思想形成的社会背景

社会“失范”就是社会失去规范的意思，任何时期的社会都有自己的一套准则来规定人们的日常生活。这种准则会针对不同的地域和人群，用来规范人们的行为限度，从而使人们达到“安分守己，乐天知命”的均衡、和谐的生活状态。而春秋时代的天子、诸侯、士大夫及家臣由于奔波于权力的争夺，均没有达到这种状态。与西周时期稳定的社会状态不同，东周时期社会动荡不安，天子衰微、诸侯争霸、大夫执政乃至“陪臣执国命”，从而形成了“失范”的社会状况。

（一）王室衰微：社会“失范”的根源

春秋时期，导致“礼崩乐坏”的直接原因就是旧的社会秩序已经被

打破，而新的社会秩序尚未建立。当时王室的政治和经济实力均已衰败到无法控制诸侯势力的地步，因此各诸侯逐渐掌握了周王室“礼乐征伐”的权力，从而导致了“礼崩乐坏”的发生和发展。周王室虽然仍作为“共主”的形式存在，但从实质上来说，无论从政治还是经济、军事等方面都无力与各个诸侯相抗衡。其中西周灭亡的标志是周幽王的驾崩，当时的京都镐京由于受到战争与自然灾害的影响已无法作为都城存在，于是新王宜臼跟随晋文公、秦襄公及郑武公等人迁都至东都洛邑，由此春秋时期拉开了历史序幕。

在政治方面，周王室“礼乐征伐”的特权逐渐减弱，其势力不仅无法控制异姓诸侯，甚至同姓诸侯也不再听从其号令，尤其是在鲁国和郑国的行为中充分表现了“王命不行”的现象。例如，平王去世，鲁国不去奔丧；郑庄公不仅五年不朝见桓王，其猛士祝聃还在追赶中射中桓王肩膀。明末清初思想家顾炎武说：“且自平王之东，周德日以衰矣，麦禾之取，繻葛之战，几无以令于兄弟之国。且庄王之世，鲁、卫、晋、郑，日以多故，于是王姬下嫁，以树援于强大之齐，寻盟府之坠言，继昏姻之夙好。且其下嫁之时，犹能修周之旧典，而容色之盛，礼节之备，有可取焉，圣人安得不录之以示兴周道于东方之意乎？”[①]由此可见，当时的周王室已无力控制各国诸侯，仅仅是傀儡“共主”，没有任何实质的权力。

在经济方面，周王室面对各诸侯的僭越行为无力抗争。一方面，当时富饶的关中地区已被犬戎所占，周王室所拥有的领土由于赏赐功臣以及外部侵略，从初迁洛邑的方圆六百里逐渐缩减至方圆一二百里，领土的缩减直接影响到周王室的经济实力。另一方面，各诸侯国向周王室朝聘、纳贡的次数明显减少。《周礼》关于朝聘制度有严格的规定，其

① 顾炎武：《日知录校注》，陈垣校注，安徽大学出版社 2007 年版，第 119—120 页。

中要求各诸侯国每年一次小聘，每三年一次大聘，每五年要朝圣一次。与之相对的惩罚制度是，针对不遵守朝聘制度的诸侯国，一次不朝圣就贬其为爵，两次不朝圣则减少其土地，三次不朝圣就派天子的六军之师攻打。当时的周朝经济已十分窘迫，需要求援于诸侯各国。例如，隐公三年（公元前720年），周平王死时因财政问题无法安葬，由武氏子向鲁国求赙；隐公六年（公元前717年），周国京城引发饥荒，向鲁国告饥；桓公十五年（公元前697年），周桓王曾向鲁国“求车”。由此可见，当时的周王经济上已是内困外乏，在政治上的地位也是“王命不行”。

总而言之，周王室的政治、经济地位均已衰微，逐渐失去了“共主”的地位。这不仅受当时政治、经济的影响，还与周宣王、周幽王自身的昏庸有关。周宣王干涉鲁政，周幽王废黜王后这些事件都将周朝原本坚持的长幼有序的宗法制度打破，注定了西周灭亡的结局。孔子虽推崇周礼，但对西周末年的周天子则是严厉批判。“天下无道”“礼崩乐坏”等社会局面是西周王室衰微的直接表现，也为之后诸侯争霸、家臣执国命等社会现象的发生发展埋下了伏笔。

（二）诸侯争霸与私家兴起：社会“失范”的加速器

周朝王室的衰微是周王朝过渡到春秋时期的根本原因，然而诸侯间争霸的不断发展，导致了春秋时期“礼崩乐坏”现象的发生。当时的各个诸侯国争相抢占较弱国家的国土及人口资源，致使许多诸侯小国灭亡或被吞并。在诸侯混战的过程中，其内部也出现了权力僭越的现象。例如“礼乐征伐自诸侯出”“礼乐征伐自大夫出”“陪臣执国命”等现象体现了诸侯内部之间的权力斗争。鲁庄公时代由三桓操纵政治，春秋末年韩、赵、魏三家分晋，加速了春秋时期混乱局面的形成。

第一，春秋时期最为主要的社会特征是诸侯争霸。“礼乐征伐”是天子的特权，各诸侯国应该严格按照朝聘制度纳贡并因僭越行为受到相应的处罚。然而到了西周时期,周天子由于自身实力减弱而无力维持周礼制度,其天子特权也逐渐被各诸侯取代。如秦穆公、楚庄王、晋文公、齐桓公都曾把握主要的政权。国家没有恒久的强大,也没有恒久的衰弱,执政者强则国家强,执政者弱则国家弱。这意味着执政者的强弱决定了国家能否在诸侯征战中取得胜利和优势。齐桓公在召集主持中原各国的会盟时对其霸业描述道:"寡人南伐至召陵,望熊山;北伐山戎、离枝、孤竹;西伐大夏,涉流沙;束马悬车登太行,至卑耳山而还。诸侯莫违寡人。寡人兵车之会三,乘车之会六,九合诸侯,一匡天下。"[①]虽然桓公最终听从了管仲的劝谏,放弃了到泰山封禅祭祀的越礼之举。但从引文中我们不难看出此时的周朝天子已经不是天下的主宰,不再掌握"共主"的权力。另外,赵衰也曾经规劝晋文公要通过讨伐诸侯来辅佐周王室:"求霸莫如入王尊周。周晋同姓,晋不先入王,后秦入之,毋以令于天下。方今尊王,晋之资也。"[②]孔子就上述齐桓公和晋文公在争夺霸主的过程中对社会秩序的维护给予了正面的评价:"晋文公谲而不正,齐桓公正而不谲。"[③]并对于齐国的谋士管仲也给予了"仁"的评价,齐桓公曾经九次合盟各诸侯,不是依靠武力而是凭借管仲的智慧。

诸侯之间的结盟虽然在总体上减少了当时战争的复杂局面,但无法从根本上解决诸侯间的战争问题。连年的战争为社会带来了沉痛的苦难,在争夺土地的过程中,牺牲的将士遍布战场,在争夺城池的过程中,牺牲的百姓遍布整座城池。战争并非来自民众的意愿,而是由当时的社会背景所决定,被打破的社会秩序没有新的秩序与之交替,和谐与

---

① 司马迁:《史记》,中华书局2011年版,第1370页。

② 司马迁:《史记》,中华书局2011年版,第1507页。

③ 陈晓芬、徐儒宗译注:《论语·大学·中庸》,中华书局2015年版,第169页。

稳定的生活无法维持下去，连续不断的战争成为统一天下的唯一途径，所以当时的人们把战争当作正当的方式去统一社会。社会的“失范”造就了春秋时期诸侯争霸独有的社会特点，而强大的诸侯则在争霸的过程中扮演着主要角色，更为重要的是，连年的战乱也促使早期儒学思想兴起。

第二，与诸侯争霸的主要社会特征一齐出现的社会现象还有私家的兴起，这是从诸侯内部的政治格局中衍生出来的。在春秋中后期，卿大夫与君主之间也发生了政治争斗。如鲁宣公虽然在杀嫡立庶的君权之争中取得胜利，却被三桓逐渐掌握政权，三桓在鲁国中的势力逐步壮大，并在其领地里封地筑邑，进而操控鲁国的政权，凌驾于王室之上，出现了王室卑微而三桓强大的局势。然而，私家的兴起并非权力之争的终结，在春秋中后期的鲁国出现了“陪臣执国命”的现象，权力又被叛乱的家臣争夺，打开了“礼乐征伐自家臣出”的局面。鲁国被三桓专政之后，三桓将主要的精力投入对国家的统治和对政治的操控，以及与卿大夫之间的争斗之中，主持家政的权力却被家臣左右，这为家臣的叛乱和篡权提供了可乘之机。例如，鲁昭公四年(公元前 538 年)，竖牛想要搅乱穆子的家室，强行与孟丙结盟。昭公十二年(公元前 530 年)，南蒯赶走季孙氏并将其家产充公，让子仲取代他。季孙氏的家臣阳虎曾与三桓结盟，并想要与季寤、叔孙辄一起取代三桓，从而统治鲁国政治，成为“陪臣执国命”的先例。春秋末年“陪臣执国命”的现象是其重要的时代特征之一，这种现象的发生致使当时的社会形态与社会结构变得更加混乱。

总之，王室的衰微直接导致了春秋时期的诸侯争霸，而诸侯争霸过程中私家兴起与家臣叛乱更是“礼崩乐坏”的催化剂。天子、诸侯、卿大夫与家臣之间的权力争斗破坏了西周原有的严格的礼制制度，天子不再拥有"礼乐征伐"的特权，诸侯之间争霸混战，卿大夫与家臣同各诸侯争权夺利，不同阶层僭越行为的社会背景为孔子中庸学说的产生奠定了基础。

(三)礼仪之丧：社会"失范"的具体表现

以孔子为代表的儒家学说首先提出了春秋时期社会"失范"的本质，即礼仪的丧失，揭示了导致当时社会状况的最根本的原因，在百家争鸣中成就了"显学"的地位，为中国文化指引了主流方向。社会"失范"和僭越行为的产生主要源于决策者对于礼仪制度的摒弃和偏离，而早期的儒家学说正是针对"礼崩乐坏"的本质，揭示了社会矛盾的根本原因，从而引领人们去解决社会矛盾，通过呼吁"礼之本"，提倡恢复周礼来建立新的和谐的社会制度。

虽然春秋时期旧的社会秩序已经被打破，但是春秋时期各阶层的交往依然沿袭周朝，实行"曲礼三千"的礼乐制度。这种现象致使当时社会上出现了对"礼崩乐坏"观点质疑的声音，他们认为春秋时期的"礼"其实依然存在于社会的各个层面，而且非常繁复，这并不代表着礼制的崩坏，而是社会制度面面俱到的表现。也有学者认为，春秋时期的礼乐文化要比西周时期的影响力和实践力更大。

其实，礼制的真谛并非形式上的繁复，而在于真正的实施者的行为方式。行为方式的偏离直接导致对礼制的破坏。在春秋时期，上至天子、诸侯，下到士大夫、家臣，无一不在僭越、滥用礼制制度。他们不再以天子建立诸侯，诸侯设立卿大夫，卿大夫任命卿或大夫，大夫再认命下级大夫，士有仆隶子弟，庶人、工、商各有亲疏来分等级。周礼制度已无法制约他们的行为，也因此失去了维持社会规范的权威。处于混乱时代的贤士察觉到了礼仪的重要作用。郑国子产呼吁道："夫礼，天之经也，地之义也，民之行也。"[①]齐国晏子曾说："礼之可以为国也久矣，与天地并。君令臣共，父慈子孝，兄爱弟敬，夫和妻柔，姑慈妇听，礼也。"[②]但遗憾的是，他们提出的问题并没有被这个"礼崩乐坏"的时代重视和接受，孔子更是针对这种社会失范的丑恶现象发出了"是可忍，孰不可忍"的强烈愤慨。

概言之，春秋时期人们对于礼之"义"的丧失，加快了"礼崩乐坏"的速度。这种现象不仅仅由于士大夫及家臣对于礼乐制度的僭越，同时也由于世人对礼的本质的无知。而孔子及早期的儒学贤者正是针对这样的社会现象，不断寻找解决国家问题的方法。孔子提倡发扬管仲的理念，认为社会混乱的本质在于君主没有行使君主的权力，而臣没有承担臣的义务，并用"君君、臣臣、父父、子子"一语来解答齐景公的"问政"，其目的在于从本质上解决春秋时期"礼崩乐坏"的社会现象，解决社会"失范"的问题。

二、学术下移：中庸学说形成的文化背景

西周时期的教育制度实行"学在官府"，旨在官府掌握学术资源，民众无学术可言。然而到了春秋时期，这种学术局面被打破。以孔子为代表开启了私学兴起、官学下移的新风尚，然而官学与私学之间的讨论也由此展开。当然，在春秋时期衍生的诸子学说也正是在学术下移的社会背景下产生发展起来的，而孔子则凭借着学术转型的机会广泛地收集官府学术中的有利资源，并传播到民间的私学当中，培养弟子的学

① 郭丹、程小青、李彬源译注：《左传》，中华书局2012年版，第1967页。
② 郭丹、程小青、李彬源译注：《左传》，中华书局2012年版，第2009页。

术能力，使儒家学派进一步发展壮大，形成了独树一帜的学术典范。

(一)春秋时期官学失守及学在四夷

随着周朝王室的衰微，原本“学在官府”的文化和学术资源也跟随社会结构的转变流向诸侯各国和民间，学术资源伴随着官府中人才精英的流失散落到更多的地方，促进了官学下移的进程。孔子曾概括这样的社会背景为天子官学失守，学在四夷，正是在此背景下，更多的民众通过各种途径学到了官府学术的内容并加以传播，进而构成了诸子百家争鸣、百花齐放的局面。

春秋时期前的学术文化思想主要掌握在天子与官府的手中，被祝、卜、史、宗等职官承担，其主要目的是服务天子。随着王室的衰微，诸侯各国实力的扩张，曾经为天子所用的文化思想开始流向实力强势的诸侯国。不仅如此，文化的下移致使大量的学术内容流向诸侯国，还促进了春秋时期“乡学”形式的产生，乡校成为民间讨论政治的重要场所。在乡校中，学子们形成了良好的学习氛围，早晨学习课业知识，白天讲学，傍晚复习，夜晚反思自己在学习过程中有无疏漏，然后才能安心地休息。由此可见，原有的官府之学已经逐渐被乡校取代，并为民众提供了学习政治和礼仪的场所。例如，齐国曾经有稷下学宫，无论从形式上还是结构上都打破了原有的官学现象。当然，思想文化流失的同时，文化精英也分散到各个诸侯国和民间。例如，《论语》一书曾经记载，太师挚去了齐国，亚饭乐师干去了楚国，三饭乐师缭去了蔡国，四饭乐师缺去了秦国，击鼓的方叔到了黄河一带，摇小鼓的武人居汉水一带，少师阳和击磬的襄入居海边。

(二)私学兴起时诸子对社会秩序重建的探索

曾经官府垄断的文化资源随着社会秩序的转变而下移，同时也为民间文化的广泛传播提供了有利条件。这种现象的发生对当时官吏人员的选拔制度也产生了一定的影响,并被社会的各个阶层接受。“学而后入政”的模式不断激励着众多的有志青年离开家乡学习礼乐文化知识,并走向仕途。这种重视学习的风气在当时的社会颇为流行。而正是由于私学的兴起,民间和社会组织为官方培养了大批的文化人才,对后来各诸侯国的发展提供了坚实的基础。虽然文化下移、私学兴起的现象并未导致当时官方教育的实质产生改变,但是只有这些文化的受益者才能够发现当时社会的诸多问题,并针对这些社会问题找出相应的解决方案,这才是文化下移的最大价值。诸子百家也正是在发现了社会“失范”的本质之后,进而针对各种问题,提出了大量不同的救世思想。

以孔子为先哲的儒家思想就一针见血地指出了社会失范问题的本质,提出了“祖述尧舜,宪章文武”的口号,肯定了周朝以来的礼乐文化对社会治理方面所起到的重要作用。孔子所倡导的“损益”思想直接指出了“礼”的本质就在于“正名”。例如,孔子认为天下之道在天子的手中,君臣父子要按照其身份规范去做事,这些主张都体现了孔子对于秩序规范的严格要求,以及对于僭越行为的否定。孔子在周游列国进行游说的过程中,纵然其思想主张不被当时的执政者肯定,但他依然坚持并推行其理念。也正是由于孔子崇尚恢复社会秩序的理念,儒家学派才逐渐建立起来,为国家的治国理念提供见解并形成了理论体系。继孔子之后,其弟子们也开始游历于诸侯国家,大到国君的老师或卿大夫,小到士大夫,都对中国社会的发展以及私学的兴办起到了巨大的推动作用,并将孔子的理念传播到更广泛的范围。例如,孔子最得意的弟子子路居于卫国,子张曾传道于陈国,子贡曾效力齐国。其中子夏和澹台子羽对于在私学中发扬儒家学说的贡献尤为突出,子夏在孔子之后教过三百弟子，并曾担任魏国国君的老师。子夏的影响范围主要在北方的魏国。澹台子羽则在南方的楚国形成了相当规模的学派，当时追随他从南方游历到长江的弟子多达三百，他重义轻财，品德高尚，声誉在诸侯间广为传颂。到了战国时期，孔子的学说被子思、孟子、荀子等发扬壮大，从而有了“儒分为八”的局面，进一步推进了私学的发展并使其达到了鼎盛时期。此时墨家、名家、法家等诸家学派也发现了社会失范的本质在于摒弃了礼乐文化，并就社会的发展展开辩论，为重新建立社会秩序提出各家的观点。

总之，天子衰微给学术下移提供了社会背景，使周天子所控制的文化资源流向各个不同的阶层，从而造就了“学在四夷”的学术环境，同时也给予了诸子百家获得文化资源，表达诸家学说见解的机会。

第三节　中庸思想的发展与演变

儒家中庸思想的发展经历了漫长而又复杂的演变过程，先秦、汉、宋、明、清的儒家哲人在吸收前人思想的基础上，经过独立分析，总结出了一套自己的理论知识体系，不仅丰富了我国古代文化知识宝库，而且奠定了中庸思想在儒家思想中的绝对领导地位。

一、先秦时期中庸思想的发展与演变

孔子“中庸”思想产生于我国春秋时期，此时的社会正处于奴隶社会向封建社会转变之际，旧的体制及文化观念系统正在解体，新的格局尚未形成，孔子推崇的中庸之道，远宗尧舜，近法文武，能够根据天地之

间一切事物的客观规律揭示其本质，所以可以与天地并立，可以化育万物。

（一）孔子“中庸”思想的形成及主要内容

《礼记·中庸》载道：“祖述尧、舜，宪章文、武；上律天时，下袭水土。譬如天地之无不持载，无不覆帱，譬如四时之错行，如日月之代明。”[①]孔子在继承自尧舜至周代的优秀文化传统的基础上，根据自然规律和社会规律的原理进行综合分析，提出了以“仁”为核心，以“过犹不及”为方法，以“至德”为本体的“中庸”学说，对儒家世界观、方法论的阐述达到了很高的水平。

1. 孔子“中庸”思想的理论来源

孔子“中庸”思想观念并不是凭空想象出来的，其理论来源主要受到了周公“中德”思想和史伯、晏婴“和同”观念以及《周易》“尚中”思想三个方面的影响。

第一，就周公的“中德”思想而言。孔子在继承“中德”思想之后，在经过自身理解的基础上，对这一概念进行了哲学范畴的整理，并感叹“中庸”作为一种道德，应该是至高无上的，而人们缺乏这一道德已经很久了，即：“中庸之为德也，其至矣乎！民鲜久矣。”[②]但是，“执中”的思想并不是产生于周公时期，而是早在尧、舜、禹三帝时期就已经出现在了人们的生活当中。当尧帝在晚年与他的部落继承人舜帝探讨如何治理国家的时候，尧帝就曾说过“允执其中”的治国纲领。在这里尧劝告舜，上天所定的帝王列位已经落到他身上，他要忠实地执行正确的决定，如果四海百姓陷入困穷之中，那么上天赐的大位就会随之终结。后来在

---

① 胡平生、张萌译注：《礼记》，中华书局2017年版，第1036页。

② 陈晓芬、徐儒宗译注：《论语·大学·中庸》，中华书局2015年版，第72页。

舜让位于禹的时候，舜也用同样的说法劝告禹：“人心惟危，道心惟微，惟精惟一，允执厥中。”[①]舜认为人的思想是危险的，道的内涵是精微的，体察道的精微，始终如一地遵循，如此，才能实实在在地秉承着不偏不倚的中和之道。后来成汤也被评价说在处事过程中贯彻中正之道，在推举贤人方面不按照常规办法行事，并被孟子评价道：“汤执中，立贤无方。”[②]盘庚在迁都的过程中，告诫他的群臣要与他同心同德，按照他的意见行事，把正道放在心里，并说出了“汝分猷念以相从，各设中于乃心”[③]的训词。周王朝建立以后，周公为了将国内动乱的不安稳形势稳定下来，一方面对殷朝的移民进行安抚，另一方面制定合乎道德规范的规章制度，并在此基础上明确提出了要将“中德”思想作为其施政的主要方针，同时明确要求统治阶级要长久地观察自己的行为举止，使其合乎道德标准，即：“尔克永观省，作稽中德。尔尚克羞馈祀，尔乃自介用逸。”[④]另外，“执中”的标准不仅仅适应于德性的建立，在刑罚方面也同样适用。《尚书·吕刑》篇载：“非佞折狱，惟良折狱，罔非在中。”[⑤]这里要求判断案件的情况不要倚仗口才，而要心怀忠厚，务必使案情的判断完全得当。至于在执法的过程中如何才能够按照“执中”原则来执行规定。君主认为，对待案情必须要谨慎从事，对于没有佐证的单方面的言论，必须明察。想要正确地处理臣民的案情，需要兼听控诉双方的供词。在听取供词时，一定要心存公允，不可因听信一方之辞而有所偏袒，更不可以因为贪图钱财而有所偏护。由以上可以看出，“执中”思想

---

① 王世舜、王翠叶译注：《尚书》，中华书局2012年版，第361页。

② 方勇译注：《孟子》，中华书局2015年版，第158页。

③ 王世舜、王翠叶译注：《尚书》，中华书局2012年版，第117页。

④ 王世舜、王翠叶译注：《尚书》，中华书局2012年版，第200页。

⑤ 王世舜、王翠叶译注：《尚书》，中华书局2012年版，第330页。

的传承是经过尧、舜、禹、周公等统治者一代一代传下来的，是随着统治阶级和被统治阶级在相互对抗、相互磨合、相互依存的背景下逐渐深入各个阶层的人心的，而孔子也正是在潜移默化的影响下，继承了“执中”的思想，并在此基础上提出了具有哲学意义的“中庸”思想。

第二，孔子的“中庸”思想深受史伯、晏婴“和同”观念的影响。周太史史伯与齐国大夫晏婴的“和同之辨”一直是中国传统哲学争论不休的问题，其不仅对孔子的“中庸”思想产生了影响，而且对后世儒家思想的发展和演变也起到了至关重要的作用。

从中国的历史发展过程来看，“和”与“同”两个概念都曾经在社会上得到过认可。“同”这一观念在封建专制的统治下最先被人们接受。这是因为，“同”这一概念的主导思想是否定多样性，这一观点最先被大部分统治阶级和一部分被统治阶级推崇。统治阶级为了奴役被统治阶级、维护自己的阶级利益，为求得表面的一致性，将“和”与“同”统称为“同”，以此来否定多样性的思想，而一些趋炎附势的被统治阶级，为了自己的私心，对统治阶级阿谀奉承，迎合统治阶级的“同”的观念。

到了西周时期，周太史史伯为了求得事物多样性的统一，并且强调不同意见的客观存在，提出了“和”的观点。史伯说道：“夫和实生物，同则不继。以他平他谓之和，故能丰长而物归之；若以同裨同，尽乃弃矣。”[①]这里的“和”是指不同事物之间相承相继、相互适应，最终达到多样性的统一，它并不否认矛盾，承认事物在相互矛盾的过程中能够促进发展，并最终达到事物的协调统一。“和实生物”是说把不同的东西加以协调平衡就是多样性的统一，所以能够丰富发展而使万物归于统一。古人将五行相互配合，从而生成了万物。强健四肢来保护身体；调配五

① 陈桐生译注：《国语》，中华书局2013年版，第573页。

种滋味用来适合人的口味；调和六律使之悦耳动听；端正七窍以为心服务；调和身体的八个部位使人能够完整；经过九个脏器以树立纯正的德性，以此合乎十种等级来训导百官。最终产生了千种品味，具备了上万种方法，计算成亿的事物，经营成兆的财物，取得万兆的收入，以此来达到数字的极限，达到“和”的极点。这里的“和”是指有原则的和谐相处，已经含有了多样性的对立统一的思想萌芽。而“同”则是指相同事物之间的叠加，只有数量上的增多，而不会发生质的变化。它回避矛盾，并试图掩盖事物之间的差异，表现在人际关系上，“同”所表现出的是唯唯诺诺，无原则的苟合或同流合污。“同则不继”就是把相同的东西简单叠加，但是叠加之后并不会产生新的元素，更不会像“和”一样产生万物，等待用尽之后就完了。史伯的“和同”思想具有辩证思维的特点，他将“和”与“同”相对比，“和”既代表着相互对立又代表着相互统一的辩证观点，“同”仅仅只是简简单单的叠加。史伯对周幽王取“同”而不追求“和”的观点进行了批评，也从侧面证明了史伯追求“和”的思想。

晏子继承了史伯“和”与“同”的观点，认为当时社会上所主张的“同”就是毫无原则的绝对的同一，而他所主张的“和”与“同”具有不同的概念，“和”含有多样性、对立统一的特点，我们也可以将“和”看作包含着“异”的“同”。晏婴反对前者，主张后者。《晏子春秋·景公游公阜一日有三过言晏子谏第十八》载道：“无几何而梁丘据乘六马而来，公曰：‘是谁也？’晏子曰：‘据也。’公曰：‘何以知之？’曰：‘大暑而疾驰，甚者马死，薄者马伤，非据孰敢为之！’公曰：‘据与我和者夫！’晏子曰：‘此所谓同也。所谓和者，君甘则臣酸，君淡则臣咸。今据也，甘君亦甘，所谓同也，安得为和！’”[①]在这里，景公问晏子大热天乘着六匹马拉的车子

① 汤化译注：《晏子春秋》，中华书局2015年版，第59页。

飞驰而过的人是谁？晏子回答是齐景公的宠臣梁丘据。景公又问晏子梁丘据是不是和自己很像？晏子回答道，这是通常所说的相同，所谓和，就好比君王是甜的，臣子就应当酸的，君王是淡的，臣子是咸的。如今梁丘据，君王甜他也甜，君王酸他也酸，君主认为是对的，他也认为是对的，君王认为是错的，他也认为是错的，这种不分青红皂白，不经过自己独立思考，一味盲从别人的思想和行为就是“同”，哪里会是“和”呢！值得我们注意的是，晏婴所提倡的“和”并不是要求做臣子的一定要和君主“唱反调”，君主说什么，做臣子的一定要说出与君主不一样的观点，也不提倡君主要将阿谀小人的附和当作君臣之间的和谐。他主张君臣之间应该相互弥补对方的不足之处，只有两者相互理解，相互信任，相互学习对方的优点，才是真正的“和”，由此国家才能蒸蒸日上，万众一心，繁荣富强。

另外，晏婴在继承史伯“和”思想的基础上，又将“可”与“否”的思想内容加入“和”的思想之中，形成了新的内涵。《晏子春秋·景公谓梁丘据与己和晏子谏第五》篇载道：“景公至自畋，晏子侍于遄台，梁丘据造焉。公曰：‘维据与我和夫！’晏子对曰：‘据亦同也，焉得为和！’公曰：‘和与同异乎？’对曰：‘异。和如羹焉，水火醯醢盐梅，以烹鱼肉，燀之以薪，宰夫和之，齐之以味，济其不及，以泄其过，君子食之，以平其心。’”① 齐景公从打猎的地方回来，晏子在遄台陪侍他。梁丘据来了之后，景公对晏子说只有梁丘据与自己是和的。晏子对此纠正道：“梁丘据只是和你同而已，哪里算得上是和啊。”景公说：“和与同有区别吗？”晏子说道：“和就好比是在做羹，用水、火、醋、酱、盐、梅子来烹饪鱼肉，用柴火来烧煮它，宰夫调配它，放入各种味道，增益不足的地方，减少太多的地方，

---

① 汤化译注：《晏子春秋》，中华书局2015年版，第459—460页。

君子吃了这种羹汤，于是心平气和。君臣之间也是这样。君王认为合适的，但其中如果有不合适的地方，做臣子的就应该指出其中的不合适，以成就其合适；君王认为不合适的，但其中若要有合适的地方，做臣子的就应该指出其中合适的地方，除去其中不合适的地方。因此政治平和而无所冲犯，人们没有争斗之心。”

从上述两处引用可以看出，晏婴认为“和”与“同”两者的不同之处就在于“可”与“否”，即：“君所谓可，而有否焉，臣献其否，以成其可；君所谓否，而有可焉，臣献其可，以去其否。”[①]晏婴在这里把“可”与“否”相对比，明确将“可”与“否”之间的对立表现论述为“否和说”。也就是说，由“多”到多中之“两”，由“异”到异中之“否”，从而把握差异中的对立。晏婴所提出的“济其不及，以泄其过”，其实已经十分接近“过犹不及”的命题了。

不仅如此，晏婴还论述了“和”的特点，他认为诸侯和顺就像和美的羹汤，恭敬谨慎、心平气和。先王总揽大政上下无怨言，天下没有纷争。晏婴还说，先王用调成五味、谐和五声的道理治国，于是心气平和、大政有成。声音也像味道一样，有一气、二体、三类、四物、五声、六律、七音、八风、九歌，这些相辅相成，还有清和浊、大和小、短和长、急和缓、哀和乐、刚和柔、迟和速、高和下、出和入、密与疏，这些相互补充。君子听了这样的音乐，于是心平气和，心气平和则道德和美。从上述论述中可以看出，“相反相济”思想是中国辩证法的优良传统。虽然我们在这里看不到“相反相济”的概念，但“相反相济”的辩证观点已经表露无遗。

由上可知，史伯与晏婴的“和同之辨”存在着前后发展的关系。史伯的观点主要是从本体论方面进行的论述。晏婴是在吸收史伯思想的

---

① 汤化译注：《晏子春秋》，中华书局 2015 年版，第 460 页。

基础上，从方法论以及认识论两方面着手。另外，史伯与晏婴的“和同之辨”还具有以下两方面不同的内容。一方面，晏婴“和”的思想比史伯“和”的思想内容更加对立统一。史伯思想中“和”的内容虽然包含了“相成”“相济”这两点，但是这两点内容并没有被明确地提出来。而在晏婴“和”的思想中，“和”不仅被明确地提了出来，晏婴还对“和”做出了一些规定。另一方面，史伯“和”的思想中并不含有“可”与“否”的概念，但是到了晏婴这里，在其“和”的思想中我们似乎可以看到“可”与“否”两者的相互结合。

第三，孔子中庸思想深受《周易》的影响。《周易》源于八卦图，相传系包牺氏所绘。上古圣人包牺氏在治理天下的时候，抬头仰望天空中的天文现象，俯身观察地形地貌形成的规律、法则，观看飞鸟、走兽身上的华丽纹饰，以及与地情相适宜的种种动植物，在近处从身体上取其象征，在远处从各类事物中取其象征，于是创立了八卦，用来汇通神明，归类天下万物的情态。

那么《周易》一书是如何论述“尚中”思想的呢？

首先，从《周易》卦辞的结构方面来说。八卦两两相重后就形成了六十四卦，六十四卦又分为三百八十四爻。吉、凶、悔、吝皆体现于卦象和爻象的变动之中。其中，阳刚和阴柔确定了六十四卦的根本，卦中的刚柔变通是为了趋向于适宜的时机。吉凶的变化说明了坚持正义的人会获得胜利。《周易》中每一卦的卦辞都是由六爻组成，其中第二爻位于下卦中爻位置，第五爻位于上卦中爻位置。杨天才和张善文在其译作《周易》一书中对“中爻”论述道，若是理解了二、五之中爻的吉凶之理，求知人事吉凶存亡，安坐在家就可以知晓万物了。由此可以看出，第二、五爻在整个卦辞中所起到的重要作用。在《周易》一书中，多数二、五爻的爻辞所表达的内容都具有吉利的意思，深刻地体现了中道思想。

例如《需》:“有孚,光亨。贞吉,利涉大川。初九,需于郊,利用恒,无咎。九二,需于沙,小有言,终吉。九三,需于泥,致寇至。六四,需于血,出自穴。九五,需于酒食,贞吉。上六,入于穴,有不速之客三人来,敬之终吉。”[①]在需卦中,九二爻辞表达的意思是说,坚持待在沙滩之中,虽然略有口舌之争,但只要坚持下去,最终必获吉祥。而九五爻是说,在危险面前,不犯险前行,需等待于酒食之前,这是吉利的。这里的九二爻上应九五爻,九五刚中而正,虽然“小有言”而最终没有危险。在实际生活中也是这样,有时我们面临困难,只要向好朋友寻求帮助,那么最终就有可能是吉利的结果。九五相对于九二,就如同是好朋友一样,九二之动虽然向困难接近了一步,但是,因为这时离险象尚远,所以还是处于等待之中,并且还有九五接应,最终还是有惊无险。而九五爻处于刚中之正位,可以享受酒食的美味,这种好处来自水在上,火在下的卦象,象生于物,有象则必有物。九五爻大多是吉利的,因为其有中正之德,君子之行,天尊之位。

《讼》:“有孚窒惕,中吉,终凶。利见大人,不利涉大川。初六,不永所事,小有言,终吉。九二,不克讼,归而逋。其邑人三百户,无眚。六三,食旧德,贞厉,终吉。或从王事,无成。九四,不克讼,复即命渝。安贞吉。九五,讼,元吉。上九:或锡之鞶带,终朝三褫之。”[②]九二爻辞是说,不能赢得诉讼,回到家后就急忙逃跑,跑到一个有三百户人家的城中,就没有灾难了。这也是吉利的爻辞。从九二爻辞可以看出,自古就有民不告官的说法,九二以失位之刚,怒而告上,告之不能赢,则急急忙

① 杨天才、张善文译注:《周易》,中华书局2011年版,第62—70页。

② 杨天才、张善文译注:《周易》,中华书局2011年版,第71—79页。

忙跑回家,跑到了人多处才能无害。告则有失,逃则有谋,终免于难。而九五爻是说,明辨诉讼之事,大吉。《讼》之爻多失位之争,争则多凶,唯有依赖于九五决之以礼、辩之以正。人能用其正则吉,君能用其正则大吉。由此可以看出,讼卦九二、九五两爻具有吉利的含义,具有"尚中"的含义。

《既济》:"亨小,利贞;初吉终乱。初九,曳其轮,濡其尾,无咎。六二,妇丧其茀,勿逐,七日得。九三,高宗伐鬼方,三年克之,小人勿用。六四,繻有衣袽,终日戒。九五,东邻杀牛,不如西邻之禴祭,实受其福。上六,濡其首,厉。"[①]从《既济》六二爻中可知,有妇女丢失了遮蔽车辆的竹席子,即使丢失了也不用去寻找,七天之后就会失而复得。就其卦象而言,因为其居中有应,有应则和,所以说可以失而复得。九五爻则说东边的邦国在祭祀的时候虽然杀了头牛,但是不如西边的邦国用饭菜祭祀,这是因为神灵享用谁的饭菜并不在于祭品的丰盛与否,而在于祭祀的人是否有德性,只有拥有"德"的人才能享有神灵的保佑。

《坤》:"元,亨,利牝马之贞。君子有攸往,先迷;后得主,利。西南得朋,东北丧朋。安贞吉。初六:履霜,坚冰至。六二,直方大,不习,无不利。六三,含章,可贞,或从王事,无成有终。六四,括囊,无咎无誉。六五,黄裳,元吉。上六,龙战于野,其血玄黄。"[②]《坤》强调一个人的行为道德,六二爻强调具有正直、端方、宏大品格的人,即使不学习,也能够顺利行事。六五爻则说,身穿黄色衣裳,就很吉祥。在我国文化中,黄色被尊称为高贵的颜色,这是因为它象征着土地的颜色,土能够促进万物的生长,所以自古就备受人们尊崇。六五爻本为君王之位,但是

---

① 杨天才、张善文译注:《周易》,中华书局2011年版,第543—550页。

② 杨天才、张善文译注:《周易》,中华书局2011年版,第26—36页。

《坤》之道是为臣之道，为妻之道，因此，六五爻就有臣居君位之嫌。所以，要想安定人心，安定天下，就必须内服中和之气，如黄色服于下饰。

我们在对《周易》一书中的吉利爻辞统计时注意到，在所有吉利爻辞的位置中，第二爻和第五爻吉利爻辞数量最多。统计表如下：

表 1 《周易》中吉利爻辞位置的统计数据

	大吉 元吉	吉利	无咎	总计
上爻	3	15	6	24
五爻	5	35	8	48
四爻	3	16	20	39
三爻	0	8	11	19
二爻	1	30	8	39
初爻	3	21	16	40
总计	15	125	69	209

从上述表格的统计结果中我们可以看出关于吉利爻辞两个方面的特征。一方面，从内容来说。在 209 个爻辞中，第二、五爻两爻所表达的吉利爻辞占总吉利爻辞数的 41.63%，这就充分说明在《易经》一书中"尚中"思想是其突出表达的内容。

另一方面，从结构来说，《易经》的二爻居于下卦之中，五爻居于上卦之中，其卦气最为纯粹，称为"中"。一般而言，这两爻在一卦中的地位最重要，卦爻辞的意义更为吉利，其结构本身就隐喻着"中道"的思想。

其次，在《周易》一书的爻辞中，很多都论述了"中道"以及"尚中"的思想。例如，《乾》："元，亨，利，贞。初九，潜龙，勿用。九二，见龙在田，利见大人。九三，君子终日乾乾，夕惕若厉，无咎。九四，或跃在渊，无咎。九五，飞龙在天，利见大人。上九，亢龙，有悔。用九，见群龙无首，吉。”①《乾》上九爻的爻辞“亢龙有悔”的意思是说巨龙飞至极高之处，就会出现悔恨之事。在这里，《乾》的爻辞很显然地直接表达了持中守正的尚中思想。天生万物，有盈有虚，有进有退，一张一弛，文武之道。飞龙处于穷极过高之处，“知进而不知退，知存而不知亡，知得而不知丧”②，故而终有悔恨之事发生。不仅如此，飞龙的活动方式和规律是与气候的变化和时节相联系的，时节有春夏秋冬，龙也有潜伏、在田、跃渊、飞腾在天的不同情况。我们虽然知道龙有“乾乾”之德，也有奋发有为的精神和能力。但是，它还是要待时而动，见机行事，不能妄动，更不能穷极其能。龙飞得不能过高，人做事也不能过极，过极则反，必有悔恨之事发生。龙的美德也就是天的美德，天德之所以能至高无上，就在于它以有序不争的精神实现中和之气象。

《大有》：“元亨。初九，无交害，匪咎。艰则无咎。九二，大车以载，有攸往，无咎。九三，公用亨于天子，小人弗克。九四，匪其彭，无咎。六五，厥孚交如，威如，吉。上九，自天佑之，吉，无不利。”③从九四爻辞的含义可以看出，排除自身的邪曲不正，则无所祸害。这说明，九四能够辨明自身的处境。同时这里也是对小人的一种劝诫之词，给了这些小人一条生路，并没有将其一棒打死。

《豫》：“利建侯行师。初六，鸣豫，凶。六二，介于石，不终日，贞吉。六三，盱豫，悔，迟有悔。九四，由豫，大有得，勿疑。朋盍簪。六五，贞

① 杨天才、张善文译注：《周易》，中华书局2011年版，第1—6页。

② 杨天才、张善文译注：《周易》，中华书局2011年版，第25页。

③ 杨天才、张善文译注：《周易》，中华书局2011年版，第142—148页。

疾，恒不死。上六，冥豫，成有渝。无咎。”[①]以上初六爻的爻辞，“鸣豫，凶”的意思是欢乐过甚，自鸣得意，则有凶险，非常明显地表达了事物都是有限度的，如果超过了极限，过了头，则定会带来祸乱。这里明确地表达了“尚中”的思想。

最后，《周易》一书中倡导“尚中”思想的方式不仅运用了隐喻，在有些内容中，《周易》还直接通过颂扬的方式，极力地赞颂“尚中”思想。

例如，《讼》：“有孚窒惕，中吉，终凶。利见大人，不利涉大川。初六，不永所事，小有言，终吉。九二，不克讼，归而逋。其邑人三百户，无眚。六三，食旧德，贞厉，终吉。或从王事，无成。九四，不克讼，复即命渝。安贞吉。九五，讼，元吉。上九：或锡之鞶带，终朝三褫之。”[②]从《讼》的卦辞“有孚窒惕，中吉，终凶。利见大人，不利涉大川”中可以看出，因为诚信被阻塞而心情恐惧，其过程中可能有短暂的吉利，然而最终还是凶险的。此时，有利于去拜见大人，但不利于去涉越大川。在这里，因为《讼》而“得利饶人”，则有“中吉”之象；因为《讼》而“结怨”则必“终凶”。其所谓“利见大人”，则对世人有更大的启发，因为争讼之事，不能私自了结，应该诉诸法律才是正理。

《离》：“利贞，亨。畜牝牛吉。初九，履错然，敬之，无咎。六二，黄离，元吉。九三，日昃之离，不鼓缶而歌，则大耋之嗟，凶。九四，突如其来如，焚如，死如，弃如。六五，出涕沱若，戚嗟若，吉。上九，王用出征，有嘉折首，获匪其丑，无咎。”[③]从《离》的六二爻辞“黄离，元吉”可以看出，黄色附着于天空时就会有大的吉利。黄色象征着高贵，在古代，只

① 杨天才、张善文译注：《周易》，中华书局2011年版，第157—165页。

② 杨天才、张善文译注：《周易》，中华书局2011年版，第71—79页。

③ 杨天才、张善文译注：《周易》，中华书局2011年版，第274—280页。

有帝王才能身着黄色的服饰，人们也往往有着这样的迷信：当黄色的云彩出现在天空时，就会被视为祥瑞之兆，就会有王者出现，就会国泰民安。这也是通过颂扬守持中正的黄色，表达“尚中”思想。

《夬》：“扬于王庭，孚号有厉，告自邑，不利即戎，利有攸往。初九，壮于前趾，往不胜为咎。九二，惕号，莫夜有戎，勿恤。九三，壮于頄，有凶。君子夬夬独行，遇雨若濡，有愠无咎。九四，臀无肤，其行次且；牵羊悔亡，闻言不信。九五，苋陆夬夬中行，无咎。上六，无号，终有凶。”[①]从九五爻辞的含义中我们可以看出，为了行中正之德，坚决、果断、快速地消除小人是正确的。爻辞以苋陆草比喻阴柔之小人，然后以九五卦为中，作为一卦之主，居于王者地位，以“夬夬”之决，获得“无咎”。

通过上述《讼》《离》《夬》三卦的爻辞可以明显地看出《周易》的“尚中”思想，它不仅体现了辩证的精神，强调矛盾的对立统一，还强调事物的适中、尚中。它要求在瞬息万变的复杂社会中保持中立、中正、不偏不倚。所以我们可以说，《周易》的“尚中”思想是积极的。孔子对《周易》就异常重视，他曾说，如果再增加他几年的寿命，让他在五十岁的时候去学习《周易》，那么就可以没有大的过失了。

概言之，孔子是在研习尧、舜“执中”思想，史伯、晏婴“和同之辨”以及《周易》思想之后，经过自己的理解和集成，才提出了儒家最为重要的“中庸”思想的。

2. 孔子“中庸”思想的主要内容

关于孔子“中庸”思想的主要内容及逻辑体系，一直都是历代儒家哲人争论不休的话题。这既与“中庸”思想体系的庞大有关，又与个人所处的时代背景、特定的阶级立场有着密切的联系。总的来讲，孔子不

---

① 杨天才、张善文译注：《周易》，中华书局 2011 年版，第 380—386 页。

仅从方法论的角度将“中庸”理解为“过犹不及”，还从本体论的角度将“中庸”视为一种“至德”。

(1)“中庸”本义辨析

“中庸”思想的提出是孔子在继承先人“执中”“和同之辨”以及《周易》爻辞里“尚中”思想的基础上，首次提出的。但是令人遗憾的是，孔子并没有对“中庸”的概念给出过任何解释。后世学者在理解孔子“中庸”思想的基础上，根据自己的理解对“中”和“庸”做出了明确的解释。

对于“中”的理解，历史上主要有“不偏不倚”和“中和”两种解释。

第一种，“中”表达了“不偏不倚”的含义，支持这种解释的人是朱熹。他在《四书章句集注》一书中指出：“中庸者，不偏不倚、无过不及，而平常之理，乃天命所当然，精微之极致也。”[①]但是也有部分学者对这一解释提出了不同的观点，如傅允生。他指出，朱熹将“中”解释为“不偏不倚”有些似是而非，朱熹只是理解了孔子“中”思想的表面含义，并没有理解更深层次的意思。傅允生指出，孔子“中庸”思想的“中”包含了两个层面的关系。第一层是指要讲究事情的主次关系。第二层是指在讲究主次关系的基础上又要保持主次之间的相对平衡，并以此来保证事物的稳定结构。朱熹用“不偏不倚”对“中”进行解释没有分清事物之间的主次关系，仅仅用“中”将主次关系变成了平等关系，这样一来主次之间就没有了差距，其矛盾性也就无从谈起。对于两者的观点，我们更倾向于朱熹的观点。我们认为，孔子提出“中庸”思想的重点是向人们指出矛盾事物发展的适度性以及矛盾双方的均衡性，这里虽然含有主次关系的意味，但重点并不在这里。

第二种，“中”表达的是“中和”的含义。支持这种观点的人是南朝

---

① 朱熹：《四书章句集注》，中华书局 2011 年版，第 21 页。

梁儒家学者皇侃和北宋儒学大师邢昺。皇侃在《论语义疏》中说：“中，中和也。庸，常也。鲜，少也。言中和可常行之德，是先王之道。”①邢昺疏曰：“中，谓中和。庸，常也。鲜，罕也。”②我们支持用“中和”来解释“中”的含义。这是因为“中和”实际上直接表达了“中”的实质性内容。从上文我们可以看出，孔子“中庸”思想继承了史伯与晏婴的“和同之辨”思想，而“和同之辨”最主要的内容就是对“和”的认识。以“中和”来解释“中”的含义，论述了孔子注重事物在发展的过程中对立统一、协调共处的一面。以“中和”来解释“中”是指在看待事物发展的过程中既承认矛盾双方具有对立性的一面，又承认矛盾双方具有同一性的一面。这里的“中和”并不是要回避相互矛盾的对立双方，而是要促进矛盾双方紧密结合在一起，促进各个部分朝着相互均衡、相互补充的方向发展，最终达到和谐统一的理想状态。

对于“庸”字的理解，归纳起来主要有以下几种解释。

第一，“庸”具有“钟”的含义。“庸”的原义是古乐器大钟，镛钟是日常使用之物。③

第二，“庸”具有“功”的含义。上文提到“庸”可以作“钟”解，那么“钟”也可以解释为“功”。《左传·襄公十九年》载道：“季武子以所得于齐之兵作林钟而铭鲁功焉。”④

第三，“庸”具有“用”的含义。《说文解字》一书载道：“庸，用也。从用，从庚。庚，更事也。”⑤

---

① 皇侃：《论语义疏》，高尚榘校点，中华书局2013年版，第149—150页。

② 何晏注、邢昺疏：《论语注疏》，中国致公出版社2016年版，第93页。

③ 许慎：《说文解字》，马松源主编，线装书局2016年版，第325页。

④ 郭丹、程小青、李彬源译注：《左传》，中华书局2012年版，第1253页。

⑤ 许慎：《说文解字》，马松源主编，线装书局2016年版，第325页。

第四，“庸”具有“常”的含义。“庸”不仅具有“用”的含义，还具有“常”的含义。朱熹《四书章句集注》载道：“中者，不偏不倚、无过不及之名。庸，平常也。……子程子曰：‘不偏之谓中，不易之谓庸。中者，天下之正道；庸者，天下之定理。’”①

第五，“庸”具有“功劳”的含义。《尚书》一书载道：“惟帝时举，敷纳以言，明庶以功，车服以庸，谁敢不让，敢不敬应。”②这里所论述的“功”与“庸”是相对而言的。另外，《国语·晋语》中也对此又载：“无功庸者，不敢居高位。”③

第六，“庸”具有“和”的含义。从前文中我们了解到，“庸”字在最初的含义是指一种乐器，叫作“镛”。这种乐器一般来说是单独悬挂起来，声音雍容华贵，造型优雅，代表着祥和的意思。

(2)孔子“中庸”思想的主要内容

孔子“中庸”思想主要包含了方法论——“过”与“不及”、本体论——“至德”两个方面的内容，具体如下。

就方法论而言。孔子从“过”与“不及”两个方面对“中庸”之所以被评为“至德”进行了论述。“子贡问：‘师与商也孰贤？’子曰：‘师也过，商也不及。’曰：‘然则师愈与？’子曰：‘过犹不及。’”④子贡询问孔子颛孙师和卜商哪一个人更优秀一些，孔子认为颛孙师有些“过”，卜商有些“不及”，“过”和“不及”都是一样的，两个人都不行。这里的“过犹不及”是孔子对“中庸”的界定。

孔子在此基础上又以下面三个例证，从正反两个方面对“中庸”思

---

① 朱熹：《四书章句集注》，中华书局 2011 年版，第 19 页。

② 王世舜、王翠叶译注：《尚书》，中华书局 2012 年版，第 46 页。

③ 陈桐生译注：《国语》，中华书局 2013 年版，第 493 页。

④ 陈晓芬、徐儒宗译注：《论语·大学·中庸》，中华书局 2015 年版，第 130 页。

想做了具体的论证。其一，孔子曾经对舜的行为论述道：“舜其大知也与！舜好问而好察迩言，隐恶而扬善，执其两端，用其中于民，其斯以为舜乎！”[①]舜喜欢向别人请教，并且在请教的同时，舜还善于分辨别人言论的长短，隐匿别人的短处，宣扬别人的长处，拿着人们过激和不足两个方面的意见，经过自己的折中之后再实施到民众当中去，这里舜既做到了“无过”也做到了“不及”。其二，孔子还曾对颜回为人的“无过”精神进行描述道：“回之为人也，择乎中庸，得一善，则拳拳服膺，而弗失之矣。”[②]孔子认为颜回的为人非常优秀，他常常守持中道，得到一条好的道理，就把握在胸中而不使它丧失。孔子说，这种“中道”行为比国家的治理、爵禄的辞去、利刃的踩踏更为艰难。其三，孔子还对侍奉君子容易犯的三种“过”的做法进行了论述：“侍于君子有三愆：言未及之而言谓之躁，言及之而不言谓之隐，未见颜色而言谓之瞽。”[③]言谈尚未涉及自己就抢先说，叫作急躁；言谈论及自己而不说，叫作隐瞒；不看君子的脸色而贸然开口，就如同盲人。

孔子在从“过”与“不及”两个方面进行论述之后，又对如何才能做到“中庸”的原则和方法进行了论述。孔子认为，要想做到“中庸”首先要坚守的原则就是不要勉强别人做不想做的事情，即“己所不欲，勿施于人”。至于具体的做事方法，孔子认为君子要做到敬重自身，不说错话，不做错事情，有好的事情就归功于别人，过错就归咎于自己，如果能够这样做，百姓就会服从君子的命令，认真做事，人们也就不会发生争执。至于为什么要贯彻执行“中庸”思想。就其目的而言，孔子主要是

① 陈晓芬、徐儒宗译注：《论语·大学·中庸》，中华书局2015年版，第296页。

② 陈晓芬、徐儒宗译注：《论语·大学·中庸》，中华书局2015年版，第298页。

③ 陈晓芬、徐儒宗译注：《论语·大学·中庸》，中华书局2015年版，第201页。

想通过“中庸”思想唤醒人们要努力完善自己的思想以及行为方式，让人们都能够专心考虑自己能力范围内的事情，脚踏实地、实事求是，不要存在非分之想，不要把精力放在自己并不擅长和自己职权范围外的事情上，最终达到贫困而不抱怨，富贵而不骄傲的理想境界。

就本体论方面而言。孔子将“中庸”视为一种最高的德性，并称其为“至德”。关于“至德”，孔子在《论语》一书中曾经做过两次论述。第一次是孔子赞颂周朝祖先古公亶父长子泰伯放弃君位继承：“泰伯，其可谓至德也已矣。三以天下让，民无得而称焉。”①泰伯为了完成父亲的遗愿，让其弟弟季历继承王位，携带另外一位弟弟仲雍出逃至勾吴，后来又创造各种条件使季历合理继承王位，老百姓在看到这种事情之后，真不知道能够用什么言语来称颂他，都说泰伯是具有最高道德的人了。第二次是孔子称颂周朝时期人才的兴盛：“三分天下有其二，以服事殷。周之德，其可谓至德也已矣。”②在周文王时期，虽然周文王已经得到了天下的三分之二，但是他还是以臣民的身份来侍奉殷朝。这时人们都称赞周朝的道德可真是高尚啊。“至德”作为最高等级的“德性”，之所以被孔子极力推崇，主要是因为“至德”的限度不仅难以把握，而且“至德”还要求人们在做事的过程中如果最终的结果没有达到预期理想的效果，首先应该反省自己，端正自己的行为，从改正自身做起，而不要事事都把责任推脱给别人。

总而言之，生于中华文明“轴心时代”的孔子与后世文化专制统治下的古代哲人的心态有所不同。他提出的“中庸”思想观念体现了一种不偏不倚、通权达变、和而不同的温和理性精神，显示出一种海纳百川、

① 陈晓芬、徐儒宗译注：《论语·大学·中庸》，中华书局2015年版，第89页。
② 陈晓芬、徐儒宗译注：《论语·大学·中庸》，中华书局2015年版，第96页。

气吞万象的宽容和大度，深刻地影响了中国古代哲学思想的形态建构。通过追本溯源、正本清源，可以看出孔子的“中庸”思想主要包括了方法论和本体论两个方面的内容：一方面，孔子将“中庸”视为一种思维方式并提出了“过犹不及”的辩证思想。这种思想表明任何事物或行为都有相互对立的一面，只有在两个对立面之间找到彼此的平衡点，使两极能够在运行过程中实现良性互补与彼此互动，才能在充满冲突与矛盾的现实世界中实现自己的价值理想。例如，孔子中庸思想中的情与理、义与利、形与神、虚与实、动与静、浓与淡、简与繁、疏与密、刚与柔、大同与小康、王道与霸道、德治与法治均是其思想在哲学领域渗透的结晶，都意欲在哲人的价值追求与世俗政治生活逻辑之间架设一座由此及彼的桥梁，构建一个温和理性的共享“城邦”。另一方面，孔子将“中庸”视作一种至德，“中庸”是“德”之最高境界，作为本体论层面的“中庸”是指每个生命个体都应努力追求一种多维和谐的道德素养。这种素养要求人们在修身养性、待人接物之时坚持适度的原则，进而达到中庸品质特有的张力及和谐状态。

孔子推崇的中庸思想作为我国古代优秀的思想文化遗产，有着极为丰富的内涵。它不仅为后世儒家哲人的思想和行为提供了一个导向性的价值取向，而且希望在理想与现实、哲学与政治之间建立一种健康的张力性关系，只有这样儒家济世救民的使命才有可能在现实生活中真正实现。值得注意的是，孔子的中庸观念不仅注重同质事物间的一致性与统一性，而且承认异质力量间的冲突与对抗。事物的发展不是异质力量主次关系间相互争斗转化的结果，而是通过采取调和的态度协调异质间的力量，进而维护异质双方的主次关系，保护事物的稳定性。不可否认，孔子的这种观念对于维护周礼，维护社会和谐稳定具有一定的促进作用。但从社会发展的角度看，孔子的这种改良主义哲学作为变革时代的产物具有一定的局限性。他幻想通过普及中庸思想使社会各个阶级各得其所、各安其分，希望在和谐中化解异质间的矛盾，其实是夸大了平衡的作用和价值，绝对化了异质之间的平衡，从而阻止、否定了矛盾之间的转化，阻碍了整个社会的进步和发展。

（二）子思"中和"思想的理论来源及内涵

通过对《中庸》文本之结构、内容、思想的解读可以发现，子思作为孔子的孙子，其对《中庸》的阐释不仅继承了孔子思想的精髓，而且巧妙地回避了"知其不可为而为之"的缺陷。他在阐发孔子"中庸"思想的同时，借鉴了老子的天道观，将传统天、命、性等观念融入《中庸》之中，使《中庸》之道更具哲理内涵。

1. 子思"中和"思想形成的理论来源

《中庸》载道："喜怒哀乐之未发，谓之中；发而皆中节，谓之和。中也者，天下之大本也；和也者，天下之达道也。致中和，天地位焉，万物育焉。"[①]在这里，子思以"中和"来解释"中庸"，明显将"中庸"从原来仅有的内在道德层面解释转向了外在的伦理层面，这时的"中和"思想侧重于表达一种外在的行为规范与准则。

我们之所以说子思的思想来源于孔子，是因为在子思的著作《中庸》一书中有很多的观点都来源于《论语》，并且在表达方式以及语义方面两者都有着惊人的相似。例如，《中庸》与《论语》一书都对中庸之道应作为人生修养的最高道德标准进行过相关的论述。《中庸》载道："子曰：'中庸其至矣乎！民鲜能久矣。'"[②]《论语·雍也》载道："中庸之为德

---

① 陈晓芬、徐儒宗译注：《论语·大学·中庸》，中华书局2015年版，第289页。

② 陈晓芬、徐儒宗译注：《论语·大学·中庸》，中华书局2015年版，第292页。

也，其至矣乎！民鲜久矣。”[①]不仅如此，《中庸》又载：“子曰：‘道之不行也，我知之矣：知者过之，愚者不及也。’”[②]这句话应该是来源于《论语》一书中的“道之不行，已知之矣”[③]，只是两处所表达的意义并不完全相同而已。

2. 子思“中和”思想的内涵

子思作为上承孔子下启孟子的关键人物，全面继承和发展了孔子的中庸思想。他不仅将“中”与“仁”“义”“礼”“智”“信”五种德性相连，而且将孔子的“用中”“时中”概括到“和”的内容里面，将“中和”思想上升到哲学思辨的高度。

(1)“中”的内涵

在了解子思“中”的内涵之前，我们先对《中庸》中的部分语句进行讨论：“喜怒哀乐之未发，谓之中；发而皆中节，谓之和。中也者，天下之大本也；和也者，天下之达道也。致中和，天地位焉，万物育焉。”[④]“是故君子戒慎乎其所不睹，恐惧乎其所不闻。莫见乎隐，莫显乎微，故君子慎其独也。”[⑤]

从以上表述我们可以看出以下几点内容：

第一，“道”时时刻刻都存在于我们身边，那些品德高尚的人通过“慎”和“独”两个方面的修养，来引导自己日常情感的变化和思维活动，以便他们自己可以从更深的层次了解自己精神方面的内容——“隐”和“微”。但是由于每个人“慎其独”的程度不同，所以每个人对“隐”和

---

① 陈晓芬、徐儒宗译注：《论语·大学·中庸》，中华书局2015年版，第72页。
② 陈晓芬、徐儒宗译注：《论语·大学·中庸》，中华书局2015年版，第293页。
③ 陈晓芬、徐儒宗译注：《论语·大学·中庸》，中华书局2015年版，第224页。
④ 陈晓芬、徐儒宗译注：《论语·大学·中庸》，中华书局2015年版，第289页。
⑤ 陈晓芬、徐儒宗译注：《论语·大学·中庸》，中华书局2015年版，第288页。

“微”的体会也不尽相同，进而所产生的效用也会有所不同。

第二，在子思这里，他通过“慎其独”的体会之后，从个人情感的角度入手对“中”进行了定义。他将“喜”“怒”“哀”“乐”四个方面的内容归结到了人们的情绪活动之中，赋予了“中”哲学层面的含义，更是将“中”提升到了“形上”的层面。《中庸》载道：“喜怒哀乐之未发，谓之中。”[①]“喜”“怒”“哀”“乐”作为人们内心所表达的自然情感，理所当然地存在于人们“性”的层面。万物之所以能够成立于世间，能够被人们认知，也来源于“性”，而人们如果失去了“性”，那么“喜”“怒”“哀”“乐”自然也就没有存在的道理和价值了。

第三，子思认为，既然我们每个人的个人情感以及情绪方面的内容都具有社会性的特点，那么人们通过“慎”和“独”进而感知到的自身情绪内在的“隐”和“微”也就理所应当具有社会性特点。他指出，如若想要激发个人的情绪机制，就必须同时满足需求和刺激两个方面的条件。就个人需求而言，如果个人没有某一方面的需求，那么人们就不会关心这一方面的事情，更不会激起内心情绪机制的变化，只有在内心具有强烈需求的时候才会引起个人情绪的变化。就外部刺激而言，如果外部没有出现能够诱惑到人们的刺激因素，那么人们的内心也不会产生情绪的变化，只有外部的刺激以及诱惑足以打动个人内心的欲望才能够引起情绪的波动。由此我们可以看出，只有外部刺激与内心需求同时得到满足的时候人们才会产生更大的“喜”和“乐”的情绪波动。如若自身的需求没有得到满足，并且外部的刺激继续存在的话，人们就会产生“怒”和“哀”的情绪。如若我们继续深究比“喜”“怒”“哀”“乐”更深的层面，抛弃那些需求、欲望以及各种困扰，让“喜”“怒”“哀”“乐”以及其他

---

① 陈晓芬、徐儒宗译注：《论语·大学·中庸》，中华书局 2015 年版，第 289 页。

的情绪不再发生，那么我们就会感受到自身内心最真实的存在。而产生这种真实存在的最根本原因就是“隐”和“微”。子思认为这是情绪情感发生的最深层最核心的因素，并将其命名为“中”。

既然子思将“隐”和“微”命名为“中”，那么“中”的具体内容又指什么呢？荀子曾经对子思批评道：“案往旧造说，谓之五行，甚僻违而无类……是则子思、孟轲之罪也。”[①]也就是说，按照往古的旧闻编造出来的新的学说叫作“五行”。子思倡导这种思想，孟子应和这种思想。由此我们可以看出，“五行”思想即“仁”“义”“礼”“智”“信”五种德性，它们也是子思思想的重要构成。而德性只有内存于心的时候才能够称为德性，“形于内”的“内”就是指人们的内心，而人们内心的核心内容就是“中”，所以“中”就是“五行”的源头。

由上可知，子思的“中”主要包含了两个方面的内容。一方面，人们通过清除自身各种贪念、欲望，以及情感的行为，进而使得人们自身内心虚旷，这时的“中”所表达的是“空”和“无”的意思。当人们的贪念、欲望、情感被自身抑制之后，内心虚旷，在这个时候，更深层次的精神存在“隐”和“微”就会逐渐显现出来，在这一时期，“中”具有“隐”和“微”的意思。当人们心中去掉一切杂念之后，自身就会体认出本来具有的内涵。而子思在这里将人们本身就具有的“仁”“义”“礼”“智”“信”五种德性进行了总结，命名为“中”。也就是说，“中”的内涵就是“五行”。另一方面，“中”还具有一定的社会伦理特点。从上文中我们得知，“中”是人们与生俱来的本性，而“性”又具有化生万物的作用，所以只要人们能够自觉地体认到，那么“中”就会自然而然地展现出来，这一展现的过程就是“发”的过程。此外，由于“中”是人们最真实的存在，所以“中”的展现过

① 方勇、李波译注：《荀子》，中华书局2015年版，第71页。

程并不会与外界的任何事物发生冲突，进而就会达到“和”的境界，即“发而皆中节，谓之和”[①]。

(2)“和”的内涵

在子思这里，“和”作为“中”的表现形式，他将孔子的“用中”“时中”等方面的内容都概括到了“和”的内容里面，《中庸》载道：“发而皆中节，谓之和。”[②]“喜”“怒”“哀”“乐”等各种情绪如果“未发”那就可以称之为“中”，如果在“发”的过程中，都遵守了“中节”的原则，那么我们就可以称之为“和”。这里所说的“中节”就是无论做任何事情都恰到好处，既不会出现“过”的情况，也不会有“不及”情况的发生。由此我们可以说，子思所论述的“和”就是“皆中节”的总体概括。

综上所述，子思的“中和”思想已经超越了孔子“中庸”思想的范畴，上升到了万物根本的境界。就如《中庸》中所论述的那样：“中也者，天下之大本也；和也者，天下之达道也。”[③]人们如果能够遵循这一准则，那么世界就会趋于一种和平、有序、安稳的状态，进而达到“天地位焉，万物育焉”的理想境界。

(三)孟子“中道”思想的理论来源及主要内容

孟子是继子思之后的又一位儒学大师。作为“亚圣”的孟子笃信孔子之道，在继承早期儒家学派有关“中”“中庸”“中和”“权”等文化精髓的基础上，提出了更加丰富、全面的“中道”哲学。这一哲学观念坚持以“时”和“中”为核心，在融入“经权”思想的同时，追求一种无过无不及、可进可退、不骄不馁的人生智慧。孟子讲究修己安人、内圣外王，主张

---

① 陈晓芬、徐儒宗译注：《论语・大学・中庸》，中华书局2015年版，第289页。

② 陈晓芬、徐儒宗译注：《论语・大学・中庸》，中华书局2015年版，第289页。

③ 陈晓芬、徐儒宗译注：《论语・大学・中庸》，中华书局2015年版，第289页。

天地万物生生不息、对立统一。其中的平衡、适度、合律、中正等和谐观念不仅是对先人尚中观念的继承和发展，而且是中华民族数千年的文化理论及伦理道德标准，承载着中华民族数千年来的精神诉求。

1. 孟子“中道”思想的理论来源

论及孟子“中道”思想的形成过程及理论来源，主要有以下两个方面。

第一，孟子“中道”思想深受孔子以前“中”“时”“和”等相关思想的影响。

从上文孔子“中庸”思想的有关内容我们可以看出，早在孔子与《论语》之前，与“中”“时”“和”等观念相关的内容其实就已经出现。这些内容不仅促进了孔子“中庸”思想的发展，而且对后世孟子“中道”思想的产生也有着非常重要的意义。

其一，有关“中”的思想的论述自古以来就层出不穷。例如，在《尚书》中就有着大量与“刑之中”相关的论述。它强调刑罚的制定和执行要始终贯彻用中的方针，绝不能够随意用刑。《尚书・吕刑》篇载道："士制百姓于刑之中，以教祗德。”[①]士师教导臣民遵守法令制度，而不至于犯罪受到刑罚，教导臣民敬重德性。“穆穆在上，明明在下，灼于四方，罔不惟德之勤，故乃明于刑之中。”[②]当君主的有美德在上，当大臣的能够明察于下，政治清明，光辉照于四方，所有的人无不勤勉地根据德教办事，因此用刑完全合乎法律，臣民完全服从统治，而乐于服从法律。“非天不中，惟人在命。”[③]这里并不是上天对那些贪赃枉法的官吏不公

① 王世舜、王翠叶译注:《尚书》，中华书局 2012 年版，第 321 页。

② 王世舜、王翠叶译注:《尚书》，中华书局 2012 年版，第 322 页

③ 王世舜、王翠叶译注:《尚书》，中华书局 2012 年版，第 331 页。

平，而是那些人自招绝命的祸殃。即是人与“命”的互动，成就了“中”。不仅如此，《尚书·酒诰》篇也记载了有关“中”思想的论述：“尔克永观省，作稽中德。”[①]这里要求人们要能够长久地观察自己的行为，使自己的言行举止合乎道德标准。而是否能够做到用“中”，其主要取决于人们自身。如果每个人都能严格要求自己，就能够使自己的行为合乎道德标准。如若人们放松了自己，那么最终上天也会惩罚那些无德之人。另外，《尚书·盘庚》篇中也提到：“汝分猷念以相从，各设中于乃心。”[②]在这里，盘庚要求人们同心同德按照盘庚的意见行事，把正道放在心中，如若行为不善，不按正道办事，猖狂放肆，违法乱纪，胡作非为，那么盘庚就会把这些人杀掉。

其二，“时”作为孟子“中道”思想的主要来源之一，其主要特点就是既强调在动态的变化过程中保持随时的变换，又要求在动态变换的同时实现“中”的状态。例如，《诗经·周颂·我将》篇曰：“我其夙夜，畏天之威，于时保之。”[③]这句话亦即，要依其时来处理人与天的关系，鉴于天象对于人所具有的意义，从而要求人的作为必须适恰于“时”。这与“故作大事，必顺天时”的意蕴具有一致性，即以“时”对人之作为的合理限度做了相应的规定。另外，《易经》不仅从结构、内容两个方面注重“中”的演变，而且对“时”也是无时无刻不保持着关注。我们知道，《易经》中六十四卦的内容最突出的特点就是“变”，但是“变”的过程不是随意的“变”，而是要求在把握“变”的前提下，促进其往和谐、健康方向发展，这才是《易经》所想要表达的“时”的核心意义。值得我们留意的是，《易

① 王世舜、王翠叶译注：《尚书》，中华书局 2012 年版，第 200 页。

② 王世舜、王翠叶译注：《尚书》，中华书局 2012 年版，第 117 页。

③ 王秀梅译注：《诗经》，中华书局 2015 年版，第 750 页。

经》中“时”所关注的对象已经开始慢慢地偏向人类行为的主观能动性方面，而不是仅仅局限于“天”这一方面的内容，这么做的益处在于能够有效地防范夸大天在“时”方面的作用。

其三，孟子“中道”思想的最后一个来源就是“和”的思想，这也是“中庸”思想所追求的总体目标。至于“和”思想的来源，我们可以追溯到史伯、晏婴的“和同之辨”，这一内容在前文中我们已经进行过论述，此处不再赘述。

总之，孟子“中道”思想受到了孔子、子思以及他们以前“中”“时”“和”等内容的影响，这些内容不仅对孟子“中道”思想的形成产生了一定的影响，而且孟子在继承这些思想之后，对其又有了新的论述和发展。

第二，孟子“中道”思想深受《论语》《中庸》及郭店楚墓竹简中“中庸”思想的影响。

孔子集前人有关“中”思想之大成，将相关内容统一于“中庸”之下，并以此为基础展开了他的儒学思想。而这些内容都相对集中于《论语》之中，从而使《论语》成为“中庸”发展史上既具总结意义，又相对拥有开创性价值的文本。孔子的“中庸”思想大致可以分为两个方面的内容：一方面，孔子将“中庸”看成一种至德；另一方面，“执两用中”“过犹不及”是实现“中庸”的必要手段和方式。孔子中庸思想的内容在上文中已经进行了论述，在此不再赘述。

《中庸》一书在沿袭孔子“中庸”思想的基础上，将其理论上升到了哲学的高度。《中庸》不仅将孔子的思想进行了系统化、专业化的论述，而且还将孔子“中庸”思想方法论方面的内容进行了完整的论述。《中庸》一书载道：“舜其大知也与！舜好问而好察迩言，隐恶而扬善，执其两端，用其中于民，其斯以为舜乎！”[①]舜之所以能够成为“大智”，并不在于显示自己个人的聪明才智，而在于调动大众的聪明智慧并加以合理的运用。他能够广泛听取他人的意见，然后进行系统的分析和选择，也就是上文中所说的“好问”“好察”，而于众多善言之中，舜又能够把握“过”与“不及”之两端进行审查，选取其中最合理的方案加以施行，对不合理的意见隐而不宣，对好的建议则大加赞扬。也正是由于他的豁达大度，胸襟开阔，所以人们都乐于以善言相告。也正是因为这样，他制定政策就避免了“过”和“不及”的偏差而完全合乎中庸之道了。这是集天下之人的智慧为一身的智慧，所以称之为“大智”。另外，《中庸》又载：“中也者，天下之大本也；和也者，天下之达道也。致中和，天地位焉，万物育焉。”[②]“中”与“和”作为“中庸”思想的具体形态，“中”就是天下一切道理的最根本所在，“和”就是天下一切事情最普遍的规律，能够达到“中和”的境界，那么天地就可以各就各位而运行不息，万物就能够各随其性而生长发育了。由此可见，在《中庸》一书中，“中庸”的重点更加倾向于道德本体论方面，这对孟子“中道”思想的产生也起着促进作用。

被发现于湖北省荆门市的郭店楚墓竹简，包含儒、道两家思想的多种古籍，在孔子和孟子之间起到了承接作用。郭店楚墓竹简产生的时间介于孔、孟之间，内容虽然没有明确论述“中庸”思想，但是其最大的贡献在于填补了介于孔子时期和孟子时期文献上的空白，更为重要的是，郭店楚简的发现对理解孔、孟两位儒学大师思想之间的承继关系起到了至关重要的作用。

---

① 陈晓芬、徐儒宗译注：《论语·大学·中庸》，中华书局2015年版，第296页。

② 陈晓芬、徐儒宗译注：《论语·大学·中庸》，中华书局2015年版，第289页。

郭店楚墓竹简中的多数古籍都非常注重臣、民两者对社会的发展所起的重要作用，认为官臣和子民作为国家最重要的组成部分有着极为强大的力量，他们既可以推翻统治者的统治，也可以帮助统治者促使一个国家走向繁荣昌盛，而决定这一走向的就是君主的德性。君主有德，则君民一心，国家繁荣昌盛。君主无德，则山河破碎。不仅如此，在论述君子人格的特征方面，郭店楚墓竹简中有从“中”的角度论述君子德性的记载：“凡用心之躁者，思为甚。用智之疾者，患为甚。用情之至者，哀乐为甚。用身之便者，悦为甚。用力之尽者，利为甚。”[①]此句正突出了对“度”的重视，即必须防止“心”“智”“情”“身”“力”中任何一者的单方面膨胀，应将它们都限制在合乎德性的“度”的范围内，最终达到多者的统一。

郭店楚墓竹简中对“时”也进行了相关的论述。其中有一篇文章叫作《穷达以时》，从以“时”作为篇名我们就可以看出“时”的重要地位。另外，在《性自命出》篇中，其作者也将“时”作为判断君子人格是否满足的必要条件。例如：“五行皆形于内而时行之，谓之君子。”[②]在这里，“五行”主要是指“仁”“义”“礼”“智”“圣”这五种品格，而这五种品格都必须与“时”进行结合，才会在君子的现实生活中表现出来。由此我们可以说，“时”就是君子内在品格中最重要的特点，也正是由于“时”的外现，我们才能够在现实生活中看到完整形态的君子。

2. 孟子“中道”思想的主要内容

正如前文所述，孟子作为继孔子、子思之后的又一位儒学大师，其

---

① 荆门市博物馆：《郭店楚墓竹简·性自命出》，文物出版社 2002 年版，第 70 页。

② 转引自郭沂：《郭店楚简与先秦学术思想》，上海教育出版社 2001 年版，第 458 页。

“中道”思想必然与前面两位的思想有一定的共性。但是，受到历史背景以及孟子本人理论风格的限制，孟子“中道”思想也有其独特的韵味，其思想的主要内容体现在“中”“时”“经权”三个方面。

(1)孟子对“中”的理解

就孟子“中道”思想的“中”而言，“中”主要表示“不偏不倚”的含义。

从形式上来理解，孟子“中”的思想实际上是指对适度原则的关注。与别人不同的是，孟子并没有把大量的注意力放在“两端”与“中”两者之间的关系上，而是将不偏不倚的思想融合到具体的问题上来，并将“中”的思想以“中道”的方式展开论述。与孔子的做法有些相似，孟子也是在对“异端”批判的同时，将其“中”的思想进行展开，并保证“中道”思想理论的实现。《孟子·滕文公下》载道：“圣王不作，诸侯放恣，处士横议，杨朱、墨翟之言盈天下。天下之言不归杨则归墨。杨氏为我，是无君也；墨氏兼爱，是无父也。无父无君是禽兽也。”[①]如果圣王不再出现，各个诸侯就会变得肆无忌惮，一般的士人也会乱发议论，杨朱、墨翟的学说充满天下，于是所有的主张不属于杨朱派就是属于墨翟派。杨朱派主张个人第一，这就否定了对君上的尽忠，就是目无君上。墨翟派的人主张天下同仁，不分亲疏，这就否定了对父亲的尽孝，就是目无父母。目无君上，目无父母，那就是禽兽了。在这里，孟子对杨朱派和墨翟派的思想进行了批判，他认为虽然这两个派别的思想容易被普通百姓接受，但是这两派的行为都是一种“异端”的行为，都陷入偏执。孟子认为，这两种行为都是以牺牲人伦为前提条件，其最终的结果就是导致整个社会处在“无君、无父”丧失社会伦理秩序的状态。它不仅模糊了父子之间的亲情关系和君臣之间的等级关系，更为严重的是，整个社会

① 方勇译注：《孟子》，中华书局2015年版，第121页。

的伦理秩序都会丧失,那么人就和禽兽没有什么差别了。

就杨朱学派来看,孟子认为他们过于注重血亲之间的特殊关系,轻视了人与人、君与臣之间的关系。而人作为群体动物,不可能置身于社会之外,更不可能不与血亲之外的人们交往。孟子认为,为了维系情感的需要,人们对纯粹的血缘关系非常重视,但是基于血缘的爱,并不能够和仁爱相提并论。究其原因,纯粹的血缘的爱并不是面向大众的,是以小群体为基础的,是自私的。而孟子所提倡的爱是面向社会大众的,是无私的。

与杨朱学派的思想内容相反,墨翟一派将杨朱学派最注重的以血缘为基础的私爱丢弃,主张爱的普遍性和平等性,强调人与人之间的爱无差等。而这一做法的直接后果就是“兼爱”只能作为一种理想,在现实生活中不可能实现。从墨翟学派的思路来看,他们正是在观察到现实生活中基于血缘关系的私爱具有狭隘以及等级差别的特点,才提出了“兼爱”的主张。虽然他们的目的是脱离“私”的一端,却将“兼爱”这一最终目的等同于实施“兼爱”的整个过程,更为可怕的是,墨翟学派还忽略了仁爱的实施必须具有方向性这一特点,那么其最终的结果也是可以预见的,“兼爱”进入了另外的一个极端,成为泡影,并没有在社会生活中实施开来。

既然孟子反对杨朱学派和墨翟学派的理论观点,而且孟子所主张的“中道”思想具有“不偏不倚”的含义,那么孟子仁爱思想的主张到底是什么呢?他又是如何做到不偏不倚的地步的呢?对于仁爱思想,孟子主张用“推恩”的方法将以血缘关系为基础的血亲之爱提升到适应于全社会的仁爱。一方面,孟子强调人要有仁爱之心:“仁者无不爱也,急亲贤之为务。”[①]他认为，具有仁爱之心的人没有不爱的人，但是务必先爱自己的亲人和贤者。孟子还说道：“尧、舜之仁不遍爱人，急亲贤也。”[②]尧舜的仁德不能普遍爱一切的人，因为他急于爱亲人和贤者。另一方面，孟子主张要在以血亲之爱为基础的前提下，超越这一界限，将爱推行到全天下的人。这一推行的过程就是“推恩”的过程。至于“推恩”的原则以及“推恩”的方向性，孟子认为应从尊重自家的长辈，从而推广到尊敬别人家里的长辈；爱护自家的儿女，从而推广到爱护别人家里的儿女。如果一切政治措施都由这一原则出发，统一天下就像在手里转动东西那么容易了。《诗经》中载，先给妻子做榜样，再推广到兄弟，再推广到封邑和国家。这就是说，把这样的好心好意扩大到其他的方面去就行了。所以由近及远地把恩惠推开，便足以安定天下。如果不这样，甚至连自己的妻子都保护不了。古代的圣贤之所以远远地超越一般的人，没有别的诀窍，只是他们善于推行他们的好行为罢了。从以上论述可以看出，孟子“推恩”的方向就是从“吾”到“人”，从自己到别人。也正是由于孟子“推恩”方向的正确性，才使这一思想的推动过程更加具有现实性和可行性，才能够更多地继承儒家的仁爱思想，进而打破杨朱和墨翟两个学派出现的“私爱”和“兼爱”。

总之，孟子“中道”思想的“中”是指不偏不倚的意思，而若要想做到不偏不倚，就必须把握好这个“度”，既不能“过”也不能“不及”。

(2)“时”：应天而动

在孟子的“中道”思想里，除了上述的“中”以外，还有“时”的观点。孟子之所以将“时”作为“中道”思想构成的主要内容，主要是因为“时”

---

① 方勇译注：《孟子》，中华书局2015年版，第282页。

② 方勇译注：《孟子》，中华书局2015年版，第282页。

是保证“中道”思想能够在现实生活中成功施行的前提条件。如若没有“时”与其相呼应，那么“中道”思想就会失去生命力，成为摆设。孟子对“时”的关注点与孔子不尽相同，他将“时”与现实中的具体情况相结合，给予了正面的论述。例如，孟子在将“时”运用到农业生产时说道：“不违农时，谷不可胜食也。数罟不入洿池，鱼鳖不可胜食也。斧斤以时入山林，材木不可胜用也。……五亩之宅，树之以桑，五十者可以衣帛矣。鸡豚狗彘之畜，无失其时，七十者可以食肉矣。百亩之田，勿夺其时，数口之家可以无饥矣。”[①]不仅如此，孟子还说道：“五母鸡，二母彘，无失其时，老者足以无失肉矣。”[②]五只母鸡，两只母猪，不间断地喂养它们，使它们繁殖，老年人就足以有肉吃了。另外，孟子还在劝说梁惠王施仁政的时候说道：“彼夺其民时，使不得耕耨以养其父母，父母冻饿，兄弟妻子离散。彼陷溺其民，王往而征之，夫谁与王敌？故曰：‘仁者无敌。’”[③]秦国、楚国无时不在征兵服劳役，侵占了百姓的生产时间，使他们不能够靠耕种来养活父母，他们的父母受冻挨饿，兄弟妻子东逃西散。秦王、楚王使他们的百姓陷入痛苦的深渊之中，这时有人去讨伐他，那有谁抵抗呢？所以老话说，仁德的人是无敌于天下的。

以上例证可以看出，孟子“时”观念的独到之处在于不仅将“时”的观念融入了人们对自然天“时”的观念中，而且指出“时”与自然之天相联系的最终目的就是民生。在孟子看来，人们应该充分认识自然的变化规律，将生存和发展与天“时”相结合，摒弃那些过度的人为干扰的因素，孟子最终目的是推行德性。另外，上述例证中的“不违农时”与“斧

① 方勇译注：《孟子》，中华书局2015年版，第5页。
② 方勇译注：《孟子》，中华书局2015年版，第268页。
③ 方勇译注：《孟子》，中华书局2015年版，第8页。

斤以时”虽然从正、反两个方面论述了“时”的关键作用，但究其实质，孟子是想提醒人们要以积极的、认真的态度看待“时”的重要作用。孟子认为，天地自然的变化和万物的发展规律是人类无法左右的，这些变化规则构成了人类活动的前提条件，我们只有在完全尊重天“时”条件的基础上，认真行事，尊重天地变化规律，才能保证自身生活的良性发展。如果人们肆意妄为，随便破坏自然万物的“时”的基本规律或者不尊重“时”的变化规则，不仅不利于自身发展，恐怕最终也将会得到应有的惩罚。所以，针对自然以及天地的变化规则而言，孟子在将“时”作为“中道”思想观念的重要内容的基础上，一再地强调“时”对人们日常活动的重要作用，虽然孟子并没有在此基础上进一步提出物质第一性的观点，但是就人类的生存和发展来说，将天“时”作为人为活动的限制因素已经具有了一定的进步意义。

从上述孟子对于天“时”的关注可以看出，孟子非常重视天道。也就是说，孟子认为“天道”是人类能够得以活动的前提条件。但是，孟子并没有用“天道”来压制“人道”，将“天道”与“人道”彻底对立起来，而是遵循了和谐共处的原则，找出了一条能够使“天道”与“人道”和谐共处的路径，人们不仅能够在“天道”的统治下自由生活，而且还能通过提高和升华自身的修养，努力结合“天道”中“时”的观念，最终达到“天人合一”的境界。也就是说，孟子“中道”思想下的“时”的观念并不是被动地接受“天道”的规则，而是具有更多主动的、人为的色彩。与其说是人们被动地接受“天道”的馈赠用以养育自己，不如说是人们在遵守“天道”基本规则的前提下，主动地从“天道”那里获得应有的回报，更为重要的是，孟子把这一主动行为当作人类德性的组成部分。

在这里我们需要注意的是，孟子之所以注重“时”这一观念，固然是要为人们的正常活动找到合理的解释。但是，他并不将天“时”作为其思想的根本目的,而是在此基础上提出了更为重要的“重人为”的观点。他认为,天“时”只是最基本的条件,“人为”才是其思想的主要目标。他说过:“天时不如地利,地利不如人和。”[①]从大的方面来讲,“地利”已被包含到“天时”里面了,孟子之所以在句首就抛出“天时”和“地利”这两个观念就是从人的角度来说的,并以此来强调“天时”对人的重要作用。而在最后提出的“人和”则是这句话的重中之重,孟子认为“地”的作用大于“天”,“人”的作用大于“地”,对“人”的突出就是对人的德性的突出。由此,在孟子看来,人的作用才是最重要的。所以孟子将“天”“地”“人”三者里他最看重的“人”划到了“时”的范畴里,并认为识“时”之人就是有德之人,如果悖逆天“时”,那么就是无德之人。有德之人必须在秉持德性的基础上,及时关注天“时”,并将其推展开来,才能真正一统天下。

在孟子“中道”思想中,“时”的观念还体现在人与人的关系之中。《孟子·公孙丑下》载道:“彼一时,此一时也。”[②]在这里,孟子不仅要求人们要根据具体的“时”而实施自己的行为,而且要求人们不能完全固定于某一时期的某个“时”的内容而一成不变,其中体现了孟子思想追求动态性的主张。孟子认为,人们要在保持自身德性这一基础上,在特定的时间,特定的地点,针对特定的具体情况,做出特定的实施方案。例如,有人针对孟子在对待父母丧礼上的不同做法评论道:“何哉,君所为轻身以先于匹夫者?以为贤乎?礼义由贤者出,而孟子之后丧逾前丧。君无见焉。……非所谓逾也,贫富不同也。”[③]在这里,臧仓劝告平

---

① 方勇译注:《孟子》,中华书局 2015 年版,第 65 页。
② 方勇译注:《孟子》,中华书局 2015 年版,第 83 页。
③ 方勇译注:《孟子》,中华书局 2015 年版,第 41—42 页。

公尊重自己的身份，不要先去拜访孟子，因为孟子不是贤德之人，贤德之人的行为应该合乎礼仪，而孟子办他母亲的丧事大大超过了他父亲的丧事。平公听到后，就不去看孟子了。乐正子后来问平公为什么不去看孟子，平公说，孟子办他母亲的丧事大大地超过了以前办他父亲丧事的规模，这是不孝的表现，乐正子却反驳道，那不叫超过，只是前后贫富不一样罢了。由这一例证我们就可以看出"时"的复杂性。关于对孟子的指责，我们认为，如果我们以静态的眼光来看待孟子父母之丧的事情，孟子确实存在着失礼的行为表现，因为后事确实比前事更加隆重一些。但是如果我们以动态的眼光来看待这件事情，孟子在父母前后逝世的这段时间里，其自身的境遇和社会地位发生了重大的改变，他有了更大的尽孝能力。如果还以原有的方式处理丧事，那在孟子看来就是不孝，所以孟子只有以规模更大的形式来安葬自己的母亲，才能够表达自己对亲人的思念之情。换句话说，也正是由于孟子对于"时"的正确把握，采取了更为合适的形式上的"逾"，才将其"中道"思想中"时"观念的动态性表现得淋漓尽致，才更加符合"时"具有德性的特点。

另外，孟子"时"的观点也可以从其对伯夷、伊尹、柳下惠、孔子几位圣人人格的评价上得到体现："伯夷，圣之清者也；伊尹，圣之任者也；柳下惠，圣之和者也；孔子，圣之时者也。孔子之谓集大成。"[1]在这里，孟子对几人的评价是，伯夷是几个圣人中清高的人；伊尹是圣人中负责的人；柳下惠是圣人中随和的人；孔子则是圣人之中最识时务的人；我们可以称孔子为集大成者。这里孟子之所以这么评价这几位圣人，是因为如果这几位圣人做任何事情都始终坚持自身特点的话，那么伯夷因为清高就容易伤到别人，伊尹因为做事负责就容易累到自己，柳下惠因

① 方勇译注：《孟子》，中华书局 2015 年版，第 193 页。

为随和做起事情来就会变得没有度，这样他们就很难达到“中道”的状态。孔子之所以被称为集大成者，是因为他一人几乎具有了以上几个人的所有高尚品格，并且可以做到因“时”而圣。孔子可以做到应该走的时候马上就走，应该继续干的时候就继续干，应该不做官的时候就不做官，应该做官的时候就做官，由此可以看出，孔子也是最识时务的人。当然，相对于孔子来说，伯夷、伊尹、柳下惠三人是有些偏激的嫌疑，但是我们在这里并不能说三人没有“时”的品质，朱熹在评论三人的品格时说道：“三子之行各极其一偏。”[①]在孟子看来，“三子”也有其自身的德性，我们并不能因为他们三人在某一品德方面表现得更为明显，就将其另外的德性忽略掉。如果孔子遇到了相同的境遇，那么恐怕孔子也会将这些品质表现出来。人们之所以称孔子是“圣之时”，并不是说孔子在任何的境遇中都能够表现出像他们三人各自具有的清高、随和、实务的品质，而是说孔子在不同的境遇中能够通过“时”的特征，给出相应的表现，而不会居于一处。就像孟子评价三人那样，处在卑贱的位置，不拿自己贤人的身份去服侍不肖的人，这是伯夷；五次前往汤那里，又五次前往桀那里，这是伊尹；不讨厌浑浊的君主，不拒绝卑微的位置，这是柳下惠。他们三人虽然行为迥异，但是从最根本的方面来看，都以“仁”作为他们行事的根本，其所做的一切事情都是为了达到道德方面的善。

人与人方面的“时”是指在具有德性这一基本条件的基础上，随着时间、地点、人物、事件的不同，人们表现出在不同德性方面的侧重。这一侧重并不是指偏向某一方面，更多的是指以“中道”为主要内容作为支撑。

孟子“时”的观念不仅表现在上述他所论述的天“时”以及人与人之

---

① 朱熹：《四书章句集注》，中华书局2011年版，第295页。

间的"时"的内容上。在其自身方面,孟子"时"的观念主要体现为"好辩"这一特性,而且这一特性也正体现了孟子的"中道"思想。"争辩"这一词,就其表面意义来说,往往给人一种不好的印象,因为它并不是人们所推崇的依靠德性来使人从内心信服。面对外界的种种质疑,孟子也给予了相关的回答:"我岂好辩哉?予不得已也。"[①]也就是说,孟子将自己"好辩"的特点解释成不得已而为之。至于为什么孟子说是不得已而为之。一方面,孟子的"好辩"是符合当时社会的道德状况的,其并没有违反德性原则。另一方面,孟子的"好辩"也有其存在的合理因素。孟子以天下苍生为己任,勇于承担社会责任,并以此作为实现自身价值的必要条件。孟子之所以"好辩",不是因为具有独断的倾向,而是因为"时"的相对性,其目的是伸张儒家之道。但是如果从孟子所"辩"的对象和内容来看,孟子并没有想将不同于儒家的各家思想全然否定,而是在吸收各家思想的基础上,对儒家的思想进行补充。

总的来说,孟子"中道"思想之所以能够实施,离不开孟子对"时"的注重。一方面,孟子在提出天之"时"的情况下,强调天道能够对人道产生绝对的影响,并在此基础上提醒人们应该注重与天之"时"的配合。另一方面,孟子从人之"时"的角度进行关注,强调在人道方面"时"的重要性,他要求人们要恪守人伦之德,并以此来突出德性在"中道"思想方面的重要作用。换句话说,天"时"、人与人之"时"、人之"时"三个方面的内容构成了孟子"中道"思想中"时"的内涵。但是就其相同的特点而言,它们都要在具有"德性"这一共同特点的基础上,才能够真正发挥出"中道"思想的重要作用。

---

① 方勇译注:《孟子》,中华书局2015年版,第120页。

(3)经权思想

孟子经权思想的内容是构成孟子“中道”思想的核心。由于后文会对儒家经权思想进行单独的论述,这里不再赘述。

由上可知,出生于战国时期的孟子作为一名有理想、有抱负的思想家前后用了二十多年的时间游历齐、宋、魏、鲁等国,游说于各君主之间,积极推行自己的“中道”思想,以不同的意蕴、向度展现了自己的治国理念,取得了较好的成效。他既内求于己,又外取于人;既独善其身,又兼善天下;既严守中道,又不固守教条;既摒弃自暴自弃、舍旷仁义、口腹之欲等恶行,又注重仁义礼智之心与浩然之气的培养;既反对“执中无权”,又反对“权”之滥用。他主张将“权”与“执中”联系起来,并提出了“执中无权,犹执一也”的精辟论断。凡此种种,无不体现出孟子高度的理性精神和崇善尚和的过人智慧。就当时的社会而言,孟子的“中道”思想是进步的,深刻反映了个人价值与社会价值的和谐统一。他在注重存养善心、独善其身的同时又重视推己及人、兼善天下。面对“世衰道微”的动乱时代,独行其道、养志待时,怀着“天将降大任于斯人也”的使命感,以“舍我其谁”的自信和气概希望在恰当之时“正人心”“息邪说”进而实现建功立业、兼善天下的宏大愿望。

(四)荀子“中和”思想的理论来源及主要内容

“中和”思想是荀子继孔子、子思、孟子之后提出的又一概念,它是儒家“中庸”思想在战国后期的延续。“中和”思想主张通过协调异质以及调节矛盾之间的冲突,从而促使天地万物能够和谐共生,最终呈现“群居合一”的社会理想局面。

1. 荀子“中和”思想产生的理论来源

“中和”思想在我国源远流长。早在尧、舜、禹时期,“中和”观念就已经处于发展的萌芽状态。虽然这一时期的“中和”观念还没有形成具体的哲学的理论形态，但三帝已经将“中”作为其处理政务的准则以及培养接班人的考察原则。孔子在继承《尚书》《周易》以及史伯和晏婴“和同之辨”等思想的基础上，提出了自己的“中庸”思想。关于如何才能够达到中和之道，孔子将“无过无不及”作为达到中和之道的标准，并提出了“叩其两端”的说法，强调处理问题要从全局出发，从整体的角度考虑，进而达到“无过无不及”的状态。子思在《中庸》一书中，第一次提出了儒家完整概念的“中和”思想，并指出“中”是促使社会和谐的根本，“和”是世人处理日常事务以及协调人际关系的关键因素。在《中庸》中，子思从人们日常情绪的角度出发论述“中”与“和”，他指出喜、怒、哀、乐作为人们最基本的日常情绪应该得到释放，并且从释放以后的结果来看，如果是适宜的，那么就达到了“中和”的状态。在此基础上，子思还指出人们应该以更加包容的态度对待世间万物，只有这样才能够达到“中和”之道。孟子主张“取中”反对“执一”的观点是其“中和”思想的一大特色。至于如何才能够达到“中和”的状态，孟子在主张“推恩”理念的基础上提出了“老吾老，以及人之老；幼吾幼，以及人之幼，天下可运于掌”[1]的思想主张，其目的是想要以“推恩”为方法，促使人们都能够在赡养自己家庭老人的基础上照顾别的家庭的老人，在抚养自己孩子的基础上，也照顾别人家的孩子，进而完全实现全体民众之间以及君民之间的和谐状态。

2. 荀子“中和”思想中的“中”“和”之义

荀子“中和”思想在《荀子》一书中得以体现。《荀子·王制》载道：

---

① 方勇译注：《孟子》，中华书局2015年版，第12页。

“故公平者，职之衡也；中和者，听之绳也。”[1]在这里，荀子坚持公平是职权的尺度，中和是处理政事的准绳。这句话中的“和”与“绳”不仅是判断事情是非标准的重要尺度，而且代表着荀子“中和”思想的重要标准。从静态的角度来看，“中和”思想是指相互抵制、相互冲突、相互异质的各方面能够相互包容、相互依赖，进而达到共存的和谐状态。从动态的角度来讲，“中和”思想在融合世间万物的基础上，创造了五彩缤纷的世界，是万物的来源。由此可见，荀子“中和”思想是在兼容与包容的过程中逐渐得以形成的。

(1)荀子对“中”的训释

在荀子“中和”思想中，“中”的含义主要包含了以下两个方面的内容。

第一，“中”字包含了“时中”的内容。

“时中”作为荀子“中”思想的主要内容，其核心主要体现在荀子提出的“法先王”和“法后王”的观点上面。《荀子·儒效》载：“先王之道，仁之隆也，比中而行之。”[2]荀子认为，先王的治国之道，是仁的最高体现，是顺着中正的道路来实行的。因此人们应该遵循中正的道路，应该法先王。在此基础上，荀子又将人分为俗人、俗儒、雅儒、大儒四类，“法后王”就是雅儒，“法先王”就是大儒。荀子说道：“法后王，一制度，隆礼义而杀《诗》《书》，其言行已有大法矣……是雅儒者也。法先王，统礼义，一制度，以浅持博……是大儒者也。”[3]荀子认为，雅儒之人效法后王，统一制度，尊崇礼义而轻《诗》《书》，他的言行虽然已经合乎法度，然

---

① 方勇、李波译注：《荀子》，中华书局2015年版，第116页。

② 方勇、李波译注：《荀子》，中华书局2015年版，第95页。

③ 方勇、李波译注：《荀子》，中华书局2015年版，第107页。

而他的智慧还不能够达到法规、礼教没有触及的地方，自己没有听到、看到的地方，他的智慧还不能够触类旁通；大儒之人，效法先王，总括礼义，统一制度，能从浅显把握广博。根据荀子以上的论述，大儒的能力和境界显然要比雅儒更强、更完美。不仅如此，荀子还对“法后王”进一步论述道：“天地始者，今日是也；百王之道，后王是也。”[①]天地开始时的样子，就是今天的样子，百代大王的治国之道，和后代帝王是一样的。“欲观圣王之迹，则于其粲然者矣，后王是也。彼后王者，天下之君也。舍后王而道上古，譬之是犹舍己之君而事人之君也。”[②]想要看圣王的事迹，那么其中最显著的人物便是后王了。所谓的后王，就是当今天下的君王。舍弃后王而称道上古的帝王，就好像是舍弃了自己的君主去侍奉别人的君主一样。由上述两个例证引用可以看出，荀子着眼于现实，并坚持认为人们要以现在的是非标准来衡量古代的历史事件。那么，荀子的这一说法是否就是说，荀子主张的“法后王”是在与思孟学派主张的“法先王”唱反调呢？

我们认为，荀子提出的“法后王”并不是对思孟学派所提出的“法先王”思想的批判，而是对“法先王”思想的补充，两者之间是相互依存、相互影响的。首先，“法先王”和“法后王”都具有相同的根本性基础，无论“先王”还是“后王”都是理想之王，都是人们应该效法的对象，两者只是在层次上有差别。其次，与“法先王”相比，“法后王”距离荀子所处的年代更近一些，更具有实用性，更有现实依据。这是因为，先王之道流传下来的精神虽然不少，但是时代已经久远，而且在流传的过程中还会有所偏差。人们可以通过“法后王”的方法，根据现实背景从后王所提倡

① 方勇、李波译注：《荀子》，中华书局2015年版，第33页。

② 方勇、李波译注：《荀子》，中华书局2015年版，第60页。

的各种德性之道，在参考先王时期的历史背景下了解先王之道，这样的做法更加具有意义。最后，"法后王"与"法先王"两者之间并不矛盾，"法先王"为"法后王"思想的提出提供了理想的典范和理论基础。在荀子时期，无论是统治者还是思想家如若想要为人们塑造一个美好的、理想的社会或提出一种理想的道德信念，就必须要找到一个理想的范本，以此来增强说服力。但是在现实生活中人们可能找不到这种范本。因此，这些统治者和思想家就会从历史中找出他们所倡导的理想社会或各种圣人、圣王，为他们所提出的各种主张而服务。

荀子还指出："百王之无变，足以为道贯。一废一起，应之以贯，理贯不乱。不知贯，不知应变，贯之大体未尝亡也。"[①]荀子在这里想要表达的是，从"先王"时期到"后王"时期，历代帝王都没有改变的东西，足以成为大道的一贯原则。朝代会随着时间的变化出现更替，依靠这一贯彻的原则来应对，运用好这一贯彻的原则就不会混乱。不了解这一原则，就不知道如何应付变化，这一贯彻原则的主要内容从来就没有消亡过。也正是在变与不变的交替变化过程中，"法先王"才最终得以延续，使得"法后王"成为可能。另外，"法先王"与"法后王"是相互依存的，两者并不存在不可协调的矛盾。"法先王"就是尊重先王流传下来的"道统"，"法后王"就是后世君主要在尊重"法先王"思想的基础上，结合自身当时的社会条件，制定出能够使自己长存下去的变通之道。换句话说，汲取传统之精华的"法先王"与追踪时代步伐从现实着眼的"法后王"相互补充，先王之道揭示了"大道"并为后王之法确定了航标，而后王之法凭借着人们对先王之道的认同也获得了合法性和正当性。

第二，"中"字包含了"权变"的内容。

---

① 方勇、李波译注：《荀子》，中华书局2015年版，第274—275页。

荀子“中”字还包含了“权变”的思想内容。但这一内容在方法论一章会进行单独的论述，我们在这里就不再赘述。

(2)荀子对“和”的训释

在荀子的“中和”思想中，他对“和”的训释主要表现在“心物合”和“性伪合”两个方面。

第一，“心物合”思想是荀子在“中和”思想方面的具体体现。在了解“心物合”的意蕴之前，我们首先要对“心有征知”进行必要的了解。《荀子·正名》篇载道：“然则何缘而以同异？曰：缘天官。……心有征知。征知则缘耳而知声可也，缘目而知形可也，然而征知必将待天官之当簿其类然后可也。”[①]“心有征知”是指心具有一种主动获取认知的能力。具体而言，“心”主要通过耳朵、眼睛、鼻子、嘴巴和身体这五个天然的感官接触外界的事物，进而获取感性材料。但是它们的性质不同，能够感受到的外界刺激点也不尽相同，所以它们各自具有各自的功能，谁也无法替代谁。“心有征知”的“知”作为“中和”的前提主要是指不同的感官在接触到外界不同刺激的情况下，会形成不同的记忆碎片。但是，仅仅依靠各个感官通过感知而形成的记忆碎片并不能够形成对外部事物认识的全貌，所以必须要有一个统领各个感官的总管，这个总管就是“心”。“心”能够对各种记忆碎片进行整理分析，最终达到对完整事物的认识。也就是说，“心”主要通过眼睛、耳朵、嘴巴、鼻子、身体等感官来接触形体、颜色、纹理、声音、味道、温度这些客体，然后再通过“心”的验证形成最终的认识。我们在这里将“心”与“物”两者关系的融合称作“心物合”。

值得我们注意的是，“心”在对外部的客体进行检验之前其本身就

---

① 方勇、李波译注：《荀子》，中华书局2015年版，第360—361页。

已经形成了一套判断是非的标准。在检查过程中“心”又会将自身所形成的标准与现实中的客体进行对比，看两者之间是否存在必然的关联以及矛盾，进而做出相应的判断。总的来说，“心有征知”的根本内涵就是指用“已知”去通达“未知”。

就“心物合”这一观点而言，《荀子·正名》篇载道：“所以知之在人者谓之知。知有所合谓之智。智所以能之在人者谓之能。能有所合谓之能。”[①]这里是说，人本身所具有的认识事物的能力叫作认识能力。认识能力与外界事物相符合叫作智慧。人本身具有的某些能力叫作本能。本能与外界事物相符合称为才能。荀子认为，“心”之所以能够与外物结合在一起主要是因为“合”。“合”是指内心能够通过自身的感知，在与外物接触的过程中通过找到自身与外物能够相互联系的地方建立两者之间的关联，并且最终达到外物与自身两者之间从内到外的真正的融合。“智”主要是指“真理”。而“心”如若想要在真正的意义上达到“智”的要求的确很难。究其原因，主要受到两个方面的影响。一方面，人们在“征知”的过程中由于受到外界条件的各种限制，常常会因为只观察到部分或者片面性的事物从而产生错误的认识和不当的判断，进而影响对“智”的追求。另一方面，在认知的过程中，由于受到外界的影响，“心”的注意力容易受外界事物的干扰，进而影响内心的判断。或者是因为在认知的过程中太过于专注某件事情，过于专注于某一个方面，进而忽视另外一端的变化。以上两种情况都不能够达到认知方面的“中和”之道。而如若想要达到认知方面的“中和”状态，就必须让自己的内心无限接近“虚壹而静”的理想状态，这种状态并不是每个人在出生之后就固定地存在于自身的，它是需要在认识到自身不足

① 方勇、李波译注：《荀子》，中华书局2015年版，第358页。

的情况下，经过后天的反复努力克服自身缺点之后才能够达到的。

荀子认为，君子之所以不同于小人，能够达到“心物合”的理想状态，是因为君子能够在找到“心”的同时又能够充分了解外部的环境特征，进而在此基础上将自身内心与外部事物相联系，找到两者之间的关联之处和差异之处，既保持自身独有的特性又能够达到心物相通的境界。君子如果往大的方面用心就会敬重上天而遵循天道，往小的方面用心就会畏惧道义而有所节制。小人则不同，如果小人往大的方面用心，那么就会轻慢而凶暴，往小的方面用心就会邪僻而倾轧。君子之所以能够与物相融合，达到“心物合”的状态，主要是因为“诚”。荀子还认为，天地之大，不真诚就不能够化育万物。圣人算是聪明的了，不真诚就不能够感化万民。父子算是亲密的了，不真诚就会疏远。君主算是尊贵的了，不真诚就不会受到尊敬。真诚，是君子所坚守的，也是政事的根本。只有坚守真诚，同类才会聚拢过来，保持真诚就会得到同类，舍掉真诚就会失去同类。保持真诚，获得同类就会轻松不费力，轻松不费力就能够专心于仁义，专心于仁义而不舍弃就会成功。

第二，“和”字还包含了“性伪合”的思想内容。

“性伪合”作为荀子“和”思想的重要内容，在荀子“中和”思想中起到了重要的作用。《荀子》一书中对“性”以及“伪”的概念论述道：“凡性者，天之就也，不可学，不可事；礼义者，圣人之所生也，人之所学而能，所事而成者也。不可学、不可事而在人者谓之性，可学而能、可事而成之在人者谓之伪。是性、伪之分也。”[①]凡是本性，是天然生成的，不能学会，不能人为做到；礼义，是圣人制定的，人们学习就会，努力去做就能成功。不能学会、不能人为做到而天然生成的叫作本性，可以学会、通

① 方勇、李波译注：《荀子》，中华书局2015年版，第377页。

过努力就成功的叫作人为。这就是本性和人为之间的区别。从中我们可以看出，在荀子看来“性”作为一种自然属性是在人们出生的时候就有的，后天是学习不来的。而“伪”作为一种社会属性是人们在日常社会生活中所必须遵守的社会规则以及礼节仪式，而这种社会规则是人为的、后天的。由此看来，“性”与“伪”作为自然和非自然的两种属性是相互区别、相互分离的。

但是在荀子这里，他并没有将作为自然属性的“性”以及作为社会属性的“伪”进行分离与对立，而是在人性论的思想内容中将两者结合一起。他说道：“性者，本始材朴也；伪者，文理隆盛也。无性则伪之无所加，无伪则性不能自美。性伪合，然后圣人之名一，天下之功于是就也。故曰：天地合而万物生，阴阳接而变化起，性伪合而天下治。”[①]这里是说，人的本性是自然纯朴的。人为的努力，就是使礼节仪式隆重盛大。没有本性那么人为就无从施加，没有人为那么本性就不能够自己完美。本性与人为相结合，然后圣人的名声就纯一了，天下的功业也就完成了。所以说，天地相互配合而万物就生成了，阴阳相互交接而变化就出现了，本性与人为相互结合而天下就安定了。在前文的“心物合”思想中我们说过，君子在经过五种感官的感触，经过自身的刻苦努力之后，在“心”的整理下，能够达到与外界通达的境界。但是仅仅依靠内在于心的道德和个人的努力想要达到化“性”起“伪”是不够的，还必须在此基础上树立法律和各种规范制度，从而使君子能够以从内到外以及从外到内两个途径做到化“性”起“伪”，进而使自己的“性”更加完美，更加趋向于“和”。

① 方勇、李波译注：《荀子》，中华书局 2015 年版，第 313 页。

3. 荀子“中和”思想的主要内容

荀子“中和”思想的内涵主要包含了三个方面的内容，即礼乐观、礼义观、天人观。下面我们就从这三个方面对荀子的“中和”思想进行论述。

第一，以“礼乐”论“中和”。荀子之所以用“礼乐”来论述“中和”思想是因为在荀子看来“礼”和“乐”在“中和”思想的形成过程中能够起到至关重要的作用。他认为，“礼”的作用在于它可以将社会中的人群划分为不同的阶层和级别，处于不同阶层和级别的人群在社会中所起到的作用也不尽相同，他们在遵守相应的伦理道德规范的同时也可以享受不同的社会待遇。换句话说，“礼”在社会中所起到的作用就是将社会各个阶层的成员“别异”。不仅如此，“乐”的作用与“礼”的作用不尽相同。“乐”的作用在于将已经“别异”的社会成员再次进行“合同”，也就是说，“乐”与“礼”相比，“乐”起到了辅佐“礼”的作用。荀子之所以这么说是因为“乐”是人们快乐情感的一种自然流露，人们可以通过自己的行为表现出来，人之所以为人，声音、行动、性情变化都可以在音乐中表现出来。但是人们所表现出来的快乐是需要引导的，如果不去引导就会变得混乱，这也就是“乐”产生的原因。“乐”能够表达快乐而不淫荡，能够辨别清楚乐曲的含义而不邪僻，音乐的曲直、繁简、清浊、节奏能够感动人们的善良之心，能够使那些奸邪污浊之气没有办法接触人们。在庙堂之中，君臣上下一起聆听乐章就不会有不和睦的现象产生。在家庭之中，父子兄弟一起聆听音乐，就没有不和睦、不亲近的，所以音乐的作用能够统帅大道，能够化解各种矛盾。总之，荀子的“礼乐”思想不仅从礼义的方面来规定不同阶级的人群要遵守相应的道德规范和礼仪制度，而且还从音乐方面对礼义思想进行辅助，净化人们的心灵，陶冶人们的情操，进而实现社会的和谐。

第二，以“礼义”论“中和”。荀子之所以用“礼义”来对“中和”思想进行解释是因为荀子将“中”解释为“礼义是也”。从这一点我们可以看出，荀子将“礼”与“中”放到了相同层面的位置，可见其对“礼”的重视程度。那么为什么荀子对礼义如此重视呢？因为在荀子看来，人作为一种群居的具有社会性的物种，生活在一起不可避免地会发生冲突。礼义可以划分社会各个阶层成员的地位以及其所应当遵守的规则，这样可以在相当的程度上避免冲突。荀子说道：“故义以分则和，和则一，一则多力……故人生不能无群，群而无分则争，争则乱，乱则离，离则弱，弱则不能胜物，故宫室不可得而居也，不可少顷舍礼义之谓也。”[①]用道义来区分名分，人们就能够和谐相处，和谐相处就能够团结一致，团结一致就会有力量，有力量了就会强大，强大了就能够战胜外物，所以人才得以在宫室中居住。人们根据四时的顺序，管理万物，使天下人受益，没有别的原因，就是因为有了名分和道义。所以人们要生存就不能够没有群体，有了群体没有名分就要争斗，争斗就会混乱，混乱就会离散，离散就会力量削弱，力量削弱就不能够战胜外物，所以就不能在宫室中安居了，这也就是说一刻也不能够放弃礼义。而且，荀子还在此基础上将礼义推广到侍奉父母、兄长、君主和役使臣下当中去。他认为，能用礼义侍奉父母叫作孝，能用礼义侍奉兄长叫作悌，能用礼义侍奉君主叫作顺，能用礼义役使臣下的叫作君。所谓君，就是善于把人组成群体的人。组织群体的方法得当，万物就会各得其宜，一切生物都能够得到各自的寿命。所以养育生长适时，六畜就会繁衍兴旺，砍伐树木适时，草木就会茂盛。政令颁布适时，百姓就会一心，贤良就会服从，进而君主可控制外物，实现自身的意义。由此可见，荀子提倡的“礼”是实现

---

① 方勇、李波译注：《荀子》，中华书局 2015 年版，第 127 页。

“和”的途径之一，也就是说，以外在的礼义约束的方式来实现“中和”的社会。

第三，以天人关系论“中和”。众所周知，“天人合一”思想是儒家追求的最高境界，但是到了荀子这里，他并不主张“天”与“人”合一，而是主张“天人相分”。“天人相分”思想最突出的特点就是“天”与“人”从相融的境界转换到相互分离的状态。“天”由原来的高高在上，被人所膜拜的万物的主导者，转变成为可以被人们利用的自然资源。而“人”从原来被“天”奴役的对象，转变成为具有自主意识、自主精神的自由人。荀子认为，“天”有“天”的本性和职能，“人”有“人”的本性和职能，人们应该遵守自身所处社会的伦理、道德和法律，不应该以人类的理解去要求“天”的存在方式，影响“天”的运行方法。就像荀子所说的那样，天有一定的规律，不因为尧而存在，不因为桀而灭亡。人们用安定来适应天的变化就会变得吉利，人们用混乱来适应天的变化就会变得凶险。如果人们加强农业的管理进而节约了费用，那么上天也不能够使其贫穷；如果人们衣食充足而按时劳作，那么上天也不会使其生病；如果人们遵循大道而不出差错，上天也不能够使其遭到祸害。由此我们可以看出，在荀子“中和”思想中，“天”与“人”最大的不同之处在于，“天”是自然之天，没有像人一样的各种意识以及丰富的内在情感。但是人不一样，人有着丰富的内在情感和对于各种事情的主观判断。“天人相和”思想就是在“人”具有丰富的内在情感和对各种事情的主观判断的基础上产生的。“人”为了自己的主观意愿，通过观察日月变化的规律以及星辰转变方式，进而得出了适合于人类自身活动的生活方式。在此基础上，人类从各种自然资源那里获取大量的生产资料，就这样天人相“分”又重新回归到天人相“和”。

荀子“天人相分”思想与儒家“天人合一”思想看似相互对立，实则并非人们所想象的那样。首先,荀子提出的“天人相分”思想是一个否定之否定的转变过程,荀子深受道家自然主义思想的影响,他认为万物都有自己的自然规律,人们应该尊重这一客观事实,不应该随意打破这一规律。但是荀子又崇尚儒家积极作为的一面,不希望任由事情随意发展,所以他在综合两家思想的基础上,提出了一个全新的思想。其次,荀子既主张人们尊重事物发展的自然规律,又主张在尊重客观规律的基础上不脱离现实,积极作为。荀子认为,天地万物之所以能够存在于天地之间,必然具有其独特的功能和作用,人们必须在尊重这一客观事实的基础上,充分地运用各物质之间的特点,使其各得其所,进而形成一个和谐的整体。再次,荀子“天人相分”思想中最大的特色在于荀子既不主张“天”是世间万物的根源,“天”能够代替“人”行事,又不主张“人”具有巨大的作用,通过自身的努力最终能够控制“天”的变化。荀子是在综合上述思想的基础上,提出“天”“人”各司其职,进而将天人关系提升到了一个新的高度。最后,在荀子“天人相分”思想中,“天”与“人”之所以能够相互感应,相互融合,最终达到“天人合一”的思想境地,究其最终原因是这些行为都以“德”为基础。也就是说,“天”有“天”的德性,“人”有“人”的德性,两者是通过“德”这一内容的交流最终融合在一起的。

概言之,荀子“中和”思想独具特色,赋予了先秦儒家伦理思想新的内涵。它在批判吸收前人思想的基础上,以“性恶论”为基点提出了促进个人、社会、自然三维和谐发展的思想理念。纵观这一思想的逻辑架构,荀子分别从“中”“和”“中和”三个层面对“中和”之意蕴进行了阐述。“中”既包含“时中”又包含“权中”。“时中”主张与时俱进,肯定“法后王”的雅儒思想,批评“法先王”的俗儒思想,以此塑造一个理想的道德信念以及和谐的社会规范。“和”从“心物合”“性伪合”两个角度阐述了

“心”与“物”、“性”与“伪”之间的关系。“心”若要与“物”相“合”，就需要通过“虚壹而静”与万物整合相融，并完全普及到宽阔广大、浩瀚无涯的宇宙之间，使所有事物在心中同时呈现，并为“心”彻底了解，进而达到无所不知、全无遮蔽的状态。“性”乃人与生俱来之本性，是为人所必有，是人后天之“伪”的基础。“伪”外在于“性”，为人可学可事，亦为“性”所必需。荀子强调“性伪合”就是希望人们能够通过“心”之思虑进而实现对天然之情的选择、现实善恶的判断以及各种能力的学习，最终走向礼义之伪。礼乐观、礼义观、天人观作为荀子“中和”思想在个人、社会、自然三维和谐实践中的具体表现，具有独特的应用价值。在人与自身的关系上，“乐”是个体由他律转向自律的桥梁，为个体礼德的形成、沉淀、确立提供了内在动力。通过道德教化，“乐”可以感化人心，使人的情感得到陶冶和塑造，使人的善心得到培养，使个人的道德与情感由冲突转向和谐，进而促进个体内心的和谐。在人与社会的关系上，“礼”“义”作为确定等级名分的重要依据，在“明分”的前提下，人才可以获得与其相配的角色与位置，才能群而不争，才能追求维齐非齐、和而不同的和谐大同世界。在天人关系上，荀子将“天人相分”与“天人之和”两种理念相融合，将“时”“节”“禁”与“万物”联系起来，表达了人与自然和谐共生的期望。总而言之，身处战国末年的荀子时刻关注社会的发展，希望通过对“中”“和”“中和”等观念的重新审视，实现个人身心和谐、人与社会和谐相处、人与自然和谐共生的理想局面。

二、汉宋两朝中庸思想的发展与演变

汉代经学在整个中国儒学史上有着极为特殊的地位和作用，它贯穿于自汉至清儒学发展史的始终。经典诠释成为儒学思想家理论建构的重要手段。汉代经学与儒学理论相互交融的特殊关系，对宋明理学及后世儒学理论的发展具有独特的意义。

(一)董仲舒“中和”思想的内涵及主要内容

董仲舒(也称“董子”)作为汉代的经学大师，在承袭先秦儒家中和思想观念的基础上，第一次从哲学角度解释我国古代的阴阳五行学说，通过对阴、阳、五行及天、人关系的充分论证，彰显了儒家“中和”之道，并认为“中”是天下万物的真正归宿，“和”是天地生成的真实本然。

1. 董仲舒“中”“和”思想的内涵

“中和”作为董子思想体系中的根本性意蕴，与“德”“道”相随，与天地始终。董子认为，万物都是在天地、阴阳的中和之处发生、发展和成熟的，“中”与“和”是天地的常道，也是万物生长的常道。“中”是天地的终结和开始，“和”是天地的生长和成熟。《春秋繁露·循天之道》载道：“中者，天地之所终始也；而和者，天地之所生成也。夫德莫大于和，而道莫正于中。中者，天地之美达理也，圣人之所保守也。……是故能以中和理天下者，其德大盛；能以中和养其身者，其寿极命。”[①]

(1)“中”的内涵

董仲舒对“中”的论述主要体现在他的阴阳五行学说中。

第一，“中”代表着空间结构之“中”，即将“中”概括为组成事物各个要素相互构成最佳功能的最佳结构，是事物的空间结构之“中”。《春秋繁露·五行之义》载：“木，五行之始也；水，五行之终也；土，五行之中也，此其天次之序也。……木居左，金居右，火居前，水居后，土居中央。”[②]“五行之随，各如其序；五行之官，各致其能。是故木居东方而主

---

① 张世亮、钟肇鹏、周桂钿译注：《春秋繁露》，中华书局2012年版，第606页。

② 张世亮、钟肇鹏、周桂钿译注：《春秋繁露》，中华书局2012年版，第405页。

春气，火居南方而主夏气，金居西方而主秋气，水居北方而主冬气。……天之数也。”[①]在这里，董仲舒按照相生的关系来排列五行的次序，五行的次序是“天次之序”，是最佳的功能结构，而在木、火、土、金、水这五行当中，土为五行之主，居于“中”的地位，最为尊贵，即“圣人之行，莫贵于忠，土德之谓也”[②]。

第二，“中”被概括为度量之“中”，即事物保持自身最佳发展和最优动态平衡的数量关系。如天道的运行，终而复始，阴阳两气互为消长，阴盛则阳衰，阳盛则阴衰。阴阳之气，阴出则阳入，阳出则阴入，它们互济、互补，保持着一定的平衡，最终达到“多少调和之适，常相顺也。有多而无溢，有少而无绝”[③]的“中和”状态。

第三，“中”被概括为“无过不及”之“中”，即构成该事物的各要素之间的最佳比例关系。《春秋繁露·阴阳终始》载：“春夏阳多而阴少，秋冬阳少而阴多。多少无常，未尝不分而相散也。以出入相损益，以多少相溉济也。……故其气相侠，而以变化相输也。”[④]在这里，董仲舒以天地运行规律为例，论述了阴阳二气互济、互补、互为消长、循环不已的天道变化规律，暗指阴、阳、春、夏、秋、冬。

(2)“和”的内涵

根据“和”所涉及的内容，董仲舒从四个方面阐述了“和”的含义。

第一，天地阴阳之和。董仲舒在吸收前人思想成果的基础上，以阴阳为基础，将“和”概括为天地的正道，提出了“和者，天之正也”的观点。他认为，“和”是天地的正道，天地的平衡，和气是最好的气。天地万物

① 张世亮、钟肇鹏、周桂钿译注：《春秋繁露》，中华书局 2012 年版，第 408 页。
② 张世亮、钟肇鹏、周桂钿译注：《春秋繁露》，中华书局 2012 年版，第 408 页。
③ 张世亮、钟肇鹏、周桂钿译注：《春秋繁露》，中华书局 2012 年版，第 440 页。
④ 张世亮、钟肇鹏、周桂钿译注：《春秋繁露》，中华书局 2012 年版，第 440 页。

的生长实际上是选择了“和”的条件,是得到了天地最根本的道。天地之道,虽然有不和谐的方面,但是最终还是要归于和谐,这样天地万物的作用才会有功效。据《春秋繁露·循天之道》载:“和者,天之正也,阴阳之平也,其气最良。物之所生也,诚择其和者,以为大得天地之泰也。天地之道,虽有不和者,必归之于和,而所为有功。”①

第二,五行之和。董仲舒用五行之中的“土”来强调五行之“和”。他认为,“土”被立为五行之主,是天的辅佐,它既不主管四季中的任何一季,也不主管四方中的任何一方,“土”是金、木、水、火不同四行的相兼相和。《春秋繁露·五行之义》载道:“木居东方而主春气,火居南方而主夏气,金居西方而主秋气,水居北方而主冬气。”②“土居中央,为之天润。土者,天之股肱也,其德茂美,不可名以一时之事,故五行而四时者,土兼之也。金、木、水、火虽各职,不因土,方不立,若酸、咸、辛、苦之不因甘肥不能成味也。”③

第三,音乐之和。《春秋繁露·循天之道》载:“法人八尺,四尺其中也。宫者,中央之音也;甘者,中央之味也;四尺者,中央之制也。是故三王之礼,味皆尚甘,声皆尚和。”④在这里,董仲舒以“四尺”“宫调”“甘甜”来比喻中央的标准,进而强调三王的礼仪、滋味、声音之和谐。

第四,人之和。董仲舒强调君、臣、民三者之“和”,认为君主只有深入了解人民的“气”“声”“行”“物”,才能“食其志”“扶其精”“遂其行”“别其情”,进而“故唱而民和之,动而民随之,是知引其天性所好,而压其情

---

① 张世亮、钟肇鹏、周桂钿译注:《春秋繁露》,中华书局2012年版,第610页。

② 张世亮、钟肇鹏、周桂钿译注:《春秋繁露》,中华书局2012年版,第408页。

③ 张世亮、钟肇鹏、周桂钿译注:《春秋繁露》,中华书局2012年版,第408页。

④ 张世亮、钟肇鹏、周桂钿译注:《春秋繁露》,中华书局2012年版,第616页。

之所憎者也”[①]。

概言之，董仲舒所言的“和”不仅指自然、物理和谐之意，还包括阴阳、五行之“和”，说明人应该顺天道之“和”进而做到人道之“和”。

2. 董仲舒“中和”思想的主要内容

“中和”作为董仲舒所推崇的重要思想，主要体现在“以中和养其身”以及“以中和理天下”两个方面。

第一，就“以中和养其身”而言。董仲舒将“中和”这一理想之境作为个体修身、养生所应具有的最佳生存状态和最高安身立命之境。他认为“中和”是个体生存发展的最佳方式，使得事物具有最强的合力，是个体自我修养、身心和谐、养生长寿的根本。

董子指出，个体修身、养生的发展模式应当遵循天地的阴阳之道。天地的阴阳和人类的男女相当，人类的男女也相当于阴阳，即“天地之阴阳当男女，人之男女当阴阳。阴阳亦可以谓男女，男女亦可以谓阴阳”[②]。既然个体修身、养生应遵循阴阳之道，那么遵循阴阳之道的关键就在于“循中和”，要以“中和”为养生原则。《春秋繁露·循天之道》载道：“和乐者，生之外泰也；精神者，生之内充也。外泰不若内充，而况外伤乎？忿恤忧恨者，生之伤也；和说劝善者，生之养也。君子慎小物而无大败也。行中正，声向荣，气意和平，居处虞乐，可谓养生矣。凡养生者，莫精于气。是故春袭葛，夏居密阴，秋避杀风，冬避重漯，就其和也。……是故男女体其盛，臭味取其胜，居处就其和，劳佚居其中，寒暖无失适，饥饱无过平，欲恶度理，动静顺性，喜怒止于中，忧惧反之正，此中和常在乎其身，此谓之得天地泰。得天地泰者，其寿引而长；不得天地泰

---

① 张世亮、钟肇鹏、周桂钿译注：《春秋繁露》，中华书局2012年版，第158页。

② 张世亮、钟肇鹏、周桂钿译注：《春秋繁露》，中华书局2012年版，第610页。

者，其寿伤而短。”[①]在这里，董仲舒以生命的外在舒适——平和快乐以及生命的内在充实——精神两个方面为指引，认为愤怒、怜悯、忧愁、怨恨这些负面情绪都对个人修身、养生有所损害，只要坚持行为中正，声音洪亮，气意平和，生活安乐就可以说是懂得养生之道了。《春秋繁露·循天之道》又载：“里藏泰实则气不通，泰虚则气不足，热胜则气耗，寒胜则气滞，泰劳则气不入，泰佚则气宛至，怒则气高，喜则气散，忧则气狂，惧则气慑。凡此十者，气之害也，而皆生于不中和。故君子怒则反中，而自说以和；喜则反中，而收之以正；忧则反中，而舒之以意；惧则反中，而实之以精。”[②]由此例证可以看出，“泰实”“泰虚”“热胜”“寒胜”“泰劳”“泰佚”“怒”“喜”“忧”“惧”这十种情况都是损害气的，都是不符合中和的，会造成气的“不通”“不足”“耗”“滞”“不入”“宛至”“高”“散”“狂”“慑”等不良现象，因此需要人们时刻提醒自己返回“中”，并用“和”来协调自己，做到外无贪欲，内心安宁，进而进入“中和”状态。

另外，董仲舒还强调那些具有特殊影响力的圣贤应养中和之气，修中和之性，做到“循天之道以养其身”[③]“与天共持变化之势”[④]。而手握生杀大权的帝王应“中和常在乎其身”[⑤]，要“怒则反中，而自说以和；喜则反中，而收之以正；忧则反中，而舒之以意；惧则反中，而实之以精”[⑥]，

---

① 张世亮、钟肇鹏、周桂钿译注：《春秋繁露》，中华书局 2012 年版，第 619—621 页。

② 张世亮、钟肇鹏、周桂钿译注：《春秋繁露》，中华书局 2012 年版，第 611 页。

③ 张世亮、钟肇鹏、周桂钿译注：《春秋繁露》，中华书局 2012 年版，第 605 页。

④ 张世亮、钟肇鹏、周桂钿译注：《春秋繁露》，中华书局 2012 年版，第 426—427 页。

⑤ 张世亮、钟肇鹏、周桂钿译注：《春秋繁露》，中华书局 2012 年版，第 621 页。

⑥ 张世亮、钟肇鹏、周桂钿译注：《春秋繁露》，中华书局 2012 年版，第 611 页。

这样则应是“夫德莫大于和，而道莫正于中”[①]。

第二，就“以中和理天下”而言。董仲舒将“中和”视为天、君、臣、民上下关系和洽的理想状态，圣明的君主应该效法天道，法天地之数来治理国家、顺应民情、教化百姓，进而实现“大一统”的最后之旨。

首先，董仲舒以“声比则应，类同则合”为理论前提，认为人的形体与情感都是天的副本，天人同类相感，即“以类和之，天人一也”[②]。《春秋繁露·为人者天》载道：“为生不能为人，为人者天也。人之为人本于天，天亦人之曾祖父也，此人之所以乃上类天也。人之形体，化天数而成；人之血气，化天志而仁；人之德行，化天理而义；人之好恶，化天之暖清；人之喜怒，化天之寒暑；人之受命，化天之四时。”[③]在这里，董仲舒将人的“形体”“血气”“德行”“好恶”“喜怒”“受命”与“天数”“天志”“天理”“天之暖清”“天之寒暑”“天之四时”一一对应，进而得出“天人相应”“天人同类”的理论前提。

其次，董仲舒在遵循“天人相应”“天人同类”理论前提的基础上，认为“中和之道”就是圣人之道，就是天地之道，更是治国之道。《春秋繁露·循天之道》载道：“中者，天地之所终始也；而和者，天地之所生成也。夫德莫大于和，而道莫正于中。中者，天地之美达理也，圣人之所保守也。……是故能以中和理天下者，其德大盛。”故“以中和理天下”就成为治理国家的最高指导原则。

最后，董仲舒认为，统治者应在遵循“以中和理天下”这一治世原则的基础上，运用阴阳五行的中和之理行统治之道。《春秋繁露·四时之

---

① 张世亮、钟肇鹏、周桂钿译注：《春秋繁露》，中华书局2012年版，第606页。
② 张世亮、钟肇鹏、周桂钿译注：《春秋繁露》，中华书局2012年版，第445页。
③ 张世亮、钟肇鹏、周桂钿译注：《春秋繁露》，中华书局2012年版，第398页。

副》载道：“圣人副天之所行以为政，故以庆副暖而当春，以赏副暑而当夏，以罚副清而当秋，以刑副寒而当冬。庆赏罚刑，异事而同功，皆王者之所以成德也。庆赏罚刑与春夏秋冬，以类相应也，如合符。故曰：‘王者配天，谓其道。’天有四时，王有四政，四政若四时，通类也，天人所同有也。……庆赏罚刑各有正处，如春夏秋冬各有时也。四政者，不可以相干也，犹四时不可相干也。四政者，不可以易处也，犹四时不可以易处也。故庆赏罚刑有不行于其正处者，《春秋》讥也。”[①]在这里，董仲舒认为上天的法则便是春季温暖以生万物，夏季暑热以养万物，秋季清凉以杀万物，冬季寒冷以藏万物，而人事中的庆、赏、罚、刑便与之相类相符。正如天的运转不可以没有春、夏、秋、冬一样，政事之中也不可以没有庆、赏、罚、刑。天的春、夏、秋、冬四季各有其时而不可扰乱，政事中的庆、赏、罚、刑也各有“正处”而不可乱用，都要与“天”相配，其实质即是顺于阴阳五行的“中和之道”。

具体而言：

其一，董仲舒基于“天之亲阳疏阴”“阳贵阴贱”的理论基础，将阴阳附于刑德，认为天数推崇阳而不致力于阴，致力于德教而不致力于刑罚，进而提出君主在施政过程中要遵循“先德而后刑”“厚德而简刑”的德治主张，如若“为政而任刑，谓为逆天，非王道也”[②]。《春秋繁露·阳尊阴卑》载：“是故人主近天之所近，远天之所远；大天之所大，小天之所小。是故天数右阳而不右阴，务德而不务刑。刑之不可任以成世也，犹阴之不可任以成岁也。为政而任刑，谓之逆天，非王道也。”[③]董仲舒认

① 张世亮、钟肇鹏、周桂钿译注：《春秋繁露》，中华书局2012年版，第470页。

② 张世亮、钟肇鹏、周桂钿译注：《春秋繁露》，中华书局2012年版，第418页。

③ 张世亮、钟肇鹏、周桂钿译注：《春秋繁露》，中华书局2012年版，第417—418页。

为，“刑”只是合德的一种手段，而不是目的。一方面，董仲舒以弘扬儒家德政为己任，大力渲染“天以阳为经”，王应该“以德为主”。另一方面，从巩固大一统的思想出发，董仲舒又肯定“刑”存在的合理性及必要性，并从阴阳“中和”层面进行了论证：“天之志，常置阴空处，稍取之以为助。故刑者德之辅，阴者阳之助也。”[①]

其二，以“中和”配“五行”。董仲舒认为，人主施政要以五行配四时。五行中的木、火、土、金、水各有其德，并以此推广至人君之行。君主的德性顺应时节则“顺”，并有祥瑞；君主的德性悖逆时节则“逆”，并会有灾异而造成祸患。《春秋繁露·五行顺逆》载：“木者春，生之性，农之本也。劝农事，无夺民时，使民，岁不过三日，行什一之税，进经术之士。……火者夏，主成长，本朝也。举贤良，进茂才，官得其能，任得其力，赏有功，封有德，出货财，振困乏，正封疆，使四方。……土者夏中，成熟百种，君之官。循宫室之制，谨夫妇之别，加亲戚之恩。恩及于土，则五谷成而嘉禾兴。……金者秋，杀气之始也。建立旗鼓、杖把旄钺，以诛贼残，禁暴虐，安集。……水者冬，藏至阴也。宗庙祭祀之始，敬四时之祭，禘祫昭穆之序。天子祭天，诸侯祭土。”[②]在这里，董仲舒将“木”与春季，“火”与夏季，“土”与夏季中后期，“金”与秋季，“水”与冬季相匹配，并指出君主在春季应该勉励百姓勤于农耕，举荐饱学治国安邦之士；夏季应该举荐贤良，奖励有功劳的人，赈济穷困贫乏之人；夏季中后期应该依循制度兴建宫室，区分夫妇关系及加深亲戚恩情；秋季应该树旌旗、立大鼓，诛杀贼寇，安定天下；冬季应该举行四时的祭祀，天子祭

---

① 张世亮、钟肇鹏、周桂钿译注：《春秋繁露》，中华书局2012年版，第436页。

② 张世亮、钟肇鹏、周桂钿译注：《春秋繁露》，中华书局2012年版，第503—510页。

祀天，诸侯祭祀地。只有这样，春季才会“树木华美”“鱼大为，鳣鲸不见，群龙下”①，夏季才会“甘露降”“飞鸟大为，黄鹄出见，凤凰翔”②，夏中才会“五谷成而嘉禾兴”③“百姓亲附，城郭充实，贤圣皆迁，仙人降”④，秋季才会“走兽大为，麒麟至”⑤，冬季才会“鼋鼍大为，灵龟出”⑥。

其三，以“中和”配“五官”和“五事”。《春秋繁露·五行相生》载道：“天地之气，合而为一，分为阴阳，判为四时，列为五行。行者，行也，其行不同，故谓之五行。五行者，五官也，比相生而间相胜也。故为治，逆之则乱，顺之则治。”⑦在这里，董仲舒将“五行”与“五官”相配，并认为司农（木）、司马（火）、司营（土）、司徒（金）、司寇（水）五个官职相互依存、平衡促进，故符合阴阳五行“中和”之道。《春秋繁露·五行五事》载道：“五事：一曰貌，二曰言，三曰视，四曰听，五曰思，何谓也？……王者貌曰恭，恭者，敬也；言曰从，从者，可从；视曰明，明者，知贤不肖、分明黑白也；听曰聪，聪者，能闻事而审其意也；思曰容，容者，言无不容。”⑧董仲舒恪守天道之法和“中和”之理，将“貌”“言”“视”“听”“思”五事与“暴风”“霹雳”“电”“暴雨”“雷”五种天象相结合，论证君主应该加强自身修养进而提高施政能力，不然就会引起灾变。

总之，董仲舒作为汉朝的经学大师，对“中和”思想的理解深受先秦

---

① 张世亮、钟肇鹏、周桂钿译注：《春秋繁露》，中华书局2012年版，第503页。

② 张世亮、钟肇鹏、周桂钿译注：《春秋繁露》，中华书局2012年版，第506页。

③ 张世亮、钟肇鹏、周桂钿译注：《春秋繁露》，中华书局2012年版，第507页。

④ 张世亮、钟肇鹏、周桂钿译注：《春秋繁露》，中华书局2012年版，第507页。

⑤ 张世亮、钟肇鹏、周桂钿译注：《春秋繁露》，中华书局2012年版，第509页。

⑥ 张世亮、钟肇鹏、周桂钿译注：《春秋繁露》，中华书局2012年版，第510页。

⑦ 张世亮、钟肇鹏、周桂钿译注：《春秋繁露》，中华书局2012年版，第487页。

⑧ 张世亮、钟肇鹏、周桂钿译注：《春秋繁露》，中华书局2012年版，第523—524页。

诸子的影响。他在吸收前人有关天文自然现象研究成果的基础上，以辩证思想为指导，立足我国传统儒家思想学说，对“中和”进行创新，将中国天道观的几个基本面概括为“天有十端，十端而止已。天为一端，地为一端，阴为一端，阳为一端，火为一端，金为一端，木为一端，水为一端，土为一端，人为一端，凡十端而毕，天之数也”[①]。并认为“中”是天下万物的真正归宿，“和”是天地世界所生成的真实本然。通过对“阴阳”“五行”及其与“天”“人”关系的充分论证，董子对“中”的解释主要集中在空间结构之“中”、度量之“中”、无过不及之“中”三个方面。希望通过对“木”“金”“水”“火”“土”的空间位置排列结构以及阴阳二气之间互济、互补等内容的分析寻得事物生存发展的最佳环境、最佳方式、最佳状态。而“和”作为董子提倡的大德，不仅指一般仪式中的音乐之和，还指天道、阴阳之和，并通过天人感应、天人同类的论证，说明人应该顺天道之“和”而做到人道之“和”。在具体实践中，董子不仅以阴阳五行观念为基础，指出“中和”是个体修身、发展的最佳生存状态和安身立命之境，还以天人相应、天人同类以及阴阳五行说为基础，在学理层面提出“以中和理天下”的政治主张，期冀实现其“大一统”的最高理想。

董仲舒阴阳五行的中和论，始终贯穿于天、地、人三者之间，真正实现了先秦儒者“与天地参”的宏愿。同时，“以中和理天下”虽然更多地滞留于学理层面，但它确实是儒家中和哲学践行人道化、治道化的第一次尝试，对于后期中和文化的传播起到了传承的作用，使得中和思想历久弥新，并表现出隽永的魅力。

（二）朱熹“中和”旧说与“中和”新说

在中国传统思想中，朱熹作为宋朝的理学家和儒学大师，在继承道

---

① 张世亮、钟肇鹏、周桂钿译注：《春秋繁露》，中华书局 2012 年版，第 269 页。

南学派和湖湘学派两家思想的基础上从“未发”“已发”这对核心范畴出发,先后提出了“中和”旧说和“中和”新说,进而确立了自己的问学宗旨。

1. 朱熹“中”与“和”的内涵

宋代的朱熹对“中”“和”两者的内涵进行了精细、深刻的阐释,他综合程颐与吕大临两人关于“中”的思想并对其进行了调和,将“中和”思想完全纳入理学的轨道,从而产生了一种新的中庸学说,并形成了一个内容丰富的理论体系。

朱熹认为,“中”可以解释为“不偏不倚”“无过不及”两个方面。《四书章句集注》载:“中者,不偏不倚、无过不及之名。”[①]《四书大全校注·中庸或问》载:“或问:名篇之义,程子专以不偏为言,吕氏专以无过不及为说,二者固不同矣,子乃合而言之,何也?曰:中,一名而有二义,程子固言之矣。今以其说推之,不偏不倚云者,程子所谓在中之义……盖不偏不倚,犹立而不近四旁,心之体、地之中也。无过不及,犹行而不先不后,理之当、事之中也。故于未发之大本,则取不偏不倚之名;于已发而时中,则取无过不及之义,语固各有当也。”[②]“无过不及,时中之中,以事论者也,中之用也。”[③]无过不及之“中”即“已发之中”“时中之中”,实指“和”,亦即“中庸之中”。“《中庸章句》以‘中庸’之‘中’,实兼‘中和’之义,《论语集注》以‘中者,不偏不倚,无过不及之名’,皆此意也。”[④]总而

① 朱熹:《四书章句集注》,中华书局2011年版,第19页。

② 胡广等纂修:《四书大全校注》,周群、王玉琴校注,武汉大学出版社2015年版,第249页。

③ 胡广等纂修:《四书大全校注》,周群、王玉琴校注,武汉大学出版社2015年版,第140页。

④ 黎靖德编:《朱子语类》,王星贤点校,中华书局2020年版,第1585页。

言之，朱熹把“和”统领于“中”之下，使之成为“中”的一个环节。

2. 朱熹“中和”思想的主要内容

“中和”作为儒家哲学研究的重要内容来源于《中庸》一书，书中载道：“喜怒哀乐之未发，谓之中；发而皆中节，谓之和。中也者，天下之大本也；和也者，天下之达道也。致中和，天地位焉，万物育焉。”[①]书中提出的“已发”“未发”这对核心范畴就是朱熹中和思想所研究的核心内容。

中和思想作为朱熹哲学思想体系最庞大的分支之一，欲考察这一思想的整体结构和具体内容，必须注意两个方面的内容。一方面，朱熹中和思想的悟解不是一次性形成的静止结构，而是经历了一个提出、演变到最终形成的漫长、复杂的过程，建立的是一个动态的思想体系。另一方面，组成朱熹中和思想的命题大都不是意义单一的命题，而是一个个多方面、多层次的复杂命题。因此，我们必须从时空的不同方面对朱子的中和思想进行综合考察和全面分析，以求达到对这一庞大而复杂的哲学体系的具体把握。朱熹中和思想的形成大致经历了四个阶段。

第一阶段：师从朱松与三君子。

朱松，字乔年，号韦斋，朱熹之父。朱松的思想有一个发展过程，早年为词章之学，放意诗文；中年为经世之学，留意史论；晚年为义理之学，专意道学。与其说朱熹师从其父朱松，倒不如说朱熹幼年的教育主要受到其父学术思想的影响。《朱子语类・周子之书》载：“某自五六岁，便烦恼道：‘天地四边之外，是什么物事？’见人说四方无边，某思量也须有个尽处。如这壁相似，壁后也须有什么物事。其时思量得几乎

① 陈晓芬、徐儒宗译注：《论语・大学・中庸》，中华书局2015年版，第289页。

成病。到而今也未知那壁后是何物。”[①]由此可见，朱熹在幼年时期就展现出其在哲学思考上的内在禀赋。

朱熹11岁时，朱松奉祠家居，便开始亲自指导朱熹的学习。朱熹曾回忆道：“熹年十一岁，先君罢官行朝，来寓建阳登高丘氏之居。暇日，手书此赋以授熹，为说古今成败兴亡大致，慨然久之。”[②]“熹之先君子好左氏书，每夕读之，必尽一卷乃就寝，故熹自幼未受学时已耳熟焉。”[③]在父亲的教育之下，朱熹养成了“心好”儒家之学的学风，其父又通过文与史，将民族大义与忧国忧民的社会关切，潜移默化地植入朱熹年幼的心中。不仅如此，随着朱松在晚年从游程门弟子，沉潜程氏学，朱熹受到了一定的影响。朱熹曾说：“河南二程先生独得孟子以来不传之学于遗经，其所以教人者，亦必以是为务。然其所以言之者，则异乎人之言之矣。熹年十三四时，受其说于先君，未通大义而先君弃诸孤。”[④]

绍兴十三年(1143)，朱松去世。临死前，由于朱松放心不下朱熹的教育问题，遂将朱熹的后期教育托付给了自己的三位好友刘子翚、刘勉之和胡原仲。据朱熹回忆：“先人疾病时，尝顾语熹曰：‘籍溪胡原仲、白水刘致中、屏山刘彦冲，此三人者，吾友也。其学皆有渊源，吾所敬畏。吾即死，汝往父事之，而惟其言之听，则吾死不恨矣。’熹饮泣受言不敢

① 黎靖德编：《朱子语类》，王星贤点校，中华书局2020年版，第2550页。

② 朱熹：《朱子全书》(第25册)，朱杰人、严佐之、刘永翔主编，上海古籍出版社、安徽教育出版社2002年版，第4794页。

③ 朱熹：《朱子全书》(第24册)，朱杰人、严佐之、刘永翔主编，上海古籍出版社、安徽教育出版社2002年版，第3890页。

④ 朱熹：《朱子全书》(第24册)，朱杰人、严佐之、刘永翔主编，上海古籍出版社、安徽教育出版社2002年版，第3613页。

忘。既孤，则奉以告于三君子，而禀学焉。”[1]而在这三位老师中，对朱熹影响最大的首推刘子翚，这主要表现在经济和思想两个方面。就经济而言，《朱子文集·屏山先生刘公墓表》载道：“熹饮泣受言不敢忘，既孤则奉以告于三君子而禀学焉。时先生之兄侍郎公，尤以收恤孤穷为己任，以故熹独得朝夕于先生之侧，而先生亦不鄙其愚稚，所以教示期许，皆非常人之事。”[2]就学术思想而言，朱熹曾回忆道：“病翁先生壮岁弃官，端居味道，一室萧然，无异禅衲，视世之声色权利，人所竞逐者，漠然若亡见也。熹蚤以童子获侍左右，先生始亦但以童子见期。而熹窃窥观，见其自为，与所以教人者，若不相似。暇日僭有请焉。先生欣然嘉其有志，始为开示为学门户，朝夕诲诱，亹亹不倦。其后先生属疾，熹适行役在外，亟归省问。先生喜甚，顾而语曰：‘病中无可与语，幸吾子之来归也。’自是日奉汤药，先生所以教诏益详，期许益重，至为具道平生问学次第，倾倒无余。”[3]这里提到的“其自为，与所以教人者，若不相似”是指刘子翚教授朱熹以诗文为举业，希望朱子能够通过科举考取功名。而刘子翚自己则志于古人的“为己之学”，后来经过朱熹的询问，他才告诉朱熹“为己之学”的门径。当然，这时的朱熹虽然保持了对“为己之学”的志趣，但三君子对朱熹的影响还是主要集中在儒学方面，这不仅因为三君子之学以儒为归宗，还因为在这一时期三君子的最大责任是使少孤的朱熹尽快通过科举以奉养自立。

---

① 朱熹：《朱子文集》(第10册)，沈抱秋等校，商务印书馆中华民国二十五年版，第603页。

② 朱熹：《朱子文集》(第10册)，沈抱秋等校，商务印书馆中华民国二十五年版，第603页。

③ 朱熹：《朱子文集》(第8册)，沈抱秋等校，商务印书馆中华民国二十五年版，第506页。

第二阶段：师从道南学派。

宋明时期的道南学派极力推崇《中庸》的伦理哲学，对“中和”问题中的“已发”“未发”颇为重视。“静中体验未发”作为道南学派的真传宗旨一直备受道南一派支持者的推崇。朱熹提出的“已发”“未发”思想就或多或少地受到二程、杨时（龟山）、罗从彦（豫章）、李侗（延平）几位大师的影响。

“体验未发”就是要求体验者要超越一切思维和情感，以达到一种特别的心理体验。其基本方法是最大限度地平静思想和情绪，使个体的意识活动转为一种心理的直觉状态，在这种高度沉静的修养中，把注意力完全集中到内心，成功的体验者常常会突发地获得一种与外部世界融为一体的浑然感受。程颢追求“未发”的内心体验，提倡的是一种在“未发”之际体验道德本心与万物一体的方法，主张应求中于喜怒哀乐未发之前，于静中涵养体悟心之未发，自然能够发而中节，以致中和。与程颢相比，程颐的观点具有很强的矛盾性。他既追求“凡言心者皆指已发”，又追求“存养于未发之际”。道南学派创始人杨时强调说：“学者当于喜怒哀乐之未发之际，以心体之，则中之义自见。”[①]李侗与朱熹书信来往时曾说到罗豫章：“某曩时从罗先生学问，终日相对静坐，只说文字，未尝及一杂语。先生极好静坐，某时未有知，退入室中，亦只静坐而已。先生令静中看喜怒哀乐未发之谓中，未发时作何气象。”[②]即“静中体认大本未发时气象”先于静坐中体悟“未发”之“中”，人心自然能发而中节。

---

① 转引自陈来：《朱子哲学研究》，生活·读书·新知三联书店2010年版，第183页。

② 朱熹：《朱子全书》（第13册），朱杰人、严佐之、刘永翔主编，上海古籍出版社、安徽教育出版社2002年版，第322页。

从以上可以看出，道南学派不仅主张在静中体验喜怒哀乐未发之时的“大本”气象，而且强调个人要保持与万物浑然一体的感受，进而达到“最大限度地平静思想和情绪”的理想境界。但是道南学派的修养主张也有明显的不足之处。一方面，“喜怒哀乐之未发”这一气象既不是时间上的喜、怒、哀、乐等心理活动未发动之前，也不是逻辑上的喜、怒、哀、乐被触发的基础，而是修养者自身的一种心理体验。这种心理体验具有很大程度的偶发性，行为主体必须经过独自体认以及长时间的训练才有可能达到这种“未发”状态。不仅如此，这种心理体验又由于人在主观上的追求程度不同，并不是所有人都能够获得，这就在一定程度上为理学修养造成了一定的障碍。另一方面，“喜怒哀乐之未发”的“未发”气象即使能够达到，也仅仅是通过“静坐”等方式刻意制造出来的平静心理状态。朱熹对此曾说：“李先生教人，大抵令于静中体认大本未发时气象分明，即处事应物、自然中节。此乃龟山门下相传指诀。”[①]这里的“未发”是说要摒弃一切情感上的波动，努力体验喜怒哀乐都没有发生的内心状态。朱熹师从李侗十年，李侗曾努力引导他向体验“未发”上发展，朱熹也曾努力培养自己体验“未发”这一本领。但遗憾的是，朱熹始终找不到这种体验：“余蚤从延平李先生学，受《中庸》之书，求喜怒哀乐未发之旨，未达而先生没。”[②]“昔闻之师，以为当于未发已发之几默识而心契焉……向虽闻此而莫测其所谓。”[③]“尝试以此求之，则泯然无觉之中，邪暗郁塞，似非虚明应物之体，而几微之际一有觉焉，则

① 王守仁：《王阳明全集》，吴光等编校，上海古籍出版社2017年版，第119页。

② 转引自陈来：《朱子哲学研究》，生活·读书·新知三联书店2010年版，第186页。

③ 转引自陈来：《朱子哲学研究》，生活·读书·新知三联书店2010年版，第186页。

又便为已发，而非寂然之谓。”[①]

不仅如此，朱熹还认为“未发”这种体验并不存在。他指出，人在现实生活中时刻都存在着有意识的活动，这种意识活动没有丝毫的间隔，是一种恒常普遍的现象。因此，人类的心理层面始终处于喜、怒、哀、乐的“已发”状态，更达不到“虚明应物”的“未发”要求。他说道：“人自有生即有知识，事物交来，应接不暇，念念迁革，以至于死，其间初无顷刻停息，举世皆然也。”[②]当然，正是由于朱熹没有找到那种可以受用的“未发”体验，才有了他后期的两次中和之悟的反复究索，以致引发出他的整个心性情的理论体系。

第三阶段：朱熹“中和旧说”中对“中和”问题的阐发。

延平去世之后，朱熹苦参“中和”及“未发”“已发”后未得，心情非常苦恼。他在给何叔京的信中曾说：“晚亲有道，粗得其绪余之一二，方幸有所向而为之焉，则又未及卒业而遽有山颓梁坏之叹。伥伥然如瞽之无目，擿埴索途终日而莫知所适。”[③]后来，朱熹在与湖湘学派的张栻接触之后，了解了具有湖湘学派特色的“先察识后涵养”学说以及张栻本人对“已发”“未发”的若干看法，但这些思想似乎对朱熹并没有产生太大的影响。究其主要原因，朱熹未能在自身体验上把握“未发”这一特殊状态，因此必须在理论上加以追溯。但是各理学前驱对于“未发”“已发”的理解又各不相同，特别是二程与其弟子以及程颐本人前后对“已

---

① 朱熹：《朱熹集》(第3册)，郭齐、尹波点校，四川教育出版社1996年版，第1289页。

② 朱熹：《朱熹集》(第3册)，郭齐、尹波点校，四川教育出版社1996年版，第1289页。

③ 朱熹：《朱熹集》(第4册)，郭齐、尹波点校，四川教育出版社1996年版，第1839—1840页。

发”“未发”学说上的观点也互相矛盾难以统一。例如，龟山一派强调“体认未发气象”，注重“未发”时的功夫，程颐强调“善观者却于已发之际观之”，注重“已发”。另外，程颐曾说“凡言心者，皆指已发而言”[①]，既然心在任何时候都处于“已发”状态，又如何去存养于“未发”呢？加之程颐又说：“喜怒哀乐之未发，中也，寂然不动者也。”未发者应当是“寂然不动”的，但到哪里去找这个寂然不动者呢？后来，朱熹在与张栻进行长期的书信来往及反复体悟之后忽有所醒，其学说出现了显著的变化，形成了以《中庸》为基础的“中和旧说”，即“丙戌之悟”。

“中和旧说”是朱熹独立探索“中和”问题的第一个阶段。他说道：“人自有生即有知识，事物交来，应接不暇，念念迁革，以至于死，其间初无顷刻停息，举世皆然也。然圣贤之言，则有所谓未发之中，寂然不动者，夫岂以日用流行者为已发，而指夫暂而休息，不与事接之际为未发时耶？尝试以此求之，则泯然无觉之中，邪暗郁塞，似非虚明应物之体，而几微之际一有觉焉，则又便为已发，而非寂然之谓。”[②]

朱熹认为，“已发”是“心”，是人心之感物应事之发用，是心之流行发用处。人从生到死，“心”的知觉作用一刻也不会停息，只要人存在着，“心”的作用就不会停止，“心”总是处于一种有意识的自觉的“已发”状态，即“无分段时节，莫非已发”。而“未发”是“性”，是寂然不动的本体，它不因人心的陷溺而泯灭，而是存在于人心的“未发”之中。《朱熹集》载道：“盖通天下只是一个天机活物，流行发用，无间容息。据其已发者而指其未发者，则已发者人心，而凡未发者皆其性也，亦无一物而

① 朱熹：《朱熹集》（第6册），郭齐、尹波点校，四川教育出版社1996年版，第3383页。
② 朱熹：《朱熹集》（第3册），郭齐、尹波点校，四川教育出版社1996年版，第1289页。

不备矣。"[①]然而"已发"的"心"在与外物接触过程中不免会受到外在物欲的蒙蔽或诱惑，所以做圣人之功首先要做到查实天下的本源何在，然后再涵养此天理良知，在"已发"处用功，"故虽汩于物欲流荡之中，而其良心萌蘖，亦未尝不因事而发见。学者于是致察而操存之，则庶乎可以贯乎大本达道之全体而复其初矣"[②]。由此，朱熹从"心""性"关系出发，以"先查实后涵养"为方法解释"心为已发，性为未发"这一命题，并在此基础上提出了以"性"为体，以"心"为用的"中和"思想。

朱熹在获得"心为已发，性为未发"这一思想之后深感满意，即使与程氏等人的其他说法相抵牾也在所不惜，他说道："虽程子之言有不合者，亦直以为少作失传，而不之信也。"[③]究其实质，朱熹"中和旧说"的提出旨在为确定一种适当的修养方法提供坚实的理论基础。但从心性论的哲学角度来看，"中和旧说"所谓"心为已发，性为未发"的思想实质是把"未发""已发"当作与"体""用"相当的一对范畴来处理，即人心始终处于不间断的作用变化之中，只有"心"的本体——"性"才是寂然未发的，这与《中庸》的作者以情感发作的先后顺序来定义"未发""已发"完全不同。

但是朱熹提出的"中和旧说"并不是朱子的定论，它是朱子独立探索中和问题经历的一个短暂阶段。之所以这么说，是因为即使朱子在坚信中和旧说之际，始终还是不能真切地体验到宇宙的本体，不能真切地觉悟到道德本心，总有一种"无立脚下工夫处"的苦恼。《朱熹集》载道："大抵日前所见累书所陈者，只是笼统地见得个'大本达道'底影象，

---

① 朱熹：《朱熹集》(第3册)，郭齐、尹波点校，四川教育出版社1996年版，第1373页。

② 朱熹：《朱熹集》(第3册)，郭齐、尹波点校，四川教育出版社1996年版，第1290页。

③ 转引自束景南：《朱子大传》，商务印书馆2003年版，第248页。

便执认以为是了，却于'致中和'一句全不曾入思议……自觉殊无立脚下功夫处。盖只见得个直截根源倾湫倒海底气象，日间但觉为大化所驱，如在洪涛巨浪之中，不容少顷停泊，盖其所见一向如是，以故应事接物处但觉粗厉勇果增倍于前，而宽裕雍容之气略无毫发。虽窃病之，而不知其所自来也。"①不仅如此，朱熹以"性为未发，心为已发"为基础的中和旧说，还有一些问题无法完美地解释。例如，既然"心"为"已发"，那么"心"就包含现实生活中的认知之"心"，而由认知之"心"所发的"喜""怒""哀""乐"四种情绪是如何确保在发生之时合乎"中和"呢？如果"心"能够保持"中和"，"恶"又从何而来呢？"心"在与外物接触后所产生的情感又作何种存在形态处理呢？"先查实后涵养"的修养功夫如何落实到实际生活中？这些都是"中和旧说"没有彻底解决的问题。

带着疑问和困惑，朱熹将注意力转移到了"虚心平气而徐读"的程子之书上。《朱子大传》载道："乾道己丑之春，为友人蔡季通言之，问辨之际，予忽自疑……则复取程氏书，虚心平气而徐读之，未及数行，冻解冰释。"②首先，就"中"与"性"的关系而言。程颐认为，"中"与"性"两者不同，"中"具有形容词的意义，它只能说明"性"的"体段"。其次，"心"主要分为"体言"和"用言"两个方面。程颐认为，"心一也，有指体而言者，寂然不动是也；有指用而言者，感而遂通天下之故是也"③。进而确立了以体用关系来说明"心"之"未发"与"已发"。最后，程颐提出了"主敬"的思想。他说道："敬而无失，便是'喜怒哀乐未发谓之中'也。敬不可谓之中，但敬而无失，即所以中也。"④程颐的这些思想对朱熹先前的

① 朱熹：《朱熹集》（第3册），郭齐、尹波点校，四川教育出版社1996年版，第1372页。

② 转引自束景南：《朱子大传》，商务印书馆2003年版，第248页。

③ 程颢、程颐：《二程集》，王孝鱼点校，中华书局1981年版，第1183页。

④ 程颢、程颐：《二程集》，王孝鱼点校，中华书局1981年版，第44页。

疑问启发很大，后来朱熹在反复综合各方思想的情况下，推翻了自己先前提出的“中和旧说”，提出了“中和新说”即“己丑新说”。

第四阶段：朱熹“中和新说”中对“中和”问题的阐发。

《朱熹集》载道：“中庸未发已发之义，前此认得此心流行之体，又因程子‘凡言心者，皆指已发而言’，遂目心为已发，性为未发。然观程子之书，多所不合，因复思之，乃知前日之说非惟心性之名命之不当，而日用功夫全无本领，盖所失者不但文义之间而已。……然未发之前，不可寻觅，已觉之后，不容安排。但平日庄敬涵养之功至而无人欲之私以乱之，则其未发也镜明水止，而其发也无不中节矣。此是日用本领工夫，至于随事省察，即物推明，亦必以是为本而于已发之际观之，则其具于未发之前者，固可嘿识。故程子之答苏季明，反复论辨，极于详密，而卒之不过以敬为言。又曰：‘敬而无失即所以中。’又曰：‘入道莫如敬，未有致知而不在敬者。’又曰：‘涵养须是敬，进学则在致知。’盖为此也。向来讲论思索直以心为已发，而日用工夫，亦止以察识端倪为最初下手处，以故阙却平日涵养一段工夫，使人胸中扰扰，无深潜纯一之味。”①以上论述作为朱熹“中和新说”的核心内容主要围绕“已发”与“未发”，“性”与“情”两方面内容进行深入剖析，纠正了“中和旧说”中的各种弊病。

就“已发”与“未发”两者的关系而言。在“中和新说”中，朱熹对“已发”“未发”问题重新做了界定。他将“中和旧说”中提出的“心为已发”更改为“心”为“已发”“未发”的主体，“已发”“未发”为心理活动的不同阶段和状态。《朱子全书》载道：“右据此诸说，皆以思虑未萌、事物未至

① 朱熹：《朱熹集》（第6册），郭齐、尹波点校，四川教育出版社1996年版，第3383—3384页。

之时，为‘喜怒哀乐之未发’。当此之时，即是心体流行，寂然不动之处，而天命之性，体段具焉。以其无过不及，不偏不倚，故谓之中。然已是就心体流行处见，故直谓之性则不可。吕博士论此大概得之。特以中即是性，赤子之心即是未发，则大失之，故程子正之。”[①]在这里，朱熹认为人在日常生活中“心体流行”从未间断，“心”并不表现为“已发”状态，而是表现为“思虑未萌”和“思虑已萌”两种状态。“思虑未萌”被规定为心体流行的寂然不动阶段或状态。在这一阶段，行为主体的思维并没有主动发挥作用，也没有被动形成反应，而是处于寂然不动的“未发”状态。“思虑已萌”被规定为心体流行的感而遂通阶段或状态。在这一阶段，由于思虑意念的产生，主体与客体在相互作用之后，形成一种感而遂通的“已发”状态。

就“性”与“情”两者的关系而言。在朱熹之前，大部分儒者都普遍将“性”与“情”两者的关系理解为“性动为情、情根于性”。例如，荀子云：“性之好、恶、喜、怒、哀、乐谓之情。”[②]“人生而静，天之性也。感于物而动，性之欲也。”[③]程颐也说道：“其本也真而静，其未发也五性具焉，曰仁、义、礼、智、信。形既生矣，外物触其形而动于中矣，其中动而七情出焉，曰喜、怒、哀、乐、爱、恶、欲。”[④]

到了朱熹这里，在总结前人思想的基础上，他对“性”与“情”两者的关系进行了一系列变化与调整，值得后人深思。《朱文公文集》载道：

---

① 朱熹：《朱子全书》（第 23 册），朱杰人、严佐之、刘永翔主编，上海古籍出版社、安徽教育出版社 2002 年版，第 3267 页。

② 方勇、李波译注：《荀子》，中华书局 2015 年版，第 357 页。

③ 胡平生、张萌译注：《礼记》，中华书局 2017 年版，第 718 页。

④ 朱熹：《朱熹集》（第 4 册），郭齐、尹波点校，四川教育出版社 1996 年版，第 1951 页。

“右据此诸说，皆以思虑未萌，事物未至之时为喜怒哀乐之未发。当此之时，即是心体流行，寂然不动之处，而天命之性体段具焉。以其无过不及，不偏不倚，故谓之中。然已是就心体流行处见，故直谓之性则不可。”①朱熹认为，心之未发可谓之中，然不可谓之性。心之已发，谓之和，情为心之用，但情也并不等同于心。

到了《朱子大传》这里，朱熹的说法发生了些许变化，书中载道：“按《文集》《遗书》诸说，似皆以思虑未萌、事物未至之时，为喜怒哀乐之未发。当此之时，即是此心寂然不动之体，而天命之性，当体具焉。以其无过不及，不偏不倚，故谓之中。及其感而遂通天下之故，则喜怒哀乐之性发焉，而心之用可见。以其无不中节，无所乖戾，故谓之和。此则人心之正，而情性之德然也。”②这里朱熹并没有将分析的重点放在“心体流行”上，而是转移到“性”与“情”两者的关系上面。朱子认为，喜怒哀乐在“未发”的状态下体现的只是喜怒哀乐之“性”即心之体，而在“已发”的状态下体现的却是现实之“情”即心之用。性无所偏以为“中”，情若中节便为“和”。

而在《朱子全书》中，朱熹的观点又发生了些许变化：“诸说例蒙印可，而未发之旨又其枢要，既无异论，何慰如之！然比观旧说，却觉无甚纲领，因复体察，见得此理须以心为主而论之，则性情之德，中和之妙，皆有条而不紊矣。然人之一身，知觉运用，莫非心之所为，则心者固所以主于身，而无动静语默之间者也。然方其静也，事物未至，思虑未萌，而一性浑然，道义全具，其所谓中，是乃心之所以为体而寂然不动者也。

---

① 朱熹：《朱熹集》（第6册），郭齐、尹波点校，四川教育出版社1996年版，第3528页。

② 转引自束景南：《朱子大传》，商务印书馆2003年版，第285页。

及其动也，事物交至，思虑萌焉，则七情迭用，各有攸主，其所谓和，是乃心之所以为用，感而遂通者也。然性之静也，而不能不动；情之动也，而必有节焉，是则心之所以寂然感通，周流贯彻，而体用未始相离者也。”①在这里，朱熹将处于“寂然不动”“思虑未萌”状态的“未发”理解为“性之静”，将处于“事物交至”“思虑萌焉”状态的“已发”理解为“情之动”，从“思虑未萌”到“七情感动”的过程不仅是“心”的“寂然”到“感通”的过程，而且是浑然一性到性发为情的过程，即“心之体为性，心之用为情”。

总而言之，在己丑之悟中“已发”和“未发”既包含“心”的“已发”“未发”，还包括“情”的“已发”“未发”。“心”的“已发”“未发”是区别心理活动及其状态的两个阶段，这里的“已发”“未发”是同一层次的概念，而“情”的“已发”“未发”则是与体用相同的概念，两者不但在实际上有过程的区别，层次也不相同。

朱熹提出“中和新说”之后并没有停止对中和学说的思考。自乾道五年（1169）到乾道九年（1173）的四年时间，朱熹与各方学者进行了往复辩论，使其心性论思想得到了极大的丰富和发展。《知言疑义》就是朱熹、张栻、吕祖谦三人就胡宏《知言》的综合讨论记录。在这里，朱熹的心性论思想有了进一步发展。概言之，朱熹的心性论思想在《知言疑义》中主要论述了三个方面的内容：

第一，心主性情。《朱子全书·胡子知言疑义》中最突出的思想进展就是明确提出了心主性情的说法。胡宏在《知言》中说道：“心也者，知天地，宰万物，以成性者也。”②朱熹对于胡宏提出的“以成性者也”并

---

① 朱熹：《朱子全书》（第27册），朱杰人、严佐之、刘永翔主编，上海古籍出版社、安徽教育出版社2002年版，第210页。

② 朱熹：《朱子全书》（第24册），朱杰人、严佐之、刘永翔主编，上海古籍出版社、安徽教育出版社2002年版，第3555页。

不满意，将“以成性者也”改成“而统性情也”，并询问张栻的意见。随后，张栻在与朱熹的通信中不大赞同朱熹的“而统性情”的说法，并说道：“‘统’字亦恐未安，欲作‘主性情’如何?”朱熹听后立刻赞同道：“所改‘主’字极有功。”对于“心主性情”的主张，朱熹认为“心”对“性”具有主宰作用。这里的主宰并不是指绝对的控制，而是指在“未发”状态下以“主敬”为条件来保持“中”，以“主敬”为条件保持“和”，否则“只此便昏了天性”。至于“心”对“情”所起的主宰作用，“熹谓感于物者心也，其动者情也，情根乎性而宰乎心，心为之宰，则其动也无不中节矣，何人欲之有?”[1]不仅如此，朱熹还与五峰学派的哲人就“心主性情”的说法进行了反复探讨：“心主性情，理亦晓然，今不暇别引证据，但以吾心观之，未发而知觉不昧者，岂非心之主乎性者乎？已发而品节不差者，岂非心之主乎情者乎？‘心’字贯幽明、通上下，无所不在，不可以方体论也。今口‘以情为达道，则不必言心矣’，如此，则是专以心为已发，如向来之说也。然则谓未发时无心，可乎?”[2]

第二，心有体用。朱熹在《胡子知言疑义》中对《知言》所提出的“以性为体，以心为用”的观点持否定态度，并以自己丙戌到己丑的反省为基础，提出了“心有体用”的理论观点，认为“性不能不动，动则情矣”。《知言》载道：“圣人指明其体曰性，指明其用曰心，性不能不动，动则心矣。”[3]朱熹反驳道：“心性体用之云，恐自上蔡谢子失之。此云性不能不

① 朱熹：《朱子全书》(第 21 册)，朱杰人、严佐之、刘永翔主编，上海古籍出版社、安徽教育出版社 2002 年版，第 1395 页。

② 朱熹：《朱子全书》(第 22 册)，朱杰人、严佐之、刘永翔主编，上海古籍出版社、安徽教育出版社 2002 年版，第 1902 页。

③ 朱熹：《朱子全书》(第 24 册)，朱杰人、严佐之、刘永翔主编，上海古籍出版社、安徽教育出版社 2002 年版，第 3562 页。

动，动则心矣，语尤未安。凡此‘心’字，皆欲作‘情’字。”①

第三，性情未发已发。“己丑之悟”作为朱熹思想发展的重要转折，确立了未发时的涵养地位。在此之后，朱熹为了进一步阐发中和问题，将《中庸》首章与《乐记》中关于动静的学说进行对比，并与胡广仲就性情动静问题进行了深入探讨。朱熹认为，《中庸》注重谨独，《乐记》只讲已发时反躬天理。“中庸彻头彻尾说个谨独工夫，即所谓敬而无失平日涵养之意。乐记却直到好恶无节处，方说‘不能反躬，天理灭矣’。殊不知未感物时，若无主宰，则亦不能安其静，只此便自昏了天性，不待交物之引然后差也。”②为此，朱熹作《中庸首章说》《乐记动静说》，并特别就《乐记》论性情动静问题进行了讨论。在讨论的过程中，朱熹认为《乐记》中所载“感于物而动，性之欲也”中的“性之欲”就是“情”，就是《中庸》中所说的“已发”。随后，朱熹将《中庸》《乐记》以及程颐性发为情的思想联结在一起，强调“情”是“性”之“已发”。总体来看，己丑之悟以后，朱熹确立了“情”在他的心性哲学中的地位，他的心性论基本思想逐步形成。

概言之，朱熹作为一名在学术上不断探索、对学术思想不断修正的学者，体大思精的理学体系是他在理论上不断探索的产物。“中和”说作为朱熹理学思想体系的第一块基石，形成于朱熹师从李侗然后转向湖湘学派再到程颐理论的长期探索过程。在此期间，他虽对李侗的“已发未发”观以及“静坐默查”的存养方法萦怀于心，但在思想上却呈现出进退无据的矛盾状态。为了寻求关于“已发未发”问题的答案，朱子转

① 朱熹：《朱子全书》（第24册），朱杰人、严佐之、刘永翔主编，上海古籍出版社、安徽教育出版社2002年版，第3562页。

② 朱熹：《朱子全书》（第22册），朱杰人、严佐之、刘永翔主编，上海古籍出版社、安徽教育出版社2002年版，第1979页。

向湖湘学派，并一度以"性为未发，心为已发"之论形成了自己的"中和旧说"理论。直至"乾道己丑之春"，朱子通过与蔡季通的讨论以及对二程思想的重新认识，才摆脱体验对于理学修养论的纠缠，后经苦心思索，反复探求，终于使长期困惑他的"已发未发"问题"冻解冰释"，并以"心"统贯"未发已发"之论，逐渐确立了以"心统性情"来融摄"中和思想"的"中和新说"。究其实质，朱熹"中和"说的形成不仅突出了传统"中庸"思想"中和"的内涵，而且强调了以人的行为自律、情感中节来达到"天地位、万物育"，从而通过人的自觉来实现世界秩序的稳定与和谐。

三、明清两朝中庸思想的发展与演变

明末清初的儒家伦理是中国社会近世转型阶段社会意识对社会存在的反映，同时也是社会意识自我反思的发展过程。与传统的儒家伦理观念相比较，这一时期的儒家伦理试图弱化对体制的依赖性，将传统儒家自上而下的道德教化路径变为自下而上的民间自治之路。同时，它反对空谈义理倡导经世实践，关注民间社会的价值需求。

(一)王阳明对"中庸"思想的理解

王阳明作为明代最有影响的儒学代表人物，常常以圣学正传自诩。其年轻时期的思想历程与多数宋明理学家一样，经历了"出入释老""归本孔孟"两个阶段。入仕之后，王阳明虽屡建奇功，却屡遭诬陷谗谤。在"千死百难"的政治危机中，他日夜默坐，动心忍性，将"致良知"这一核心思想贯穿于"中庸之道"这一道德修养理论之中，对改善当时逐渐僵化的程朱理学体系具有一种勇往直前的气概，充满了生气勃勃的活力。

1. 王阳明对“中”“庸”的解释

王阳明作为明代儒家思想的集大成者，竭力提倡中庸之道。他在面对封建统治极度腐败的社会现实，慨然感叹道：“呜呼！圣学晦而中行之士鲜矣。”[①]就“中”字的含义而言，王阳明在继承朱熹、陆九渊等人思想的基础上，将“中”理解为以下几个方面的含义。

第一，“中”可以理解为性善之“中”。《传习录》记载陆澄与王阳明的问答：“喜、怒、哀、乐、之‘中’‘和’，其全体常人固不能有。如一件小事当喜怒者，平时无有喜怒之心，至其临时，亦能‘中节’，亦可谓之‘中’‘和’乎？”“在一时之事，固亦可谓之‘中’‘和’，然未可谓之‘大本’‘达道’。人性皆善，‘中’‘和’是人人原有的，岂可谓无？但常人之心既有所昏蔽，则其本体虽亦时时发见，终是暂明暂灭，非其全体大用矣。”[②]在这里，王阳明将一个时间点或一件事情上的“中”称为“中正”“平和”及性善之“中”，就像人的本性都是善良的，性善之“中”也是人人都具有的。但是一般人的心总会有些昏蔽，虽然人本性中的性善之“中”会经常出现，但总是断断续续、时隐时现的，并非至始至终都起作用。

第二，“中”可以理解为“境界”。《传习录》载道：

无所不“中”，然后谓之“大本”；无所不“和”，然后谓之“达道”。惟天下之至诚，然后能立天下之“大本”。曰：“澄于‘中’字之义尚未明。”曰：“此须自心体认出来，非言语所能喻。‘中’只是天理。”曰：“何者为天理？”曰：“去得人欲，便识

① 王守仁：《王阳明全集》，吴光等编校，上海古籍出版社 2017 年版，第 775 页。
② 王阳明：《传习录》，秦琼译，南海出版社 2015 年版，第 87 页。

天理。”[1]

这里的“境界”是指思虑未发时能够做到全时全体的中。寻常之人在某些思虑未发的情况下可以做到“中”,在某些已发之际能做到“和”,但他们都不能实现无时无刻,无所不中的境界。

第三,“中”可以理解为“天理”。《传习录》载道:

> 天理何以谓之“中”?曰:“无所偏倚。”曰:“无所偏倚是何等气象?”曰:“如明镜然,全体莹彻,略无纤尘染著。”曰:“偏倚是有所染著,如著在好色、好利、好名等项上,方见得偏倚。若未发时,美色、名、利皆未相著,何以便知其有所偏倚?”曰:“虽未相著,然平日好色、好利、好名之心原未尝无。既未尝无,即谓之有;既谓之有,则亦不可谓无偏倚。譬之病疟之人,虽有时不发,而病根原不曾除,则亦不得谓之无病之人矣。须是平日好色、好利、好名等项一应私心,扫除荡涤,无复纤毫留滞,而此心全体廓然,纯是天理,方可谓之喜、怒、哀、乐‘未发之中’,方是天下之‘大本’。”[2]

在这里,王阳明与弟子陆澄讨论,将“中”理解为“天理”。王阳明之所以把“天理”称为“中”,是因为“中”是不偏不倚的,是一尘不染的,是通体透彻的,“中”必须用自己的本心才能领会,并非言语能够阐释清楚。在日常生活中,思想修养程度不够的人,心之未发时虽看不清楚善

① 王阳明:《传习录》,秦琼译,南海出版社 2015 年版,第 87 页。

② 王阳明:《传习录》,秦琼译,南海出版社 2015 年版,第 87—88 页。

恶，但其日常行为表明私心的根子还未去掉，所以不能说他的心在未发时便是“中”。人们只有把平时的好色、好名、好利的心思彻底清除，把自己的心变得彻底纯洁空明，不剩丝毫杂念，才能达到至精至纯、合乎天理的状态，才能称得上是喜、怒、哀、乐未发时的中正，才是天下之大本。

就“庸”字而言，历代注家主要给出了两种解释：

其一，“庸”可以理解为“常”。古人之所以将“庸”理解为“常”旨在强调“中”这一约束人们日常行为的基本原则并非高不可攀，而是人人不可或缺的，人人不可违背的适得事物之宜的普遍真理。由此意义来讲，“中庸”乃是“道”的行为准则。王阳明也反复强调圣人之学乃是切合人情的平常之道：“道也者，不可须臾离也。”[①]《王阳明全集·书孟源卷》也载道：“圣贤之学，坦如大路，但知所从入，苟循循而进，各随分量，皆有所至。后学厌常喜异，往往时入断蹊曲径，用力愈劳，去道愈远。”[②]在此基础上，王阳明又对“极高明而道中庸”之义做了发挥：“今夫吾夫子之道，始之于存养慎独之微，而终之以化育参赞之大；行之于日用常行之间，而达之于国家天下之远。人不得焉，不可以为人，而物不得焉，不可以为物，犹之水火菽帛而不可一日缺焉者也。”[③]

其二，“庸”可以理解为“用”。将“庸”解释为“用”就是关于“道”的具体运用。“中”与“庸”的结合也就是“体”与“用”的辩证统一。“体”是静止的，固定不变的，而在具体运用“中”这一道体时，又必须有适当的灵活性，这就体现了“庸”的功用性。“体用一源”作为王阳明学说的重

① 陈晓芬、徐儒宗译注：《论语·大学·中庸》，中华书局2015年版，第288页。

② 王守仁：《王阳明全集》，吴光等编校，上海古籍出版社2017年版，第230页。

③ 王守仁：《王阳明全集》，吴光等编校，上海古籍出版社2017年版，第710页

要内容，他认为“体”“用”两者之间属于同一个源，紧密结合、不可分割。《传习录》载道：“盖‘体用一源’，有是体即有是用，有‘未发之中’即有‘发而皆中节之和’。今人未能‘有发而皆中节之和’，须知是他‘未发之中’亦未能全得。”[①]王阳明认为，中和、中道都是人人本有的、原有的。有“情感未发时的中正”，就会有“情感发出来符合中正的平和”。不仅如此，“体用一源”作为王阳明中庸思想的逻辑表现形式，也融合在“致良知”学说之中。《传习录》载道：“性无不善，故知无不良。真知即是未发之中，即是廓然大公，寂然不动之本体，人人之所同具者也。但不能不昏蔽于物欲，故须学以去其昏蔽。然于良知之本体，初不能有加损于毫末也。知无不良，而中、寂、大公未能全者，是昏蔽之未尽去，而存之未纯耳。体即良知之体，用即良知之用，宁复有超然于体用之外者乎？”[②]王阳明认为，良知是“未发之中”，是天赋予人心的，人人具有的，它最初是处于本然状态的。这种本然状态的“良知”是“廓然大公”“寂然不动”的无善无恶的道德本体。如果能够见得良知这个本体恒在，就不会只从形式上去看，也不会认为它会超然于体用之外。

2. 良知与致良知

“致良知”作为阳明学说的宗旨，是阳明哲学发展的最完善形态，对整个明朝哲学思潮的形成有着重大影响。王阳明作为宋明理学的集大成者，在继承先秦儒家中庸基本理论思想的基础上另辟蹊径，创造性地将《大学》中的“致知”与《孟子》中的“良知”相结合，将其学说的重点由“诚意”转向“致知”，并贯穿于“致良知”学说之中。

---

① 王阳明：《传习录》，秦琼译，南海出版社 2015 年版，第 61 页。

② 王阳明：《传习录》，秦琼译，南海出版社 2015 年版，第 200 页。

(1)“良知”说的提出

阳明一生对“良知”的称赞及用“良知”教化别人的说法屡见不鲜。“吾良知二字,自龙场以后,便已不出此意,只是点此二字不出,与学者言,费却多少辞说,今幸见出此意,一语之下,洞见全体,真是痛快!”[①]“十有六年辛巳,先生五十岁,在江西。正月,居南昌。是年先生始揭致良知之教。”[②]“明年癸酉,升南京太仆寺少卿,从游者日益众。甲戌,升南京鸿胪寺卿,始专以良知之旨训学者。乙亥,朝廷举考察之典,为疏自劾,力乞休致,以践前言。”[③]由上述引文可以看出,我们需要将“良知”思想如何形成以及“致良知”说何时提出区分开来。

阳明晚年提出“致良知”学说与他自身经历的龙场悟道有直接关联。正德元年(1506),宦官刘瑾擅政,王阳明因反对刘瑾上疏论救,被贬谪至贵州龙场当驿丞,致使王阳明的圣人观念和作圣之功发生根本性转变。“先生始悟格物致知。龙场在贵州西北万山丛棘中,蛇虺魍魉,蛊毒瘴疠,与居夷人鴃舌难语,可通语者,皆中土亡命。旧无居,始教之范土架木以居。时瑾憾未已,自计得失荣辱皆能超脱,惟生死一念尚觉未化,乃为石墩自誓曰:‘吾惟俟命而已!’日夜端居澄默,以求静一;久之,胸中洒洒。而从者皆病,自析薪取水作糜饲之;又恐其怀抑郁,则与歌诗;又不悦,复调越曲,杂以诙笑,始能忘其为疾病夷狄患难也。”[④]

正德四年(1509),王阳明谪戍期满,复官任庐陵县知县期间,突然

---

① 转引自陈来:《有无之境:王阳明哲学的精神》,北京大学出版社2006年版,第149页。

② 王守仁:《王阳明全集》,吴光等编校,上海古籍出版社2017年版,第1050页。

③ 王守仁:《王阳明全集》,吴光等编校,上海古籍出版社2017年版,第1164页。

④ 王守仁:《王阳明全集》,吴光等编校,上海古籍出版社2017年版,第1006页。

顿悟“格物致知”之旨，认为“心”是感应万事万物的根本，道德法则源于道德主体，至善根于本心，并说出了“圣人之道，吾性自足，向之求理于事物者误也”的著名论述。这一论述与他后来提出的“良知便是天理”的立场基本一致。

“良知”这一说法虽然在阳明龙场经历之后的论述中间断地隐含或出现，但由“良知”至“致良知”这一核心说法的概括过程并不顺利。知行合一、心外无理、心外无物、立诚、格其非心等思想虽是对“致良知”说探索历程的不同阶段的表述，但这些说法要么论及心体未及功夫，要么论及功夫未及心体，阳明始终没能找到一个既能概括其基本思想又适合常人为己之学的恰当表述形式，直至被阳明称为“圣门之正法眼藏”的“致良知”说的提出。例如，正德元年(1506)至正德九年(1514)，王阳明提出知行合一时，作为本体的“知”就已经隐含了“良知”的观念。“知是心之本体，心自然会知。见父自然知孝，见兄自然知弟，见孺子入井自然知恻隐。此便是良知，不假外求。”[①]此时在“良知”的观念中虽然已经显露出“致良知”的萌芽，但阳明并没有将其作为自己的重要思想，而是作为服从于诚意的一种功夫，还处于“诚意格物之教”阶段。《传习录》中记载陈九川曾经问道：“静坐用功，颇觉此心收敛。遇事又断了，旋起个念头，去事上省察。事过又寻旧功，还觉有内外，打不作一片。”“此‘格物’之说未透。心何尝有内外？即如惟浚今在此讲论，又岂有一心在内照管？这听讲说时专敬，即是那静坐时心。功夫一贯，何须更起念头？人须在事上磨练，做功夫乃有益。若只好静，遇事便乱，终无长进。那静时功夫亦差似收敛，而实放溺也。”[②]这里王阳明反对一味追求

① 王阳明：《传习录》，秦琼译，南海出版社 2015 年版，第 22 页。

② 王阳明：《传习录》，秦琼译，南海出版社 2015 年版，第 275 页。

静坐澄心，提倡在事上磨炼做功夫，体究践履，实地用功，通过日常事务去体认良知。这样才能落实“知行合一”。心灵上那种真正的宁静，是一种境界。

正德十四年(1519)六月十四日，宁王朱宸濠起兵造反，王阳明奉命起兵征讨，三战俘濠。宦官张忠欲掩功媚上，几次设谋陷害，说王阳明将反。面对凶恶局面，王阳明镇定自若，通权达变，运用良知渡过重重难关，化险为夷。至此，王阳明对良知执之弥坚：“自经宸濠、忠、泰之变，益信良知真足以忘患难，出生死，所谓考三王，建天地，质鬼神，俟后圣，无弗同者。”[①]经过这次变故，王阳明坚定地认为，良知是唯一可持可任的，凝聚了他许多性命交关、生死搏斗的精神脉搏。钱德洪也说：“先师始学，求之宋儒不得入，因学养生，而沉酣于二氏，恍若得所入焉。至龙场，再经忧患，而始豁然大悟‘良知’之旨。自是出与学者言，皆发‘诚意’‘格物’之教。……辛巳以后，经宁藩之变，则独信‘良知’，单头直入，虽百家异术，无不具足。”[②]

(2)“良知”说的内涵

“良知”的观点首先来源于《孟子》一书。孟子说道：“人之所不学而能者，其良能也；所不虑而知者，其良知也。孩提之童，无不知爱其亲者；及其长也，无不知敬其兄也。”[③]孟子认为良知主要是指人不依赖环境、教育而自然具有的道德意识和道德情感。有些事情，人不经过学习就能够做到，这是因为人有良能。有些事情，人不经过思考就能明白，这是因为人有良知。两三岁的孩子，没有不知道爱自己的父母的；等到

① 王守仁：《王阳明全集》，吴光等编校，上海古籍出版社 2017 年版，第 1050 页。

② 王守仁：《王阳明全集》，吴光等编校，上海古籍出版社 2017 年版，第 1137—1138 页。

③ 方勇译注：《孟子》，中华书局 2015 年版，第 264 页。

他长大了，没有不知道敬重兄长的。

王阳明继承了孟子对“良知”的理解，其在《传习录》中对“良知”的解释主要集中在以下几方面。

第一，“良知”被理解为心之本体，是在现成意识中现象地存在着的本觉。在阳明的哲学体系中，知被理解为心之本体，即良知。良知作为理的知觉形式，不仅具有认识功能，而且具有价值指向功能。在这里，理并不被看作客观独立的法则，而是被看作心之活动的自然条理。所以，理是心之理，心是理之灵。《传习录》载道：“知是心之本体，心自然会知。见父自然知孝，见兄自然知弟，见孺子入井自然知恻隐。此便是良知，不假外求。”[①]“惟乾问：‘知如何是心之本体？’先生曰：‘知是理之灵处。就其主宰处说便谓之心，就其禀赋处说便谓之性。孩提之童，无不知爱其亲，无不知敬其兄，只是这个灵能不为私欲遮隔，充拓得尽，便完完是他本体，便与天地合德。自圣人以下，不能无蔽，故须格物以致其知。’”[②]这里，阳明认为知之所以被称为心的本体，就是因为知是天理的灵妙之处。就它的主宰处来说，叫作心，从它的先天禀赋来说，叫作性。儿童还是小孩的时候，都懂得爱自己的父母、尊敬自己的兄长。只要这种天性不因为私欲而隔断，得到充分发挥，便完完全全是心的本体，就和天理合德了。也就是说，知虽然被赋予了心之本体的意义，但它本身是可以直接实现的。它不作为本质的本体，而是在现成意识中现象地存在着。故阳明又说道：“良知者心之本体，即前所谓恒照者也。心之本体无起无不起。虽妄念之发，而良知未尝不在，但人不知存，则有时而或放耳。虽昏塞之极，而良知未尝不明，但人不知察，则有时而

① 王阳明：《传习录》，秦琼译，南海出版社2015年版，第22页。

② 王阳明：《传习录》，秦琼译，南海出版社2015年版，第127—128页。

或蔽耳。”①

第二,“良知”作为一种“知”被理解为一种认识的范畴。

> 问:“知识不长进,如何?”先生曰:“为学须有本原,须从本原上用力,渐渐‘盈科而进’。仙家说婴儿亦善譬。婴儿在母腹时只是纯气,有何知识?出胎后,方始能啼,既而后能笑,又既而后能识认其父母兄弟,又既而后能立、能行、能持、能负,卒乃天下之事无不可能。皆是精气日足,则筋力日强,聪明日开。不是出胎日便讲求推寻得来,故须有个本原。圣人到‘位天地育万物’,也只从‘喜怒哀乐未发之中’上养来。”②

在阳明看来,知识的积累和长进就如同作物生长一样,是一个自然有序、循序渐进的过程。我们必须先从根基上下功夫,从喜、怒、哀、乐等各种情绪“未发”时慢慢培养,渐积而前,最后才能通达,才能够立足于天地之间让万物随其生长。

第三,“良知”作为一种“良”被理解为道德方面的范畴。

《传习录》载道:“性无不善,故知无不良。真知即是未发之中,即是廓然大公,寂然不动之本体,人人之所同具者也。但不能不昏蔽于物欲,故须学以去其昏蔽。然于良知之本体,初不能有加损于毫末也。知无不良,而中、寂、大公未能全者,是昏蔽之未尽去,而存之未纯耳。体即良知之体,用即良知之用,宁复有超然于体用之外者乎?”③王阳明认

---

① 王阳明:《传习录》,秦琼译,南海出版社 2015 年版,第 197 页。

② 王阳明:《传习录》,秦琼译,南海出版社 2015 年版,第 49 页。

③ 王阳明:《传习录》,秦琼译,南海出版社 2015 年版,第 200 页。

为，良知是天赋予人心的，人人具有的，它最初是处于“未发”的本然状态。这种本然状态的“良知”是亘万古、塞宇宙、廓然大公、寂然不动的无善无恶的道德本体。如果能够看到“良知”这一本体恒在，就不会只从形式上去看，也不会认为它会超然于体用之外。又载：“‘未发之中’即良知也，无前后、内外而浑然一体者也。有事、无事可以言动、静，而良知无分于有事、无事也。寂然、感通可以言动、静，而良知无分于寂然、感通也。”[①]“未发之中”就是良知，未发与良知一样，是无分于动静而浑然一体的。“未发”“已发”其实是无论未不未、已不已的，也无论中不中、发不发的，原本就是一个“东西”罢了。人们之所以一定要说出“未发”“已发”只是为了思考的方便而已。如果从“道”的角度来讲，真正悟解了也就无所谓“未发”“已发”，但再说个“未发”“已发”也无不可，因为原本就有那么个东西存在。

不仅如此，具有道德范畴的“良知”，在王阳明看来还应包含“情感”方面的因素：“‘尝试于心，喜、怒、忧、惧之感发也，虽动气之极，而吾心良知一觉，即罔然消阻，或遏于初，或制于中，或悔于后。然则良知常若居优闲无事之地而为之主，于喜、怒、忧、惧若不与焉者，何欤？’知此，则知‘未发之中’‘寂然不动’之体，而有发而中节之和、感而遂通之妙矣。然谓‘良知常若居于优闲无事之地’，语尚有病。盖良知虽不滞于喜、怒、忧、惧，而喜、怒、忧、惧亦不外于良知也。”[②]良知不会为人的喜怒忧惧等情感因素所缠绕，但也不排除情感的因素在其中，良知和情感就其本体意义而言应是内在的、相互联系地交融于一体的整体性关系。王阳明历来认为，良知是心的主宰，心是身体的主宰。

---

① 王阳明：《传习录》，秦琼译，南海出版社 2015 年版，第 202 页。

② 王阳明：《传习录》，秦琼译，南海出版社 2015 年版，第 205 页。

总而言之，无论“良知”作为心之本体、认识范畴或是道德范畴，王阳明都在反复强调“良知”即是“未发之中”。但是，如若从本质上进行理解，“未发之中”与“良知”并不能直接画上等号。因为“未发之中”属于方法论上的普遍原则，它与“良知”属于不同范畴，是一种交互错综的关系。不仅如此，在上文引用中，王阳明还说到“良知”的本体是合乎“未发之中”的，由于受到了物欲的蒙蔽才“存之未纯”。如果要使“良知”完全符合“未发之中”的准则，就要学会运用“致良知”的功夫“去其昏蔽”，才能够使“良知”之本体永远保持原貌。

(3)“致良知”说的提出

众所周知，王阳明的核心思想是“致良知”。根据陈来先生的研究，王阳明是在正德十五年(1520)始倡“致良知”之“知行合一”这一为学宗旨的。《传习录》记载，那一年陈九川再次拜见王阳明：

> 庚辰往虔州，再见先生，问：“近来功夫虽若稍知头脑，然难寻个稳当快乐处。”先生曰：“尔却去心上寻个天理，此正所谓理障。此间有个诀窍。”曰：“请问如何？”曰：“只是‘致知’。”曰：“如何致？”曰：“尔那一点良知，是尔自家底准则。尔意念着处，他是便知是，非便知非，更瞒他一些不得。尔只不要欺他，实实落落依着他做去，善便存，恶便去，他这里何等稳当快乐！此便是‘格物’的真诀、‘致知’的实功。若不靠这些真机，如何去‘格物’？”我亦近年体贴出来如此分明，初犹疑只依他恐有不足，精细看，无些小欠缺。[①]

① 王阳明：《传习录》，秦琼译，南海出版社2015年版，第278页。

他在发现这一“孔门正法眼藏”之后，就反复向别人宣讲“致良知”这一宗旨，并反复强调其重要性。《王阳明全集》记载：“区区所论致知二字，乃是孔门正法眼藏，于此见得真的，直是建诸天地而不悖，质诸鬼神而无疑，考诸三王而不谬，百世以俟圣人而不惑！”[①]欧阳崇、陈九川二人与王阳明讨论“致良知”时也说道：“此‘致知’二字，真是个千古圣传之秘，见到这里，‘百世以俟圣人而不惑’。”[②]

不仅如此，王阳明在强调“致良知”重要性的同时，还从道德修养的角度提出了“致良知”的基本条件。《传习录》载道：

> “良知原是中和的，如何却有过、不及？”先生曰：“知得过、不及处，就是中和。‘所恶于上’是良知，‘毋以使下’即是致知。”[③]

这就是说，只要在良知上能够体认到何为“过”何为“不及”，这就自然含有“中和”之义了。王阳明认为，既然在认识上能够辨别出“过”与“不及”，那么在行为上通过努力也必然能够达到中和之道，即所谓“知得过、不及处就是中和”。

(4)“致良知”说的内容

在“致良知”的宗旨中，以“良知”解释“知”在上文中已经做出解释。那么“致”究竟是何意呢？

《说文解字》中就“致”解释道：“致，送诣也。从夊，从至。”[④]“致”是

---

① 王守仁：《王阳明全集》，吴光等编校，上海古籍出版社 2017 年版，第 157 页。

② 王阳明：《传习录》，秦琼译，南海出版社 2015 年版，第 281 页。

③ 王阳明：《传习录》，秦琼译，南海出版社 2015 年版，第 385 页。

④ 许慎：《说文解字》，马松源主编，线装书局 2016 年版，第 1181 页。

会意字，原义为送达、送到。后引申为达到、表达、获得、兴致等含义。阳明解释道："致者，至也，如云'丧致乎哀'之'致'。《易》言'知至至之'，'知至'者，知也；'至之'者，致也。'致知'云者，非若后儒所谓充广其知识之谓也，致吾心之良知焉耳。"[①]由此可见，阳明解释的"致"是指至乎极，既有极点之义又有向极点运动之义。

既然"致"是一个至乎极的过程，那么致知的过程就是达到顶点的过程，就是一个扩充良知至人人自有的过程，其最终目的就是要达到"知至"。如若能够扩充至极，那么便是圣人。《王阳明全集》释知至道："今焉于其良知所知之善者，即其意之所在之物而实为之，无有乎不尽。于其良知所知之恶者，即其意之所在之物而实去之，无有乎不尽。然后物无不格，而吾良知之所知者无有亏缺障蔽，而得以极其至矣。"[②]"某近来却见得良知两字日益亲切简易。朝夕与朋辈讲习，只是发挥此两字不出。缘此两字，人人所自有，故虽至愚下品，一提便省觉。若致其极，虽圣人天地不能无憾，故说此两字，穷劫不能尽。"[③]

而就"致良知"而言，阳明晚年主要给出了两个层面的内容。

第一，就致良知之至极义而言，就是要恢复良知的本来面目，克服"过"和"不及"的偏失状态，使之恢复到"未发之中"的状态。

《传习录》载道："性无不善，故知无不良。真知即是未发之中，即是廓然大公，寂然不动之本体，人人之所同具者也。但不能不昏蔽于物欲，故须学以去其昏蔽。然于良知之本体，初不能有加损于毫末也。知

① 王守仁：《王阳明全集》，吴光等编校，上海古籍出版社2017年版，第802页。

② 王守仁：《王阳明全集》，吴光等编校，上海古籍出版社2017年版，第802—803页。

③ 王守仁：《王阳明全集》，吴光等编校，上海古籍出版社2017年版，第173页。

无不良，而中、寂、大公未能全者，是昏蔽之未尽去，而存之未纯耳。”[①]王阳明认为，良知就是“未发之中”，是天赋人心的，它本应该处于最佳的本然状态。但在现实之中，良知不可能不被外在的物欲和私利蒙蔽，所以每个人都要学习如何清除物欲的蒙蔽。如果在此过程中中和、大公、寂静不能够完整呈现出来，只能说明自身的私欲没能除净，良知的存养还不够纯正。

但是，在使“良知”完全符合“未发之中”的过程中，一定要努力克服“过”和“不及”两种偏失情况的发生，即“私”的发生。阳明说道：“喜、怒、哀、乐本体自是中和的，才自家着些意思，便过不及，便是私。”[②]阳明承认情感（私、欲）的产生和波动有时会妨碍“中和”的实现，但他认为情感与行为主体两者在实践上是相辅相成的。它们的好与坏、价值的大与小完全在于主体的境界。如果人们能以良知为主宰顺利地将情感纳入正轨，则情感就是好的。反之，人们如果放任自己的情感，那么情感就是坏的。将情感纳入正轨而不妨碍道德法则，就是“中和”的境界。王阳明的学生也曾就“过”和“不及”向他提问道：“良知原是中和的，如何却有过、不及？”先生曰：“知得过、不及处，就是中和。‘所恶于上’是良知，‘毋以使下’即是致知。”[③]在王阳明这里，能够始终把握住“良知”的人外部变化但内心不发生变化，行为或过或不及而心地保持中和，既可以处理好上下级之间的关系，还可以处处透视世间真情。也就是说，只要在良知上能体认到何为“过”，何为“不及”，这就自然含有“中”之意了。

---

① 王阳明：《传习录》，秦琼译，南海出版社 2015 年版，第 200 页。

② 王阳明：《传习录》，秦琼译，南海出版社 2015 年版，第 71 页。

③ 王阳明：《传习录》，秦琼译，南海出版社 2015 年版，第 385 页。

此外，王阳明不仅要求个人在道德修养上必须免其“不及”克其“过”，而且还列举了各种以“过”和“不及”为特征表现出来的异端现象：“维贤温雅，朋友中最为难得，似亦微失之弱，恐诋笑之来，不能无动；才为所动，即依阿隐忍，久将沦胥以溺。每到此便须反身，痛自切责。为己之志未能坚定，亦便志气激昂奋发。但知明己之善，立己之诚，以求快足乎己，岂暇顾人非笑指摘？故学者只须责自家为己之志未能坚定，志苟坚定，则非笑诋毁不足动摇，反皆为砥砺切磋之地矣。”①针对顾维贤人格“不及”的偏失，王阳明勉励他要痛定思痛，立下坚定的信念，使自身志气激发出来，以求合乎中庸之道。“子强明者也，警敏者也。强明者病于矜高，是故亢而不能下；警敏者病于浅陋，是故浮而不能实。砭子之疾，其谦默乎！谦则虚，虚则无不容，是故受而不溢，德斯聚矣；默则慎，慎则无不密，是故积而愈坚，诚斯立矣。彼少得而自盈者，不知谦者也；少见而自衒者，不知默者也。自盈者吾必恶之，自衒者吾必耻之。”②杨思元是个强明、警敏之人，他这种性格上的“过”的偏失往往表现为自以为是、清高自傲。王阳明劝他必须戒骄戒躁，做到谦虚、谨慎、沉默，才能够合乎中道。“盖昔之人固有欲明其明德者矣，然惟不知止于至善，而骛其私心于过高，是以失之虚罔空寂，而无有乎家国天下之施，则二氏之流是矣。固有欲亲其民者矣，然惟不知止于至善，而溺其私心于卑琐，是以失之权谋智术，而无有乎仁爱恻怛之诚，则五伯功利之徒是矣。是皆不知止于至善之过也。”③王阳明将佛道二氏与五伯功利之徒相对比，表明二者虽都各有志于“明明德”或“亲民”，但由于在实

① 王守仁：《王阳明全集》，吴光等编校，上海古籍出版社 2017 年版，第 232 页。

② 王守仁：《王阳明全集》，吴光等编校，上海古籍出版社 2017 年版，第 230 页。

③ 王守仁：《王阳明全集》，吴光等编校，上海古籍出版社 2017 年版，第 800 页。

施的过程中偏离了“中道”，造成“过”或“不及”异端现象的发生，所以未能“止于至善”。

王阳明还认为，在纠正“过”与“不及”的过程中一定要遵守适度原则，应该做到“矫而当其可”。如果因矫枉过正，而向“偏”的方向发展，就要及时以“克”的方式取代“矫”，以“克”去私心以恢复天理，进而合乎中道。“君子之行，顺乎理而已，无所事乎矫。然有气质之偏焉。偏于柔者矫之以刚，然或失则傲；偏于慈者矫之以毅，然或失则刻；偏于奢者矫之以俭，然或失则陋。凡矫而无节则过，过则复为偏。故君子之论学也，不曰‘矫’而曰‘克’。克以胜其私，私胜而理复，无过不及矣。矫犹未免于意必也，意必亦私也。故克己则矫不必言，矫者未必能尽于克己之道也。虽然，矫而当其可，亦克己之道矣。”[①]然而矫正的标准是什么呢？王阳明在继承发展孟子思想的基础上，提出了以“集义”为宗旨，以“必有事焉”为正面功夫，以“勿忘”“勿助”为反面警戒的道德修养论。王阳明说道：“区区因与说，我此间讲学，却只说个‘必有事焉’，不说‘勿忘勿助’。‘必有事焉’者，只是时时去‘集义’。若时时去用‘必有事’的功夫，而或有时间断，此便是忘了，即须‘勿忘’；时时去用‘必有事’的功夫，而或有时欲速求效，此便是助了，即须‘勿助’。其功夫全在‘必有事焉’上用；‘勿忘勿助’，只就其间提撕警觉而已。若是功夫原不间断，即不须更说勿忘；原不欲速求效，即不须更说勿助。”[②]这就是说，“必有事焉”作为正面功夫是时时刻刻的“集义”。“勿助勿念”只是一种辅助方法起到提醒警觉的作用。时时刻刻都在用“必有事”的功夫，如果有时有了中断而流于“不及”，那就是“忘”，就需要抓紧改正，做到“勿忘”。

---

① 王守仁：《王阳明全集》，吴光等编校，上海古籍出版社 2017 年版，第 222 页。

② 王阳明：《传习录》，秦琼译，南海出版社 2015 年版，第 250 页。

如果有时想要快速见效就会陷于“过”，那就是“助”了，那就需要“勿助”。

所以王阳明总结道：“夫‘必有事焉’只是‘集义’，‘集义’只是致良知。说‘集义’则一时未见头脑，说致良知即当下便有实地步可用功。故区区专说致良知，……著实致良知，而无一毫意必固我，便是‘正心’。”①

第二，就致良知之实行义而言，就是要依良知而行，即“致是良知而行”，使之达到“知行合一”的境界。

王阳明曾就依良知而行的观点论述道：“尔那一点良知，是尔自家底准则。尔意念着处，他是便知是，非便知非，更瞒他一些不得。尔只不要欺他，实实落落依着他做去，善便存，恶便去，他这里何等稳当快乐！此便是‘格物’的真诀、‘致知’的实功。”②他认为自身心中的那些良知，便是自己的准则。自己的意念所到之处，正确的就知道正确，错误的就知道错误，对它一丝一毫都隐瞒不得。自己只需要不去欺骗良知，切切实实地顺从良知去做，善便存养，恶便去除，这样是何等稳当快乐。从这里来看，王阳明把“实实落落依良知去做”作为致知的应有之义。

《王阳明全集》也载道：“黄州朱生守乾请学而归，为书‘致良知’三字。夫良知者，即所谓‘是非之心，人皆有之’，不待学而有，不待虑而得者也。人孰无是良知乎？独有而不能致之耳。自圣人以至于愚人，自一人之心，以达于四海之远，自千古之前以至于万代之后，无有不同。是良知也者，是所谓‘天下之大本’也。致是良知而行，则所谓‘天下之

① 王阳明：《传习录》，秦琼译，南海出版社2015年版，第252页。

② 王阳明：《传习录》，秦琼译，南海出版社2015年版，第278页。

达道'也。"[①]这也是说"致是良知而行","行"是致良知的内在要求和规定。

就"致知"所包含的"实行"之义而言,《传习录》中也写道:"吾子谓'语孝于温清定省,孰不知之',然而能致其知者鲜矣。若谓粗知温清定省之仪节,而遂谓之能致其知,则凡知君之当仁者,皆可谓之能致其仁之知;知臣之当忠者,皆可谓之能致其忠之知,则天下孰非致知者邪?以是而言可以知,'致知'之必在于行,而不行之不可以为'致知'也,明矣。知行合一之体,不益较然矣乎。"[②]他还举例反问道:"夫舜之不告而娶,岂舜之前已有不告而娶者为之准则,故舜得以考之何典、问诸何人而为此邪?抑亦求诸其心一念之良知,权轻重之宜,不得已而为此邪?武之不葬而兴师,岂武之前已有不葬而兴师者为之准则,故武得以考之何典、问诸何人而为此邪?抑亦求诸其心一念之良知,权轻重之宜,不得已而为此邪?"[③]对此,王阳明就舜和周武王的"不忠"与"不孝"的行为解释道:"使舜之心而非诚于为无后,武之心而非诚于为救民,则其不告而娶与不葬而兴师,乃不孝不忠之大者。"[④]

不仅如此,他还以此教育后代:"而后之人不务致其良知,以精察义理于此心感应酬酢之间,顾欲悬空讨论此等变常之事,执之以为制事之本,以求临事之无失,其亦远矣。"[⑤]大道理明白了,小事情却混淆了;事理上分清了,行动起来又糊涂了;行为上不离规制,事理上又有了偏离,这些都是不能"致良知"的原因。良心是心之本体,是天地自然之法则。

① 王守仁:《王阳明全集》,吴光等编校,上海古籍出版社2017年版,第235页。

② 王阳明:《传习录》,秦琼译,南海出版社2015年版,第168—169页。

③ 王阳明:《传习录》,秦琼译,南海出版社2015年版,第169页。

④ 王阳明:《传习录》,秦琼译,南海出版社2015年版,第169页。

⑤ 王阳明:《传习录》,秦琼译,南海出版社2015年版,第169页。

良心唯有在心中致，离开本体之心则无良知可致。圣贤致心不乱，自然良知显现；良知显现了便有了处事法则；有了法则，事事理理自然清楚明白。

王阳明还认为，“致良知”这一功夫不能只是为了一时一事的满足，而应该是“无所不中，无所不和”，才可谓之大本与达道，才能达到“中和”的全体。《传习录》载道：“在一时之事，固亦可谓之‘中’‘和’，然未可谓‘大本’‘达道’。人性皆善，‘中’‘和’是人人原有的，岂可谓无？但常人之心既有所昏蔽，则其本体虽亦时时发见，终是暂明暂灭，非其全体大用矣。无所不‘中’，然后谓之‘大本’；无所不‘和’，然后谓之‘达道’。惟天下之至诚，然后能立天下之‘大本’。”[①]从上述引用可以看出，王阳明将“诚”作为实现中和的最基本的素质和基础。只有心存“至诚”之心，才能达到无所不中、无所不和的中和境界。当然，想要达到这种境界并非一蹴而就，应该根据自身的条件，有步骤地循序渐进。王阳明说道：“我辈‘致知’，只是各随分限所及。今日良知见在如此，只随今日所知扩充到底；明日良知又有开悟，便从明日所知扩充到底。如此方是‘精一’功夫。与人论学，亦须随人分限所及。”[②]这里，王阳明阐释的是一个“致知”必须循序渐进的问题。他承认个人接受能力的差异，因人施教，既不可盲目地好高骛远而陷于“过”，也不宜安于自暴自弃而流于“不及”，应根据自己的能力所及，切切实实地下功夫，才能由浅入深，由低到高，最终达到无所不中、无所不和的“此心全体廓然，纯是天理”的境界。

总之，王阳明作为宋明理学的集大成者，在继承先秦儒家“中庸”基

---

① 王阳明：《传习录》，秦琼译，南海出版社 2015 年版，第 87 页。

② 王阳明：《传习录》，秦琼译，南海出版社 2015 年版，第 319 页。

本理论的基础上,融入了独具新意且自具特色的"中庸"观念,将"中"解释为性善之"中"、"境界"以及"天理",将"庸"解释为"常"和"用"。纵观王阳明的"中庸"学说可以发现从"良知"到"致良知"的形成过程是一个从简单到复杂,从得于人到成于己的演变过程。"良知"无论作为心之本体、认识范畴或是道德范畴,都在强调"未发之中"。"致良知"则致力于恢复"良知"的本来面目,克服"过"与"不及"的偏失状态,最终达到"知行合一"的境界。

(二)王夫之对"中庸"思想的理解

作为明清之际的一位著名的大思想家,王夫之对儒家学说的贡献并不在于提出全新的范畴和命题,而在于对既有学说及思想体系的重新诠释。正是在对经典的诠释过程中,王夫之把中国传统经典的若干理论与方法提升到新的高度,发展出独具特色的思想体系,从而将中国古代哲学推向一个新的高峰。

1. 王夫之"中庸"思想的心路历程

王夫之,字而农,世称船山先生,明末清初的重要哲学家。王夫之一生的经历颇多坎坷。崇祯十五年(1642),24岁的王夫之心怀壮志,在乡试中一举而中,准备参加北京会试,一展抱负。但此时农民起义军首领李自成率兵攻占河南等地,致使会试延期,他不得已返乡。崇祯十七年(1644),李自成兵破北京,崇祯皇帝自尽于景山,天下震动,船山闻讯,不禁涕泗横流,作《悲愤诗》一百韵,以表自己悲痛的心情。顺治三年(1646)至顺治十七年(1660)间,船山为了避难,颠沛流离,经历了无数的坎坷与危难。夫人陶氏、叔父王家聘、二兄王参之、叔父王廷聘、父亲王朝聘、母亲谭氏、侄儿王粹在此期间相继逝去。亲人的丧逝,对船山的打击之大,是可以想见的,更何况亲人的丧故又是与国破家亡、危殆困苦联系在一起的，使得亡国的悲愤与痛苦永久地根植于船山的心中。

顺治十七年，船山徙居衡阳金兰乡，筑室“败叶庐”，正式转向了自己的学术生活，并相继完成了《尚书引义》《读四书大全说》《礼记章句》。到了康熙十七年(1678)，60 岁的王夫之才真正的安静下来，在相对安全的状况下授徒自给，在贫病中专力著述，完成了《思问录》《张子正蒙注》《周易内传》等后期著作。

2. 王夫之“中庸”思想的渊源、取向及定位

关于王夫之的思想渊源以及学术定位一直是个复杂且有争议的问题，各个时期的学者对他的学术定位都有不同的理解。

中国近代著名思想家、政治家谭嗣同认为，王夫之的思想源于周敦颐和张载，他曾说道：“黄(宗羲)出陆王，陆王将缵庄之仿佛；王(夫之)出周张，周张亦缀孟之坠遗。”[①]梁启超也曾说：“船山和亭林，都是王学反动所产人物。但他们不但能破坏，而且能建设。拿今日的术语来讲，亭林建设方向近于‘科学的’，船山建设方向近于‘哲学的’。”[②]

哲学家、史学家、教育家嵇文甫作为 20 世纪对船山思想颇有研究的学者，综合船山的体系和地位总结道：“宗师横渠，修正程朱，反对陆王。”[③]对此，嵇文甫解释道：“船山宗旨在激烈底排除佛老，辟陆王为其近佛老，修正程朱亦因其有些地方还沾染佛老，只有横渠‘无丝毫沾

---

① 转引自陈来：《诠释与重建：王船山的哲学精神》，生活·读书·新知三联书店 2010 年版，第 5 页。

② 梁启超：《中国近三百年学术史》，中国书籍出版社 2020 年版，第 82 页。

③ 转引自陈来：《诠释与重建：王船山的哲学精神》，生活·读书·新知三联书店 2010 年版，第 9 页。

染',所以认为圣学正宗。"[①]不仅如此,嵇文甫还说道:"假如用辩证法的观点来看,程朱是'正',陆王是'反',清代诸大师是'合'。陆王'扬弃'程朱,清代诸大师又来个'否定之否定',而'扬弃'陆王。船山在这个'合'的潮流中,极力反对陆王以扶持道学的正统,但正统派的道学到船山的手里,却另变一副新面貌,带上新时代的色彩了。"[②]

除了嵇文甫之外,近几十年对于船山思想解释影响力最大的就是侯外庐。侯外庐主张王夫之的思想是一种唯物论,其思想的特质是启蒙主义。不仅如此,他还认为王夫之的哲学地位可以与近代理性派代表人物洛克、亚当·斯密等相提并论。对于侯外庐的这种观点,前苏联学者布罗夫虽然相当重视,但也提出了异议:"侯外庐对王船山的本体论、认识论的分析有很重要的意义,但是远远没能详细研究他的全部论断和总的结论。特别是在书中把王船山说得比黑格尔和费尔巴哈还高,带着明显的把王船山现代化的特征。"[③]

总之,"王夫之的哲学具有多方面的重要意义,他是一个具有独立性格的思想家,通过批判宋代新儒学的理学和明代新儒学的心学,而走向一个新的方向。在这样作的时候,他预示了其后两个世纪内的中国思想,尽管他并没有直接影响这时期中国的思想"[④]。

---

① 转引自陈来:《诠释与重建:王船山的哲学精神》,生活·读书·新知三联书店2010年版,第10页。

② 转引自陈来:《诠释与重建:王船山的哲学精神》,生活·读书·新知三联书店2010年版,第10页。

③ 转引自陈来:《诠释与重建:王船山的哲学精神》,生活·读书·新知三联书店2010年版,第12页。

④ 转引自陈来:《诠释与重建:王船山的哲学精神》,生活·读书·新知三联书店2010年版,第13页。

3. 王夫之对“中”“庸”及“中庸”的诠释

论及“中庸”，王夫之以自己务实、主动、重行、思变、求新的世界观将“中”界定为“性”以及“理”之根源，将“庸”界定为“用”，并以“体”与“用”的密切关系对“中庸”进行解读。

(1)王夫之对“中”的诠释

在上文中，嵇文甫将船山思想体系总结为“宗师横渠，修正程朱，反对陆王”。的确，王夫之作为宋明理学的总结者和终结者，他对“中”的诠释几乎都是在修正、分析以及反思朱子对“中”的理解。

第一，王夫之将“中”理解为“性”。他指出“喜怒哀乐之未发谓之中”，又说：“故延平之自为学与其为教，皆于未发之前，体验所谓中者，乃其所心得；而名言之，则亦不过曰性善而已。善者，中之实体，而性者则未发之藏也。”①

第二，“中”是天下之理的根源，具有本体论的意义。他说道：“中皆体也。”并论证道：“天下之理统于一中：合仁、义、礼、知而一中也，析仁、义、礼、知而一中也。”②

(2)王夫之对“庸”的诠释

就“庸”字而言，王夫之力主将“庸”解释为“用”。他在《读四书大全说》中论述道：“若夫庸之为义，在说文则云‘庸，用也’；尚书之言庸者，无不与用义同。自朱子以前，无有将此字作平常解者。易所云‘庸行’‘庸言’者，亦但谓有用之行、有用之言也。盖以庸为日用则可。而于日用之下加‘寻常’二字，则赘矣。道之见于事物者，日用而不穷，在常而

① 王夫之：《船山全书》(第6册)，船山全书编辑委员会编校，岳麓书社1988年版，第471页。

② 王夫之：《读四书大全说》，中华书局1975年版，第59页。

常，在变而变，总此吾性所得之中以为之体而见乎用，非但以平常无奇而言审矣。”[①]王夫之在将“庸”解释为“用”的同时，还反对朱子将“庸”理解为“平常无奇”，他认为：“朱子既立庸常之义，乃谓汤、武放伐，亦止平常。夫放君伐主而谓之非过不及，则可矣，倘必谓之平常而无奇，则天下何者而可谓之奇也？若必以异端之教而后谓之奇，则杨、墨之无父无君，亦充义至尽而授之以罪名，犹未至如放君伐主之为可骇。故彼但可责其不以中为庸，而不可责之以奇怪而非平常。”[②]王夫之之所以反对朱子将“庸”解释为“平常”，是因为他认为不能把商汤王对夏桀征讨和周武王对商纣的征讨看作平常之事。

不仅如此，王夫之还认为，先秦儒家代表人物孔子和子思都不可能为辟异端之“齐”而以“平常”来释“庸”，他说道：“况中庸一篇元不与杨、墨为敌，当子思之时，杨、墨之说未昌。且子言‘民鲜能久’，则中庸之教，著自古者道同俗一之世，其时并未有异端起焉，则何有奇怪之可辟，而须标一平常之目耶？”[③]又说：“朱子生佛、老方炽之后，充类而以佛、老为无忌惮之小人，固无不可。乃佛老之妄，亦唯不识吾性之中而充之以为用，故其教亦浅鄙动俗，而终不能奇；则亦无事立平常之名，以树吾道之垒也。”[④]

既然王夫之认为“庸”不能被解释为“平常”，那么代表“平常”的“庸”字又来源于何处呢？根据文字学考证，王夫之认为，“佣”可以解释为“平常无奇”，并解释道：“况世所谓无奇而为庸者，其字本作‘佣’。言如为人役用之人，识陋而行卑，中庸所谓‘鲜能知味’之下游也。君子之

---

① 王夫之：《读四书大全说》，中华书局 1975 年版，第 62 页。

② 王夫之：《读四书大全说》，中华书局 1975 年版，第 62 页。

③ 王夫之：《读四书大全说》，中华书局 1975 年版，第 62—63 页。

④ 王夫之：《读四书大全说》，中华书局 1975 年版，第 62—63 页。

修道立教而为佣焉，其以望配天达天之大德，不亦远哉？故知曰‘中庸’者，言中之用也。”①

(3)王夫之对“中庸”的理解

王夫之对“中庸”的解析与程朱学派有些许差异。他反对以“无过不及”解中庸，认为以“过”和“不及”解释“中庸”只是虚加之词。《读四书大全书》载道：“若朱子以已发之中为用，而别之以无过不及焉，则将自其已措咸宜之后，见其无过焉而赞之以无过，见其无不及焉而赞之以无不及。是虚加之词，而非有一至道焉实为中庸。胥古今天下之人，乃至中材以下，得一行焉无过无不及，而即可以此名归之矣。”②王夫之还强调，宋儒把“中庸”“过”“不及”三者并列是错误的。他反对“中庸”是“过”与“不及”的折中这一主张，并说道：“‘中庸’二字，必不可与过、不及相参立而言。先儒于此，似有所未悉。说似一‘川’字相似，开手一笔是不及，落尾一笔是过，中一竖是中庸，则岂不大悖？”③在对孔子的“中行”解释过程中，船山反对宋儒“中行、狂、狷，如三叉路，狂、狷走两边，中行在中央相似”④的思想主张，坚持从辩证法的角度要求在狂与狷之间寻求中行之道。他说：“中行者，进取而极至之，有所不为而可以有为耳。如此看来，狂、狷总是不及，何所得过？圣道为皇极，为至善，为巍巍而则天，何从得过？……要以中为极至，参天地，赞化育，而无有可过，不欲使人谓道有止境，而偷安于苟得之域。”⑤

在此基础上，王夫之强调“体”与“用”的密切关系，主张以体用关系

---

① 王夫之：《读四书大全说》，中华书局 1975 年版，第 63 页。

② 王夫之：《读四书大全说》，中华书局 1975 年版，第 61 页。

③ 王夫之：《读四书大全说》，中华书局 1975 年版，第 365 页。

④ 王夫之：《读四书大全说》，中华书局 1975 年版，第 402 页。

⑤ 王夫之：《读四书大全说》，中华书局 1975 年版，第 402—403 页。

解中庸，并反映在其中庸思想中。《读四书大全说》载道：“但言体，其为必有用者可知。而但言用，则不足以见体。‘时中’之中，非但用也。中，体也；时而措之，然后其为用也。喜怒哀乐之未发，体也；发而皆中节，亦不得谓之非体也。所以然者，喜自有喜之体，怒自有怒之体，哀乐自有哀乐之体。喜而赏，怒而刑，哀而丧，乐而乐，则用也。虽然，赏亦自有赏之体，刑亦自有刑之体，丧亦自有丧之体，乐亦自有乐之体，是亦终不离乎体也。书曰：‘允执厥中。’中，体也；执中而后用也。子曰：‘君子而时中。’又曰：‘用其中于民。’中皆体也；时措之喜怒哀乐之间，而用之于民者，则用也。以此知夫凡言中者，皆体而非用矣。”①从上述引用可以看出，船山对体、用思想的理解主要集中在以下两个方面。一方面，船山认为，当我们称某一物为“体”时，必定会想到与此“体”相对应的肯定有“用”的一面。与此相反，当我们称某物为“用”时，未必能够确定此“用”会有“体”的一面，以至于会否认此“用”就是“体”。另一方面，朱子学派认为，“中和之中”为“体”，“时中之中”为“用”。船山对此反对道：“时中之中，非但用也。”②在这里，船山认为“中和之中”是“体”，“时中之中”也是“体”。因此，“时中之中”既是“用”也是“体”。船山又说：“未发者未有用，而已发者固然其有体。则‘中和’之和，统乎一中以有体，不但中为体而和非体也。‘时中’之中，兼和为言。和固为体，‘时中’之中不但为用也明矣。”③这里值得我们注意的是，船山说“已发者固然有其体”。他主张，“和”是“体”，表示情感和度的“中和之和”是“体”，表示行为和度的“时中之中”也是“体”，但“固然有其体”与“统乎一中以

① 王夫之：《读四书大全说》，中华书局1975年版，第60页。

② 王夫之：《读四书大全说》，中华书局1975年版，第60页。

③ 王夫之：《读四书大全说》，中华书局1975年版，第60页。

有体”的“体”是指自己，即自己是体。由此看来，船山更强调“体”，当然也包括“已发为体”“和即是体”以及“时中即体”。既然船山对“体”如此注重，那么船山所指的“用”又包括哪些呢？船山认为，凡是可以被措之于民的东西都是“体”，可以措之于民的实践就是“用”。因此，喜怒未发是体，喜怒发而中节也是体。因为在船山看来，喜的情感来自喜本身，所以喜有喜的“体”，怒的情感来自怒本身，怒有怒的“体”，如果将“喜”与“怒”在政治以及日常的实践中表达出来就是“用”了。

船山关于“体”与“用”的说法不仅体现在上述方面，还包括全体与分体的区别。《读四书大全说》载道：“中无往而不为体。未发而不偏不倚，全体之体，犹人四体而共名为一体也。发而无过不及，犹人四体而各名一体也，固不得以分而效之为用者之为非体也。”[①]在这里，“未发”是指喜、怒、哀、乐等一切情感都没有发生，而“已发”是指喜、怒、哀、乐等情感已经发生，但是我们知道，喜、怒、哀、乐等情感不可能同时发生，展现出来的也只能是喜、怒、哀、乐的其中一部分，或是“喜”或是“怒”。由此我们可以说，“未发”与“已发”所发生的层次可能相同，也可能不同，所以有全体与分体之说。《读四书大全说》又载：“以实求之：中者体也，庸者用也。未发之中，不偏不倚以为体，而君子之存养乃至圣人之敦化，胥用也。已发之中，无过不及以为体；而君子之省察乃至圣人之川流，胥用也。”[②]根据船山“体”与“用”的思想，上述引用中的“未发之中”以“不偏不倚”为标准，就是“体”，而由“未发之中”所引导出的具体实践“存养”就是“用”。“已发之中”以“无过不及”为标准，是“体”，而由“已发之中”引导出的“省察”就是“用”。

---

① 王夫之：《读四书大全说》，中华书局 1975 年版，第 60—61 页。

② 王夫之：《读四书大全说》，中华书局 1975 年版，第 61 页。

由此可见，王夫之对“中庸”的理解主要是以“体”与“用”的思想为基础提出的，虽然他的思想与朱子思想有继承、有冲突，但他预示了其后两个世纪内的中国思想。

4. 王夫之对“太和”“中和”的诠释

在王夫之的哲学体系中，除了上述“中庸”这一思想之外，“中和”作为个人修身的最高准则，“太和”作为人与自然和谐共处的最高境界，共同构成了船山的“和合”思想。

(1)王夫之对“太和”的诠释

“太和”作为“和”的最高境界，是从整个宇宙以及自然界的角度谈“和”。王夫之认为，“和”是自然界客观存在的状态，而“太和”作为天地间万事万物生长和发展的根源和基础，由天地万物死生消长、相生相荡而成，如果自然界的万事万物都能够和谐相处，能够“合同而不相悖害，浑沦无间”，那么客观存在的“和”就能够达到最高境界的“太和”了。《船山全书》载道：“得，谓得之于天也。凡物皆太和絪缊之气所成，有质则有性，有性则有德。”[①]“言太和絪缊为太虚，以有体无形为性，可以资广生大生而无所倚，道之本体也。二气之动，交感而生，凝滞而成物我之万象，虽即太和不容已之大用，而与本体之虚湛异矣。”[②]王夫之还认为，“太和”作为自然界的常态，主要有两种表现形式：“阴阳异撰，而其絪缊于太虚之中，合同而不相悖害，浑沦无间，和之至矣。未有形器之先，本无不和，既有形器之后，其和不失，故曰太和。……太和之中，有

① 王夫之：《船山全书》(第12册)，船山全书编辑委员会编校，岳麓书社1988年版，第195页。

② 王夫之：《船山全书》(第12册)，船山全书编辑委员会编校，岳麓书社1988年版，第40—41页。

气有神。神者非他，二气清通之理也。不可象者，即在象中。阴与阳和，气与神和，是谓太和。”[1]

既然“太和”是“阴”与“阳”、“气”与“神”的完美结合，那就说明“太和”是阴阳二气的本源状态，世间天地万物都是由“气”而凝聚，由“气”所生。当阴阳二气相聚而形成具体事物的时候，它们相互斗争，相互对立，彼此之间“自有互相入而不相害之精理存焉”。而“其终也，火息水暵，而仍归于太和。若其一炎一寒，一润一燥，一上一下者，皆形而下之器，滞于用而将消者也”[2]。由此我们可以说，具体事物的存在是暂时的、可以破坏的，但“太和”这种秩序是原始的、不能被破坏的。

对于那些暂存的，人为生成的“和”，王夫之并不称它们为“和”而是称为“盉”。《船山遗书》载道：“若调盉之‘盉’，本从皿。本训云：‘调味也。’五味均适，无先后倡随之分，如《易》‘和顺于义理’庄子‘和之以天倪’，及释怨修好、合众同心之辞，皆宜作盉。”[3]王夫之认为，“盉”与“和”原本并不通用，相互之间是分开的，但后来却通用了。但两者的区别依旧非常明显，即“盉”是一种外在的、人为作用下的和，而“和”是内在的、事物固有的一种内部秩序。

既然“和”是一种内部原有的秩序，是错综复杂矛盾关系中的和谐，那么“太和”之境产生的原因是什么呢？船山认为，就是“机”与“几”。《船山全书》载道：“轻者浮，重者沈，亲上者升，亲下者降，动而趋行者

---

① 王夫之：《船山全书》（第 12 册），船山全书编辑委员会编校，岳麓书社 1988 年版，第 15—16 页。

② 王夫之：《船山遗书》（第 1 卷），傅云龙、吴可主编，北京出版社 1999 年版，第 153 页。

③ 王夫之：《船山遗书》（第 5 卷），傅云龙、吴可主编，北京出版社 1999 年版，第 2778 页。

动，动而赴止者静，皆阴阳和合之气所必有之几，而成乎情之固然，犹人之有性也。絪缊，太和未分之本然；相荡，其必然之理势。胜负，因其分数之多寡，乘乎时位，一盈一虚也。胜则伸，负则屈；胜负屈伸，衰王死生之成象，其始则动之几也。此言天地人物消长死生自然之数，皆太和必有之几。"①

按照王夫之所言，既然"太和"是"天地人物消长死生自然之数"，那么"太和"就是一个动态的过程而不是一成不变的静止状态。王夫之对此说道："至虚之中，阴阳之撰具焉，絪缊不息，必无止机。故一物去而一物生，一事已而一事兴，一念息而一念起，以生生无穷，而尽天下之理，皆太虚之和气必动之几也。"②在这里，"物"的"去"与"生"、"事"的"已"与"兴"、"念"的"息"与"起"是客观世界事物发展的常态，是一种动态平衡，只有维持这种动态平衡才能达到"太和"这种最高境界。

总而言之，船山认为，"太和"是客观存在的，是世间万物的基石，它不仅不脱离事物，不规避矛盾，相反是以矛盾的客观存在为前提，并在这种关系中认识事物的规律，进而处处不丧失"和"。

(2)王夫之对"中和"的诠释

从上文中可以看出，王夫之在阐述"太和"的过程中，是从整个宇宙以及自然界的角度论"和"。就"中和"而言，王夫之抛开了宇宙以及自然界，从个人的角度论"和"，即个人修身、修德的最高境界就是"中和"。那么王夫之所说的"中和"是指什么呢？怎么才能"致中和"呢？这就要首先从他对"中"与"和"的理解上进行解释。

---

① 王夫之：《船山全书》(第12册)，船山全书编辑委员会编校，岳麓书社1988年版，第15—16页。

② 王夫之：《船山全书》(第12册)，船山全书编辑委员会编校，岳麓书社1988年版，第364页。

对“中”的理解，上文中已经进行了论述，在此不再赘述。就“和”而言，王夫之认为“和”就是“无所乖戾”，就是在为人做事的时候尽量避免乖悖违戾等不良现象的发生，最终达到“中节”的状态。至于何为“乖戾”？何为“中节”？王船山解释道：“自相乖悖之谓乖，互相违戾之谓戾。凡无端之喜怒，到头来却没收煞，以致乐极悲生，前倨后恭，乖也。其有喜则不能复怒，怒则不能复喜，哀乐亦尔。陷溺一偏，而极重难返，至有临丧而歌，方享而叹者，戾也。中节则无所乖，皆中节则无所戾矣。”①

王夫之之所以主张“中节”就是“和”，是因为他所说的“和”是从修德方面而言的。“中”是个人修德，个人之善。“和”是众人修德、大众之善，是“众善”，所以才成为“和”。不仅如此，船山还进一步解释道：“故自其成德而言之，浑然一善而不倚于一端以见善者，中也。众善具美，而交相融会以咸宜者，和也。夫人不皆有其喜怒哀乐未发之时乎？此可以见性之几也。”②由此可见，“中和”既包括了个人修德，也包括了群体、整体及整个人类的修德，即修德既不专属于君子，也不专属于凡人，而是人人都应具有的应有之德。也只有人人都具有修德之心，才能达到众善之美，才能达到“中和”之境。船山对此总结道：“乃自夫中节者之有以体夫此中，则下逮乎至愚不肖之人，以及夫贤知之过者，莫不有以大得乎其心，而知其立之有本……乃君子之为喜、为怒、为哀、为乐，其发而中节者，必有所自中，非但用力于发以增益其所本无，而品节皆

---

① 王夫之：《船山遗书》（第 5 卷），傅云龙、吴可主编，北京出版社 1999 年版，第 2361—2362 页。

② 王夫之：《船山遗书》（第 4 卷），傅云龙、吴可主编，北京出版社 1999 年版，第 1616 页。

自外来;则亦明夫夫人未发之地,皆有此中,而非但君子为然也。”[①]

既然“中和”是人人应该具有的德性,如何才能够“致中和”呢?船山认为,“致中和”的方法主要在于“存养”与“省察”。

就“存养”与“省察”而言,“存养”为静中涵养性体功夫,“省察”为动时审察功夫。《读四书大全说》载道:“故中庸一篇,无不缘本乎德而以成乎道,则以中之为德本天德;而庸之为道成王道。天德、王道一以贯之,是以天命之性,不离乎一动一静之间,而喜怒哀乐之本乎性、见乎情者,可以通天地万物之理。如其不然,则君子之存养为无用,而省察为无体,判然二致,将何以合一而成位育之功哉?”[②]由此论之,存养若无省察,则为无用;省察若无存养,则为无体。既然存养与省察相互依存,那么两者又是通过什么联系在一起的呢?

船山认为,“慎独”以“存养”为基础,属于意的省察功夫。

就“慎独”而言。船山将“慎”字解释为“缜密详谨”。《读四书大全说》载道:“慎字不可作防字解,乃缜密详谨之意。恶恶臭,好好色,岂有所防哉?无不好,无不恶,即是慎。”[③]又说“若夫慎之云者,临其所事,拣夫不善而执夫善之谓也。故书曰:‘慎厥身。’身则小体大体之异徒而善恶分也”[④]。“独”字可以解释为“意之已发”,即“己所及知仰仅己所独知之时”。船山认为,“独”即“意”,属于意之已发,是一种自己刚刚知觉而别人完全不能知觉的意识状态。不仅如此,船山还说:“此则慎独为诚

---

① 王夫之:《船山全书》(第6册),船山全书编辑委员会编校,岳麓书社1988年版,第472页。

② 王夫之:《读四书大全说》,中华书局1975年版,第61—62页。

③ 王夫之:《读四书大全说》,中华书局1975年版,第19页。

④ 王夫之:《读四书大全说》,中华书局1975年版,第47页。

意扣紧之功，而非诚意之全恃乎此，及人所共知之后，遂无所用其力也。”[①]在这里，船山将“意之已发”分成了两个部分，即“己所独知”和“人所共知”。“诚意”指的就是第二部分“人所共知”，“慎独”所指的是第一部分“己所独知”，由此我们说，“慎独”是诚意的一部分。

既然“慎独”是诚意的一部分，那么“慎”的对象就只能是诚意，因为明德之心有善有恶，而“慎”在其中起到的关键作用就是在善恶混杂中“拣其不善以孤保其善”，保证“善”的留存，起到“省察”的作用，故“慎独”属于意之省察，是意的省察功夫。《读四书大全说》中也写道：“传独于诚意言慎者，以意缘事有，以意临事，则亦以心临意也。若夫心固不可言慎矣。是以意在省察，而心唯存养。省察故不可不慎，而存养则无待于慎，以心之未缘物而之于恶也。至于致知格物，则博学、审问、明辨，而慎思特居其一，是慎不可以尽格致之功明矣。”[②]

就“存养”而言，船山在反对朱子“戒慎恐惧”的时候说道：“乃君子则以方动之际，耳目乘权，而物欲交引，则毫厘未克，而人欲滋长，以卒胜夫天理，乃或虽明知之，犹复为之，故于此尤致其慎焉，然后不欺其素，而存养者乃以向于动而弗失也。‘有不善未尝不知’‘莫见乎隐，莫显乎微’之谓也。‘知之未尝复为’，慎独之谓也。使非存养之已豫，安能早觉于隐微哉？”[③]在这里，船山认为“存养”是在“慎独”发生之前的一种未发功夫，也正是由于“存养”的存在，才能够保证在意念初动之时不会出现偏差，能够察觉善恶之几。不仅如此，船山还补充道：“大学言慎独，为正心之君子言也。中庸言慎独，为存养之君子言也。唯欲正其

---

① 王夫之：《读四书大全说》，中华书局1975年版，第20页。

② 王夫之：《读四书大全说》，中华书局1975年版，第47页。

③ 王夫之：《读四书大全说》，中华书局1975年版，第74页。

心，而后人所不及知之地，已固有以知善而知恶。唯戒慎恐惧于不睹不闻，而后隐者知其见，微者知其显。故章句云‘君子既常戒惧’，或问亦云‘夫既已如此矣’，则以明夫未尝有存养之功者，人所不及知之地，已固昏然而莫辨其善恶之所终，则虽欲慎而有所不能也。”[①]在这里，船山将存养、慎独二分，认为存养是慎独的基础，正是由于有长久的存养为基础，隐微的独知才能辨知善恶，如若不然，所谓的独知就会昏昏然不能辨善恶，这种状态下“慎”的功夫也就无所用了。“存养”为静中涵养性体功夫，但若无省察，则为无用；省察是动时审察功夫，若无存养为基础，则为无体，即：“天德、王道一以贯之，是以天命之性不离乎一动一静之间，而喜怒哀乐之本乎性、见乎情者，可以通天地万物之理。如其不然，则君子之存养为无用，而省察为无体，判然二致，将何以合一而成位育之功哉？”[②]

总而言之，在明清之际的社会大动荡、思想文化大变革时期，作为宋明理学的集大成者，中国古典哲学的总结者，早期启蒙思想家王夫之以其“六经责我开生面”的学术独立和批判精神，对以程朱为代表的传统中庸思想进行了批判和总结，形成了自己别开生面的“中庸”观念。他将“中”解释为“性”和天下之理的根源，将“庸”解释为“用”和“平常”，进而证明“中庸”即是“用中”，从而使“中庸”具有普遍的方法论意义。在此基础上，王夫之又提出“中体庸用”的思想观念，第一次从哲学的高度用体用范畴界定了中庸范畴里“中”与“庸”的关系是“体”与“用”的关系，指出体是用之体，体必有其用；用是体之用，用必有其体，反映了其高度的抽象思辨能力和水平。不仅如此，王夫之进一步丰富和发展了

---

① 王夫之：《读四书大全说》，中华书局 1975 年版，第 73—74 页。

② 王夫之：《读四书大全说》，中华书局 1975 年版，第 61—62 页。

"中和"思想，指出"中和"是个人修身的最高准则，"太和"是"和"的最高境界。人们通过日常生活中的"存养省察"能够达到"中和"之境，通过与自然的"和谐"就能达到"太和"之境。

综上所述，王夫之的中庸观念是对传统中庸观的继承和发展，代表着中国古代中庸思想的最高峰，是对中国古典哲学的重要贡献，是明清之际反省理学、反思传统学术精神的思想结晶，是早期启蒙思想的重要组成部分，对后期中庸思想的发展起到了至关重要的作用。

第二章　“得天为性”
——中庸思想的价值本体论

《中庸》一书是儒家重要的经典著作之一，其作者虽然在学术界尚有些争议，但大部分学者都认为《中庸》一书是子思及其门人多年思考的结晶。全书的总纲可以概括为“天命之谓性，率性之谓道，修道之为教”[①]这三个逻辑严谨、相互连贯的基本命题。

第一节　由天而性

由天而性是《中庸》开篇所提出的第一个基本命题，即“天命之谓性”。“天命之谓性”讲述的是人性的形而上学的依据。它主要论述了生命的本源性、普遍性、目的性三个方面的问题。在论述“天命之谓性”这一命题的内容之前，我们有必要对“天”“命”“天命”“性”这几个概念进行了解以便对“天命之谓性”这一天命观念进行深入的分析。

① 陈晓芬、徐儒宗译注：《论语·大学·中庸》，中华书局2015年版，第288页。

一、“天”

“天”是一个内涵极其丰富的概念，其演变过程大致经历了三个阶段。在这里，我们首先对“天”观念的演变过程做一个大致的陈述，以便更具体地理解“天命之谓性”中“天”之含义的所在。

第一，自然之天。“天”作为一个文字在很早之前就已经出现，其主要表达了“自然之天”的含义。在甲骨文和金文中，“天”的主要含义是头大的正面人形，其本义为“人头”，后来引申为“天空”。例如，万献初在其著作《说文学导论》一书中对“天”进行解释：“从一大，卜辞中有从二者。二即上字，大象人形，人所戴为天，天在人上也。”[①]赵诚编《甲骨文简明词典》释天有两义：“第一，从一从大，像人形；颠也，有至高无上之义。第二，上口像人之颠顶，即人之上所戴之天，或以口突出人之颠顶以表天。”[②]从上述解释我们可以看出，最早时期的“天”是指覆盖万物的自然之天，是高高在上的自然存在，人类生活在大自然之中，也正是大自然生生不息的功能化育了万事万物。由此体现了“天”对万物生命的凌驾。

第二，人格之天。由于古时人类力量弱小，自然之天在一定意义上决定了人的生存。到了殷代，“天”开始被人们宗教化、神化，自然之天也被赋予了人格化的力量。此时，“天”与“帝”，“天”与“命”开始渐渐并称。这一时期“天”的功能主要集中在以下两个方面：其一，“天”是天时

---

① 万献初：《〈说文〉学导论》，武汉大学出版社2014年版，第195页。

② 转引自刘刚、李冬君：《中国圣人文化论纲》，山西教育出版社2014年版，第2页。

的主宰,具有变幻天象、呼风唤雨等神力,它能够通过神力让自然界风调雨顺,保证农作物丰收,也可以降灾给人间,使农作物颗粒无收。也就是说,"天"能够通过控制天体的变化来预示福祸事件的发生,进而引起人们对"天"的敬畏。其二,"天"具有支配社会现象和支配社会统治者的神性,有干预某些社会生活的神力,具有远超于人类的智慧。它会因为人们对它的恭敬、崇拜、祭祀等而造福于民,使人们得以摆脱遇到的困境,使人们犯过的错误得到宽恕。它又会因为人们对它的不恭以及轻视而降灾于民。人们若想平安度日只能战战兢兢每日占卜,每日祭祀,谄媚讨好祈求神灵的保佑。值得我们注意的是,在殷商时期,人们虽然强调对"天"崇敬,但这一时期的"天"所具有的道德意味还不够浓重,并且被人格化了的"天"已经具有了相当多的人世间统治权力的投影。殷人对"天"的崇拜表面上看充满愚昧和迷信,实际上却凝聚着当时人们对自然现象的精细观察和冷静思索。殷人通过将日月星辰、日照、大气运动等自然现象的观察和记录与占卜的结果进行对比,以此来证明原先所做出的判断正确与否。虽然对比结果的一致性并不能排除其偶然性,但就总体而言,殷人对气象长期观察和分析的结果,是人类智慧与经验的结晶。

到了西周时期,整个社会的政治发生了巨大的变革,伴随而来的是思想文化上的不断修正和增长。周人继承了殷人关于"天"的文化思想,包括"天"是至上神的观念,但是两个时期的人们对"天"的理解已经发生了翻天覆地的变化。主要是因为殷商覆灭之后,周公为了安抚殷商遗民,提出了"敬德保民"的思想。在这一思想中,周公将"德"与"天"并列在了一起,并提出了"以德配天,敬天保民"的重要命题。周公认为,上天是公正的,它总是帮助那些具有高尚品德之人。在政治方面,周公对统治者提出了"以德为政,克明峻德"的治国主张。这一思想的提出在人们对“天”的理解中加入了一些人文以及道德方面的因素，人们已经由原来对“天”的盲目崇拜演变成了更加理性化的思考，进而减弱了“天”在人们心目中至上神的地位。更为重要的是，周公所主张的道德方面的思想不仅将民的地位提升到了前所未有的高度，而且对各个社会阶层都提出了道德方面的要求。总而言之，相对于殷商时期而言，周朝的天命观念发生了巨大的变化，人们对“天”的崇敬已经由殷商时期的盲目敬畏甚至恐惧，转变成为对“天”的“德性”的崇敬，并且在政治方面，统治者对“天”祭祀的仪式方面也更加注重。

到了春秋时期，“天”的意义发生了重大的变化。孔子在继承前人“天”的观念的基础上，将“天”与“人”两者之间的关系以一种更为内在的方式连接了起来。我们之所以这么说，是因为孔子在“天”的思想中不仅将“天”与“命”的含义联系到了一起，而且还在“命”的内容中加入了个体生存、发展、修养方式以及社会发展方法等方面的内容。至此，我们就可以在个人的生存发展、个人修养、生命感悟等方面来体悟“天”以及“天命”的内容了。论述了那么多，“天”到底是什么呢？孔子说道：“天何言哉？四时行焉，百物生焉，天何言哉？”[①]这句话是说，天说了什么呢？四季照样运行，百物照样生长，天说了什么呢？孔子在这里看起来好像是在论述大自然中万物的生长，但是如果仔细来看，“天”在这里表现出了一种超越的、形上般的存在，它不仅内存于人的生命之中，促使人往美好的方向发展，而且又独立于个人，存在于个人以及社会之上，是一种令人敬仰的存在。不仅如此，孔子还对“天”和“天命”进行了论述：“四十而不惑，五十而知天命。”[②]意思是说，四十岁对世事不再有

① 陈晓芬、徐儒宗译注：《论语·大学·中庸》，中华书局2015年版，第214页。

② 陈晓芬、徐儒宗译注：《论语·大学·中庸》，中华书局2015年版，第17页。

疑惑了，五十岁懂得什么是天命了。孔子的这句论述总结了其自身内在精神的成长过程。我们认为，孔子之所以能够“知天命”是因为他在经过几十年认真的学习、工作、生活的过程，经过各种人生境遇以及人生变革经验的积累之后，体悟到了一些重大的人生经验和处事方式，进而养成了一种豁达、睿智的人生观念。孔子“天命观”与之前殷商时期“天命观”的最大不同之处在于殷商时期的天命观是将“天”看成一种人格神的存在，是高高在上的，不允许人类对其有任何的玷污。在孔子这里，虽然认为“天”以及“天命”是一种人类无法控制的神圣存在，但是也认为人类在经过认真、理性的学习和思考之后，是可以体悟到一些“天”以及“天命”的思想内容的。

第三，形上之天。随着人类自身认识水平的提高以及各个发展阶段不断有人对“天”的地位提出挑战和质疑，“天”由一种能够创造万物以及人人所敬仰的至上神的存在演变成为某种内在的规律。这种规律虽然还在统治着人类生活的方方面面，但是原先的被人们敬仰的人格化的“天”的地位已经被大大削弱，人们不再轻易相信天地万物是由各种人格神创造的，于是人们开始从另外的角度对天地万物的来源进行思考。《中庸》中“天”的内涵也正是在这种背景下提出来的。

子思在《中庸》一书中提出的“天命之谓性”之“天”指的是“形上之天”，是一种极大而无外围、极小而无内核的“大全”，是一个超越的、普遍的、整体性的存在。这样的存在是一种很复杂的结构，包含了很多复杂的关系。例如，人与自身的关系，人与人的关系，人与自然的关系等。此存在只是就人而言才有意义，人一旦置身其中，就一直在试图追寻适宜自身的位置，而这种努力是在理解人与自身，人与人，人与自然的多维关系中展开的。这些关系交织缠绕在一起，形成了人必须面对的复杂的关系网。在认识的发展过程中，人的视角渐渐由最初的向外逐物变成向内自省，逐渐意识到人如何理解自身才是诸多问题中最根本的问题。此时的“天”已经不在人之外，“天”已处于“人”之中了。

概言之，“天”的观念大致经历了由“自然之天”到“人格之天”至“形上之天”的演化历程。与此同时，“天”已经由最初的高高在上的具有最高主宰意味的“天”，逐渐下落到人的生命里，并在人的生命中生根了。那么，既然“天”已经不在人之外，而且人已经处于“天”之中，人通过理解“天”来了解自身，同时又通过了解自身反过来了解“天”，人与“天”其实已经形成了一种“互参”的关系。那么“天”又是如何与人“互参”的呢？“天”有“天”的“命”，人起初是通过理会“天”的“命”来“参天”的。“天”之有“命”，并非是将“天”拟人化处理的结果，这个“命”是以类似人的“命令”的方式发出的，所以称之为“命”。那么这里的“命”应该如何理解呢？

二、“命”

“命”是与“天”相伴而生的概念，内涵也非常的丰富。“命”字最早见于甲骨文和金文，其含义大致可以分为以下几个方面。

第一，“命”字与“令”字相通，既有做名词的生命、性命含义，也有做动词的命令、赋予之意。《说文解字》载：“令，发号也。”[①]“命，使也，从口从令。”[②]这里的“命”本身就蕴含了一种不可违抗的必然性。

第二，“命”意味着人们的“生命”是由上天所赋予的，是人们必须遵

① 许慎：《说文解字》，马松源主编，线装书局2016年版，第101页。

② 许慎：《说文解字》，马松源主编，线装书局2016年版，第103页。

行的天命。《左传》一书曾说过:“吾闻之,民受天地之中以生,所谓命也。”[①]这句话的意思是说,百姓正是因为得到了天地中的中和之气而降生,这就是所谓的生命了。徐复观在《中国学术精神》一书中曾说,“天命”之“命”所包含的意义可以归纳为一种仅仅依靠人为的力量不可能达到但是又确实能够对人的生活产生重大影响的力量,这便是“命”。因此,凡是人力所及的,不是命。人力所不能及,但同时与人的生活并不相干的,也不是命。徐复观的这种理解实则看到了“命”在我者和“命”在我之外者的区别。同时,将“命”与生命联系起来,将思考的重心放在了人的自身,极尽人力所及。另外,“命”确实有在我与在外之分,也有可知与不可知之别,但如何在人的生命之中寻求到一个出发的基点,使其真正为人所知,且人人可以为之?这似乎只有从人的本性上理解方可真正体现出其内在的终极的意义来。我们以为,这种对“命”的理解方式可能正是中庸的用意之一。人自觉到天命所赋予人的最大的限定,恰恰是人最大的自由。人如果真的有“宿命”的话,这个“宿命”就是人需要率自己的本性去生活。率性的生活即是达成了无所愧疚、真实无妄的人生。由此,人窥得了天机,要实现这个最大的自由,只要内求于己,觉悟自己的本性好了,率自己的性去做就有了知命的可能。由尽人性而知天命实则是达成了一个根本性的转化,这种转化的意义正与天的“化育”之功相符合。至此,“天命”与人之间有了真实的内在的关联,“天命”的下落实际上正是源于人性的自我觉解。

也就是说,《中庸》“天命之谓性”之“命”上显于天,下化成性,孕育在生命的生长发育过程之中,使得抽象意义的“天”在“性”中得以体现,是贯通“天”与“性”的中间点。“命”在这里作为一个中介者,目的就是

---

① 郭丹、程小青、李彬源译注:《左传》,中华书局2012年版,第973页。

想要在“天”与“性”之间建立一种联系，使两者之间能够相互沟通。如若从“天”方面的内容来讲，“天”作为一个委任者在下过一个命令之后，通过“命”将“命”的内容传递给了“性”，并在这一传递的过程中起到了支配性的作用。如若从“性”的角度来讲，“性”作为一个接受者，通过“命”这一中介，完成和表达“天”这一委任者的指令。

三、“性”

“性”是《中庸》的核心概念之一。要了解“天命之谓性”中的“性”为何意，首先要弄清楚“性”的来历以及其含义的演变。

第一，“性”字与“生”密切相关。“生”，象形字，其甲骨文像地上刚长出的一株幼苗，本意是生长。另外，“生”字还有本性的意义，后来写作“性”。这是由于到了晚周时期，人们关注的重点逐渐从各个神灵转向了人自身的内在作用。例如，《周礼・地官司徒》载道：“以土会之法，辨五地之物生。”[①]大司徒用土地贡税的法令，辨别五种不同土地的物产与民众习性。因此，“性”实际上蕴含了“生”的意蕴，具有“生命”“性命”之意。

第二，从“天”的角度而言，“性”是与生俱来就有的，是“天”所赋予人们的，人们不可能根据自身的意愿来改变“性”，更不可能通过学习来改变“性”。荀子曾说：“凡性者，天之就也，不可学，不可事。”[②]

第三，孔子之“性”。《论语》中子贡说道：“夫子之文章，可得而闻

① 徐正英、常佩雨译注：《周礼》，中华书局2014年版，第215页。

② 方勇、李波译注：《荀子》，中华书局2015年版，第377页。

也。夫子之言性与天道,不可得而闻也。”[①]这句话的意思是说,老师在古代文献方面的学说,我们是可以常常听到的。老师在人性和天道方面的见解,我们就听不到了。子贡之所以这么说,是因为孔子言“性”只说了一句话,即“性相近也,习相远也”[②]。人的天性本来是相近的,最终的结果相差甚远是因为受到了习惯的影响。也正是因为孔子仅在《论语》一书中提到过一次“性相近也,习相远也”,所以给我们对孔子“性”观点的理解带来了些许的困难。

但是通过细细研读孔子的相关言论,我们可以对孔子关于“性”的理解做出以下解释。人作为一种不同于世间万物的特殊的动物,其本身所具有的各种情感、欲望就构成了人的本性。例如,孔子说道:“富与贵,是人之所欲也;不以其道得之,不处也。贫与贱,是人之所恶也;不以其道得之,不去也。”[③]孔子在这段话中想要表达的是,财富与官位是人人向往的,但是如若不以正当的方法获得,君子就不会去享有这样的富贵。贫穷与卑贱是人人都厌恶的,但是如若不是因行为失当而得此结果,君子不会去摆脱这样的贫贱。又如,《论语·子罕》篇载道:“吾未见好德如好色者也。”[④]孔子从来没有见过喜爱道德如同喜爱美貌一样的人。通过上述孔子的相关论述可以看出,人作为一种动物,其生下来就有自己的好恶和习惯。人们喜欢富贵,厌恶贫穷;人们喜欢美貌,厌恶丑陋;人们崇尚正义,而憎恨邪恶。这都是人的内在情感和欲望,是人类的本性。在此基础上,孔子又说:“君子喻于义,小人喻于利。”[⑤]孔

① 陈晓芬、徐儒宗译注:《论语·大学·中庸》,中华书局2015年版,第54页。

② 陈晓芬、徐儒宗译注:《论语·大学·中庸》,中华书局2015年版,第207页。

③ 陈晓芬、徐儒宗译注:《论语·大学·中庸》,中华书局2015年版,第41页。

④ 陈晓芬、徐儒宗译注:《论语·大学·中庸》,中华书局2015年版,第105页。

⑤ 陈晓芬、徐儒宗译注:《论语·大学·中庸》,中华书局2015年版,第44页。

子之所以在这里将人给予了君子与小人之分，并不是将君子与小人看成不同类别的人，而是对两者的价值偏好进行了对比，即小人爱好利益，君子爱好仁义。小人爱好利益是出于本性的原因，君子崇尚仁义并不是说君子不爱好利益，而是君子通过后天的学习，自身的品格有了更大的改变。由此可以看出，孔子在这里并没有将人的本性的善恶做根本性的定义。而人之所以会出现道德方面的善恶之分主要是因为具有善品行的人后天接受了相对好的培养，具有恶品行的人在后天的培养中受到了不好的社会风气的影响。在此基础上，孔子还提出人之所以会出现善恶之分还受到人们自身智力因素的影响。

通过对孔子"性相近也，习相远也"的具体内涵所做的分析，我们可以说孔子"性相近也，习相远也"的说法是建立在其天命观念基础之上的。孔子思想中的"性"也是具有天赋的因素的。也就是说，人们的"性"都来源于"天"，"天"赋予了人们"性"。孔子提出的"性相近"主要包含了两个方面的内容。一方面，上天所赋予大部分人的"性"都是相近的，只有为数不多的人的"性"与大部分人的"性"有着很大的区别。另一方面，上天所赋予的"性"都只是相近的，所有的"性"都或多或少存在差异。因此，孔子才并没有将人与人之间的本性看成是绝对的同一，同时也为孔子"习相远"思想的提出做出了基本的铺垫。孔子"习相远"思想之所以被提出是因为在孔子看来，人与人之间由于受到性别、年龄、天赋、职业、礼仪、道德观念、风俗习惯、地理位置、语言环境、宗教信仰、婚丧嫁娶、家庭习惯等等外界因素的影响才出现了"习相远"的现象。但孔子也正是在看到人与人之间存在着各种各样的差别的基础上，才提出了"修身"的思想，同时也为"仁"思想的完成提供了必要的基础。

第四，《中庸》之"性"。子思作为《中庸》一书的作者，其关于"性"思想的论述有很大一部分是受到了孔子“性相近也，习相远也”思想的影响。相比前文中孔子对“性”的研究，子思作为孔子的后人，对“性”方面的论述则显得更为复杂和更加具有哲学意义。

“天命之谓性”里的“性”不仅含有天赋方面的因素，而且具有本体性的意义。“天命之谓性”的意思是说，天然赋予人的禀性叫作“性”。我们之所以说“天命之谓性”里的“性”具有天赋方面的因素是因为子思作为孔子的后人，其思想自然而然会受到孔子的影响。从前文中我们了解到，在孔子“性相近也，习相远也”思想中，“性”是“天”给予的，是“天”所赋予人们的“性”，而《中庸》中所论述的“性”和孔子“性”的思想相类似，也是“天”所赋予的，所以也就自然而然地具有天赋因素。但是孔子认为，“性”虽然是“天”赋予的，但是人与人之间的“性”是相近的，既然相近就会出现些许的差别，既然具有差别也就不具有抽象性以及本体性。但是在“天命之谓性”中，“性”不仅是天赋的结果，而且具有抽象性。我们之所以这么说是因为《中庸》一书载道：“唯天下至诚，为能尽其性；能尽其性，则能尽人之性；能尽人之性，则能尽物之性；能尽物之性，则可以赞天地之化育；可以赞天地之化育，则可以与天地参矣。”① 这里是说，只有天下最为真诚的圣人，才能够充分发挥自己固有的本性；能够充分发挥自己固有的本性，就能够充分调动一切人所固有的本性；能够充分调动一切人固有的本性，就能够充分领会万物所固有的本性；能够充分领会万物所固有的本性，就可以协助天地造化养育万物；可以协助天地造化养育万物，则至诚的功效就可以与天地并列为三了。在这里，天性至诚乃是圣人之道，由于本身具有很高的天分，所以圣人在德性方面也表现出很高的修养，能够充分展现出真诚的本性，作为民

① 陈晓芬、徐儒宗译注：《论语·大学·中庸》，中华书局2015年版，第335页。

众的表率，起到很好的带头作用，民众也能够在其影响下逐渐形成真诚的优秀品质，最后还可以赞天地之化育，与天地并列为三。这样的人，他的功绩是伟大的，足可以与天地同寿，与日月同光。在这里，子思先将“至诚”的功能作用到了其自身的“性”上，又从其自身之“性”作用到别人的“性”上，从别人的“性”上作用到万物的“性”上，如果能够领会万物之“性”就能“化育万物”。在这里子思充分强调了个人的主观能动性，发扬个人的主观精神力量，以创造物质世界，驾驭物质世界，极言至诚之功效。由此可见，“天命之谓性”中的“性”不仅是天赋的结果，而且具有抽象性。

《中庸》之“性”是万物之本然，是万物之“性”。《中庸》一书中之所以将“性”作为万物之本然，作为万物之“性”是有依据的。我们在这里先看两个例证。例一，《中庸》载：“诚者，天之道也；诚之者，人之道也。……择善而固执之者也。”[①]真诚，是天然具有的品德。使自己达到真诚，是人为努力所得的品德。天然具有真诚的人，不必勉为其难就能够符合道德规范，不必苦心思虑就能够适得事理之宜，能够从容不迫、自然而然地遵循中庸之道，这样的人就是圣人；要使自己达到真诚的人，就必须首先选择至善的道德，并能够坚守不渝地达到真诚之境。在这里，“诚”被理解为“天之道”，“诚之者”被理解为“人之道”。例二，《中庸》又载：“自诚明，谓之性；自明诚，谓之教。”[②]由天然具有真诚之心而自然明白什么是善，并能够自觉立于至善之道的，叫作圣人的天性；由后天的修养才明白什么是善，能够以真诚之心追求至善之境的，这是贤人努力的结果，叫作人为的教化。从上述的两个例证可以看出，在“诚

① 陈晓芬、徐儒宗译注：《论语·大学·中庸》，中华书局2015年版，第331页。

② 陈晓芬、徐儒宗译注：《论语·大学·中庸》，中华书局2015年版，第333页。

者，天之道也”这一例证中，“诚者”是天然的。而在“自诚明，谓之性”中，“自诚明”也是天然的，将两者联系起来，我们就可以得出，“自诚明”是“天之道”，而再根据“自诚明，谓之性”这一命题，我们就可以得出“天之道，谓之性”。进而我们可以引申出，“性”就是“天道”。另外在上文中的“唯天下至诚，为能尽其性。能尽其性，则能尽人之性；能尽人之性，则能尽物之性；能尽物之性，则可以赞天地之化育；可以赞天地之化育，则可以与天地参矣”[①]这句引用中，“诚”“性”“天地”又是同为一体的，所以我们可以得出，在“天命之谓性”这一命题中，“性”是世界万物的本然，是万物之“性”。

四、“天命之谓性”的内涵

既然“天”“命”“性”的意义已经在上文中解释清楚，那么“天命之谓性”的含义是什么呢？从字面讲，“天命之谓性”的意思是说：天之命下贯即为人之性，它是讲形而上学的依据的。然而所谓“天命为性”是自“天”而言，如果自人而言，则应该说是“得天为性”。“天命之谓性”实际上是在“天”与“性”之间建立了一个联系，将“天命”与“人性”两者结合起来，人以及万物的生命来源于“天”，“天”在赋予万物生命的同时也赋予了人们“性”，人以及万物在自然世界的“性”的表达就是“天”的外在表现罢了，所以我们可以总结为“人性”即“天命”。这样子思就把人们在世间的最基本的德性以及行为模式，固定到了“天命”那里了，而且万物的生命都具有普遍性。“天命之谓性”虽然只有短短的五个字，却构建了一个由“天”而“命”而“性”的生命生成和展开模式，具有里程碑式

① 陈晓芬、徐儒宗译注：《论语·大学·中庸》，中华书局2015年版，第335页。

的意义。其主要包括生命的本源性、生命的普遍性、生命的目的性三层含义。

第一，生命的本源性。我们之所以称“天命之谓性”包含了生命的本源性问题主要是因为，这一命题解决了生命从何而来的深刻问题。子思在《中庸》一书中表达出万物的生命是从“天”而来的，并且是通过“命”这一中介进行转变的。“天”作为万物的本体，决定了万物的来源。一方面，作为自然意义的“天”是一个生命整体，具有“生物”“载物”“覆物”“成物”之功效。“天”广博而深厚，可以承载万物；“天”高大而光明，可以覆盖万物；“天”悠久而长远，可以成就万物。“天”看似微小，不过是由几颗星星的光亮所组成，但是如果从它无穷无尽的全体成员来看，太阳、月亮、星辰都挂在了它的上面，地上的名山大川、江河湖海都被它包括，世间的草木花卉、飞禽鸟兽、金银财宝以及各种财物都是从“天”这里增殖出来的。另一方面，《中庸》一书从本体论角度精辟地阐明了生命产生与发展的本源，也就是《诗经》中曾经论述的上天的道理，深远的没有止境，这也大概就是“天”之所以成为“天”的道理吧。

第二，生命的普遍性。生命普遍性的核心内容就是指既能够符合人类的要求，也能够符合其他物种的要求，即对于世间的一切生命都合适、适用的要求。我们之所以说“天命之谓性”包含了生命普遍性的问题，是因为它以“天”为基础，“天”将世间的生命都给予了“性”这一特点，进而使万物的生命得以展开和产生。它不仅使人得到了“性”，成为人性，就连万物也都得到了“性”，成为物性。更为重要的是，既然人和万物之“性”以及生命均来自天，并且两者之间都是平等的，那么人和世间万物的任何一方都不存在特殊的因素，并且各自都有自身的价值和意义。由此我们说在“天命之谓性”这一命题中，人以及世间万物的生命都是平等的，具有普遍性。

第三，生命的目的性。生命的目的性是指自然界与人类这两者在各自丰富自身、发展自身的过程中，具有与自身密切相关的某种内在的目的性关系。一方面，从“天命之谓性”这一命题可以看出，世间万物的生命都是上天所给予的，既然生命是上天所给予的，那么世间万物的生命也就自然而然地与天存在着某种内在的必然联系。人以及各种生命在自然界后期的各种发展只不过是两者内在关系的外在表现以及实现两者关系的最根本目的罢了。也就是说，自然界的万事万物从其本质上来说就是一个展现“天”之本性以及“尽物之性”“尽人之性”的过程罢了。另一方面，在自然界中，包含着各种各样的生命，也正是如此众多的生命才组成了自然界。在自然界中，各生命之所以很好地生存下来不仅是因为其自身具有良好发展的内在条件，而且还因为与其紧密相关的万事万物都在随时随地地从各个方面相互促进、共同进步，进而最终达到共同的、远大的目标。因此我们在这里说，自然界以及各生命之间存在着一种目的性的关系，各生命在充分发挥自己固有本性的同时，还要充分调动一切人所固有的本性，进而调动万物的本性，最终协助天地造化养育万物。即在完善自身、实现自身目标的同时也要帮助完善他者生命，使自然界中的各个生命都能够相互促进、相互完善，形成一个具有目的性的双向互动的过程。

由此可以看出，“天命之谓性”是一个具有重要意义的命题。它不仅从本质上论述了生命本源问题，而且论述了人与物两者之间生命的平等性问题，还指出自然界的发展与人的生命两者之间存在着内在的目的性关系以及自我生命与他者生命两者之间存在着双向互动的联系问题。

第二节 由性而道

在"天命之谓性,率性之谓道,修道之谓教"中,"天命之谓性"是子思天命观的体现,是子思哲学思想的立论依据。"率性之谓道"是子思的天命观与《中庸》之道的转换和过渡,在《中庸》中起着至关重要的作用。

一、"率"

"率"字的含义自古以来就有很多的说法,其大致可以分为以下几个方面。

第一,《说文解字》载:"率,捕鸟毕也。象丝网。上下其竿柄也。"① 段玉裁也说道:"毕者,田网也,所以捕鸟。亦名率。"②由此可以看出,"率"是指一种捕鸟用的带柄的网。

第二,"率"字为象形字。字形为加符象事结构,像是用绳索牵引物体,表示的是牵引、带领的意思。

第三,率领,带领。《尚书·顾命》载道:"王出在应门之内,太保率西方诸侯入应门左,毕公率东方诸侯入应门右。"③这是周成王去世以后康王举行接位仪式之初的一段话。意思是说,康王走出宗庙后来到朝

---

① 许慎:《说文解字》,马松源主编,线装书局 2016 年版,第 179 页。

② 陈亦儒编:《说文解字》,研究出版社 2018 年版,第 397 页。

③ 王世舜、王翠叶译注:《尚书》,中华书局 2012 年版,第 313 页。

堂的应门里面，太保率领着西方诸侯，进入了应门的左边，毕公则率领东方诸侯，进入了应门的右边。率，即率领、带领。《诗·周颂·噫嘻》载：“率时农夫，播厥百谷。”[①]意思是说，率领众农夫，播种各种农作物。

第四，轻率，直率。《论语·先进》篇载：“子路率尔而对。”[②]这句话的背景是孔子询问子路、曾皙、冉有、公西华的志向是什么，子路抢先进行了回答，孔子听后，一笑置之，觉得子路着急回答略微显得轻率。另外，“率”也用于指直率、坦率。《世说新语》一书载：“谢尚神怀挺率，少致民誉。”[③]谢尚的性格特别刚强、直率，很少得到人们的赞誉。

在《中庸》“率性之谓道”这句话中，学界普遍认为，“率”字的含义是“循”“顺”，这一看法得到了郑玄和朱熹的支持。另外，金景芳先生认为，“率”还具有“统帅”的含义。我们赞同朱熹、郑玄所持的观点：“率”的含义是“循”“顺”。

二、“率性”的内涵

既然“率”的含义是“循”“顺”的意思，那么“率”与“性”两者结合起来又表达出了什么含义呢？我们认为，“率性”的内涵可以从以下三个方面进行表述。

第一，“率性”表达了人们要充分尊重生命发展的内在逻辑。这里的“率性”是指人们要遵循“天”所赋予人们的各自不同的最自然的“性”向前发展。也就是说人们自身的发展必须要符合“天道”的要求，不得

---

① 王秀梅译注：《诗经》，中华书局 2015 年版，第 757 页。

② 陈晓芬、徐儒宗译注：《论语·大学·中庸》，中华书局 2015 年版，第 134 页。

③ 刘义庆撰：《世说新语》，岳麓书社 2015 年版，第 98 页。

与“天道”的意见发生冲突。从前文中我们得知，“天”赋予了人以及世间万物之“命”，人之“命”的展开又是为了实现“天”的内在要求，那么“天道”与“人道”两者之间就有了联系。而“性”作为“天”赋予人们的内在禀性，其本身又是一种合乎自然规律的发展要求，按照“天”赋予人们的这一禀性进行发展的过程既是遵循“道”的过程，又是“道”自身的表现过程。那么“道”在这里又与合乎自然规律的“性”取得了联系。由此可见，遵循“道”的过程就是按照“天”的要求展现万物生命之“性”的过程，就是“率性”的过程。

第二，“率性”的过程就是激活人们生命的内在主观能动性的过程。我们之所以说“率性”的过程就是激活人们生命的内在主观能动性的过程，是因为“率”字本身就包含了一种内在的、主观的意愿。而“率性”就是强调我们不能仅仅满足于“天”赋予我们的最基本的自然之性，而是要主动地、积极地为自身的发展做出相应的努力。也就是说，虽然上天赋予人们各自生命的禀赋并不完全相同，但是如果我们在尊重自身天性的基础上，充分积极地发挥自身的主观能动作用、积极提高自身的修养水平和理论知识，最终是能够达到像圣人那样的理想境界的。这也就是《中庸》一书在首先提出“诚者”这一概念之后，接着就提出了“诚之者”的原因。“诚者”作为一种近乎完美的理想境界，具有后天的人们无法比拟的天然绝对优势。圣人做事情不用勉为其难就能够符合道德规范，不必苦心积虑就能够将各种事情处理得恰到好处。而普通人虽然经过天人相贯已经领会了“天”的部分意愿，并遵循着“天”赋予人们的“性”进行发展，但是与圣人相比，还存在着巨大的差距。由此，普通人就要依靠自身内部的内驱力不断地对自身进行扩充，主动地进行“择善”。“诚”作为一种真诚笃实的道德信念，是实行智、仁、勇等一切德目的基础，它是生命自然性的展现，是生命自身固有的、天然的、内在的冲动，它阐述了人们必须广泛地进行学习，学习了但没有学会就决不放弃；必须审慎地进行询问，询问了但没有理解就绝不罢休；必须慎重地进行思考，思考了但没有结果就决不放弃；必须明确地进行辨析，辨析了但没有彻底明白就决不放弃；必须切实地履行自己的职责，履行了但没有切实做到就决不放弃。别人用一分功夫能够做到的，自己就下一百分的功夫；别人用十分的功夫能够做到，自己就下一千分的功夫去做。如果真的运用这种毅力去追求自身的发展，即使是愚笨的人，也一定会变得聪明起来；即使是懦弱的人，也一定会变得刚强起来。最后通过自身的努力进而达到圣人的理想状态。

第三，“率性”展现生命的过程就是自由地展现天性的过程。在子思看来，上天不仅赋予了万物生命各种性格以及道德品质。更为重要的是，上天还赋予了生命自由的品格。之所以这么说，是因为世间的各种生命如若想要突破自我、提升自我就必须打破外界的各种限制和阻碍，通过激发自身原先并没有被激活的各种潜能，提高自身品质，丰富自身内涵，进而使生命能够通过自由的方式得到完美的发挥，最终达到即使随心所欲地做任何事情，也不会破坏规矩的境地。

三、“道”

在中国的传统文化中，“道”最初的含义是人所行、所走的道路，后来引申为做事的规则、方法，事物的本体、法则、方向、目标等多方面的含义。儒家学者在继承前人思想的基础上，将“道”的内容偏向了社会伦理方面，主要是指社会上所规定的各种准则以及道德方面的各种要求。在“率性之谓道”这一命题中，从字面意思来说，我们可以将这里“道”的含义理解为规律的意思。之所以这么说是因为“修道”的过程就是一个体悟、观察、学习自然规律以及社会经验的过程。人们只有在遵循本性自然发展规律的基础上才能够正确地、完整地把握“道”的内涵。

从内容方面来说，“道”主要包含了“天道”和“人道”两个方面。就“天道”而言，“天道”就是宇宙自然运行的客观规律，贯穿于世间的一切事物当中。“天道”不可脱离事物而独立存在，事物也不可以脱离“天道”而独立存在。从“人道”方面来讲，“人道”就是指人类社会发展的普遍规律。“道”与“人”两者是完全为一体的，“人”不可能脱离“道”而独立存在，“道”也不可以与“人”片刻分离。另外，从“天道”与“人道”两者的关系来说，“天道”与“人道”两者之间也是相互联系、相互依存的。“天道”给予了“人道”最基本的内容，人们在修道的过程中需要遵循上天下贯而来的“性”，只有遵循这一原则，“人道”才能够存在。“人道”的具体行为是“天道”的表现，“天道”不可能在没有“人道”这一中介的情况下独存。另外，人们在修道的过程中，必须充分地调动个人自身的内在潜力，追求更高的境界，进而丰富和发展自己，最终以回应“天道”。

四、“率性之谓道”的内涵

既然“率”“率性”“道”三者的含义都已经分析清楚了，那么“率性之谓道”又表达的是什么含义呢？“率性之谓道”是继“天命之谓性”之后的又一命题。这句话的意思是说，遵循本性自然发展的规律而行动叫作“道”。此“道”即是中庸之道。

第一，《中庸》认为中庸之道并不会远离人们，假若有人修道而故弄玄虚、故作高深，以至于“道”远离了人们，那么就不可以称为修中庸之道了。之所以这么说是因为在人们的日常行为过程中，人们的“性”是由天命下贯而来的，既然是从“天”而来，而“性”又是“道”的外在表现形式，那么我们就可以说，人们日常行为过程中所遵循的“道”就是从“天”而来，那么这里的“道”就有了最大的普遍性。而“道”又不可能在人性之外独立存在，人“性”也不可能在离开生命之后独立存在。所以我们说，依照着“性”这一出发点而体现出来的“道”在与人以及人的社会生活紧密结合之后，能够体现出来中庸之道也就是水到渠成的事情了。

第二，《中庸》认为，中庸之道是其大无外，其小无内，时时处处，无所不在的。我们之所以这么说是因为《中庸》载道：“君子之道，费而隐。”[①]君子所恪守的中庸之道，用途广大，无穷无尽。而其本体却又精细隐微，无处不在。就其浅显之处来说，即使是普通的匹夫匹妇那样的愚昧之人，也可以知道一些有关中庸之道的内容，也可以做一些力所能及的符合中庸之道的事情。至于中庸之道最高深、最精妙的道理，即使是拥有大智慧的圣人也不可能全部都领悟到了，也有不能够达到的境地。另外，中庸之道既广大又精微。从广大的方面来说，它无时不在、无处不在，充满了天地之间，能够作用于万事万物。从精微的方面来说，它又是极为高深精妙的，不是一时一刻就能够学会的，不是很容易就能够持守的，需要加强品德的修养，努力向它靠近。从普遍的方面来说，中庸之道是世间所有人都可以学习、可以实践的，并且在日常生活中处处都离不开它。从特殊性方面来说，它的高深，即使是圣人也不能够穷尽。也正是因为中庸之道具有“费而隐”的特点，所以应该针对各种不同档次之人的具体情况，提出不同的要求。只有这样，中庸之道才能够得以实现。

---

① 陈晓芬、徐儒宗译注：《论语·大学·中庸》，中华书局2015年版，第305页。

第三节　由道而天

“由道而天”是指按照“道”的要求对生命进行修炼，进而达到“天人合一”的理想境界。“由道而天”是对《中庸》提出的“修道之谓教”命题的深刻总结。

一、“修”

《中庸》在提出了“率性之谓道”这一命题之后，紧接着就提出了“修道之谓教”，其目的就是对“天命之谓性”以及“率性之谓道”这两个命题做出补充。“修道之谓教”的意思是说，把“道”加以修明并推广于民众就称作“教”。在《中庸》一书中，“修”的对象是人的生命，“修”具有修正、修缮等含义。对于人自身来讲，修道的过程就是在认清自身不足的基础上，努力改变自身缺点，使自身更加接近于圣人的过程。对他人来讲，修道的过程就是指在其自身懂得如何修身的基础上，协助他人改善不足，进而完成他们想要达成的理想人格的转变过程。

二、“教”

“教”字在《中庸》里出现的次数虽然并不算多，但是我们可以从《中庸》一书中的相关论述对“教”进行理解。按照《中庸》的论述，“教”是指个人根据生命自身发展的特点，在通过自身的学习以及外部的教育之后，进而达到与天道贯通的过程。另外，“修道”的过程并不是一个随意发展的过程,而是一个以尊重自身特点为基础,以遵循“天道”原则为核心的转变过程。在这里应当指出的是,如果我们说“天命之谓性”是一个由“天”而“性”,由上而下的贯通过程,那么“修道之谓教”就是一个自下而上,从提高自身修养与品德开始,依照自身特点,逐步提升,进而能够贯通天地,最终实现“天人合一”的努力修道的过程。

三、“修道之谓教”的内涵

对于“修道之谓教”这一命题。《戴震全书》载道:“修,治也,治而广之,人仿效之、是曰教。”[①]孔颖达对这一命题解释说:“人君在上,修行此道以教于下。”[②]朱熹也说道:“修,品节之也……则谓之教,若礼、乐、刑、政之属是也。”[③]我们认为,以上对“修道之谓教”这一命题的解释都有其自身的特点。在我们看来,“修道之谓教”这一命题中,“道”是指中庸之道,“修”是修正的意思。“修道之谓教”的意思是说,把“道”加以修明并推广于民众就叫作“教”。在这里,“道”与“教”两者的关系是相互依存、相互影响的。“道”不可能离开“教”而独立展开,“教”也不可能离开“道”而独善其身。“教”离开了“道”就没有了修身的法则,就有可能偏离了“天”所规定的路线,进而使人们走向歧途。“道”离开了“教”就会不知往何处发展,进而处处碰壁。《中庸》中对“修道之谓教”的具体阐述主要体现在政治原则方面,以“人存政举”为宗旨提出了“为政在人,

---

① 戴震:《戴震全书》(第2册),张岱年主编,黄山书社1994年版,第51页。

② 郑玄注、孔颖达疏:《礼记正义》(第5册),喻遂生等整理,山东画报出版社2004年版,第1551页。

③ 朱熹:《四书章句集注》,中华书局2011年版,第19页。

取人以身，修身以道，修道以仁”[①]的基本纲领，进而论证了仁、义、礼三者之间的相互关系，并特别地强调修身的重要性。《中庸》一书载：“修身以道，修道以仁……故君子不可以不修身；思修身，不可以不事亲……知斯三者，则知所以修身。”[②]从以上的论述中我们可以看出教化的目的、途径、实质、原则几个方面的内容。

第一，从教化的最终目的来看，教化就是为了复兴周初的礼仪文化。众所周知，在孔子时期，礼崩乐坏，而对周礼极为推崇的孔子在推广其政治理想和政治观念的同时，也一定是以恢复周礼文化为基础的。孔子曾明确表示其对周礼的崇拜：“周监于二代，郁郁乎文哉！吾从周。”[③]这里是说，周朝借鉴了夏、商两朝，所制定的礼乐仪制丰富多彩，孔子主张尊崇周朝的制度。

第二，从教化的途径来看，《中庸》提出了以“修身”为起点，以智、仁、勇三种品德和谐处理君臣、父子、夫妻、兄弟、朋友这五种关系的教化路径。《中庸》之所以提出了以“修身”作为起点的教化途径是因为在治理国家方面，君主是一个国家的掌权者，他在治理国家的过程中起着至关重要的作用。作为一个国家的掌权者必须“修身”，提高自身的道德修养以及文化水平，只有在这种情况下，君主才有可能留住大量的人才为自己的国家服务。另外，君主在要求臣民遵守各种法律法规和道德约束的同时，自身必须率先遵守法律法规，只有这样，国君才能够服众，才能够理所当然地要求别人。孔子曾说，如果君主自身立得正，即使他不下达命令，事情也能够实行，如果君主自身做不到，那么虽然下

---

① 陈晓芬、徐儒宗译注：《论语・大学・中庸》，中华书局 2015 年版，第 324 页。

② 陈晓芬、徐儒宗译注：《论语・大学・中庸》，中华书局 2015 年版，第 324—326 页。

③ 陈晓芬、徐儒宗译注：《论语・大学・中庸》，中华书局 2015 年版，第 32 页。

达了命令，百姓也不会听从他的指令。孔子还说，如果君主能够为政以德，那么当政者就会像北极星一样安居其位，而且众星都会环绕着他。当政者通过自身修养，才能体察民心，才能使天命之性显发出来。可见，当政者“修身”的目的是吸引和留住人才。尤其可贵的是，《中庸》的政治思想不仅认识到人的共通性，还照顾到了人的差异性，并没有以独断来整治人的思想，削平人的个性，而是根据每个人的不同情况，采取不同的办法治理，以其人之道，还治其人之身，体现了对人的最高的尊重。每个人的自觉能力虽有不同，但一经自觉，都能自行其中庸之道。于此，所谓的“教”就不仅是指外在于人的“礼、乐、刑、政”，而且还指内化于人心的自我修养。《孟子》一书载：“天之生此民也，使先知觉后知，使先觉觉后觉也。予，天民之先觉者也；予将以斯道觉斯民也。”[①]上天创造民众，就是要让先知理的人教育后知理的人，让先觉悟的人启发后觉悟的人。而君主作为上天选出的优秀人物，都是先觉者，他们的责任就是启发后觉者。也就是说，君子应率先垂范，其行为举止要成为世世代代的楷模，行事风格要成为世世代代的榜样，言语要成为天下的准则。由此，君子的责任意识得以淋漓尽致地表达。《中庸》通过颂扬君子、圣人德性的光明博大、润物无声，实则表达了其“仁道”的政治理想。人们对圣君贤相的期许也正是因为他们身上承载着这种仁道的精神。在《中庸》里，天道、人道与治道达到了一种密合无间、圆融无碍的艺术境界，此境界即“和”的境界。不仅如此，既然上文中说到教化的目的要以修身为起点，而且修身的最根本目的就是吸引大量的人才为国家的建设和发展出力。如果君主修身，大量的人才会被吸引而来，进而贤君的政令就会被很好地推行开来，百姓生活就会幸福安康。如若君主整

① 方勇译注：《孟子》，中华书局2015年版，第186页。

日不理朝政，不思修身，国家的人才就会大量流失，百姓就会深受其害，生活在水深火热之中，最终国破家亡。既然人才这么重要，什么样的人能被称为人才呢？人才限定的条件又是什么呢？孔子认为君子不能像器皿一样狭隘而不博通，即“君子不器”[①]。在此基础上，孔子又做出了相应的变通，指出人才即使不是能够做到万事周全，也应该在某一些方面有所长处。孔子曾说：“不得中行而与之，必也狂狷乎！狂者进取，狷者有所不为也。”[②]

第三，就教化的实质而言，就是要施行仁政。《中庸》载：“故为政在人，取人以身，修身以道，修道以仁。仁者，人也，亲亲为大。”[③]孔子认为，一个国君如果想要治理好自己的国家就必须首先修养好自身的品德，想要修养好自身的品德，就要遵循中庸之道。想要准确地把握中庸之道，就在于是否理解仁的道理。所谓仁，就是做人的道理，有仁德之人就要将爱自己的亲族作为头等的大事。这里的“修身以道”就是指君子以及国君要以中庸之道作为自己修身以及做人的基本要求和纲领。而“修道以仁”是指君主若想在政治方面实现中庸之道，就必须以“仁”为基础。对百姓施以仁政，百姓就会拥护自己的君主；对百官施以仁政，百官就会尽心为君主办事，贡献自己的微薄之力；对邻国施以仁政，两国就会相互和睦，互帮互助；对全天下的人施以仁政，那么君主还用担心天下不归顺自己吗？

第四，就教化的原则而言，孔子提出了“以人治人”的主张。“故君子以人治人，改而止。”[④]孔子提出的“以人治人”是说，一个国家的君主

---

① 陈晓芬、徐儒宗译注：《论语·大学·中庸》，中华书局2015年版，第20页。

② 陈晓芬、徐儒宗译注：《论语·大学·中庸》，中华书局2015年版，第159页。

③ 陈晓芬、徐儒宗译注：《论语·大学·中庸》，中华书局2015年版，第324页。

④ 陈晓芬、徐儒宗译注：《论语·大学·中庸》，中华书局2015年版，第307页。

虽然处于高高在上的地位，但是在治理国家的时候并不能任性地以自己为中心，制定的各种法则都倾向于自己，也不能独断专行，听不进与自己观点不同的意见或建议。当政者应该根据具体的情况，因人而异，在充分兼顾别人自身特点以及差异的基础上，善于利用每一个人的长处和优势，最终实现政治的清明国家的富强。总的来说，“修道之谓教”的内涵就是对内通过自省提高自身的道德修养，对外以“仁”为核心进行道德实践，最终达到“内圣外王”的理想境界。

综上所述，“中庸之道”的价值哲学之本体论可以概称为“得天为性”的价值本体论。天命既然是一切存在的终极本源，当然也是一切价值的终极源泉。也就是说，“中庸之道”其实就是一个“得天为性，率性为道，修道为天”的循环过程。在这一过程中，“天”“命”“性”“道”“教”作为价值哲学中重要的关键点对中庸价值哲学的形成起到了至关重要的作用。

第三章　“执两用中”“执中用权”
——中庸思想价值选择的方法论

中庸是儒家哲学、伦理思想的重要范畴，是儒学的基本方法论原则。在中国古代，中庸是一种调节社会矛盾使之达到中和状态的高级哲理，并因此成为传统观念中最富于训诫意义的治世标准。下面我们就从方法论的角度对中庸思想予以阐释和分析，力求能比较全面地揭示中庸观念的方法论意义。

第一节　“过犹不及”“执两用中”

“过犹不及”“执两用中”作为中庸方法论的基本原则，反映了孔子中庸思想对事物所处平衡状态以及如何维持平衡状态的认识。究其实质，其是一种调节社会矛盾使之达到中庸状态的高级哲理，是传统观念中最富训诫意义的治世法则。

一、“过犹不及”

中庸思想强调为人处世要以“适度”为准则，既不“过”也无“不及”，这是中庸之道的一个突出特点。朱熹在论述孔子中庸之德时指出：“中者，无过无不及之名也。”[①]那么，这里的“过”与“不及”所指的是什么呢？“过”与“不及”都是相对中庸而言的。“过”的含义主要是指超出，即行为或行为导致的结果超出了中庸的范围。“不及”的含义主要是指赶不上，即行为或行为导致的结果达不到中庸的条件。那么“过”与“不及”联系在一起，就是“过犹不及”。“过犹不及”的意思是说，如果行为或行为导致的结果超出了中庸的界限或者赶不上中庸的条件，都是不好的，两者的情况是一样的。如果将“过犹不及”这一观点联系到我们的日常生活中，就是说人们在处理日常事务以及参加社会活动的过程中都应该将“中”确定为自己为人处世的准则，如果超出或者不及这一准则，那么最终所得到的结果，很有可能就不会像我们预期的那样，很可能会令我们自己感到失望和沮丧。

例如，《论语》载：“柴也愚，参也鲁，师也辟，由也喭”[②]。这句话表明孔子的弟子虽各有所长，但不合中行。高柴愚直，曾参迟钝，颛孙师偏激，仲由刚猛。另外，孔子主张对待不同的学生要采取不同的教育模式以及方法，但是无论采取何种教育模式，主要目的都是纠正每一个学生之“过”或“不及”，进而使之走到中庸的道路上来。例如，孔子与子贡的对话：“‘师与商也孰贤？’子曰：‘师也过，商也不及……过犹不及。’”[③]在这里，子贡询问孔子颛孙师与卜商两个人谁更加优秀一些。孔子回答道，两个人都不是优秀的，原因是颛孙师有些“过”，卜商有些“不及”。“过”与“不及”都是不好的，都不符合中庸之道。《论语》中就子张、子夏如何结交朋友的问题也有相关记载：“子夏之门人问交于子张。……子

---

① 朱熹：《四书章句集注》，中华书局 2011 年版，第 88 页。

② 陈晓芬、徐儒宗译注：《论语·大学·中庸》，中华书局 2015 年版，第 130 页。

③ 陈晓芬、徐儒宗译注：《论语·大学·中庸》，中华书局 2015 年版，第 130 页。

夏曰：'可者与之，其不可者拒之。'子张曰：'……我之大贤与，于人何所不容？我之不贤与，人将拒我，如之何其拒人也？'"[①]子夏的学生曾经就子张如何进行交友的问题询问过子张。子夏指出，在如何交朋友的问题上面，可以成为朋友的就与他交往，不可以与他成为朋友的，也不用勉强，就拒绝与他交往。子张却认为，君子尊重贤人而容纳众人，称赞善人而怜悯无能之人。如果一个人是贤人，对什么人不会容纳呢？如果一个人是不贤之人，那别人就会拒绝此人，这个人怎么可能去拒绝别人呢？由此可以看出，子张与子夏两个人在交友方面是有区别的。子张因为为人比较豁达并且在与人交往的过程中不计较别人的过去，所以人缘比较好，朋友比较多，具有"尊贤容众"的特点，所以被人们称为"古之善交者"。而子夏则不然，子夏认为人要与比自己更加优秀的人交往，因为这样可以从别人的身上学到更多的本领和思想，进而不断提高自身的修养、学识、品德。也正是因为子夏主张"深交益友"，所以他的交友范围比较狭窄，有些"不及"。再如，孔子曾经接见了一个互乡地方的少年，互乡这一地域的人难于交谈，但这个少年却得到了孔子的接见，这种行为令孔子的徒弟非常疑惑不解。孔子对此解释道，之所以接见这个互乡之人是因为赞许他的进步，而不是赞许他的退步，他怀着洁身自好的想法登门，孔子赞许他的这种态度，而不会介意他过去的表现。

由此可见，孔子"过犹不及"的思想主张可以对我们在日常生活中的处事原则起到一定的指导作用。我们认为，"过犹不及"思想的存在虽然有一定的道理，但并不是绝对的，它只是在相对的范围内能够起到一定的稳定作用。更为重要的是，孔子"过犹不及"的思想主张虽然一

① 陈晓芬、徐儒宗译注：《论语·大学·中庸》，中华书局2015年版，第229页。

直在强调“无过”和“不及”两个方面的内容，但相对来说，还是多在论述“无过”，而对“不及”方面的内容并没有太多的论述。之所以会这样，可能与孔子生存的社会环境有很大的关联。在一个战火纷飞、诸侯争霸的年代，“过”往往就意味着激进，“不及”往往表现为保守，各方诸侯为了保证自己的阶级利益和社会地位，对激进的思想和行为难免会进行打压和遏制，孔子为了迎合统治阶级，使其接受自己的思想主张，因而可能会对“无过”的行为和思想做出相应的侧重。

从以上例证可以表明，中庸之道之所以不行于世是因为“道之不行也，我知之矣：知者过之，愚者不及也；道之不明也，我知之矣：贤者过之，不肖者不及也”[①]。也就是说，中庸之道之所以“不明”和“不行”的原因在于“过”和“不及”这两个偏向。中庸之道既是为人处世的正确而平凡的准则，又是一个最高的道德标准，所以真正实施起来就很难做到恰如其分。那些品行、才能优越的人物，他们处理事情的标准可能较高，因而容易走向偏激；那些品行、才能一般的人，他们对自己的要求可能低得多，因而往往达不到中庸的标准。换句话说，在大多数情况下人们处理问题要么做过了头，要么没有做到位，很难恰到好处地达到“中行”的境界，这样中庸之道也就难以推行开来了。所以，孔子也不得不感叹“道之不行”和“道之不明”了。

既然“过”与“不及”都不符合“中庸之道”，那么判断无“过”与无“不及”的标准又是什么呢？孔子认为标准就是“礼”。第一，孔子对什么是“礼”做出了解释。他说道：“礼乎礼，夫礼所以制中也。”[②]孔子坚持把“礼”作为中庸的实践标准，在遵循礼乐制度规定的基础上要求将事情

① 陈晓芬、徐儒宗译注：《论语·大学·中庸》，中华书局2015年版，第293页。

② 杨天宇撰：《礼记译注》，上海古籍出版社2004年版，第663页。

处理得力求接近中道。由此可以看出，“礼”就是用来使人们言行适中的。如果人们的行为中出现越礼或者是不及礼的情况，那就是不符合“中庸之道”的。如果人们的行为都符合“礼”的标准，那么世间的人们就会忙自己分内的事情，各自孝顺自己的父母，尽自己的孝心，养育自己的儿女，身边的大事小事都能够处理得妥妥当当。如果每个人都能够做到这一点，那么社会就会和谐安宁，繁荣昌盛。第二，孔子对“礼”的重要性做了说明。孔子认为“礼”是人们赖以生存的、最重要的内容。没有“礼”人们就无法祭祀天地之神，没有“礼”人们就无法辨别君臣、上下、长幼的不同地位，没有“礼”就不能够规范男女、父子、兄弟之间的亲情，以及婚姻和社会交往的疏密关系。君子因此尊敬“礼”，然后尽自己的最大努力教育百姓，使人们不废弃所应当行礼的时节。第三，孔子对“礼”的具体内容做了简要的分析。他要求人们在做事情之前要懂得分寸，既要克服不足，也要达到“礼”的标准，以此才能够达到中庸的状态。孔子说道：“恭而无礼则劳，慎而无礼则葸，勇而无礼则乱，直而无礼则绞。”[①]孔子认为，如果人们只讲究恭敬而不讲究礼，就会感到疲倦不安；如果人们只讲究谨慎而不讲究礼，就会变得胆怯懦弱；如果人们只讲究勇敢而不讲究礼，就会犯上作乱；如果人们只讲究直率而不讲究礼，就会变得偏激。君子对亲族感情深厚，百姓就会兴起仁风；君子不遗弃故交旧友，百姓就不会变得冷漠无情。此外，孔子认为“礼”的作用就是杜绝坏事，保全好事。他还说，祭祀天和社神的意义在于对鬼神表示仁爱；尝祭和禘祭的意义在于对祖先表示仁爱；馈奠之礼的意义在于对死丧的人表示仁爱；乡饮酒礼和乡社礼在于对乡里民众表示仁爱；食礼表示对宾客的仁爱。明白了以上各种“礼”的意义之后，把它们运用到日常

① 陈晓芬、徐儒宗译注：《论语·大学·中庸》，中华书局 2015 年版，第 89 页。

生活中，长幼关系就分辨清楚了。家门之内有礼，父亲、儿子、孙子三代人就会变得更加和睦了。将礼运用到朝廷上，官爵的尊卑次位就井然有序了。将礼运用到田猎上，军队就娴熟了。对军队有礼，那么作战就能取得胜利了。由此可见，孔子认为“礼”是“无过”以及“无不及”的标准，守礼就是制中，“礼”就是“中庸思想”在现实生活中的客观表现，人们如果能够事事执“礼”、各正其名、各尽其分，那么社会就会变得和谐健康。

究其本质，在“过犹不及”的思想中，“过”和“不及”在本质上是相同的，都是违背中庸之道而不可取的。这种思想的提出暗合了唯物辩证法关于“度”是“质”与“量”统一的原理。事物的“质”与“量”是相互联结、相互制约的，任何事物都有保持其“质”的稳定不变的量变范围。“度”是事物保持自己“质”的数量界限，事物的“量”在“度”的范围内变化，不影响事物“质”的改变，而如若超过“度”的变化，事物的性质就走向了反面。同样，遵守道德也要遵循质量互变规律。道德的“善”，是一种“度”的分寸把握。凡是合理的道德行为和品质，都要保持在一定的范围内，要适当、恰到好处，不能偏向一面，走极端，超过或未达到一定界限都会影响事物的质，其势必向相反的方向转化，事情就不会有理想的结果。需要注意的是，“过”“不及”以及“度”都要基于具体情境和特定对象才能做出主观性判断。行为或道德实践的“过”和“不及”都是品质之恶，唯有“适度”才是“德性”。

二、“执两用中”

关于如何把握中庸之道以克服“过”和“不及”的问题，孔子提出“叩其两端”求其“中”的原则。关于“两端”的思想，我们在殷周以来的大量古典文献《易经》《论语》《中庸》中可以看到。但是，正式提出“两端”这个词的却是儒家的孔子。孔子说道:“吾有知乎哉?无知也。有鄙夫问于我,空空如也。我叩其两端而竭焉。”[①]有一个知识浅陋的人来向孔子提问,但孔子对他的问题一无所知。那么孔子就从问题的开始和结尾这两端向他询问,直到把全部的问题问清楚。由此我们可以看出,这里的“两端”不仅是关于矛盾的一种学说,而且是关于对立面的一种理论,是事物在发展的过程中两个相互矛盾的对立面。不仅如此,孔子在强调矛盾双方的对立统一的同时,还强调有“两端”才会有“中”,“中”就意味着“两端”的统一。在这里,“中”不是指中间、中点、折中,而是指合适、恰当,凡事不要走极端。对于极端,孔子解释道:“攻乎异端,斯害也已。”[②]孔子在这里所提出的“异端”是指各种杂学、技艺等,提醒人们不要专攻那些杂学技艺等有害事情。另外,戴震对“异端”进一步解释道:“端,头也。凡事有两头谓之异端。”[③]戴震在这里将事情的两头称为“异端”,如若与上文进行对比,我们可以发现,戴震所提到的“异端”就是我们在前文中所说的“过”与“不及”两个方面的内容。通过以上论述我们可以看出,不论是上文提出的“异端”说还是“两端”说意义都是一样的。孔子主张在处理事务之时,人们不能只侧重于一方面而忽视另外一方面,更不能凭空揣测,主观臆断,固执己见,应该在充分了解整个事件的情况下,探寻事情的“两端”,在抓住矛盾双方的对立、统一内容之后,坚持中庸思想,只有这样事情才会处理得更加完美。对于《论语》中“叩其两端而竭焉”的方法,《中庸》概括为“执两用中”,《中庸》记载,子曰:“舜好问而好察迩言,隐恶而扬善,执其两端,用其中于民,其斯以为舜

① 陈晓芬、徐儒宗译注:《论语·大学·中庸》,中华书局2015年版,第101页。

② 陈晓芬、徐儒宗译注:《论语·大学·中庸》,中华书局2015年版,第21页。

③ 转引自何新:《孔子论人生:〈论语〉新解》,时事出版社2003年版,第51页。

乎！”[①]虞舜算得上是具有大智慧的聪明人吧！舜既喜欢向别人请教又善于考察分析浅近平凡的言论，他既能够包涵别人的短处又能够宣扬人们的善行，他既能把握认知层面的“过”与“不及”又能够采用最合理的适中的办法来治理百姓。这大概就是舜能够成为舜的原因吧。在这里，“执”是指把握，“两”是指在统一体中对立的、矛盾的两个方面。“执两”是指把握住在统一体中对立的、矛盾的两个方面。这里所提出的“执两”的核心并不是要求人们在做事的过程中抓住“两”，而是要求人们在认识到“两”的情况下，紧紧地抓住“中”，并且将其运用出来，即“用中”。“用中”就是要求我们在面对矛盾时，在经过分析、把握、权衡之后，用不偏不倚的理性态度做到有所为、有所不为，有所扬、有所抑，有所进、有所退，最终做到“无过而无不及”，使矛盾双方进入相互依存的“和谐”状态。“用中”就是要求我们在处理事情的过程中要提前预料到“过”与“不及”可能发生的种种情况，有效地消除忙乱无序，化解可能发生的种种对立、摩擦、争执，进而使这种摩擦和冲突相互统一起来。

由此我们可以看出，“执两用中”主要包含了以下几个方面的含义。

第一，“执两用中”的行为方式包含了事物对立而统一的辩证逻辑，其要求统治者在实践中通过协调统一“两端”从而寻求“中”点，再把这个恰当的“中”点状态应用于对百姓的施政之中，进而达到百姓安宁、社会和谐的局面。由此可见，此处的“用中”所体现的辩证思维方式，在古代人们的认识与实践的发展中具有里程碑式的意义。所以“中庸”可解释为“用中”，就是将这个由“两端”所产生的“中”加以应用实践，付诸现实的意思。当我们把握了“两端”之后方能用其“中”。换言之，在看待事物处理问题时，要牢牢抓住“过”与“不及”这两个端，然后“执中”处理

① 陈晓芬、徐儒宗译注：《论语·大学·中庸》，中华书局2015年版，第296页。

问题。两个极端便是事物矛盾的对立面，片面地偏向其中任何一端就是“过犹不及”，只有“执两用中”方能使事物的发展向着最理想的状态运行，在无过而无不及的理想状态下达到和谐统一，不然则走向了孔子所言的悲剧：“攻乎异端，斯害也已。”①由此我们不难发现，由孔子倡导的中庸方法论是一种科学的符合客观规律的方法论，值得我们今天认真学习。

第二，从“中庸”的“庸”字来理解。“庸”在《说文解字》一书中被解释为“庸，用也”。此句道出了作为方法论的中庸之道，其核心就是“用中”。这里值得注意的是，“中”是在被用了之后方能称为“中庸”，而不是“中和”之为用。也就是说，未发之“中”只有在应用于实际之后方能产生“和”的结果。换言之，“和”应当是用“中”之后的结果，如果是未用之“中”就不能称之为“中和”了。

第三，“用中”的内涵中也有调和矛盾的倾向，“中”也通常被理解为“和”的意思。《论语》记载：“礼之用，和为贵。……有所不行，知和而和，不以礼节之，亦不可行也。”②我们知道，“礼”的本质就是“中”，此处所言的“用和”其实就是“用中”。根据“执两用中”的思想，“用中”也可说是“用和”。这里的“用和”绝不是简单和稀泥，而是秉承孔子的“君子和而不同”，摒弃“小人同而不和”的信念。《国语・郑语》也载：“夫和实生物，同则不继。以他平他谓之和，故能丰长而物归之；若以同裨同，尽乃弃矣。”③另外，有子也曾说：“有所不行，知和而和，不以礼节之，亦不可行也。”④如果遇到行不通的时候，只是为了和谐而求和谐，而不用

① 陈晓芬、徐儒宗译注：《论语・大学・中庸》，中华书局2015年版，第21页。
② 陈晓芬、徐儒宗译注：《论语・大学・中庸》，中华书局2015年版，第12页。
③ 陈桐生译注：《国语》，中华书局2013年版，第573页。
④ 陈晓芬、徐儒宗译注：《论语・大学・中庸》，中华书局2015年版，第12页。

“礼”加以节制，那也是不行的。这里正是告诫我们仅仅知道“和为贵”是不够的，违反礼法而讲“和”是绝对不行的。换言之，不是通过随意的无条件的糅合达到所谓的“用和”进而实现“用中”之法，而是在包含不同的矛盾对立的事物中寻求两者辩证统一的方向，有机结合两者，通过平衡双方关系，达到二者之间动态的平衡。

第二节 “执中用权”

众所周知，“经”“权”是中国哲学的重要范畴，是儒家思想的重要组成部分。“仁”作为儒家思想中最重要的概念之一，主要用来协调和处理社会各个阶层人员之间的关系以及促进各阶级之间和谐共处。但是在现实社会中，阶级之间的矛盾和利益冲突并不像人们所想象的那样简单，总会涉及各方面的问题，所以儒家主张以“义”制“利”。而“仁”又是“义”的本源，“义”又表现为“仁”的外在道德规范。那么作为道德的承载人，人们应该如何处理“利”与“义”两者之间的关系呢？是应该坚守原则将“义”始终放在“利”的前面，还是应该在适当的时候放松“义”的要求，在认真对比和权衡之后将“义”与“利”两者做出适当的调整，最终达到“利”与“义”两者之间的平衡呢？这就涉及了“经”与“权”的问题，即原则的绝对性和相对性问题，也就是我们平常所说的“经权”问题。

一、“经”与“权”的概念释义

从基本内涵上来讲，“权”不仅仅是一种纯粹的哲学范畴、是融入社会日常生活的基本风格和共同智慧，还是很多人追求的人生理想、艺术境界和道德伦理实践的最高境地。在具体实践当中，“经”有“经”的作用，“权”有“权”的功能，“权变”思想虽然追求在处理实际事件当中“变”的作用，但这种“变”并不是随心所欲的，而是有定则可以追寻的，即：行权是否得当关键在于能否正确把握中庸之道。既然“经”与“权”两者那么重要，而且“经权”问题就是道德原则执守问题的关键，那么“经”与“权”到底指的是什么呢？

（一）“经”的概念释义

对于“经”的释义，其主要包括三个方面的内容。

第一，“经”的本意是指织造物的纵线。例如，《说文解字》中解释道：“经，织也。”①后来人们在与实际情况联系之后，将“经”的含义引申为我们平时所走的南北方向的道路。

第二，“经”具有原则、规定的含义。例如，《四书章句集注》载道：“经，常也，万世不易之常道也。”②在这里，与第一条中对“经”的解释有所不同，“经”被人们引申到了社会方面，主要是指人们在处理日常事务以及社会事务方面的规定或准则，是一种普遍性的规范，具有刚性的特点。

第三，“经”在道德领域，主要是指人们在常规状态下理所应当或者被要求必须遵守的道德原则和道德准则。

（二）“权”的概念释义

对于“权”的释义，《说文解字》给出了三个方面的解释。

第一，“权”是指黄花木。黄花木因质地坚硬、难以变形，常被用于

---

① 许慎：《说文解字》，马松源主编，线装书局 2016 年版，第 393 页。

② 朱熹：《四书章句集注》，中华书局 2011 年版，第 352 页。

秤之杆、锤之柄、拄之杖，进而引申为衡器。“权”的繁体写法为“權”，“權”字由“木”和“雚”两部分组成，雚是指鹳鸟，《说文解字注》一书考证说鹳鸟乃大鸟，似鸿而大。“權”在这里并不是指开黄花或栖息着鹳鸟的树木，而是指雕有黄花或鹳鸟图案的木杖，它是一种权力的象征，并引申为权力。

第二，“权”是指“反常”。许慎将“权”解释为反常是受汉代公羊学派的影响，并非“权”的本意。例如，《论语·子罕》篇载道：“可与共学，未可与适道；可与适道，未可与立；可与立，未可与权。”[①]可以一起学习的人，未必都能够学到道；能够学到道的人，未必能够坚守道；能够坚守道的人，未必能够随机应变。孟子主张中道，但在主张中道的同时更加注重变通，如果不懂得变通，那就是执一，就会损害仁义之道。

第三，“权”是指“秤锤”。“权”之所以作“秤锤”解释是因为秤锤要在秤杆上来回移动，后又被引申为“权衡”“变化”的意思。追溯其根源，“权”字左边是木字旁，而秤锤是铁制的，看似两者之间并没有必然的联系。“张参《五经文字》‘权’字注云：从手作‘扠’，古者拳握字。”[②]由此可以看出，最早的“权”字写作“扠”，与“拳”通假。因为秤锤的样子像拳头，所以被称为“权”，进而又被引申出“权衡”“变化”的含义。

既然“经”与“权”的概念我们已经分析清楚了，那么儒家学者又是如何使用“经”与“权”的呢？其思想又是如何体现出来的呢？下面我们就对先秦、汉宋、明清三个阶段儒家学者的“经权”思想逐个进行论述。

---

① 陈晓芬、徐儒宗译注：《论语·大学·中庸》，中华书局2015年版，第109页。

② 葛荣晋：《中国哲学范畴史》，黑龙江人民出版社1987年版，第356页。

二、先秦时期“经权”思想的发展与演变

先秦儒家经权思想是儒家伦理思想的重要组成部分，其守经行权、通权达变的思想主张体现出孔子、孟子、荀子三位哲人在坚守“中庸之道”时所秉持的原则性与灵活性相统一、绝对性和相对性相统一的方法论原则，表现出鲜明的道德立场，彰显了丰富的伦理意蕴。

（一）孔子的“经权”思想

作为儒家学派的开创者，孔子虽然没有对“经”与“权”这对范畴做清晰的界定，但他在思想意蕴、处世原则等方面娴熟运用这对范畴，为后世儒家哲人树立了榜样。

1. 孔子对“经权”思想的认识

“权”作为孔子处事的核心原则之一，在孔子的思想中占有极为重要的地位。虽然在《论语》一书中，“权”字出现的次数并不算多，但是我们可以在对其进行了解之后，对孔子“权”的思想内容进行解读。

第一，孔子将“执经达权”作为其一生处理事务所追求的最高行为准则。孔子说道：“可与共学，未可与适道；可与适道，未可与立；可与立，未可与权。”[①]孔子认为可以共同学习的人，未必可以共同走向道；可以共同走向道的人，未必可以共同依道立身；可以共同依道立身的人，未必可以共同通权达变。由此可见，“权”被孔子放到了极高的地位。在“学”“道”“立”“权”这四个不同的等级上面，“权”是孔子想要追求的最高境界，它远高于孔子推崇的学习、道、立身三个方面的内容。当然，

① 陈晓芬、徐儒宗译注：《论语·大学·中庸》，中华书局2015年版，第109页。

如若想要处处达到“权”的高度，所需要克服的困难也是很多的。换句话说，如若想要做到处处用“权”，不仅要求学识渊博，而且需要做人正派，还要立身依道，最终才有可能达到“权”这一最高境界。

第二，孔子在论及出世的问题时将自己与虞仲、夷逸两人做对比：“虞仲、夷逸，隐居放言，身中清，废中权。”[①]在出世的观念以及原则方面，虞仲、夷逸两人隐居而不谈时世，自身保持清白。而孔子则采取了灵活变通的态度，不拘泥、不古板，积极入世，以求实现自己人生价值的最高理想追求。他还进一步指出，君子对于天下之事没有必定是要这样做的，也没有必定不是这样做的，所做的事情只求合乎“义”字就可以了。从这一引用我们可以看出，孔子行“权”并不是没有前提条件的，是要在满足“经”这一基本前提的条件下，再依“道”而行，进而才能达到“执经达权”的理想境界。

第三，孔子在记述尧、舜、禹、商汤、周武王治理天下的重要言论之后，提出了治理政务的基本原则。孔子认为，作为一个当政者，在治理政务的时候要谨慎地检验并审定衡量，修复废弃不全的官职，四方的政令就会通行了；复兴灭亡的国家，再续受封者断绝的后代，举用遗逸的人才，天下的百姓就会诚心归附了。由此可见，孔子认为当政者必须小心谨慎地处理各种政务，并将“权变”思想作为其处理政务的基本原则。

在孔子的思想与行为中，包括其日常生活、处世原则、君臣关系等方方面面，随处可见其灵活变通、不拘泥、不古板同时又不越礼的“执经用权”特点，这充分体现了孔子经权思想中原则性与灵活性相统一的管理思想。在中国哲学发展史上，孔子经权思想的内涵奠定了儒学经权思想的基础，其所确立的经权思想的基调与内涵理论导向对后世的儒

---

① 陈晓芬、徐儒宗译注：《论语·大学·中庸》，中华书局 2015 年版，第 225 页。

学思想家产生了一定的影响。孟子以及荀子等先秦儒学思想家的“经权”思想都是在此基础上发展衍化得来的。

2.孔子“经权”思想的主要内容

孔子作为儒家首位提出“经权”思想的人物，虽然在其著作中提到“权”字的内容并不多，但是“经权”在其思想中的各个方面都有体现。

(1)施政方法

第一，以“仁”为“经”。

孔子在施政方面提出的首要要求就是“仁”的思想。孔子认为君主在施政的过程中要以“仁”为“经”。在君臣、君民的关系之中，“仁”就是最大的德性。那么到底什么才是孔子所说的“仁”呢？孔子认为“仁”的主要内容包括恭、宽、信、敏、惠五种品格，并对这五种品格加以论述，认为庄重就不会遭受侮辱，宽厚就能得众人之心，诚信就能被人任用，勤敏就能卓有成效，慈惠就能很好地使唤人。

首先，孔子提出了仁治的治国方针，他提倡要以道德去引导民众，用礼教来规范民众。季康子曾询问孔子如果用杀掉无道之人，亲近有道之人的方法来治理国家是不是就会好一些。孔子回答道：“子为政，焉用杀？子欲善而民善矣。君子之德风，小人之德草。草上之风，必偃。”[①]想要治理好国家，孔子认为没必要采取杀戮的方法，只要君主愿意行善，施仁政，人民也就会从善。君主的德性好比是风，百姓的德性好比是草，风吹到草上，草必定会随风而倒，最后自然会把国家治理好。鲁国正卿季康子曾经询问孔子如何才能保证老百姓恭敬、忠诚、友善地对待当政的官员？孔子回答说：“临之以庄，则敬；孝慈，则忠；举善而教

① 陈晓芬、徐儒宗译注：《论语·大学·中庸》，中华书局2015年版，第146页。

不能，则劝。”[①]君主庄重地对待百姓，他们就会恭敬；君主孝敬老者、慈爱幼小，百姓就会忠诚；君主举用善人，并教导能力弱的人，百姓就会勤奋努力。孔子还将道德以及礼教作为其施政百姓的原则：“道之以政，齐之以刑。民免而无耻。道之以德，齐之以礼，有耻且格。”[②]用政令去引导民众，用刑法去制约民众，民众虽然会免于犯罪，但是没有羞耻之心。用道德去引导民众，用礼教去规范民众，民众不仅会有羞耻之心，而且能自觉地改邪归正。孔子施行仁政的思想还体现在爱民的思想中。他认为，想治理好一个具有千辆兵车的国家，要严肃并且要有诚信，要在节约财物、爱护百姓的同时给百姓带来实惠，要根据农时来使用民力。

其次，孔子还提出了君主实施仁政所应该遵循的策略。他强调，执政者不仅要有胜任官职的能力，而且要怀有“仁”的施政方针，还要有严谨的执政态度，只有三者皆能满足者，才能最终实现仁治。孔子说道：“知及之，仁不能守之，虽得之，必失之。知及之，仁能守之，不庄以莅之，则民不敬。知及之，仁能守之，庄以莅之，动之不以礼，未善也。”[③]执政者才智足以胜任官职，却不能够以仁来持守它，即使得到了官职，也一定会失去；执政者才智足以胜任官职，又能够以仁来持守它，但若不能够用严肃的态度来治理百姓，那就不会得到百姓的尊重；执政者才智足以胜任官职，能以仁来持守它，又能够用严肃的态度来治理百姓，但对待百姓不合乎礼，还是不完善的。由此可见，在君主施政的策略中，能力、仁心、严谨三者缺一不可。

---

① 陈晓芬、徐儒宗译注：《论语・大学・中庸》，中华书局2015年版，第23页。

② 陈晓芬、徐儒宗译注：《论语・大学・中庸》，中华书局2015年版，第16页。

③ 陈晓芬、徐儒宗译注：《论语・大学・中庸》，中华书局2015年版，第193页。

再次，为了实现仁治，达到“居其所而众星共之”[1]的理想状态，孔子认为当政者就必须严以律己，努力修身，那么如何修身才能得到民众的爱戴、臣子的支持呢？孔子认为首先要能够做到“尊五美”，施惠于民而自己无所耗费，使唤百姓而百姓不怨恨，有意欲而无所贪求，安泰而不骄傲，威严而不凶猛，即：“君子惠而不费，劳而不怨，欲而不贪，泰而不骄，威而不猛。”[2]除此之外，还要做到“屏四恶”，即摒除虐、暴、贼、派四种行为。不先行教育就杀戮叫作虐，不先告诫而要求立即成功叫作暴，政令下达以后，前期懈怠，而后突然限期紧迫叫作贼，同是给人财物，却锱铢必较，这是具体办事人员的做派。除了做到“尊五美”“屏四恶”外，君主还要亲贤臣，远小人。只要执政者任用正直的人并且将其置于邪恶的人之上，那么百姓就会服从；举用邪恶的人，置于正义的人之上，那么百姓就不会服从。在这里，孔子实际上是想要营造出一种爱民、亲民的环境。

最后，既然举用贤人治理国家，国家就会兴旺发达、百姓就会幸福安康、君主能够达到“居其所而众星共之”[3]的理想状态，那么人才的选举和任用就成为重中之重。孔子提出君主要打破常规的限制，不能仅仅从贵族以及王室中挑选出有才能的人，而且要不拘一格，从社会上的各个阶层中推举提拔一些具有渊博学识和才能的人予以重任。只有这样，社会上的君、民两阶级才不会一直相互对立，当政者可以从这些官吏中听取民众的心声，民众也可以依靠自己的努力走向社会的更高阶层。

---

① 陈晓芬、徐儒宗译注：《论语·大学·中庸》，中华书局2015年版，第15页。

② 陈晓芬、徐儒宗译注：《论语·大学·中庸》，中华书局2015年版，第240页。

③ 陈晓芬、徐儒宗译注：《论语·大学·中庸》，中华书局2015年版，第15页。

总之,君主应该谨慎检验并审定、量衡。修复、废弃不全的官职,四方的政令也就会通行了;复兴灭亡的国家,再续受封者断绝的后代,举用遗逸的人才,天下的百姓都会诚信归附了。

第二,以“刑”为“权”。

既然前文论述在施政方面要以“仁”为“经”,是不是只要施以仁政,就会天下太平呢?当然不是,孔子虽然提倡要以“仁”施政,但是孔子却不会偏执在施行仁政这“一端”,他主张要在施仁政的同时加以“刑”,以此配合“仁”来治理国家。也就是说,孔子的施政方针就是以“仁”为“经”,以“刑”为“权”。例如,《荀子》一书中对孔子用“刑”有过记载:“孔子为鲁摄相,朝七日而诛少正卯。”[①]孔子代理鲁国的相国,当政七天就诛杀了少正卯。孔子的学生怀着忐忑的心情询问孔子,少正卯是鲁国的名人,孔子刚刚当政就先杀了他,就不怕引起人们的误会吗?孔子回答道,人有五种罪恶:一是内心通达而险恶,二是行为邪僻而坚定,三是说话虚伪而善辩,四是善于记诵怪异之事而十分广博,五是顺从错误而加以润泽,而少正卯一人就同时具有了这五种罪恶,所以这种人必须要杀。此外,孔子还主张在治理国家的同时既要严肃又要讲诚信、节约财务、爱护子民,要根据农时来使用民力,使百姓遵照道理去做。由此可以看出,孔子主张在施政过程中要坚持以“仁”为“经”,以“刑”为“权”,这些思想都为后世的“经权”思想打下了坚实的基础。

(2)修养方面

古代凡是想在天下发扬明德的人,必须首先治理好自己的邦国;想要治理好自己邦国的人,必须首先整顿好自己的家族;想要整顿好自己家族的人,必须首先修养好自己的品德。由此可知,一个人如若想要成

---

① 方勇、李波译注:《荀子》,中华书局2015年版,第473页。

就平天下的宏伟大业就必须以修身为基础，从自身做起。孔子认为，执政者的修养水平不仅关乎政治的成败，还关乎人民是否能够得到幸福。一个国家政治的好坏往往取决于执政者自身的修养水平的高低以及道德观念水平的差异，有修养的执政者存在，那么这些政教就能被施行。如果执政者没有很好的修养，那么这些政教就不能够被施行。那么如何才能修养自身，达到有修养的水平呢？孔子认为，聪明的人不迷惑，他们会抓住一切可以学习的机会提高自身修养；仁德的人不忧愁，他们会将仁的思想进行推广，传达自己的思想；勇敢的人不畏惧，只要他们心中怀有信念，就会勇往直前。也就是说，“知”“仁”“勇”三个方面构成了君子修身的主要内容，成为无数君子追求的目标。

第一，关于“知”在“权变”方面的论述。

《论语·阳货》篇载道：“好知不好学，其蔽也荡。”[①]喜爱聪明而不喜爱学习，他的弊病就是放荡不羁。孔子从小有志于学习，虽然孔子对“知”极为看重，并且认为“知”是能够成才的条件之一，但是孔子不仅仅只强调“知”的作用，还强调“知”要与“权”进行结合，如若两者最终达到了“和”的状态，那么这样的人才就会既有智慧又懂得权变，最终会成就一番大事业。既然“知”的作用如此重要，那么“知”的含义又是什么呢？我们认为，“知”主要包含了两个方面的含义。一方面，“知”包含了知识、认知、了解、把握的意思。《论语·里仁》篇载道：“不患无位，患所以立。不患莫己知，求为可知也。”[②]不要忧愁自己没有职位，而应该忧愁自己用什么胜任其位；不要忧愁没有人知道自己，而应求自己成为有真才实学的人。另一方面，“知”通“智”，包含了聪明、睿智、智慧的含义。

---

① 陈晓芬、徐儒宗译注：《论语·大学·中庸》，中华书局2015年版，第210页。

② 陈晓芬、徐儒宗译注：《论语·大学·中庸》，中华书局2015年版，第44页。

《论语·子路》篇载道:“诵《诗》三百,授之以政,不达;使于四方,不能专对;虽多,亦奚以为?”[①]熟读了《诗经》三百篇,把政事交给他,却不能把事情办成;令他出使国外,却不能独立应对,虽然读了很多书,但又有什么用呢?在这里,孔子认为,一个人能力的强弱虽然与自身知识的多少有一定的关系,但是知识并不能起到绝对的作用,这与人们对知识的运用有着很大的关系,也与运用者的能力有着一定的关联。那么问题来了,什么样的人才能被称为有智慧之人呢?孔子说道:“可与言而不与之言,失人;不可与言而与之言,失言。知者不失人,亦不失言。”[②]可以与他谈话的人却不和他谈话,这是错失了人;不可与他谈话的人却与他谈话,这是白费言语。聪明的人既不错失人,也不白费言语。通过上述引用我们可以看出,“知”是含有权变意味的。具有智慧的“知”不会被限制于书本上,它会在人们处理事务的过程中鲜明地表现出来,能够从容地帮助人们应对复杂的外界问题,不被外界的各种陷阱困扰,进而表现出高超的智慧。

第二,关于“仁”在“权变”方面的论述。

众所周知,“仁”作为孔子思想的核心内容,孔子要求人们做任何事情都要以“仁”为前提。虽然孔子并没有在任何著作当中给“仁”下一个确切的定义,但是在孔子的思想以及相关的论述中无不体现了孔子对“仁”在“经权”方面的论述。

首先,在伦理道德方面,孔子坚持以“仁”作为人们行事的原则,而不要求人们拘泥于任何一种表达的形式。也就是说,孔子虽然坚持将“仁”作为人们行事的原则,但是由于受到人物、环境以及各种外在因素

---

① 陈晓芬、徐儒宗译注:《论语·大学·中庸》,中华书局2015年版,第153页。

② 陈晓芬、徐儒宗译注:《论语·大学·中庸》,中华书局2015年版,第186页。

的影响，“仁”在表达形式上可以有所差异。例如，在《吕氏春秋》中孔子就对“子贡赎人”这一案例进行了论述。春秋时期的鲁国法律规定，鲁国的臣民在其他的诸侯国家发现了被售卖的鲁国人，如果花钱将这个人赎回本国，那么国家会对花钱赎回人的臣民进行奖励以表彰他为国家所做的贡献。子贡在赎回人以后，国家要对其进行奖励，但是被子贡回绝了。子路在看到别人落水之后，出于仁心将别人救起，被救者为了感谢子路的救命之恩，送给子路一头牛，子路接受了。针对这两起事件，大家都认为子贡的品德非常高尚，因为他不仅花钱将本国的同胞赎回了自己的国家，而且还拒绝国家的奖励，这是一种毫不利己、专门利人的无私行为。而子路虽然出于仁心将落水者救起，但是他接受了被救者的酬谢，也就不能算是一种品德高尚的行为。但是孔子却给出了不同的解释。他认为，子路、子贡的出发点虽然都是好的，但是所造成的影响却大相径庭。子贡的行为在常人看来非常高尚，但有可能会造成以后无人花钱赎回同胞的严重结果。子路的行为虽然看似不那么高尚，但就结果而言会促成大家乐善好施等行为习惯的养成。从孔子的评论中我们可以看出，孔子在“仁”这一方面所秉持的“经”就是对“仁”这一原则的坚持，而孔子在“仁”方面所体现的“权变”思想就是以“仁”为基础的外在的不同表现形式。另外，孔子还主张要在坚持仁德思想的基础上，用“礼”对“仁”进行补充，达到两者相互结合、相互补充的地步。颜渊曾问孔子什么是“仁”？孔子回答说，约束自己的行为使之合乎礼，这就是“仁”。只要有人能够做到约束自己的行为使之合乎礼，天下的人就会称之为仁人。实行仁德在于自己，哪里在于别人啊！那么“礼”又应该怎么理解呢？孔子认为“礼”是用来维护君、臣、父、子四者关系的基本保证。孔子主张不合礼的不看，不合礼的不听，不合礼的不说，不合礼的不做。孔子希望政治清明，社会稳定。他认为，要实现这一目标关键在于确定伦常秩序，使每个人的行为都符合其所担当的社会角色的要求。而“礼”与“仁”就是使这一关系正常化的基本保证。“礼”确定了社会结构尊卑分明的等级层次，并规定了各个层次的社会成员应该遵守的道德标准。对人而言，“礼”起着外部的规范作用，“仁”要求每个人以爱人为起点，自觉按照礼的规定来约束自己，做到言语行为都不违背礼仪。另外，孔子为了维护社会的稳定，提倡人们要维护天子的地位。对于此点，《论语·季氏》载：“天下有道，则礼乐征伐自天子出；天下无道，则礼乐征伐自诸侯出。”[①]孔子对季氏“八佾舞于庭”的这种不合自己身份的越礼行为极为反感和痛恨。为消除这种不符合礼的现象，孔子主张“正名”。他指出，如果名分不符其实，言语就不顺于理；言语如果不顺于理，事情就做不成；事情如果做不成，礼乐就不能兴起；礼乐如果不能兴起，刑罚就不能得当，人民就会手足无措，不知如何是好。在这里，孔子将“名”“言”“事”“礼乐”“刑罚”联系到了一起，其目的就是建立严格的等级秩序，要求各个阶层都坚守自己的礼仪文化，最终达到有纲可举的状态。由此可见，这里的“仁”就是孔子所论述的“经”，“礼”就是孔子主张的“权”，只有将“经”与“权”相互结合才能达到理想的状态。

其次，对于不同阶级的人，孔子对他们的“仁”的要求也是不一样的。孔子认为，对于一般社会阶层的人来说，“仁”就要求人们能够做到尊敬应该尊敬的人，亲近应该亲近的人。做父母的应该慈爱，做孩子的应该孝顺，做哥哥的应该友善，做弟弟的应该恭敬。在做到这一点的基础上，进一步推恩，不仅仅亲近自己应该亲近的人，不仅仅爱护自己的

---

① 陈晓芬、徐儒宗译注：《论语·大学·中庸》，中华书局2015年版，第199—200页。

孩子,不仅仅孝顺自己的父母。对于士阶层而言,孔子对他们的要求有所增加,他要求士阶层的人不仅要达到上述标准,还要修养自己的身心,严格要求自己,自己不愿意做的事情,不强加给别人,更要达到自己想立身于世,也要使别人立身,自己想要做到事事通达,也要使别人事事通达的境界。士阶层之所以能够实行仁德完全在于自身的自律。到了统治阶级,孔子对其行"仁"的要求更加严格,他不仅要求统治者要像百姓那样爱自己的亲人,还将这种爱上升到政治高度,要求统治者要做到"敬德保民",做到严肃治世并有诚信,节约财政爱护人民,根据农时使用民力的良好状态,只有这样统治者才能达到"仁",进而实现大一统的状态。

最后,对于"仁"的具体定义,孔子从来没有做出过确切的结论,他会根据不同的情境、不同的人物、不同的时间,给出不同的答案,这也充分表达了孔子在"仁"思想方面的"权变"内容。我们知道,孔子能够适应时势发展,他会根据不同的情境对相同的问题给出不同的答案。例如,对于什么是"仁",孔子对颜渊说:"克己复礼为仁。一日克己复礼,天下归仁焉。"[①]约束自己而合乎礼,这就是仁。只要有一天能够做到约束自己而合乎礼,天下的人就会称许你是仁人。孔子对仲弓说道:"出门如见大宾,使民如承大祭。己所不欲,勿施于人。在邦无怨,在家无怨。"[②]出门就像去接待贵宾,役使百姓就像承当重大祭祀礼仪一样。自己不愿意的事,不要强加于别人。在诸侯国做事没有怨恨,在卿大夫家做事没有怨恨。孔子对司马牛说:"仁者,其言也讱。"[③]说话迟缓谨慎就

---

① 陈晓芬、徐儒宗译注:《论语·大学·中庸》,中华书局2015年版,第138页。

② 陈晓芬、徐儒宗译注:《论语·大学·中庸》,中华书局2015年版,第139页。

③ 陈晓芬、徐儒宗译注:《论语·大学·中庸》,中华书局2015年版,第139页。

是“仁”。由此可以看出，孔子针对不同的人，给出的“仁”的定义是具有差异的。不仅如此，针对相同的人，孔子在不同的情境下给出的说法也是不一样的。在《论语·子路》篇中，孔子回答樊迟，“仁”就是平日里在家态度恭敬，办事严肃认真，对人忠诚；在《论语·颜渊》篇中，孔子回答樊迟，“仁”是指爱人；在《论语·雍也》篇中，孔子又说，有仁德的人遇到困难的时候做在前，获取成果的时候退在后。总而言之，孔子根据具体情况，针对“仁”的定义以及“仁”的具体内容给出的答案是不一样的，具有明显的权变思想。

第三，关于“勇”在“权变”方面的论述。

“勇”作为孔子修身思想中重要的内容，在孔子那里占有很重要的地位。首先，孔子认为“勇”应该合乎“义”。“‘君子尚勇乎？’子曰：‘君子义以为上，君子有勇而无义为乱，小人有勇而无义为盗。’”[①]在这里，子路询问孔子“勇”对于君子来说是否重要。孔子回答说，君子都应该将“义”看作最崇尚的内容。君子只有“勇”而没有“义“，就会犯上作乱；小人只有“勇”而没有“义”，就会成为强盗。由此可见，“勇”必须与“义”相联系进行综合运用才能发挥更大的作用，如若有“勇”无“义”就会陷入危险的境地。其次，孔子推崇“勇”这一品德并不是要求人们做事不计后果、随意而为，而是要求人们做事的时候要对“勇”进行权衡。例如，孔子对只知“勇”而不知“权”的行为做过论述：“好勇疾贫，乱也。人而不仁，疾之已甚，乱也。”[②]喜好勇力而厌恶贫困，就会生乱。对于不仁之人痛恨得过分，也会生乱。可见，既要做事勇敢，又要做事有“道”，如果做的事情合乎道义，那么就要勇往直前，克服困难。如若所做之事只

---

① 陈晓芬、徐儒宗译注：《论语·大学·中庸》，中华书局 2015 年版，第 217 页。

② 陈晓芬、徐儒宗译注：《论语·大学·中庸》，中华书局 2015 年版，第 92 页。

是为了逞匹夫之勇，那就是莽夫了。另外，孔子还对自己的弟子子路做过一番评价。孔子认为子路在军事方面非常具有天赋，他曾说："由也，千乘之国，可使治其赋也"[①]。孟武伯曾经询问过孔子，子路是否具有仁德，孔子的回答是，一个有千辆兵车的国家，可以让他去治理军事，但是子路是否具有仁德就不清楚了。孔子之所以这么说子路，是因为子路性格刚毅，不会合理地运用权变思想，孔子为此深感担忧和不安。而子路最终的结果也正如孔子所料想的那样，死于非命。最后，孔子还主张要将"勇"与"知""仁"这两者相结合。只有这样，"勇"这一品格才能够彰显出它的巨大作用。孔子虽然欣赏"勇"这一品格，但却并不喜欢只知"勇"而不知"权"的人。例如，《论语·述而》篇载："暴虎冯河，死而无悔者，吾不与也。必也临事而惧，好谋而成者也。"[②]徒手与老虎搏斗，徒步过河，死了都不后悔的人，孔子并不会与他共事。孔子喜欢与遇事小心谨慎，善于谋略而能成事的人相处。

孔子除了对上述"知""仁""勇"三个方面的修身要素提出权变观点外，对于"信"的理解也提出了独特的"权变"观念。

"信"具有诚信、信用的意思。孔子在讨论如何与朋友相处时提出了"信"的主张，这一主张在《论语》一书中也有具体的论述。曾子说："与朋友交而不信乎？"[③]曾子在这里每天反省数次，想想自己与朋友交往的时候是否真的诚信了。《论语》中也记录了子夏关于交友的法则："与朋友交，言而有信。"[④]与朋友交往时说话要有诚信。有子也说："信

① 陈晓芬、徐儒宗译注：《论语·大学·中庸》，中华书局2015年版，第51页。
② 陈晓芬、徐儒宗译注：《论语·大学·中庸》，中华书局2015年版，第77—78页。
③ 陈晓芬、徐儒宗译注：《论语·大学·中庸》，中华书局2015年版，第8—9页。
④ 陈晓芬、徐儒宗译注：《论语·大学·中庸》，中华书局2015年版，第10页。

近于义，言可复也。”[①]所定的信约必须合乎道义，这才是能够履行的。以上三人都从交友的角度论述了“信”的重要性，指出人们不仅要找那些具有诚信的人交往，而且还要反省自己是否在交友的过程中对朋友一直秉持“信”的态度。孔子在提出“信”的同时还将“仁”的思想融入了进去。他提出“无友不如己者。过，则勿惮改”[②]的交友主张，主张不要和与自己的道德、情操不同的人交友，并且在交友的过程中即使有了过失，也不要害怕错误，要及时更正。在此基础上，孔子还将“信”赋予“权”的思想。孔子认为，“信”是交友的准则，这一点是我们一定要坚守的。但是我们不能在没有分辨清楚状况的情况下就对任何人都采取“信”的交友理念，坚守“信”这一原则一定要以“义”“仁”作为其行事的基础，如果不符合“义”这一基础条件，那就完全没有必要坚守“信”这一原则，即使“无信”也无所谓。如果我们只是机械地采取“信”的交友方式，那么在遇到小人的时候，我们可能就成为他们的帮凶，造成更大的灾难。同时，孔子还要求我们要多和以下的三种人交往，即“友直，友谅，友多闻”[③]。要与正直的人交朋友，要与守信义的人交朋友，要与见闻广博的人交朋友，这些朋友都是有益的。不要与下面的三种人交往，即“友便辟，友善柔，友便佞”[④]。不要与献媚逢迎的人交往，不要与当面奉承背后诋毁的人交往，不要与巧言善辩的人交朋友，这些人都是有害的。对于如何对待朋友，《论语·颜渊》篇载：“忠告而善道之，不可则止，毋自辱焉。”[⑤]即对待朋友要真诚地劝告他，好好地引导他，如果他不

---

① 陈晓芬、徐儒宗译注：《论语·大学·中庸》，中华书局2015年版，第12页。

② 陈晓芬、徐儒宗译注：《论语·大学·中庸》，中华书局2015年版，第10页。

③ 陈晓芬、徐儒宗译注：《论语·大学·中庸》，中华书局2015年版，第201页。

④ 陈晓芬、徐儒宗译注：《论语·大学·中庸》，中华书局2015年版，第201页。

⑤ 陈晓芬、徐儒宗译注：《论语·大学·中庸》，中华书局2015年版，第148页。

听从就适可而止，不要自取其辱。

(3)“义”与“利”的关系

孔子认为财富和地位是人人所向往的，人们对这些物质方面的追求是人的本性所决定的，是可以理解的。但是如若以不正当的方式获得，君子是不会去享有这种财富的。贫贱与卑微是人人所厌恶的，但是如若不是因行为失当而得到此结果，君子就不会去摆脱这样的贫贱。《论语》中记载，有人带着十条干肉来求见的时候，孔子从来没有不予教诲的。孔子还说：“富而可求也，虽执鞭之士，吾亦为之。如不可求，从吾所好。”[①]财富如果可以求得，即使是执鞭赶马车，孔子也愿意去做；如果不可求得，还是做他喜欢做的事情吧。从这里我们可以看出，孔子对追求财富这件事情是持肯定态度的，认为其是合情合理的。但是对于以何种手段来取得财富这一问题，孔子认为一定要通过正当的途径。也就是说，取“财”要有“道”，这里所说的“道”就是我们所理解的“义”，我们必须要坚持这一原则。而对那些以非“义”的手段所取得的财富，孔子认为君子应该树立起自己应有的品德修养，视这些财富如粪土，不能为了一丝的利益而放弃自己高尚的人格，如若不然就会招致很多的怨恨以及非议。

总的来说，孔子在“义”与“利”两者如何处理的问题上坚持认为“义”要大于“利”，“义”要处于主要的地位，“利”要放在次要的地位上。一方面，君子应坚持以行事勤敏、言语谨慎为第一要务，在饮食上不求饱足，居住上不求安适。另一方面，如果有条件，而且在合乎礼制的要求下，还是可以对食物本身、食物颜色、食物气味、烹调方法、饮食时间、调味的适宜做出一些要求的。此外，按照义利道德的衡量标准，君子和

① 陈晓芬、徐儒宗译注：《论语·大学·中庸》，中华书局2015年版，第78页。

一般人是有差异的,《论语·里仁》篇中载:“君子怀德,小人怀土;君子怀刑,小人怀惠。”[①]君子心怀道德,小人心怀乡土;君子心怀法度,小人心怀恩惠。由此看出,孔子对常人以及君子的要求是不一样的,君子要心怀道德,而对一般人来说,就变得宽容多了。

(4)处世方面

在处世方面,孔子虽然主张要坚守原则,但并不是说做什么事情都是不能够变通的。人们在没有触犯原则的基础上可以根据具体的时间、具体的地点、具体的情况以及具体的人物做出相应的调整。孔子认为,作为君子在处理天下大事的时候一定要按照原则来行事,不能因为关系的亲疏远近而做出有违原则的事情。但是如果在国家的利益与集体的利益发生冲突,集体的利益与家庭的利益发生冲突,家庭的利益与个人的利益发生冲突的时候,集体的利益应该服从国家的利益,家庭的利益应该服从集体的利益,个人的利益应该服从家庭的利益。总的来说,为了维护大的利益,小的利益是可以被牺牲的。即使是在违背了原则的情况下,为了国家的利益,人们也应该甘心付出自己的一切。在归结到具体的情况时,孔子提出个人为了实现自己的正当目的,即使在实现梦想的过程中,付出一些小的代价也是可以的。例如,《论语·阳货》篇中记载,阳货想要劝说孔子出来做官,但是孔子不愿意见他。后来他们两个在路上偶遇,阳货就说孔子身怀才干但是对国家的混乱视而不见,喜欢参与政事却又屡屡失去机会,孔子是既不聪明,又不仁啊。孔子于是立刻答应出来做官。通过上面的论述我们可以看出,孔子虽然在为人处世方面提出了坚持原则的主张,但是在不违反原则的情况下,孔子还是提倡要具有“权变”思想的,甚至在遇到重大问题的时候,孔子

---

① 陈晓芬、徐儒宗译注:《论语·大学·中庸》,中华书局2015年版,第43页。

提出要牺牲个人的利益，来成就国家以及集体的利益。

由上可知，孔子在处世方面坚持以“权变”思想为基础，但是如若想要在乱世之中事事都寻找出“权变”的方法也是极为困难的。因为这不仅需要当事人具有灵活的思维、洞察全局的能力，还要求当事人要有足够的勇气。孔子为了实现目标选择了暂时的委曲求全，但是在他发现无法实现自身的目标的时候，他立刻就选择了离开，绝不会为了荣华富贵而违背自己的意愿。

(5)人伦关系方面

孔子在看待人伦关系的“经权”问题上面大致可以分为三个层次的内容：第一个层次主要体现在家庭内部关系方面；第二个层次体现在群己关系方面；第三个层次体现在君臣关系方面。

第一，在家庭内部关系方面。

孔子在看待子女与父母两方的关系上，提倡“孝”。他认为自己的身体受之于父母，孝顺父母是做人应有的本分，如若对父母不孝就是大不敬。首先，孔子提倡人应该重“孝”。《论语·学而》篇载：“孝弟也者，其为仁之本与！”[①]孝悌就是人道的根本吧。其次，孔子提倡重“孝”要坚持“敬”，要发自内心。《论语·为政》载道：“今之孝者，是谓能养。至于犬马，皆能有养，不敬，何以别乎？”[②]孔子主张孝顺父母要从心里尊敬他们。不能认为只要能够供养父母的基本生活就可以了，如果只存供养之心，那么供养父母和供养犬马又有什么区别呢？最后，孔子提倡坚持孝道还必须持之以恒。他说道：“父在，观其志；父没，观其行；三年无改

① 陈晓芬、徐儒宗译注：《论语·大学·中庸》，中华书局2015年版，第8页。

② 陈晓芬、徐儒宗译注：《论语·大学·中庸》，中华书局2015年版，第18页。

于父之道，可谓孝矣。”[①]父亲在世时，观察儿子的志向；父亲去世后，观察儿子的行为。他能三年不更改父亲生前的行事之道，就可以说是尽孝了。孔子还曾经对樊迟说，父母活着，按照礼侍奉他们；父母去世，怀着一颗崇敬之心，按照礼仪安葬他们，按照礼仪祭祀他们。由此可以看出，孔子对“孝”极为看重，他认为“孝”是仁道的根本。孔子虽然重视孝道，但是他并不主张将“孝”完全绝对化和极端化。也就是说，他认为人们要以“权变”的思想看待孝道。在孔子看来，子女对父母的遵从是有条件的，如果父母所认为的“孝”与社会道德以及社会法律发生冲突，子女就不能再遵从父母的意愿了。这是因为，此时的不“孝”看似违背了父母的意愿和要求，其实是为了实现更大的“孝”，是对国家以及社会的“孝”。另外，孔子对士分出了三个等级：第一个等级是对自己的行为能持有羞耻之心，出使外国不辱君主赋予的使命；第二个等级是宗族中称赞他孝顺，乡里称赞他尊敬长者；第三个等级是说话必定有信用，行为必定果决。在这里，孔子将“宗族称孝”“乡党称弟焉”放在了“不辱君命”的后一个等级。之所以这么说是因为国家的利益高于一切，我们不能为了个人或者小集体的利益牺牲国家的利益，这就是最大的“孝”。由此可以看出，在孔子的心目中虽然“孝”是他必定会遵守的道德规范，但是在他心目中的“孝”是有“权变”的思想内容的，是分等级的。

第二，在群己关系方面。

众所周知，孔子提出中庸思想的最终目的就是实现“天人合一”的理想境地，即“天”与“人”的和谐相处。既然孔子主张万物和谐，那么在群己关系上面孔子所追求的理想状态理所当然就是“和”了。首先，“和”的状态是孔子思想的出发点与终点。孔子认为“和”是天地之间最

---

① 陈晓芬、徐儒宗译注：《论语·大学·中庸》，中华书局2015年版，第12页。

宝贵的东西，他提出“仁”“义”“礼”三种品德的最终目的也是追求社会的和谐与稳定，进而实现一个大同社会。其次，“和”是处理天地之间所有关系的总法则，是万事万物得以生存和发展的最基本条件。为了实现“和”的最终状态，孔子提倡对待上级要“忠”“孝”“尊”“崇”“恭”“敬”，保持“纲常”，维护社会伦理；对待平级要“忠”“恕”“信”“义”，互助互信、协调一致；对待下级要“宽”“厚”“慈”“惠”。但是孔子主张的“和”并不是没有前提的，它必须以“礼”作为其基本要求才能够行得通。有子曾说，如果遇到行不通的时候，只是为了和谐而求和谐，而不用礼加以节制，那是不行的。这里孔子“以礼促和”即是用“经”来规范“权”，故“礼”与“和”的关系实际上也体现了孔子的经权思想。

第三，在君臣关系方面。

在国君与臣民两者的关系上面，孔子极力主张作为臣子一定要尊敬自己的君主，以礼对待自己的君主，对自己的国君忠心。在朝堂之上，臣子一定要恭恭敬敬，仪容合度。参加国君举行的祭祀典礼，所得到的祭肉不能再存放一夜。国君如果赐给臣子熟食，臣子一定摆正席位，先尝一尝。国君赐给臣子生肉，臣子必定要在烤熟之后首先向祖先进贡。国君赐给臣子活物，臣子一定要将其畜养起来。国君召唤臣子，臣子一定要立刻前往，不得迟误。这样既有利于体现君主的威严，也有利于维护国家的秩序。孔子虽然提倡要尊敬自己的国君，但并不是要求做臣子的要对君主百依百顺，而是要以权变的态度来看待问题。君主如果在治理国家期间出现了重大失误，当臣子的就必须及时地指出错误的地方，帮助君主改正，而不能一味地任由君主错下去。如果君主冥顽不灵或者整天玩物丧志、不理朝政，那么做臣子的也可以选择离开这位君主，到其他的国家去。另外孔子还指出，君主作为一个国家的最高首脑，拥有着无上的权力，他随时都有可能对臣子治罪。所以做臣子的一定要会灵活用“权”，要坚持适可而止的原则，不可以任性和固执。最好达到该快就快，该慢就慢，该归隐就归隐的状态。

通过上文对孔子施政、处世、人伦、义利、修养五个方面的论述，我们可以看出“经权”观念体现在孔子思想的各个方面。总的来说，“仁”与“礼”作为孔子“经权”思想的主要内容，两者之间的关系是相互支持又相互对立的。之所以这么说，是因为在我们看来孔子“经权”思想的逻辑结构大致可以分为两条主线。第一条主线是由外而内的。孔子主张通过外在的各种礼仪规定和道德规范，约束人们自身的外在行为，进而在人们的内心修炼形成一种潜在的行为模式，最终形成“仁”的思想。这里所强调的核心就是对道德原则的绝对坚持。第二条主线是由内而外的。人们在教育以及道德约束的情况下，主要通过“礼”这一形式展现各种外在行为。但是由于外部环境是瞬息万变的，“礼”必须要结合具体的情况，经过“权变”思想的修改，进而达到“仁”这一目标。也就是说，在孔子“经权”思想的两条主线中，“仁”占据着主要的位置，“礼”占据着次要的位置，并且“礼”在实际的运用中，要与“权”进行结合才能发挥出应有的作用。

孔子非常重视“仁”，其思想也是以“仁”为核心展开的。孔子坚持无论在何种情况下，人们做出的任何决定与选择都必须坚持“仁”这一理念，离开了“仁”这一思想，人们的任何决定和行为都有可能出现偏差，最终伤人伤己。孔子在论及“仁”的重要性时说道：“苟志于仁矣，无恶也。”[①]如果致力于仁，世间就没有恶行了。“君子去仁，恶乎成名？君子无终食之间违仁，造次必于是，颠沛必于是。”[②]君子丧失了仁德，又怎

① 陈晓芬、徐儒宗译注：《论语·大学·中庸》，中华书局2015年版，第40页。
② 陈晓芬、徐儒宗译注：《论语·大学·中庸》，中华书局2015年版，第41页。

么能够成就名声呢？君子即使是在一顿饭的时间也不能够违背仁德，虽然仓促急迫也一定实行仁德，虽然颠沛流离也一定实行仁德。由此可以看出，孔子对“仁”这一理论观点的重视程度。另外，“礼”是“仁”在具体生活中的外在行为表现，两者之间虽然存在着一定的差异，但是如果从外在的道德原则上讲，两者还是具有相通之处的。换句话说，孔子认为人们在日常生活中是应该遵守礼仪规范的。颜渊曾经询问孔子“仁”的具体条目都有哪些？孔子回答道，不合礼仪的不看，不合礼仪的不听，不合礼仪的不说，不合礼仪的不做。由此可见，被人们践行在日常行为中的“礼”，虽然已经具备了些许的感情因素，但是孔子还是要求大家必须坚持和遵守。例如，在孔子时期，天子于每年的秋冬之交要向各诸侯颁发第二年的历书，诸侯在拿到历书之后会将历书藏于祖庙，并在每个月的初一杀活羊祭祀祖庙，然后到朝廷听政。子贡后来打算取消每月初一用于告祭祖庙的那只羊，却遭到了孔子的反对。孔子说：“赐也！尔爱其羊，我爱其礼。”[①]在这里，子贡出于利益方面的考虑，他认为每个月用一只羊对祖庙进行祭祀，有些浪费。但是在孔子看来，杀羊祭祀是一项礼仪活动，这是一个原则性的问题，是人们必须坚守的。所以孔子主张即使是对利益有损，也要杀羊祭祖，坚持“礼”的原则。

孔子虽然主张复兴周礼，但他也知道复兴周礼并不是一件容易的事情，并且要想在诸侯争霸战火纷飞的年代将周礼完全照搬复制下来是一件不可能的事情。所以孔子主张在复兴“礼”的前提下，将“权”与“礼”相互配合，实时地进行修正，使其在不违反“仁”这一思想的基础上，达到最大的理论张力。结合前文中所论述的思想内容，我们认为“权”具有以下的特点：“权”作为“礼”在现实生活中的重要辅助内容，只

---

① 陈晓芬、徐儒宗译注：《论语·大学·中庸》，中华书局2015年版，第33页。

要“礼”这一原则没有被破坏，那么人们就可以随机应变。例如，在关于“麻冕”礼和“拜下”礼的事情上，孔子认为：“麻冕，礼也。今也纯，俭，吾从众。拜下，礼也。今拜乎上，泰也。虽违众，吾从下。”[①]礼帽在原来要用麻料制作，但现在为了节俭一些，都用丝料制作，孔子认为这种办法是正确的，所以赞同这种做法。而原先实行的“拜下”礼现在却要到堂上才跪拜磕头，孔子认为这种更改之后的礼仪并不正确，原先的是正确的，所以孔子仍然坚持在堂下跪拜磕头的“礼”的主张。这里的“权变”思想是十分明显的。在“麻冕”礼上，孔子认为问题核心是“礼帽”这一内容，而不是礼帽的材质。在“拜下”礼这一问题上，原来作为臣子的在见到君主的时候应该首先在朝堂下叩拜君主，到了朝堂上再次进行叩拜，但是现在变成只在朝堂上叩拜君主，朝堂下的叩拜已经省略了，这违背了“礼”，人们不应该这样做。“礼”作为人们行事的基本准则，虽然在实际的情况下会出现些许的“损益”，但是人们应该把握住“礼”的实质性内容。“礼”的形式是可以“权变”的，但是“礼”的实质是绝对不可以变化的。另外，“权”就是要照顾到矛盾的主要和次要两个方面的内容。这一内涵我们可以从孔子对管仲行为的评论来理解。孔子曾经批评管仲，认为管仲“不知礼”。《论语·八佾》篇载：“邦君树塞门，管氏亦树塞门。邦君为两君之好，有反坫，管氏亦有反坫。管氏而知礼，孰不知礼？”[②]管仲作为齐桓公的宰相，国君在门口树立屏墙，管仲也在门口树立屏墙。国君为了两国之间的友好设计反坫，管仲也设了反坫，管仲的这种做法是完全违背礼制的。但在《论语·宪问》篇中，孔子却对管仲的另外一种做法大加赞赏。在齐桓公杀了他的哥哥公子纠之后，召

---

① 陈晓芬、徐儒宗译注：《论语·大学·中庸》，中华书局2015年版，第99页。

② 陈晓芬、徐儒宗译注：《论语·大学·中庸》，中华书局2015年版，第36页。

忽因此而自杀了。管仲却不像公子纠那样杀身成仁，反而继续辅助齐桓公。子路认为管仲的这种行为是不仁的，但是孔子却提出了不同的看法。孔子认为，齐桓公多次召集各个诸侯会盟，不再使用武力，这就是管仲的作用，这就是他的“仁”。在召集商议之后，管仲还帮助齐桓公击退了狄族的入侵。使齐国免受灾难之苦，这就是他最大的“仁”。所以说，孔子认为管仲是具有仁德的，管仲虽然在一些细节方面有欠缺，但是在大义面前还是做得很好的。从管仲的例证我们可以看出，孔子主张人们要善于抓住事情的主要矛盾和次要矛盾，在分清主次、不违反原则的情况下，人们可以根据实际情况做出相应的妥协和让步。

从整体要求来看，孔子所追求达成的境界是：“君子之于天下也，无适也，无莫也，义之与比。”[①]应变能力是君子应该具有的一种品质，在各种复杂的社会现实面前，君子既不应该专执于某种模式，也不应该绝对地排斥某种模式，而应按照是否合“道义”，对具体境遇进行综合分析，反复比较权衡，从而选择恰当的行为方式。作为道德主体的人既要遵从普遍道德原则，又要发挥主观能动性，充分发挥自己的才智，结合自己所处的特定情景，随机应变，视君子立身处世的权变能力高低为人成熟与否的判断标准，视权变能力为个人修养的一种重要品质。

（二）孟子的“经权”思想

众所周知，孟子时常以孔子继承者自居。理所当然，孟子也继承了孔子的“经权”思想。在孟子这里，他把“权”看成一种智慧，看成一种技巧。例如，孟子说道：“始条理者，智之事也；终条理者，圣之事也。智，譬则巧也；圣，譬则力也。”[②]有序的开始在于智能，有序的终结在于圣

① 陈晓芬、徐儒宗译注：《论语·大学·中庸》，中华书局2015年版，第42页。

② 方勇译注：《孟子》，中华书局2015年版，第193—194页。

明。智能就好比是技巧，圣明就好比是力气。相对于孔子对“权”的理解，孟子对“权”的认识则显得更为清晰一些。孟子说：“执中无权，犹执一也。所恶执一者，为其贼道也，举一而废百也。”①如果在主张中道思想的前提下，不知道如何进行变通，那就像偏执于一端一样。从这句话可以看出，孟子对于这种“执一”的僵化式的、教条式的处事方式非常厌恶。这是因为孟子认为做事情的时候如果仅仅抓住事情的一个方面或者一个片面的要求而忽视事情其他方面以及整体性的因素，那么最终取得的结果只会偏执于一端。复杂的外界因素对事情产生影响之后，很有可能会导致教条式的发展，使人们不能有效地解决实际生活中出现的具体问题。这样不仅限制了事情本身的发展，而且还有可能达不到最终的要求，缺乏完整性的内容。而“权”的思想的提出正是基于这方面的思考，即具体事情具体分析，在遵守基本原则的基础上，有效地实施变通。

1. 孟子“经权”思想的主要内容

孟子“经权”思想的主张几乎体现在了其思想的各个方面，我们在这里主要从施政、家庭关系、为人处世三个方面进行相关论述。

(1)施政方面

与孔子的“经权”思想相类似，孟子的“经权”思想也首先体现在其所主张的治国理念当中。与孔子的施政方针有所区别，孟子提出了“民贵君轻”的治国理念，他认为在一个国家当中，民众的重要性要远大于君主，如果一个国家的国君不重视民众的利益，那么久而久之，民众就会推翻君主的统治。孟子主张以“仁”治理国家，即提倡“仁政”。

他在《孟子》一书中首先就对国家的施政政策进行了论述：“王，何

① 方勇译注：《孟子》，中华书局2015年版，第271页。

必曰利？亦有仁义而已矣。……未有仁而遗其亲者也，未有义而后其君者也。王亦曰仁义而已矣，何必曰利？”[①]梁惠王在见到孟子之后，立刻就问孟子能给自己的国家带来什么利益。这说明在梁惠王的眼中，“利”占据着首要位置。孟子回应说，他只带来了仁义，说明在孟子的心里，治理国家的最根本性问题就是仁义。在此基础上，孟子又论述道，如果轻视仁义而重视个人利益，那么大夫不把国君的全部财产夺走，就永远不会得到满足。对于那些讲仁义的人来说，从来没有讲“仁”的人会遗弃他的父母，也没有讲仁义的人对他的君主怠慢。大王只要讲仁义就行了，为什么要讲利益呢？在此基础上，孟子又说舜出生在诸冯，文王出生在岐周，两人相隔一千多年，但他们之所以能够统治中原实现自己的政治抱负就像符节相合一样不差，关键因素在于他们都实施了“道”的治国理念。至于这里的“道”是什么？孟子认为能一统天下最根本的原因是行“仁道”，国家既能够兴盛也能够衰亡、既能够生存也能够灭亡也是因为“仁”。天子不仁，那么四海就很难保全；诸侯不仁，那么他的政权就很难保全；卿大夫不仁，采邑就很难保全；士人不仁，那么他们的性命就很难得以保全。

孟子认为君临天下之道就是“仁道”。施行“仁道”的君主在看到子民受苦受难的时候泛起了同情之心，同时制定了相应的政治措施，在孝敬自己父母的同时也孝敬他人的父母，爱护自己子女的同时也爱护他人的子女，最终治理国家就会像运转小物件一样容易。但是，想要将仁政很好地实施下去并不是那么容易的，必须得具备相应的条件。其一，当政者要有德才兼备的过人才能，时刻为百姓的安定生活而努力，以百姓的忧愁为忧，以百姓的快乐为快乐。其二，君主要有自己的国土和臣

① 方勇译注：《孟子》，中华书局 2015 年版，第 2 页。

民。梁惠王曾对自己国家封土的狭小感到苦恼，认为自己的国家地域太小，无法实现其政治抱负。孟子安慰他说，地方百里就可以称王了，并且只要施行仁道，那么就算是用木棍也可以击败身穿坚硬盔甲、手执锐利兵器的侵略者；只要施行仁道，那么天下的有志之士就会专程前来为国家服务，农民就会来耕种粮食，商人就愿意来做生意，行人就愿意经过，天下人都愿意他称王了。换句话说，国土无论大小都可以实施仁政，也只有施行仁政，才能使普通黎民百姓、过往的商人、士大夫，都愿意来自己的国家。其三，兴办“庠”“序”“学”“校”来教化百姓，从而提高百姓尊礼爱业的内在品质。国家通过兴办学校来教导人民以及规范人与人之间的各种必然关系和行为。此外，君主在具体施政过程中要坚持把民众的事情当作第一要务来处理，礼贤下士、谦恭节俭、礼待下属。征税有定制，按照国家相应的赋税制度让百姓获得应有的利益。

在此基础上，孟子指出获取天下也有道，即“得民心者得天下”。商汤王、周文王之所以得天下，就是因为他们获得了民心。桀、纣之所以失去天下，是因为他们失去了百姓，而他们之所以会失去百姓的支持，是因为他们失去了民心。获取天下是有方法的，获取民众就能获取天下；获取民众也是有方法的，博取百姓的信，就能够获取民众。得到民众的心也是有方法的，民众想要的就要想办法给他们，民众嫌弃的就不要强加给他们，只要这样做就行了。民众归依仁德，就像水往低处流，鸟兽往旷野上跑一样。由此可见，民众是否归附于君主是由君主是否施行仁政决定的。在此需要指出的是，孟子虽然主张君主要施行仁政，但是也强调要将仁政与“权”进行配合。换句话说，君主施行仁政不能漫无目地，而是要选择恰当的、合适的时机。例如，孟子曾经引用齐国的谚语说道："虽有智慧，不如乘势。虽有镃基，不如待时。"[①]即使君主非常有智慧，还得凭借具体情况施行仁政；即使农民有锄头耕种农作物，还得等到农时才能进行耕种。由此可见，"权"的作用非常重要，任何人在做任何具体事情的时候都要考虑当时的实施情况是否得当，如果时机不得当，那么即使你有超常的智慧、异于常人的本领，恐怕也是事倍功半。那么到底何时才能被称为合适的时候呢？孟子认为，这个时机就是贤君长时间不出现的时候，是老百姓被暴政折磨的时候，是肚子饿的老百姓不苛责食物的时候，是口舌干枯的人不苛责饮水的时候，即《孟子·公孙丑上》篇中所提到的："且王者之不作，未有疏于此时者也；民之憔悴于虐政，未有甚于此时者也。饥者易为食，渴者易为饮。"[②]如若贤君在这个时候推行仁政，救百姓于水火之中，老百姓必然爱戴他，"功必倍之"。再比如，孟子还说："彼夺其民时，使不得耕耨以养其父母，父母冻饿，兄弟妻子离散。彼陷溺其民，王往而征之，夫谁与王敌？"[③]秦国和楚国，侵占了百姓的生产时间，使他们不能够靠耕种来养活自己的父母，使他们的父母受冻挨饿，兄弟妻子东逃西散，百姓深陷痛苦之中。如果这时有人去讨伐他，那还有谁会抵抗呢？这就是"仁者无敌"。孟子还指出，国家没有内忧外患的时候既是实施仁政的时机，也是修订国家法律的时机，即"国家闲暇，及是时明其政刑，虽大国必畏之矣"[④]。

对于"礼"与"仁"的冲突，孟子主张我们要通过行"权"而达到"仁"的最终目的。如果按照传统"礼"的要求，社会当中男人与女人两者之

---

① 方勇译注：《孟子》，中华书局 2015 年版，第 46 页。

② 方勇译注：《孟子》，中华书局 2015 年版，第 46 页。

③ 方勇译注：《孟子》，中华书局 2015 年版，第 8 页。

④ 方勇译注：《孟子》，中华书局 2015 年版，第 57 页。

间应该是“授受不亲”的。但是如果在嫂子突然落水这一特殊的情况下，作为小叔子是否应该对嫂子“援之以手”呢？孟子认为这时小叔子应该对嫂子“援之以手”。孟子对这种行为解释道：“男女授受不亲，礼也；嫂溺援之以手者，权也。”[①]男女之间不亲手递接东西是符合礼制的，但是如果嫂嫂掉进了水里小叔子用手去拉她，虽然从一般的理论来看好像是违背了男女之间“授受不亲”的原则，但是这么做是为了救人，是为了实现“仁”的精神，所以这种看似违背礼仪的做法不仅不违背礼仪，而且还将“仁”的精神体现得淋漓尽致。相同的道理，屋庐子与任国人讨论关于礼节与饥饿、礼节与娶妻之间的问题时，屋庐子说道：“以礼食，则饥而死；不以礼食，则得食，必以礼乎？亲迎，则不得妻；不亲迎，则得妻，必亲迎乎？”[②]如果按照礼节去找吃的，便会饿死；如果不按照礼节去找吃的，便会得到吃的东西，那么我们还要按照礼节去行事吗？如果按照迎亲礼，便得不到妻子，如果不行迎亲礼便会得到妻子，那么我们还要按照迎亲礼去迎亲吗？孟子在听到这一问题之后对礼、仁两者的冲突进行了回答：“取食之重者，与礼之轻者而比之，奚翅食重？取色之重者，与礼之轻者而比之，奚翅色重？”[③]从以上引用可以看出，孟子所给出的答案体现了“权”的思维模式，并且批评了如此的比较。他认为，我们不能简单地将吃的重要方面与礼的细节相比较，也不能够拿婚姻的重要方面与礼的细节相比较。当然，从中我们也可以看出，这里也间接地揭示了“仁”主“礼”从的关系。

另外，在“礼”与“法”两者发生冲突的情况下，应该采取什么样的措

① 方勇译注：《孟子》，中华书局2015年版，第142页。

② 方勇译注：《孟子》，中华书局2015年版，第234页。

③ 方勇译注：《孟子》，中华书局2015年版，第234页。

施呢？桃应针对这样的问题询问过孟子，孟子举例进行了描述："'舜为天子，皋陶为士，瞽瞍杀人，则如之何？'……'舜视弃天下犹弃敝蹝也。窃负而逃，遵海滨而处，终身䜣然，乐而忘天下。'"[①]在这个假设的背景下，舜的父亲瞽瞍如果杀了人，那么在"礼"与"法"相互发生冲突的情况下，舜应该如何进行选择呢？是选择遵守天下的法律法规呢？还是选择对父亲的"仁"呢？孟子认为，舜作为天子，如果其父亲触犯了法律，那么他不能够对其父亲进行赦免，但是也不能够为了遵守法律而杀掉其父亲，而应该放弃自己的君主职位，带上父亲远走天涯，选择在海边住下来，快乐地忘掉天下。从这一点我们可以看出，孟子认为"礼"比"法"更为重要，"法"之所以在社会上得以施行就是为了维护"礼"的存在。

(2)家庭关系方面

在家庭关系中，"孝"作为孟子思想的主要内容，占据了相当大的篇幅。孟子认为，作为人子，一定要孝顺自己的父母，一定要将"孝"作为处理自己与父母之间关系的日常准则。但是，孟子又不提倡愚"孝"，而是提倡在尽孝的过程中要坚守"道义"，要学会变通。

《孟子》一书中讲述了舜对待"礼"与"孝"的经典对白。我们知道，在古代，娶妻是应该事先告诉父母的，但是舜在没有事先告诉父母的情况下就娶妻了，那么舜的这种做法是不是就违背了礼呢？孟子针对这种现象分析道："告则不得娶。男女居室，人之大伦也。如告，则废人之大伦，以怼父母，是以不告也。"[②]在迎娶自己的妻子这件事情上，作为子女应该要告知自己的父母，在征得父母的同意之后，才能娶妻。男女结

---

① 方勇译注：《孟子》，中华书局2015年版，第275页。
② 方勇译注：《孟子》，中华书局2015年版，第174页。

婚，关系到人与人之间的重要伦理关系。但如果舜事先告知了他的父母，那么这一伦理关系在舜的身上便不能实现，结果便将怨恨父母，所以他选择不报告。从另一角度来看，舜娶妻的最终目的就是养育后代，根据《孟子·离娄上》中所说：“不孝有三，无后为大。舜不告而娶，为无后也。君子以为犹告也。”[①]不孝的事情主要分为三种，其中最重要的一种就是没有后代。舜在迎娶自己妻子的时候之所以没有告知父母，就是担心父母反对，害怕最终造成没有后代的可怕结果，所以孟子认为舜这样做就如同已经禀告了父母。

(3)处世方面

孟子继承了孔子的相关思想，认为人在处世的过程之中应当在加强自身道德修养的同时施行“仁”道思想，进而达到内部与外部两个方面的和谐。孟子所坚持的“仁”主要在三个方面得以体现。第一，孟子认为施行仁道要修养浩然之气。孟子说：“舜明于庶物，察于人伦，由仁义行，非行仁义也。”[②]舜了解世间万物，懂得做人的道理，遵从仁义行事。这里所提到的仁义并不是我们日常生活中所简单遵守的各种外在的行为规范，而是发自内心的“道”，是从内心自发而心甘情愿去推行的仁义道德。要想很好地将仁义道德推行出去，就必须修养浩然之气。第二，孟子认为施行仁道要修养自身，也就是事事从自身去寻找原因。孟子在《孟子·离娄上》篇中指出：“爱人不亲，反其仁；治人不治，反其智；礼人不答，反其敬。行有不得者皆反求诸己，其身正而天下归之。”[③]自己屈身去关心别人，别人却没有因为自己的关心而想要亲近自己，这

---

① 方勇译注：《孟子》，中华书局 2015 年版，第 147 页。

② 方勇译注：《孟子》，中华书局 2015 年版，第 157 页。

③ 方勇译注：《孟子》，中华书局 2015 年版，第 132 页。

时我们要反省自身的关心是否足够。管理百姓,百姓却没有被管理好,得反问自己是不是知识和智慧还有所欠缺。自己礼貌待人却得不到相应的回答,就得反问自己是不是自己还不够恭敬。孟子所强调的"反求诸己",就是要人们从自身中查找原因,反省自身的关心、智慧是否达到了别人的要求。第三,孟子认为施行仁道也要合乎道。孟子说道:"非其道,则一箪食不可受于人;如其道,则舜受尧之天下不以为泰。子以为泰乎?"[1]如果不符合道理,即使是一碗饭也不能接受;如果符合道理,那么舜从尧手里接过天下也不算过分。这里论述的主要内容就是要求我们施行仁道要合乎道,对于那些不合乎道的行为,我们是不予接受的。由此可见,孟子对仁道行为是持有特定标准的。

孟子虽然强调在处世的过程中要坚持"仁",但是他还强调在坚持"仁"的基础上处事要具有灵活性,不能够死板。这一思想在其"见诸侯"示例中表现得尤为突出。《孟子·滕文公下》载道:"古之人未尝不欲仕也,又恶不由其道。不由其道而往者,与钻穴隙之类也。"[2]古代的人不是不想做官,而是讨厌通过不合乎礼义的手段来做官。不合乎礼义的手段,就像钻洞挤门缝的贼一样。从中我们可以看出,孟子对待想要做官这件事是持肯定态度的,他不会故作清高,显得事事与世无争,他认为作为一个男人就应该顶天立地,应该出人头地。而对于用何种手段取得这样的成绩,孟子认为应该利用自己的才能,不能用那些偷鸡摸狗、见不得人的手段。孟子还说:"士之失位也,犹诸侯之失国家也……士之仕也,犹农夫之耕也,农夫岂为出疆舍其耒耜哉?"[3]士丢掉了

① 方勇译注:《孟子》,中华书局 2015 年版,第 112 页。
② 方勇译注:《孟子》,中华书局 2015 年版,第 111 页。
③ 方勇译注:《孟子》,中华书局 2015 年版,第 110 页。

官位，就好像诸侯丢掉了国家，士出来做官，就好像农民种田，农民难道会因为离开国界便舍弃他的农具吗？上述的例证将孟子“权”的思想以及运用体现得淋漓尽致。

孟子主张君子必须有所作为，必须具备“仁”这一高尚品格，这是施行“仁”的基础。在具备“仁”这一优秀品格的基础上，孟子还要求人们要依据现实情况将“仁”与自身条件灵活地结合起来。从处事原则来讲，孟子并不提倡事事以利益为主，以获取利益的多少来决定取舍。他反对为了获取更大的利益而损害仁义道德。孟子坚持非利益的心态，他所主张的以“权”为中心的实践品格又使其在实际处事过程中随时应变。这种既坚持原则，又懂得事事变通的“权变”思想的确令人敬佩。孟子又提出，当原则与原则之间相互冲突的时候，我们要灵活变通。但这种变通必须要符合道义。孟子曾说，贤德的人说出的话不一定信中，做事情不一定果敢，只要坚守“义”这一原则就可以了。例如，孟子说，如果按照礼仪的层面来讲，别人赠给自己的礼物我们是不能够回绝的，回绝是一种不礼貌的行为。“其交也以道，其接也以礼，斯孔子受之矣。”[①]给予长者礼物的时候要恭敬，要依据规矩同长者交往，依据礼节同长者接触，这样长者才会接受礼物。但如果别人赠礼是为了自身更大的利益，或违背了“义”这一原则，那么我们就要坚决回绝。例如，孟子与万章曾就这一问题进行讨论，万章说道：“今有御人于国门之外者，其交也以道，其馈也以礼，斯可受御与？”[②]对于接收钱财这件事情，孟子认为人们应该根据不同的情况做出相关的判断，最后再决定收与不收。孟子的弟子陈臻询问孟子收受齐、宋、薛三国礼金的事情，他说过去齐

① 方勇译注：《孟子》，中华书局2015年版，第200页。

② 方勇译注：《孟子》，中华书局2015年版，第200页。

王赠送孟子上等金一百镒，孟子没有接受，后来宋国的宋君赠送孟子七十镒，孟子却接受了他的馈赠，再后来薛国的薛君赠送孟子五十镒，孟子也照常收下了。陈臻很难理解孟子的这种行为，他认为如果孟子在齐国的时候没有接收财物是正确的，那么后来在宋、薛两国接收财物就是错误的行为；如果在宋、薛两国接收财物是正确的行为，那么在齐国的时候不接收财物就是错误的。然而孟子说，这三次的行为都是正确的。因为接受宋国的赠送是为了准备远行，接受薛国的赠送是因为有危险，不接受齐国的赠送是因为没什么理由。从以上接收财物的例证我们可以看出，孟子经常会根据不同的情境做出不同的判断，进而将"权"这一思想在现实生活中发挥得淋漓尽致。孟子不仅会根据外界的不同境遇采取"权"的行为模式，还认为人们要根据担当的不同角色恰当行"权"。《孟子》中记载，曾子居住在鲁城的时候，有越国的强敌入侵，曾子带着人就跑了。而子思居住在卫国，齐国的强敌入侵时，子思却没有离开，而是选择和君主待在一起。孟子对这件事情进行解释说，曾子当时是老师，是前辈，是一介布衣，他当然可以选择逃跑。而子思当时是臣子，是官员，必须在危难之时为国家贡献自己的力量，所以子思不能够选择逃跑。所以孟子说，人们应该根据所担当的具体角色的不同恰当行"权"。

(4)君臣关系方面

孟子君臣关系的思想，在继承孔子君臣关系思想的基础上，发挥出了自身的特点。从继承的角度来说，孟子坚持作为臣子就应当对君主忠贞不二。他曾经对伯夷的狭隘以及柳下惠的不严肃进行过评论："伯夷隘，柳下惠不恭。"[①]并且认为他们两个人的表现都不应该是君子所

① 方勇译注：《孟子》，中华书局2015年版，第62页。

为。从孟子自身发展的角度来说，他认为作为臣子并不是说对于什么样的君主都要忠诚，而是应该对那些施行仁政、行仁义的开明君主忠诚。例如，孟子曾说：“君仁，莫不仁；君义，莫不义；君正，莫不正。一正君而国定矣。”[①]君子仁爱了，就没有人不仁爱了；君主忠义了，就没有人不忠义了；君主身正了，就没有人不身正了。只要君主正了，国家也就安定团结了。又比如，孟子曾经对齐宣王论述过君臣之间的关系：“君之视臣如手足，则臣视君如腹心；君之视臣如犬马，则臣视君如国人；君之视臣如土芥，则臣视君如寇雠。”[②]如果君王对待自己的臣下像自己的手足一样在乎，那么臣下对君主就会像对待心腹一样；如果君王对待自己的臣下像犬马一样不在乎，那么臣下看待君主就会像看待陌生人那样无所谓；如果君主看待自己的臣下就像尘土和小草一样可以随时丢弃，那么臣下看待君主就会像看待仇敌一样。孟子此处的论述充分体现了君主与臣民两者之间的动态关系，以及臣子对待君主的态度主要取决于君主用何种方式来对待自己的臣子。

另外，君主与臣民两者之间的关系既是绝对的又是相对的。绝对的是指，君主的地位是高于臣民的；相对的是指，君主与臣民两者之间地位的高低取决于君主是否以“礼”对待自己的臣子，这一事情要因“权”而论。齐宣王询问孟子如何看待公卿的问题也反映出君臣关系的相对性和绝对性。孟子说，对于与王室同宗族的公卿而言，“君有大过则谏，反覆之而不听，则易位”[③]；对于非王室的公卿，孟子则说“君有过则谏，反覆之而不听，则去”[④]。在孟子看来，君主与公卿之间已经不再

---

① 方勇译注：《孟子》，中华书局2015年版，第144页。

② 方勇译注：《孟子》，中华书局2015年版，第151页。

③ 方勇译注：《孟子》，中华书局2015年版，第210页。

④ 方勇译注：《孟子》，中华书局2015年版，第210页。

是绝对的尊卑关系，如果君主有大过，王室公卿加以劝诫，但君主并不悔改，那么王室公卿就可以取而代之。对非王室公卿而言，如若君主有错误，公卿出来相劝，君主却不更改，那么公卿就可以选择辞职。由此体现出了君臣关系中的相对性和权变性。例如，孟子曾经与邹穆公讨论过在邹、鲁两个国家发生战争的时候官与民两者之间的冲突现象。穆公说，邹国与鲁国发生战争的时候，邹国的官员死了三十多人，可是国家的百姓却眼看着官员们被杀而不去帮助他们。穆公想要杀掉这些百姓以解心头之恨，但是又不忍心，下不去手。孟子针对这一现象对穆公解释道，穆公的民众之所以这么做是因为在遇到灾荒的时候，官员不管他们的死活，年老体弱的人死于沟河之中，年富力强的人四处逃难，官府粮仓里面堆满了粮食，却不放粮，官员知道这些情况之后不仅不向上汇报，还任由这种事情继续发生。现在官员们惨死在敌人的刀剑之下，老百姓的做法也正是效仿了他们原来的所作所为，不应当被责怪。以上阐述体现了孟子的"权变"思想。两国开战，老百姓眼看着自己国家的官员被敌方杀害而不去营救，孟子并不认为这种做法违反了道德原则。官员在闹饥荒的时候行不义之举，不顾百姓死活，那么老百姓也就可以不救他们。孟子对臣子向君主进谏的情况也做出了说明，他指出臣子向君主进献谏言一定要坚守"权"的原则。一方面，孟子认为，伴君如伴虎。如果臣子在进谏的时候与君主发生直接的冲突，君主一旦发怒就有可能给自己带来杀身之祸。那么作为臣子应该怎么做呢？孟子说道："无罪而杀士，则大夫可以去；无罪而戮民，则士可以徙。"[①]就是说，如果在现实中，士人和百姓没有触犯国家的法律，而被无缘无故地杀掉，大夫和士人看到这种情况后就可以离开这个国家了。在这里，孟

① 方勇译注：《孟子》，中华书局2015年版，第152页。

子就是要提醒那些进谏者，在向国君进献谏言的时候一定不能仅仅考虑自身的感受，还要考虑现实的情况。另一方面，孟子也指出作为君主应该礼贤下士，充分地考虑进谏者的观点和意见，否则国家的人才就会流失。例如，孟子就曾对齐王的接见不理不睬。在孟子看来，天下最令人尊敬的东西有三样，即“爵位”“年龄”“道德”，而他一人占据了“年龄”“道德”这两样，所以孟子认为齐王应该礼贤下士，拜见自己，而不应该让自己去拜见他。

(5)义利关系方面

关于“义”与“利”两者之间的关系，孟子在继承了孔子相关思想的基础上，进一步将其发展为“去利怀义”的思想观念。孟子坚持认为大到一个国家小到一个人，不论是出于什么原因都不能够因为“利”而将“义”舍去。从个人方面来讲，孟子主张在人贫穷的时候不能够丧失道义，不受富贵权势的迷惑，要有骨气。《孟子》载：“非其道，则一箪食不可受于人；如其道，则舜受尧之天下不以为泰。子以为泰乎？”[①]如果不合乎道理，就是一碗饭也不可以接受；如果合乎道理，即便舜接手了尧的天下，都不过分。从国家的角度来讲，如果一国的君主都不能以身作则，而是事事都将利益放在首位，那么下面的臣民就会效仿君主，最终也会因为“利”字而叛国。孟子曾与宋牼讨论劝告秦楚两国退兵的事宜，孟子对宋牼说，以利益诱惑秦王和楚王，他们二人如果因为“利”而考虑停止战争，就会使军队的官兵因为喜欢利而乐意停止战争。臣子如果出于利益的考虑侍奉自己的君主、儿子如果出于利益孝敬自己的父母、做弟弟的如果出于利益侍奉自己的哥哥，这样君臣之间、父子之间、兄弟之间就会舍弃仁义，为了利益而打交道，这样的国家迟早灭亡。

① 方勇译注：《孟子》，中华书局2015年版，第112页。

孟子虽然主张将“义”的地位放到“利”的上面，但是他在这里所说的“义”主要指人民的利益。他主张，贤明的君主规定百姓的产业，必然使他们上足以侍奉父母，下足以养活妻儿，丰年能够吃得饱，荒年的时候不至于饿死，然后引导他们向善，百姓也就很容易听从君主的安排。如果君主按照这种方针政策来治理国家，那么这种做法就是符合“义”的。

2. 孟子对“经权”思想的总结

“权”作为孟子思想中的一个至关重要的概念，被其运用到了社会生活的各个方面。从孟子“经权”思想的内容而言，第一，对于“权”的概念孟子在其著作中给出了明确的论述。他反对人们坚持一成不变的“执一”以及为了追求“中和”的理想境界而片面追求“执中”的行为。孟子认为，“执中用权”才是人们应该遵守的行为模式，也只有这样做才能够防止人们做出“举一而废百”的行为。从中我们可以看出，孟子虽然认为孔子的“中”非常重要，但是他的思想其实已经突破了孔子“执两用中”的界限，并在“权”的内容中赋予了“时”的概念。第二，孟子将“权”看成是人们应该掌握的一种智慧，一种技巧。孟子将“权”比喻成人们站在一百步之外射箭。如果人们能够射中红心，那么决定性因素不是射箭的力量，而是人们所掌握的射箭技巧，而这里的技巧就是孟子所说的“权”。由于“权”在具体的实施过程中会遇到各种各样的特殊情况，呈现出各种复杂的态势，再加上不同的实施主体会因为自身适应环境的快慢而产生不同的结果，会进一步增加“权”的实施难度。在这种情况下，“权”与“时”的结合就更有存在的必要了。第三，在孟子的“经权”思想中，“权”与“经”并不处于相同的地位，而是呈现出“经”在上、“权”在下的基本态势。就两者的具体作用而言，“经”就是要保持“仁”这一思想的绝对领先地位，这一地位是在任何情况下都不可改变的。而“权”就是在维护“经”、从属于“经”这一前提条件下，采取具体情况具体分析的原则，既不能违背“仁”这一核心思想，又要能够有效、灵活地圆满达成实现“中庸之道”的目的。

从孟子“经权”思想的结构而言，他以“礼”作为基础，其最终目的就是唤醒人们内心“仁”的观念。不过相比孔子“仁”的思想而言，孟子“仁”的思想不仅仅关注了“仁”这一主要内容，还特别将“义”也融入到自己的思想中。与孔子的思想相比较，孟子将“仁”与“义”两者放在了更为重要的位置上。在政治方面，孟子凸显了“仁”对于当政者执政的重要作用，君主一定要首先体恤百姓的疾苦，才能在根本上施行对百姓有利的政策措施。在处事方面，孟子凸显了“义”的重要作用，认为人们取得的利益必须以合乎“义”为前提，如果违背了这一基本条件，那么人们取得的“利”就是黑心钱，就是昧良心的财物。总的来说，孟子提倡要依据具体的时间变化行“权”，要依据具体的情境变化行“权”，要以条件变化行“权”，要以时局变化行“权”。

（三）荀子的“经权”思想

荀子是继孔、孟之后的又一位儒学大师，其对经权观念的理解是时代发展的产物。在先秦时期的哲学中，儒家认为天是有意志的、有精神的宇宙万物的主宰者，人的命运是由天决定的。荀子在对“天命论”思想进行尖锐批评的基础上，吸收了道家天道自然的宇宙观，但又摒弃了老庄消极无为的思想，大胆地提出了“明于天人之分”的唯物主义自然观。他认为，天是无意志无目的的自然界，有自己的运行规律，不以人的意志为转移。社会的混乱和国家的兴亡是社会政治造成的，与天没有关系。因此，荀子提出了“制天命而用之”的口号，认为人们只要发挥自己的主观能动作用，认识、掌握自然规律，就能改造自然界、利用自然界。

1. 荀子对“经权”思想的认识

对于“经权”问题，荀子在继承前人的基础上将其发展为“通”。他将“通”解释为：“上则能尊君，下则能爱民，物至而应，事起而辨，若是，则可谓通士矣。”[①]对上能够尊重君主，对下能够爱护百姓，事情来了能够应付，事情发生了能够处理，像这样，就可以成为通达之士。从中可见，荀子的经权思想既强调要坚持礼义原则，更强调要在处理具体事件中灵活多变，这些论述充分表现了荀子对境遇中具体权变的注重。

2. 荀子“经权”思想的主要内容

作为先秦儒家思想的总结者，荀子在继承孔、孟经权思想的同时，对经权思想做了进一步的拓展，并对经权关系做了具体深入的阐释，确定了两者辩证统一的关系，强调个体在具体实践中的重要作用。随着经权关系的不断完善和深入，荀子为孔、孟的经权思想注入了更多的人文内涵，在“经”“权”两者的关系中强调了原则的恒定性，“经”处于主要地位，“权”处于次要地位，两者之间是从属关系，即“经主权从”。荀子将孔、孟的经权思想由“迂阔”推向了具体化，在维护“仁”“义”“礼”的基础上拓展了道德准则和行为准则之间的张力，体现了先秦儒家经权思想内生权变的灵活性。

(1)义利关系

在义利关系上，荀子在综合前人思想的基础上，结合自己的观点，提出了“义”与“利”两者之间的辩证关系。

第一，荀子指出“义与利者，人之所两有也”[②]。道义与利益是人们所兼有的。他虽然承认“义”与“利”同时存在，却坚持“义”的至上性。

---

① 方勇、李波译注：《荀子》，中华书局2015年版，第34页。

② 方勇、李波译注：《荀子》，中华书局2015年版，第451页。

《荀子·荣辱》篇载道:“义之所在,不倾于权,不顾其利,举国而与之不为改视,重死持义而不桡,是士君子之勇也。”[①]合乎道义的事情,不屈从于权势,不考虑自己的利益,把整个国家给他也不改变做法,重视生命但为了坚持正义而永不屈服,这是士与君子的勇敢。荀子虽然推崇“义”,但其并不否定“利”,只是主张利益的追求应受制于礼义道德。他肯定了人们对利益的追求是正当行为,认为“义”主要作为调节人们对于物质追求的因素而存在,也就是人们对于利益的追求需要以礼义道德作为前提,追求利益的行为方式需要受到“礼”和“义”的制约,只有这样才能达到社会的和谐,人与人之间的和睦共处。总体而言,荀子认为追求合理适当的物质利益是正确的,这源于人的本能。《荀子·荣辱》载道:“凡人有所一同:饥而欲食,寒而欲暖,劳而欲息,好利而恶害,是人之所生而有也,是无待而然者也,是禹、桀之所同也。”[②]凡是人都有相同的地方:饥饿了就想吃东西,寒冷了就想暖和,劳累了就想休息,喜欢利益而厌恶祸害,这就是人生下来就会有的本性,也是禹和桀所共有的。不仅如此,人在拥有了生存的基本条件之后,还会有更高的对物质的追求。《荀子·荣辱》载道:“人之情,食欲有刍豢,衣欲有文绣,行欲有舆马,又欲夫余财蓄积之富也,然而穷年累世不知不足。”[③]吃东西时希望有肉食,穿衣服时希望有华丽的纹彩锦绣,行路时希望有马车,又希望财富积蓄得很丰厚,可是一年年、一代代不知满足,这就是人之常情。《荀子·王霸》又载:“夫人之情,目欲綦色,耳欲綦声,口欲綦味,鼻欲綦臭,心欲綦佚。此五綦者,人情之所必不免也。”[④]人的性情是眼睛

① 方勇、李波译注:《荀子》,中华书局2015年版,第40—41页。

② 方勇、李波译注:《荀子》,中华书局2015年版,第45页。

③ 方勇、李波译注:《荀子》,中华书局2015年版,第49页。

④ 方勇、李波译注:《荀子》,中华书局2015年版,第171页。

喜欢最美的颜色，耳朵喜欢最美的声音，嘴巴喜欢最好的味道，鼻子喜欢最好的气味，内心喜欢最大的安逸。另外，《荀子·荣辱》中还记载道："夫贵为天子，富有天下，是人情之所同欲也。"[①]贵为天子，富有天下，这是人所共同追求的。人人都想贵为天子，有享受富贵的欲望。从以上引用可以看出，人的欲望是不容易被满足的，人除了对基本生存条件拥有欲望之外，还有不断积累财富的欲望、追求奢侈生活的欲望及对权力的欲望，荀子认为这些欲望都是人的天性。

第二，荀子沿用孔子"义以为质"的理念，认为"义"应该表现在具体的行为上，是人的行为本源。《荀子·王制》篇中指出，道义是天下最珍贵的东西，也就是说："水火有气而无生，草木有生而无知，禽兽有知而无义，人有气、有生、有知，亦且有义，故最为天下贵也。"[②]水和火虽然有生气但是没有生命特征，草木有生命却没有感知，禽兽有感知却缺少道义，人既有生气又有生命体征，有感知特性而且遵守道义，所以人才是世界上最宝贵的。所以，任何时代人们都在寻求"义"。因此，在任何社会人对"义"的追求都是存在的，《荀子·大略》篇中指出："虽尧、舜不能去民之欲利，然而能使其欲利不克其好义也。虽桀、纣亦不能去民之好义，然而能使其好义不胜其欲利也。"[③]由此可见，荀子提出"好义"要胜于"欲利"的程度，从而使人们能够和谐共处，形成社会稳定安宁的良好氛围。在此基础上，荀子还认为君王在统治国家的时候应该先"义"后"利"。如果一个国家的君主仅仅倡导功利、唯利是图，而不致力于发扬礼义，恪守信用。对内欺压百姓而赚取小利，对外欺诈盟国而追求大

① 方勇、李波译注：《荀子》，中华书局 2015 年版，第 51 页。

② 方勇、李波译注：《荀子》，中华书局 2015 年版，第 127 页。

③ 方勇、李波译注：《荀子》，中华书局 2015 年版，第 451 页。

利，不管好自己国家已有的东西，却常想得到别的国家拥有的东西。如果像这样，那么臣下、百姓就没有不以欺诈之心来对付君主的了。君主欺诈臣下，臣下欺诈君主，上下分崩离析，在外会被敌国轻视，被盟国怀疑，即使每天施行权术阴谋，国家也难免危险薄弱，发展到极点就会灭亡。由此可见，荀子的观点是君王不仅要做到先“义”后“利”而且要用“义”来约束“利”，只有这样才能做到选才公允，才能任用真正有才能的人来共同治理国家，才能使国家更加富强，从而一统天下。

第三，荀子主张以“义”来抑制欲望，以“义”来规范利益。他认为物质是有限的，而人的欲望是没有尽头的，放任欲望必然会引起争端。所以需要通过“义”来权衡欲望和利益的关系。荀子指出：“然则从人之欲则势不能容，物不能赡也。故先王案为之制礼义以分之，使有贵贱之等，长幼之差，知愚、能不能之分，皆使人载其事而各得其宜，然后使悫禄多少厚薄之称，是夫群居和一之道也。”[①]追求金钱和地位是人们所共有的欲望，然而顺从人们的欲望是客观形势不容许的，在物质上也是不能满足的。所以先王为人们制定了礼义来区分高下，使人们有贵和贱的等级，长和幼的差别，聪明和愚蠢、有能力和没能力的区别，使每一个人各司其职，各得其所，使俸禄的多少与工作相称，这是使人们能够群居在一起和谐一致的办法。

从个人角度来讲，荀子也主张要尊崇先“义”后“利”的价值观，这样的价值倾向可以受益于个人。对个人而言，“先义而后利者荣，先利而后义者辱；荣者常通，辱者常穷；通者常制人，穷者常制于人，是荣辱之大分也”[②]。以道义为先而以利益为后的就光荣，以利益为先而以道义

---

① 方勇、李波译注：《荀子》，中华书局2015年版，第51页。

② 方勇、李波译注：《荀子》，中华书局2015年版，第42页。

为后的就耻辱，光荣的人常常显达，耻辱的人常常穷困，显达的人常常统治别人，穷困的人常常被人统治，这是光荣和耻辱的根本区别。

从国家角度来讲，用“义”制约“利”是君王治世的良方，人们尊崇道义胜过对于利益的追求才能使社会关系更加稳定。《荀子·大略》篇中指出：“故义胜利者为治世，利克义者为乱世。”[①]对国家而言，道义胜过利益的就是安定的社会，利益胜过道义的就是混乱的社会。“义”和“利”的权衡对于君主有着至关重要的作用，君主重视道义，那么道义就胜过利益，君主看重利益，那么利益就胜过道义。因此，要用义制欲必须加强德性修养。通过提升自身的修养，在利益和道义之间进行取舍，坚持“欲恶取舍之权：见其可欲也，则必前后虑其可恶也者；见其可利也，则必前后虑其可害也者；而兼权之，孰计之，然后定其欲恶取舍。如是，则常不失陷矣”[②]的价值取向，遇到心仪之物，一定要思考它令人厌恶的地方；遇到可图的利益，一定要考虑它有害的地方，看到事物的两面性后再决定是喜还是恶，是得到还是放弃。坚持道义，不屈从于权势，不考虑自己的利益，以国家利益为先，只有这样才能真正实现以“义”制“欲”。

(2)礼法关系

第一，礼义治国。

荀子认为，国家需要通过制定礼义来抑制人们的欲望并满足人们的需求，以此来形成等级的概念，建立社会秩序。《荀子·强国》篇中指出，“故人之命在天，国之命在礼”[③]。人的命运是由上天决定的，而国家

---

① 方勇、李波译注：《荀子》，中华书局2015年版，第451页。

② 方勇、李波译注：《荀子》，中华书局2015年版，第35页。

③ 方勇、李波译注：《荀子》，中华书局2015年版，第250页。

的命运是由礼制决定的。所以，“礼”是统治者治理国家的根本，是“人道之极”。那么“人道之极”是指什么呢？荀子指出：“先王之道，仁之隆也，比中而行之。曷谓中？曰：礼义是也。道者，非天之道，非地之道，人之所以道也，君子之所道也。”[①]先王的治国之道，是“仁”的最崇高的表现，是顺着中正的道路来实行的。那么什么叫作中正的道路？这就是礼义。所谓“道”，不是天之道，不是地之道，是人所行的道，是君子所行的道。由此可见，“礼义”是君主治理国家的根本，如果国家的百姓全都遵循礼制，那么就可以使天下都闻名。所以“礼义”关乎国家的稳定和存亡，是民众都应该遵守的行为规范。

荀子在《荀子·议兵》篇中进一步指出，“礼者，治辨之极也，强国之本也，威行之道也，功名之总也。王公由之，所以得天下也；不由，所以陨社稷也。故坚甲利兵不足以为胜，高城深池不足以为固，严令繁刑不足以为威，由其道则行，不由其道则废”[②]。“礼”是统治国家的最高标准，是增强国力的源泉，是威力盛行天下的途径，是建立功名的纲要。天子诸侯遵循它，就能得到天下，不遵循它就会毁掉社稷。所有坚固的铠甲和锐利的兵器都不足以取得胜利，高高的城墙和深深的护城河不足以坚不可破，严厉的法令和繁多的刑罚不足以威吓人民，遵循礼义之道就能成功，不遵循礼义之道就会失败。尊崇礼制、重视贤能的君主能够称王，重视法制、热爱人民的君主能够称霸，而贪图利益、欺诈人民的君主处于危险的境地，使用阴谋、陷害百姓的君主终会消亡，所以君主需要做事遵照礼义，重视人才，忽略出身的贵贱，远离关系的亲疏，坚守长幼有序才能建立稳定的社会秩序。由此可见，荀子提倡君主集权的

① 方勇、李波译注：《荀子》，中华书局2015年版，第95页。

② 方勇、李波译注：《荀子》，中华书局2015年版，第242页。

制度，主张社会执行等级有序的制度，以此来保证君主绝对权力的稳固。

荀子认为“权出一者强，权出二者弱，是强弱之常也”[①]。权力出于一人的就强大，权力出于两人的就弱小。在此基础上，荀子认为，君主是国家的至尊，父亲是家庭的至尊，至尊只有一个就会安定，有两个就会混乱。与此同时，“礼”的品格对于君主也是必备的条件，了解“礼”的道理才能在统治国家时顺时而变，实现礼义兴邦。《荀子·致士》篇载道：“临事接民而以义，变应宽裕而多容，恭敬以先之，政之始也。”[②]处理事情、对待人民要用礼义，应付事件要灵活多变而广泛听取意见，用恭敬的态度来引导人民，这是政治的开始。也就是说，“凡节奏欲陵，而生民欲宽，节奏陵而文，生民宽而安”[③]。如果礼法制度严格，养育人民就要宽容，礼法制度严格就会文明，养育人民宽容就会安定。

对于国家的治理，荀子主张君主不要单打独斗，需要凭借贤良之臣的辅佐，那么如何选择贤良之臣，就成了君主选拔人才的重要问题。

首先，需要任用贤良之才。《荀子·王霸》篇载道：“能当一人而天下取，失当一人而社稷危。”[④]能够恰当地任用一个人就能取得天下，错误地任用一个人就会使国家危险。又载道：“故与积礼义之君子为之则王，与端诚信全之士为之则霸，与权谋倾覆之人为之则亡。”[⑤]同积累礼义的君子共同治理国家就能够称王，同端正诚信的人共同治理国家就能称霸，同玩弄权术阴谋陷害别人的人共同治理国家就会灭亡。所以

① 方勇、李波译注：《荀子》，中华书局2015年版，第231页。
② 方勇、李波译注：《荀子》，中华书局2015年版，第223页。
③ 方勇、李波译注：《荀子》，中华书局2015年版，第224页。
④ 方勇、李波译注：《荀子》，中华书局2015年版，第180页。
⑤ 方勇、李波译注：《荀子》，中华书局2015年版，第168页。

君王应慎重取才、重用贤能、尊重人才，只有这样才能达到不用奖赏人民就会勤勉，不用刑罚人民就会顺服，官吏不用劳累而事情就会得到治理，政令不用繁琐而风俗就会美好的效果。

其次，未雨绸缪，注重人才的储备。荀子说道：“卿相辅佐，人主之基、杖也，不可不早具也。故人主必将有卿相辅佐足任者然后可，其德音足以填抚百姓、其知虑足以应待万变然后可，夫是之谓国具。”[①]由此可以看出，想要国家安定，君主需要任用贤臣做到未雨绸缪，为自己储备足够的人才以备不时之需。

最后，君主重用贤才重点要体现在行动上。重用贤才不能仅仅停留在口头上，更需要通过具体的行动来体现对贤臣的重视。《荀子·致士》篇载道：“人主之患，不在乎不言用贤，而在乎诚必用贤。夫言用贤者口也，却贤者行也，口行相反而欲贤者之至、不肖者之退也，不亦难乎！”[②]君主的祸患，不在于不谈论任用贤人，而在于不真正地任用贤人。谈论任用贤人是口头上的，拒绝贤人是行动上的，口头上与行动上相反而想要贤人到来、不贤的人退去，不是很难吗？君主若想真正任用贤才就必须诚心诚意，实现人尽其才。只有这样，才会得到人才的拥护。

在君臣关系中，贤臣怎样对待君主也是一个重要问题。

其一，忠诚是人臣的第一要义。荀子在《荀子·仲尼》篇中主张道：“天下之行术：以事君则必通……君虽不知，无怨疾之心；功虽甚大，无伐德之色；省求，多功，爱敬不倦。如是，则常无不顺矣。”[③]人臣要对君主忠诚，做事要严谨稳重，即使不被君主了解，也没有怨恨之心，功劳即

---

① 方勇、李波译注：《荀子》，中华书局2015年版，第205页。

② 方勇、李波译注：《荀子》，中华书局2015年版，第223页。

③ 方勇、李波译注：《荀子》，中华书局2015年版，第88页。

使很大，也没有夸耀的神色；要求少，功劳多，敬爱君主，始终不倦，做到用礼仪来侍奉君主，忠诚顺从而不松懈。

其二，忠臣不代表愚忠，要服从于道义而非服从于国君。在对君主忠诚的方面，荀子提出了“从道不从君”的主张。荀子进一步阐释“从道不从君”的内涵：“谏、争、辅、拂之人，社稷之臣也，国君之宝也，明君所尊厚也，而暗主惑君以为己贼也。故明君之所赏，暗君之所罚也；暗君之所赏，明君之所杀也。……‘从道不从君’。此之谓也。”[①]贤明君主所奖赏的，就是昏庸的君主所惩罚的；昏庸的君主所奖赏的，就是贤明的君主所杀戮的。古书上所说的“从道不从君”就是这个意思。在此基础上，荀子还说：“君有过谋过事，将危国家、殒社稷之惧也，大臣、父兄有能进言于君，用则可，不用则去，谓之谏；有能进言于君，用则可，不用则死，谓之争；有能比知同力，率群臣百吏而相与强君挢君，君虽不安，不能不听，遂以解国之大患，除国之大害，成于尊君安国，谓之辅；有能抗君之命，窃君之重，反君之事，以安国之危，除君之辱，功伐足以成国之大利，谓之拂。故谏、争、辅、拂之人，社稷之臣也，国君之宝也，明君所尊厚也。”[②]在君主做出错误的决策、错误的事情，将要危害国家、毁灭国家时，大臣、父子、兄弟中有人向君主进言，被采纳就好，不被采纳就离去，这叫作劝谏；有人向君主进言，被采纳就好，不被采纳就殉身，这叫作死诤；有人能够联合有智慧的人齐心协力，率领群臣百官共同来强迫君主、纠正君主，君主虽然感到了不安，但不能不听，于是解除了国家的大祸患，消除了国家的大灾难，使君主尊贵、国家安全，这叫作辅佐；有人能够违抗君主的命令，窃取君主的大权，反对君主行事，使国家转危

① 方勇、李波译注：《荀子》，中华书局 2015 年版，第 211—212 页。

② 方勇、李波译注：《荀子》，中华书局 2015 年版，第 211 页。

为安，消除了君主的耻辱，功劳能够给国家带来很大的好处，这叫作矫正。从以上论述我们可以看出，劝谏、死诤、辅佐、矫正的人，是国家的功臣，国家的珍宝。

其三，侍君用权。荀子认为侍奉暴君的原则就是“调而不流，柔而不屈，宽容而不乱，晓然以至道而无不调和也，而能化易，时关内之，是事暴君之义也”[①]。也就是说，调和而不随波逐流，柔顺而不屈从，宽容而不昏乱，让他通晓治国大道进而事事协调和顺，感化他向善，时时开导，让他接纳正确的意见，这就是侍奉暴君的原则。此时，权宜作为化解矛盾的方法被荀子提倡，贤臣在面对国君时，顺从国君的命令而不违背，小心劝谏而不厌倦，做君主的就会明智，做臣下的就会谦逊，这就是臣下侍奉君主的办法。

第二，礼义修身。

在个人素质的培养方面，荀子主张以“礼义”进行修身。荀子的这一主张在很多地方都有体现。例如，《荀子·劝学》篇载道：“伦类不通，仁义不一，不足谓善学。”[②]“礼”与“法”两者相互之间如果不能够融会贯通，“仁”与“义”两者之间如果不能够自始至终坚持如一，那么就不能够称作善于学习。《荀子·修身》篇又载：“扁善之度，以治气养生则后彭祖，以修身自名则配尧、禹。”[③]礼法是无往而不善的，用来理气养生可使寿命与彭祖匹敌，用来修身治国则可与尧、禹齐名。《荀子·修身》篇载：“凡治气养心之术，莫径由礼，莫要得师，莫神一好。”[④]大凡理气养心的办法，没有比遵守礼义更直接的了，没有比得到贤师更重要的了，没

---

① 方勇、李波译注：《荀子》，中华书局2015年版，第214页。

② 方勇、李波译注：《荀子》，中华书局2015年版，第11页。

③ 方勇、李波译注：《荀子》，中华书局2015年版，第14页。

④ 方勇、李波译注：《荀子》，中华书局2015年版，第16页。

有比专心致志更神妙的了。这就叫作理气养心的办法。荀子虽然主张人们遵守“礼”，但是仅仅做到这一点显然不能满足君子对修身方面的要求。荀子在此基础上又提出了“权变”的方法，即“与时屈伸，柔从若蒲苇，非慑怯也；刚强猛毅，靡所不信，非骄暴也。以义变应，知当曲直故也”①。人们应该随着形势的变化或屈或伸，柔顺的时候就要像蒲苇一样，坚强的时候就应该刚强勇猛，从不向人屈服。这就是能够根据道义随机应变，懂得因时或伸或屈的缘故。

荀子主张，对于不同的阶级、不同的年龄，在不同的情况下所要求的“礼”肯定也会有所不同。例如，在“礼”的要求方面，“士”与“百姓”是有差别的。“由士以上则必以礼乐节之，众庶百姓则必以法数制之。”②士以上的人一定要以礼乐节制他们，普通百姓一定要以法律制度来制约他们。即使人们犯了错误，对于不同社会等级的人，处理措施也不应该一样。《荀子·王霸》篇还载道：“官人失要则死，公侯失礼则幽。”③官吏失职就要处死，公侯失礼就要囚禁。贤能之人和不肖之徒对“礼”的要求也是有所差异的。《荀子·臣道》篇载：“贤者则贵而敬之，不肖者则畏而敬之；贤者则亲而敬之，不肖者则疏而敬之。”④对待贤人就用崇敬的心情来尊敬他，对待不贤能的人就用畏惧的心情来尊敬他。对待贤能的人用亲近的方式尊敬他，对待不贤能的人就用疏远的方式尊敬他。如若能够采取上述的这些权变措施，那么人们最终就能够达到安逸而不懒惰、辛劳而不懈怠、恪守原则而又顺势而变的境界。

在运用“权变”践行“礼义”的过程中，荀子认为不能仅仅求变，而是

---

① 方勇、李波译注：《荀子》，中华书局2015年版，第28页。
② 方勇、李波译注：《荀子》，中华书局2015年版，第141页。
③ 方勇、李波译注：《荀子》，中华书局2015年版，第176页。
④ 方勇、李波译注：《荀子》，中华书局2015年版，第216—217页。

要在遵循“义”的基础上进行权衡。例如,在儒家所提倡的“孝”道方面,荀子也有自己的主张。他认为顺从父母并不是孝,孝应该建立在道义的基础上。在家孝顺父母、出门尊敬兄长,这只能够称作较小的“孝”;对上顺从,对下忠厚,则是中等的“孝”;顺从大道而不顺从君主,顺从道义而不顺从父亲,这才是最大的“孝”。荀子虽然注重“孝”,但是在他看来孝子可以在三种情况下不遵从孝道,即:“从命则亲危,不从命则亲安,孝子不从命乃衷;从命则亲辱,不从命则亲荣,孝子不从命乃义;从命则禽兽,不从命则修饰,孝子不从命乃敬。”[①]如若听从了父母的命令父母就会遭受危险,不听从父母的命令父母的安全就会得到保障,孝子不听从命令就是忠诚;听从命令父母就受到耻辱,不听从命令父母就光荣,孝子不听从命令就是奉行道义;听从命令就是禽兽,不听从命令就是行为端正,孝子不听从命令就是恭敬。最终孝子根据“义”的要求做出合理的选择,明白了听从和不听从的道理,就能够非常恭敬小心、忠诚守信、端正忠厚地实行它,这就可以称为最大的孝顺了。

第三,礼法并用。

荀子认为,君主在治理国家的过程中,不仅要将“礼”作为治国的根本理念,而且要将“法”作为治理国家的必要手段来运用。换句话说,治理国家、管理百姓不仅要依靠“礼”,还要依靠“法”。“法”的存在就是为了维护“礼”,维护严格的社会等级秩序,所以荀子说道:“至道大形:隆礼至法则国有常。”[②]只有用“礼”和“法”共同去治理,百姓才能归顺,国家才能维持稳定。“治之经,礼与刑,君子以修百姓宁。明德慎罚,国家

---

① 方勇、李波译注:《荀子》,中华书局2015年版,第483页。

② 方勇、李波译注:《荀子》,中华书局2015年版,第199页。

既治四海平。”[1]在这里，荀子特别强调法治，他认为礼法与刑罚并用，君子用它来修行，百姓靠它得安宁。宣扬德性慎用刑，国家安定四海平。

荀子之所以将“礼法”并用作为治理国家的根本理念，是因为他持“性本恶”的思想观念。荀子认为人们对于利益的追求是与生俱来的，如果按照性情来做事必然会引发争斗，“礼”对于人民的制约仅仅局限于道德的层面，只有“法”才能够强制约束人民的行为。所以荀子说道：“明礼义以化之，起法正以治之，重刑罚以禁之，使天下皆出于治，合于善也。”[2]荀子认为，古时的圣人认为人性本恶，所以他们倡导用礼义来教化人们，制定法度来治理人们，加重刑罚来禁止人们，只有这样才能使天下安定有序，行为善良。依据荀子的主张，人性本恶所引发的偏执、罪恶、贪婪等行为都需要通过“法”和“刑”的强制措施进行制约。在荀子看来，这种通过刑法来达到治理国家的目的也是符合道义要求的。对于实现法治的方式，荀子把“公正”排在了首要的地位。这是因为公正的刑罚处理能够使受罚者信服，如果违反公正的原则，那么就会引起反抗。另外，荀子还认为不能滥用刑罚，对于不慎造成的刑罚过失，荀子说：“若不幸而过，宁僭无滥；与其害善，不若利淫。”[3]若是掌权者不幸在赏罚中发生失误，那么宁可多去奖赏也不能滥用刑罚，宁可让小人获得利益，也不能让善良的人受到伤害。

(3)分

“分”的概念也是荀子经权思想中的重要组成部分。《荀子·王制》篇载：“力不若牛，走不若马，而牛马为用，何也？曰：人能群，彼不能群

---

① 方勇、李波译注：《荀子》，中华书局2015年版，第404页。

② 方勇、李波译注：《荀子》，中华书局2015年版，第381页。

③ 方勇、李波译注：《荀子》，中华书局2015年版，第226页。

也。人何以能群？曰：分。分何以能行？曰：义。故义以分则和。”[①]人的力气不如牛，奔跑不如马，而牛、马为人驱使，为什么呢？这是因为人能组成社会群体，而牛、马不能。人为什么能组成社会群体呢？这是因为人有等级名分。那么等级名分为什么能够实行呢？是因为人有道义。荀子认为人之所以能够区别于动物并且将其为己所使，是因为“分”使人组成群体，而“义”就是“分”的依据。在严格的社会等级秩序环境中，社会成员分工明确，恪守本分，只有这样国君才能有序地统治整个国家，社会成员的排名先后才不会混淆，有能力的臣下不会陷于混乱，进而才能够达到治国的最高境界。也只有这样，整个社会才会形成“斩而齐，枉而顺，不同而一”[②]的统一和谐局面。

上文中对“分”的重要作用已经进行了相关的论述，那么“分”与“礼”“法”“义”三者又是什么关系呢？

第一，就“礼”与“分”而言。在荀子看来，“礼”和“分”两者之间具有非常密切的联系。人们制定“分”的依据就是“礼”，“分”促成了“礼”在社会实践中的实现。为了维持正常的社会秩序，需要有“分”的观念作为基础，并通过“礼”来防止人们为了实现自己的欲望而进行相互的纷争。《荀子·王霸》篇载：“治国者，分已定，则主相、臣下、百吏各谨其所闻，不务听其所不闻；各谨其所见，不务视其所不见。”[③]治理国家的人，名分已经确定，那么君主、宰相、大臣、各级官吏都要谨守自己应该听到的，不致力于打听不应该听到的；都要谨守各自应该看到的，不致力于查看不应该看到的。在这里，“分”用来规定人的行为范围，“礼”用来制

---

① 方勇、李波译注：《荀子》，中华书局2015年版，第127页。
② 方勇、李波译注：《荀子》，中华书局2015年版，第51页。
③ 方勇、李波译注：《荀子》，中华书局2015年版，第182页。

约人的行为内容，从而使社会成员恪守本分，以求实现国家安定、平稳地发展。

第二，就"法"与"分"而言。荀子认为，在日常的社会生活中我们既要尊重"分"又要尊重"法"，"法"既是保障"分"能够正常运行的最根本要素，也是维持社会等级秩序最强有力的保障。荀子说："法者，治之端也。"[①]国家的治理由"法"开始，人民在"法"的制约下，才能真正做到"尊法敬分"，才能不去逾越本分，各个社会阶层才能达到稳定有序的状态。《荀子·正名》篇载道："其民莫敢托为奇辞以乱正名，故壹于道法而谨于循令矣。如是，则其迹长矣。"[②]正名的目的就是确定社会各个阶级社会成员的身份，人们不能乱用假的措辞来变换身份，应该认真严格地遵守法律制度，才能达到社会的长治久安。更为重要的是，荀子在"分"的概念中还增加了"礼"的元素，并着重强调了"以法定分"的主张，这一思想是孔孟思想中所没有的。

第三，就"仁"与"分"而言。荀子"仁"的思想主要来源于孔子，他认为"仁"是社会道德形成的起源与依据，并且基于这一理念提出了"诚心守仁则形"的主张。荀子认为，人们只有在内心真正具有"仁"这一概念之后，才能在现实的行为中很好地体现出守礼和守分。所以我们可以说，"礼"与"分"两者之间是相互促进的关系，"习礼守分"从人的内在方面塑造了"仁"的思想的产生，当人们内在的"仁"思想产生之后，又从外在的方面促进了"尊礼守分"的行为的养成。

第四，就"义"与"分"而言。荀子认为"仁"与"义"两者之间是相互并存的，这一点在《荀子》一书中"仁""义"两者合并出现时体现得最为

---

① 方勇、李波译注：《荀子》，中华书局 2015 年版，第 189 页。

② 方勇、李波译注：《荀子》，中华书局 2015 年版，第 359 页。

明显。“仁心义举”是指通过外在的“义”的行为进而展现内在的“仁”。荀子认为,“仁”代表着仁爱之心,“义”就是指合乎道义的行为。然而行为的正确与否主要取决于“仁”对于“分”的界定。人们借助于“义”就可以将内在的“仁”的权变思想选择出来,进而形成“仁”的道德准则。荀子说:“修其道,行其义。”这里要求人们既要注重内在仁心的修养,又要注重外在“礼义”的修养。因此我们可以说,内在的“持义”以及外在的“行义”都从正面阐述了“守分”要以“义”作为人们的一般原则来规范自己的行为。

(4)荀子“经权”思想分析

就其结构而言,荀子“经权”思想体系可以归结为“仁,义—礼,法—分”的理论结构。具体而言,荀子在继承孔子“仁”思想的基础上,将“仁”作为一种道德准则用于规范人们的日常行为,并通过人们内在仁心的修养使自己能够在日常的行为规范中遵守“仁”这一行为准则。由“仁”而演变出的“礼”和“义”两种道德规范再遵照“分”的原则将整个社会划分出不同的等级和阶层,并以此来确定每个人在社会中的地位和层级。通过“分”进行划分以后,荀子主张人们能够正确地找准自身所在阶层以及自身的位置,遵守这一阶层所应该遵守的各种行为标准和道德准则,进而根据“分”所设定的“位”开始行使自己应有的权利。另外,“分”作为一个中介者,承接着“仁”与“权”两者之间的内在关系,是荀子“经权”思想的现实表达方式。“分”这一概念的提出是荀子在继承儒家“仁”“义”“礼”思想的基础上融合法家思想而形成的理论。“分”作为一种“权变”的策略,究其本质就是通过礼、法的规定来确定人们自己所处的社会阶层以及所处的社会地位。“习礼达人”作为孔子设想的一种人们走向大同社会的途径对后世儒家学者产生了深刻的影响。但是仅仅想要通过“仁”这一道德方面的约束来改变当时的社会状况显然是不可能的。因此，荀子在认识到这一问题之后，提出了“习礼守分”的行为规范，并在此基础上提出了“隆礼重法以定分”的思想主张。

就其内容而言。荀子在继承孔孟“经权”思想的基础上，将自己所提出的“经权”思想更加趋向于实用化，并从实际的情境出发，阐释了权变思想所具备的巨大价值。《荀子·不苟》载道：“物至而应，事起而辨，若是，则可谓通士矣。”[①]荀子认为真正的通士能够根据自己所面对的具体状况灵活应对，并采取相应的对策来达到应有的目标。不仅如此，荀子还进一步阐释了“权”所具有的两层含义。一方面，“权”要求人们要根据具体的实际情况进行灵活的变通；另一方面，“权”还要求人们要对自己所面对的事情进行理性的分析，进而能够更好地践行“礼”这一原则，使“经”与“权”能够得到很好的辩证统一。

在此基础上，荀子的“经权”观主要体现了“经主权从”的思想理念。在权变的行为过程中一定要维护“经”这一原则，只有在满足这一基本条件的基础上才能进行“权变”。由此可以看出，荀子在“权变”思想中更重视“经”的作用。例如，《荀子·非十二子》载道：“宗原应变，曲得其宜，如是，然后圣人也。”[②]荀子认为圣人的标准是能够遵守道义，但又能随机应变，能够将各方面都做到恰如其分。在实践的过程中面对具体的境遇，合理的变通要基于最基本的原则。与此相对应，合理的变通也是为了在更好的程度上遵守原则。荀子认为在特殊的境遇中，我们可以根据实际的情况采取灵活多变的处事方式，但是恒定的普遍原则是不能被打破的。那么，恒定的普遍原则在荀子这里到底是指什么呢？荀子认为就是“礼”。荀子曾对“礼”的重要性论述道：“礼岂不至矣哉！

---

① 方勇、李波译注：《荀子》，中华书局2015年版，第34页。

② 方勇、李波译注：《荀子》，中华书局2015年版，第79页。

立隆以为极，而天下莫之能损益也。"[①]礼难道不是至高无上的吗？建立最完备的礼制并把它作为最高的行为准则，那么天下就没有人能增减它了。"天下从之者治，不从者乱；从之者安，不从者危；从之者存，不从者亡。"[②]天下遵从礼的就能得到治理，不遵循礼的就会混乱；遵从礼的就会安定，不遵从礼的就会危险；遵从礼的就能得以生存，不遵从礼的就会灭亡。由此可见，荀子所论述的"权"被纳入了一个特定的范围之内，对"权"的限定正是为了突出"经"的主导地位。也就是说，"权"是基于不能逾越的"经"的范围而展开的，离"经"之"权"必然会误入歧途。

不仅如此，荀子的"经权"思想还体现了"以人为本"的价值观念，使之更具有人文倾向。例如，在孔孟的道德标准中，若是君王有不正确的行为，臣下应当及时提出谏言，并采取一切方法使君主做出正确的选择，如此就为"忠"。但是荀子主张在面对君主有不当行为的时候，人们应当在具备保全自己的前提下，进而再提出忠言，必要时候可以不去履行臣子的义务。这种思想虽然表现出了独善其身的个体标准，但是却充分地体现了荀子对于个体生命的尊重和人文主义的价值倾向，扩展了"权变"思想的张力，打破了等级结构中牺牲个体的限制。

三、汉宋时期"经权"思想的发展与演变

在"经权"问题的演变史上，汉宋之争一直是当今学术界讨论的重点话题。在汉代，以《春秋公羊传》为代表的"权者反于经"的表达将对"权"的论述导向了功利主义，使"反经"之"权"流于"权变"和"诡计"，导

---

① 方勇、李波译注：《荀子》，中华书局 2015 年版，第 305 页。

② 方勇、李波译注：《荀子》，中华书局 2015 年版，第 305—306 页。

致了“经”这一普遍价值体系的崩溃。到了宋代,宋儒为纠汉儒之偏,提出“权即是经”的理论观点。他们以知理为行“权”之前提,认为只有圣贤认识天理,才能准确地行“权”。汉宋儒者关于“经权”关系的表述方式看似相反,但实质上其差异只具有表面性,其对“权”的道德处理方式乃至思想结构都是一致的,都是通过构建具体价值序列,将“权”的行为选择问题转化为道德原则体系自身的问题,在一个秩序井然的道德体系中,道德冲突被消解,从而“权”的价值实质上也被消解了。

(一)汉朝“经权”思想的发展与演变

经权思想是汉朝儒家思想中较具思辨色彩的一部分。究其思想来源,最终可以追溯至《论语·子罕》篇中的“可与共学,未可与适道;可与适道,未可与立;可与立,未可与权”[①]。《论语郑氏注》载道:“言人虽俱学问,或时未必能行仁义之道;能行仁义之道者,或时未必能立德立功;能立德立功者,或时未必能知权;能知权者,返于经,合于义,尤难知也。”[②]在这里,郑玄虽然将“道”解释为“仁义之道”,却将“立”解释为具有功利色彩的“立德立功”。这显然与先秦孔子提倡的“立身”以及孟子主张的“王何必曰利”相距甚远。不仅如此,郑玄虽主张“能知权者,返于经,合于义”,但也未就“立德”与“立功”发生冲突时,何时“立德”、何时“立功”、何时以“德”为“经”、何时以“功”为“权”给出合理的解释。

众所周知,两汉时期常被人们称为儒学发展的经学时代。“经”原本只是被儒家所尊崇的经典,但是到了汉朝,经学逐渐被全面确立,原来仅儒家一家尊崇之典籍,到了汉代转变成为整个社会共同尊奉的经

---

① 陈晓芬、徐儒宗译注:《论语·大学·中庸》,中华书局2015年版,第109页。

② 转引自刘纯茂、刘艾林编著:《我读〈论语〉》,西南交通大学出版社2019年版,第330页。

典。《诗》《书》《礼》《乐》《易》《春秋》六种典籍要求君、臣、父、子、夫、妇六种社会角色各司其职，做到温柔敦厚、疏通知远、广博易良、洁静精微、恭俭庄敬、属辞比事，进而避免愚、诬、奢、贼、烦、乱等弊端的发生。受整个社会环境的影响，在汉初的儒学阵营中，关于是否将“权变”思想与儒学理论相结合并运用到现实的政治活动当中一直存在一定的分歧。其中以叔孙通制定汉朝礼仪一事表现得最为明显。公元前202年，汉高祖刘邦称帝，下令废除秦礼建立新礼。叔孙通自荐为汉王制定朝仪，并坚持“礼者，因时世人情为之节文者也”①的制礼原则。随后，有两位不愿与之为伍的儒者斥责道：“今天下初定，死者未葬，伤者未起，又欲起礼乐。礼乐所由起，积德百年而后可兴也。吾不忍为公所为。公所为不合古，吾不行。公往矣，无污我！”②叔孙通随后反讥：“若真鄙儒也，不知时变。”③在这里，我们不对叔孙通坚持“时变”的主张是否真实进行过多的评价，但至少从字面上我们可以看到，他可以从先秦儒家的“权变”思想中为自己的行为寻得辩护的理由。

1.《春秋公羊传》中的“经权”思想

在汉朝，真正对“经”“权”辩证关系进行论述的事例多记载于《春秋公羊传》一书中。其中唯一明言说到经权思想的只有一处，即“宋人执郑祭仲”的传文。“祭仲者何？郑相也。何以不名？贤也。何贤乎祭仲？以为知权也。其为知权奈何？古者郑国处于留，先郑伯有善于郐公者，通乎夫人，以取其国，而迁郑焉，而野留。庄公死，已葬，祭仲将往省于留，涂出于宋，宋人执之，谓之曰：‘为我出忽而立突。’祭仲不从其

---

① 司马迁：《史记》，中华书局2011年版，第2381页。

② 司马迁：《史记》，中华书局2011年版，第2381页。

③ 司马迁：《史记》，中华书局2011年版，第2381页。

言，则君必死，国必亡。从其言，则君可以生易死，国可以存易亡。少辽缓之，则突可故出，而忽可故反，是不可得则病。然后有郑国。古人之有权者，祭仲之权是也。权者何？权者反于经，然后有善者也。”①《春秋公羊传》认为，祭仲之贤德在于“知权”。依当时之律法，擅行废立储君本是大逆不道之罪，是与“经”完全相悖的，依律应予严惩。但祭仲面对宋人“不从其言，则君必死，国必亡”的威胁，为了国家免于战争，百姓免于祸患，暂时接受了公子突归郑继位的无理要求。何休对此也赞赏地评价道：“权者，称也，所以别轻重。喻祭仲知国重君轻。君子以存国除，逐君之罪，虽不能防其难，罪不足而功有余，故得为贤也。”②然而，尽管《春秋公羊传》承认祭仲这种民族大义行为具有一定的必要性与合理性，但其称赞的最终目的并不在于强调特殊境遇下“权”的运用，而是为了对“权”的运用进行限制，要求其必须符合一定的礼法体系，即要符合“经”的要求。在《春秋公羊传》中，“经”被确定为恒定不变的规范，人们必须严格遵守。而“权”只是在特定条件下的变通，这种变通所针对的只是具体的情形，而非被奉为规范的“经”。

与“宋人执郑祭仲”之事类似，《春秋公羊传》中还就“隐公摄政代立”之事中行权者所坚持的民族大义进行了论述。“元年者何？君之始年也。春者何？岁之始也。王者孰谓？谓文王也。曷为先言王，而后言正月？王正月也。何言乎王正月？大一统也。公何以不言即位？成公意也。何成乎公之意？公将平国而反之桓，曷为反之桓？桓幼而贵，隐长而卑。其为尊卑也微，国人莫知，隐长又贤，诸大夫扳隐而立之，隐

① 黄铭、曾亦译注：《春秋公羊传》，中华书局 2016 年版，第 104—105 页。

② 何休解诂、徐彦疏：《春秋公羊传注疏》，刁小龙整理，上海古籍出版社 2014 年版，第 173 页。

于是焉而辞立，则未知桓之将必得立也；且如桓立，则恐诸大夫之不能相幼君也，故凡隐之立，为桓立也。”[①]公元前723年，鲁惠公去世。按照继承标准，鲁桓公应为鲁国国君。但是因为他当时年幼且国内形势较为复杂，鲁国大夫们都争相举荐年长贤能的鲁隐公暂代君位。鲁隐公为了避免主幼臣强的不利局面，从大局出发，以鲁国命运为前提，做出了暂代君位的权宜选择，希望等到鲁桓公长大之后再将君位归还于他。但此事的结果并不圆满，十一年后，在权臣公子翚的阴谋之下，鲁桓公授意公子翚将鲁隐公杀害，夺取了君位。对于此事，《春秋公羊传注疏·桓公第四》记载：“弑君欲即位，故如其意，以著其恶。直而不显，讳而不盈。桓本贵当立，所以为篡者，隐权立，桓北面君事隐也。即者，就也。先谒宗庙，明继祖也。”[②]鲁桓公虽为合法继承者，但其弑君行为实为篡位，是为了自己的私利，已经违背了“经”这一根本原则，损害了国家的整体利益。鲁隐公行“权”暂代君位的结果虽然在一定程度上背离了常规的“经”，但其做法的根本目的是坚守民族大义，这才是“权”的内涵之所在。正如董仲舒评论所言：“故凡人之有为也，前枉而后义者，谓之中权，虽不能成，《春秋》善之，鲁隐公、郑祭仲是也。”[③]

综括来看，《春秋公羊传》对“权”的认可是建立在对“经”的肯定之上的。就“权”的施行范围来讲，虽然《春秋公羊传》中并未给出明确具体的界定，但从中也不难体会出它对行权的要求是极高的。《春秋公羊传·桓公》载道：“权之所设，舍死亡无所设。行权有道，自贬损以行权，

---

① 黄铭、曾亦译注：《春秋公羊传》，中华书局2016年版，第1—2页。

② 何休解诂、徐彦疏：《春秋公羊传注疏》，刁小龙整理，上海古籍出版社2014年版，第119页。

③ 张世亮、钟肇鹏、周桂钿译注：《春秋繁露》，中华书局2012年版，第61页。

不害人以行权,杀人以自生,亡人以自存,君子不为也。”[①]在这里,行权的条件一共有两个方面。一方面,“舍死亡无所设”,即君死国亡的危急之时,这是对行权的情境要求;另一方面,“自贬损以行权”,即只能以自我贬损的方式来行权,这是对行权的道德要求。人们只有面对上述两种情境之时,才可以行权。如若把握不准,稍有偏差,也可能会适得其反。

按照《春秋公羊传》中行权的选择,大概可以将之分为利益、礼义、仁德三个方面的内容。

第一,就利益关系而言。《春秋公羊传》中与“权”相关的利益事件常常会涉及公利与私利的冲突。当两者相左时,“行权”要指向公利,进而维护国家或者族群的整体利益。《春秋公羊传·庄公》载道:“秋,公子结媵陈人之妇,于鄄遂及齐侯、宋公盟。媵者何?诸侯娶一国,则二国往媵之,以姪娣从。姪者何?兄之子也。娣者何?弟也。诸侯壹聘九女,诸侯不再娶。媵不书,此何以书?为其有遂事书。大夫无遂事,此其言遂何?聘礼,大夫受命不受辞,出竟有可以安社稷,利国家者,则专之可也。”[②]何修在《春秋公羊传注疏·庄公第八》一书中又对此事补充道:“先是鄄、幽之会,公比不至,公子结出竟,遭齐、宋欲深谋伐鲁,故专矫君命而与之盟,除国家之难,全百姓之命,故善而详录之。”[③]公元前684年,卫国嫁女于陈国。由于鲁国与卫国为同姓,所以鲁国也需要向陈国行媵妾之礼。公子结作为鲁国国卿奉鲁君之命护送媵于卫。当公子结护送媵妾至鄄邑之时,听说齐国与宋国正在召开盟会商讨进攻鲁

---

① 黄铭、曾亦译注:《春秋公羊传》,中华书局2016年版,第105页。

② 黄铭、曾亦译注:《春秋公羊传》,中华书局2016年版,第183页。

③ 何休解诂、徐彦疏:《春秋公羊传注疏》,刁小龙整理,上海古籍出版社2014年版,第293页。

国的事宜，立刻放弃护送媵妾的任务，主动与齐桓公、宋闵公结盟，从而消除了国家之难。由此可见，公子结的行权之举完全是在特殊时期为了国家之公利，不得不违背臣子“无遂事”的传统规则。

第二，就礼义关系而言。礼即行为准则，义即道义。这一层面的经权之辨主要指向的是选择对伦理价值原则的固守还是特殊状态下的违礼取义。在《春秋公羊传》中，对“礼”“义”两者进行经权之辨的例证有很多。除了上文中论述的“宋人执郑蔡仲”“隐公摄政代立”两个事例之外，在春秋时期有名的鞍之战中，逢丑父“李代桃僵解君之难”的做法也充分显现出其对伦理价值系统内部不同原则的取舍。

公元前592年春季，“晋郤克与臧孙许同时而聘于齐。萧同姪子者，齐君之母也，踊于棓而窥客，则客或跛或眇，于是使跛者迓跛者，使眇者迓眇者。二大夫出，相与踦闾而语，移日然后相去”[①]。到了公元前589年，齐顷公率军南下进攻鲁、卫两国，卫、鲁向晋求救。晋国为阻止齐国争霸，派郤克率八百战车援助鲁、卫。齐、晋两军会战于鞍，齐师大败。在此过程中发生了一件非常重要的事情。《春秋公羊传》载道：“君不使乎大夫，此其行使乎大夫何？佚获也。……顷公操饮而至，曰：‘革取清者。’顷公用是佚而不反。逢丑父曰：‘吾赖社稷之神灵，吾君已免矣。’郤克曰：‘欺三军者，其法奈何？’曰：‘法斮。’于是斮逢丑父。”[②]何修在《春秋公羊传注疏·成公第十七》中也说：“丑父死君，不贤之者，经有使乎大夫，于王法顷公当绝，如贤丑父，是赏人之臣，绝其君也。若以丑父故不绝顷公，是开诸侯战不能死难也。如以衰世无绝顷公者，自齐所

① 黄铭、曾亦译注：《春秋公羊传》，中华书局2016年版，第465页。

② 黄铭、曾亦译注：《春秋公羊传》，中华书局2016年版，第465页。

当善尔，非王法所当贵。”[①]齐顷公被围，逢丑父为保齐顷公性命，急中生智，与其更换了衣服，并代替他坐在车内，最终帮助齐顷公成功脱险。按照常理，逢丑父与顷公更换衣服和身份，命令顷公为其取水的行为，都是违背君臣之礼的。但是顷公一旦被抓，不但会给齐国带来更大的耻辱，还会使齐国陷入巨大的危难。因此，逢丑父放弃了“臣礼”之“经”选择了“活君命”之“义”的非常规做法，展现了其丰富的辩证思维和政治智慧。当然，虽然逢丑父被抓，郤克得知被欺骗后勃然大怒要斩杀逢丑父，但因其是代君赴难的臣子，杀了不吉利，最终还是放掉了逢丑父。

第三，就仁德与礼仪关系而言。儒家的经权思想虽然将“仁德”“礼仪”等规则都纳入自己的经权评价体系当中，但就先后顺序而言，“仁德”是优先于“礼仪”的。

《春秋公羊传》载道：“十有五年，春，公孙归父会楚子于宋。夏，五月，宋人及楚人平。外平不书，此何以书？大其平乎己也。何大乎其平乎己？庄王围宋，军有七日之粮尔，尽此不胜，将去而归尔，于是使司马子反乘堙而窥宋城。宋华元亦乘堙而出，见之，司马子反曰：‘子之国何如？’华元曰：‘惫矣。’曰：‘何如？’曰：‘易子而食之，析骸而炊之。’司马子反曰：‘嘻。甚矣惫。虽然，吾闻之也，围者钳马而秣之，使肥者应客，是何子之情也？’华元曰：‘吾闻之，君子见人之厄则矜之，小人见人之厄则幸之。吾见子之君子也，是以告情于子也。’司马子反曰：‘诺。勉之矣。吾军亦有七日之粮尔，尽此不胜，将去而归尔。’揖而去之。”[②]

宣公十五年（公元前594年），楚庄王包围宋国都城。因军中只剩

---

① 何休解诂、徐彦疏：《春秋公羊传注疏》，刁小龙整理，上海古籍出版社2014年版，第708页。

② 黄铭、曾亦译注：《春秋公羊传》，中华书局2016年版，第448—449页。

下七天口粮，所以派司马子反前去宋国刺探情报。在刺探过程中，碰巧遇上同来打探消息的宋国大夫华元。华元认为司马子反是君子不是小人，得知百姓极其困乏之后不会趁人之危，所以将城内实情告诉了他。司马子反听闻之后，产生了怜悯之心，与华元讲和，也将自己军中的情报告诉了对方，并劝说楚庄王撤军，最终避免了两国之战。在这里，司马子反作为楚国的臣子，在没有征得君主同意的情况下，私自与敌国讲和，实在有失君臣之礼仪，应当予以惩罚。但就两国整体利益而言，司马子反的做法是为了实现伦理体系中更高层次的“仁德”。这一做法既是为了避免宋国百姓受国破人亡之难，也是为了自己军中将士免受饥火烧肠之苦，是一种值得推崇的权变行为。

由上可以看出，《春秋公羊传》的“经权”观既源于孔孟儒家，又因应西汉新的政治时势需求，顺势而为，开掘《春秋》“微言”，辨析《春秋》“大义”，解决礼仪缺失等时代课题而被汉代统治者青睐。在《春秋公羊传》中，“经”常被理解为恒定不变的规则，世人必须严格遵守。“权”常被理解为特定条件下的变通，是行权者为应对公与私、礼节与道义、礼仪与仁德以及规则与公利、规则与规则、规则与现实等极端现实状况而展现出的权变抉择和伦理智慧。但需要强调的是，这种变通并不是毫无准则的，而是在生死攸关的紧急状态下，为了达到“义”和“善”的目的，在“道”的范围内以不损害他人为目的进行的变通。总而言之，《春秋公羊传》中对“经”与“权”的界定以及对行“权”之人及条件的严格限定，使得儒家道德哲学在保持灵活变通的同时，又恰到好处地控制住了其使用范围，使得整个汉朝并未因“权”的滥用而形成难以收拾的局面。但随着汉朝中央集权的加强，以祭中之事为代表的“经权”观念逐渐超出了人们所能理解的“正统”思想范畴，因而受到指责，《春秋公羊传》中的反经合道观念在后世经学家那里也被视为“非常异义可怪”之论，在相当长的时间内没有得到恰当的评价。

2. 董仲舒的"经权"思想

相比于发轫期的先秦儒家经权思想，董仲舒在对待"常"与"变"，"经"与"权"两种关系的问题上相对比较保守，这与当时儒学被政治化、制度化以及统一中央集权的意识形态需要相一致。

(1)"常"与"变"

就"常""变"关系而言，董子既重视"常"也关注"变"，"常"与"变"的关系类似于恒定性与变通性的关系。《春秋繁露·竹林》载道："《春秋》之道，固有常有变，变用于变，常用于常，各止其科，非相妨也。"①《春秋》的原则本身就有其自身的恒定性与变通性，变通用在变通性的场合，恒定用在恒定性的场合，各自停留在自己的范围，不要互相妨碍。董子在这里之所以提出"常""变"关系主要涉及前文"司马子反为君使"一事。按照常理，司马子反在出使宋国途中，把实际情况告诉敌国，答应对方的请求这在国内属于专权，在国外属于擅取名声。董子却反击道："今诸子所称，皆天下之常，雷同之义也；子反之行，一曲之变，独修之意也。夫目惊而体失其容，心惊而事有所忘，人之情也；通于惊之情者，取其一美，不尽其失。……今让者，《春秋》之所贵，虽然，见人相食，惊人相爨，救之忘其让，君子之道，有贵于让者也。故说《春秋》者，无以平定之常义，疑变故之大，则义几可谕矣。"②董子认为，司马子反的做法是局部的"变"，有独创的意向。宋国当时的国情，已经危难到了人吃人的地步，子反听后大惊，哀怜宋国人的处境进而违背正常的礼仪也属正常。礼仪与仁德，是形式和实质内容共同构成的体系。假如让宋人因国难而

---

① 张世亮、钟肇鹏、周桂钿译注：《春秋繁露》，中华书局2012年版，第54页。

② 张世亮、钟肇鹏、周桂钿译注：《春秋繁露》，中华书局2012年版，第54—55页。

人吃人，就完全失去了仁德，那么所体现的礼仪也就不存在了。司马子反当时需要解决的实质性困难就是解除宋国百姓易子而食，用人骨头烧饭的惨状。所以当解说《春秋》的人不再用普通的常规，去怀疑变通的大法时，差不多就能明白“常”与“变”的要义了。

(2)“经”与“权”

与“常”“变”关系相对应，“经”与“权”的关系也是董子总结出的很有价值的辩证思想。

就“经”而言，董子充分肯定其存在的必要性，认为封建伦理纲常这一原则必须坚持，不可动摇。《汉书·董仲舒传》载道：“改正朔，易服色，以顺天命而已；其余尽循尧道，何更为哉！故王者有改制之名，亡变道之实。”[①]在坚持“经”的同时，董子认为“君子贱二而贵一”，借阴阳之气消长的自然现象强调“执一”，进而确立“经”的主导地位。《春秋繁露·天道无二》载道：“天之常道，相反之物也，不得两起，故谓之一。一而不二者，天之行也。阴与阳，相反之物也，故或出或入，或右或左。春俱南，秋俱北，夏交于前，冬交于后，并行而不同路，交会而各代理，此其文与！天之道，有一出一入、一休一伏，其度一也，然而不同意。……天无常于物，而一于时，时之所宜，而一为之。故开一塞一、起一废一，至毕时而止。终有复始于一，一者，一也。是于天凡在阴位者，皆恶乱善，不得主名，天之道也。故常一而不灭，天之道。”[②]在这里，董子将天道比附人事，认为天道和人事都是“贵一贱二”。从天道来看，阴阳之气作为性质相反之物，出、入、左、右不能同时并起，以此说明天道是统一的。在

① 班固：《汉书》，中华书局2007年版，第568页。

② 张世亮、钟肇鹏、周桂钿译注：《春秋繁露》，中华书局2012年版，第454—455页。

人事中,君子治理国家也需要遵守一定的原则,使自己的心意集于善行,才能获取成功。

董子在强调“经”的同时,对“权”也有独特的理解。与先秦儒者不同的是,孔子是站在圣人的角度肯定“权”的存在,支持“权”对“经”的补充。而董子则是从另一角度强调要对“行权”进行必要的限制,为防范小人借口“行权”,即反小经返于大经,最终限制“权”的存在。董子认为,“权”存在的意义不能仅仅局限于变通,还要将这种变通限制在“度”的范围之内。具体到实践过程中,人们“行权”的出发点应该本于“经”的规制,并时时省察。如若对“权”“变”过分强调,极容易导致对“经”“常”的反叛与排斥。也就是说,人们会打着“权”的旗号、以“权”的名义实施对“经”的否弃和超越,从而挣脱出礼乐教化的限制和束缚。对此,《春秋繁露·玉英》强调说:“夫权虽反经,亦必在可以然之域。不在可以然之域,故虽死亡,终弗为也。”[①]不仅如此,董子进一步指出:“故诸侯在不可以然之域者,谓之大德,大德无逾闲者,谓正经。诸侯在可以然之域者,谓之小德,小德出入可也。”[②]诸侯在不可以如此做的范围内进行权变叫作大德,大德上不越过界限,叫作遵守法度常规。诸侯在可以如此做的范围内进行权变叫作小德,小德上有出入是可以的。即便是小德上的权谋诡诈,尚且也要归之于尊奉常规。

“大德”“小德”说的提出不仅表明了董子对经权关系问题的倾向性,而且反映出他在经权问题上的保守心态。具体而言,董子借用“经礼”与“变礼”,“经辞”与“诡辞”,“阴”与“阳”的辩证关系,挖掘《春秋》的微言大义,既充分肯定《春秋》的直笔、实录和原则性,又以大量避讳性

① 张世亮、钟肇鹏、周桂钿译注:《春秋繁露》,中华书局 2012 年版,第 81 页。

② 张世亮、钟肇鹏、周桂钿译注:《春秋繁露》,中华书局 2012 年版,第 81 页。

的事例，剖析《春秋》的曲笔、隐晦和灵活性。

第一，“经礼”与“变礼”。就“经礼”和“变礼”而言，“经礼”是在正常情况下，人们应当按照常规遵行的礼仪。董仲舒曾借“元”来论述“经礼”的重要性：“谓一元者，大始也。知元年志者，大人之所重，小人之所轻。是故治国之端在正名，名之正，兴五世，五传之外，美恶乃行，可谓得其真矣。”[①]“是故《春秋》之道，以元之深正天之端，以天之端正王之政，以王之政正诸侯之即位，以诸侯之即位正竟内之治，五者俱正而化大行。”[②]在这里，董子以“元”为起点，论述“元”对“名分”“天时”“王之政”“诸侯之即位”“竟内之治”的重要作用。坚信只有在这五个方面都端正了，教化才能够顺利施行。

董子虽然强调“经礼”的重要性，但并不会将礼法制度作为绝对的行为准则。在特殊情况下，只要施行人遵循正道，“变礼”产生的最终效果也许会高于“经礼”。《春秋繁露·玉英》篇载道：“故齐桓非直弗受之先君也，乃率弗宜为君者而立，罪亦重矣。然而知恐惧，敬举贤人，而以自覆盖，知不背要盟以自湔浣也，遂为贤君，而霸诸侯。使齐桓被恶而无此美，得免杀灭乃幸已，何霸之有！鲁桓忘其忧而祸逮其身，齐桓忧其忧而立功名。推而散之，凡人有忧而不知忧者凶，有忧而深忧之者吉。”[③]按照礼仪标准，齐桓公并没有接受先君的遗命就继承君位是违背“经礼”的。但是他在继位之后，尊重并任用贤能之人，用贤人来弥补自己的过失，懂得不背弃哪怕是被胁迫签订的盟约，来为自己洗刷过错，于是成了百姓拥戴的君主。而鲁桓公却恰恰相反，虽然使用手段从鲁

---

① 张世亮、钟肇鹏、周桂钿译注：《春秋繁露》，中华书局2012年版，第69页。

② 张世亮、钟肇鹏、周桂钿译注：《春秋繁露》，中华书局2012年版，第174页。

③ 张世亮、钟肇鹏、周桂钿译注：《春秋繁露》，中华书局2012年版，第73页。

隐公手中夺回了原本属于自己的君位，自己的君位符合“经礼”的规制，但因施政不佳，忘记忧患，最终身死异国。不仅如此，《春秋繁露》还用“王”和“即位”对鲁隐公、鲁桓公两人的事迹评论说：“桓之志无王，故不书王。其志欲立，故书即位。书即位者，言其弑君兄也。不书王者，以言其背天子。是故隐不言立、桓不言王者，从其志以见其事也。从贤之志以达其义，从不肖之志以著其恶。”[①]由此可见，《春秋》赞扬君主的标准并非完全依照“经礼”进行判断，那些虽违“经礼”却遵循正道的君主只要心系百姓、勤政爱民同样会得到后世的尊敬。

由此可见，“经礼”与“变礼”的关系并非完全绝对的，不能简单地将“变礼”视为“经礼”的对立面，而应作为对“经礼”不足之处的补充。《春秋繁露·玉英》篇就“经礼”与“变礼”的关系论述道：“《春秋》有经礼，有变礼。为如安性平心者，经礼也；至有于性虽不安，于心虽不平，于道无以易之，此变礼也。是故昏礼不称主人，经礼也；辞穷无称，称主人，变礼也。天子三年然后称王，经礼也；有故，则未三年而称王，变礼也。妇人无出境之事，经礼也；母为子娶妇，奔丧父母，变礼也。明乎经变之事，然后知轻重之分，可与适权矣。”[②]在这里，董子将人性作为治道的出发和归宿，认为《春秋》中讲述的“礼”既有通常的礼仪又有权变的礼仪。通常的礼仪做了能够使人心安理得，权变的礼仪做了虽然不符合性情，于心也不安，但从道德的角度来讲是无法不做的，所以也必须坚持。另外，董子还分别对“婚礼”“称王”“娶妇”“奔丧”四种情况中发生的“经礼”和“变礼”现象进行了解释。“婚礼”不称结婚人的名字是“经礼”，但是如果没有恰当的说法和称呼才直称结婚人的名字就是“变礼”；天子

---

① 张世亮、钟肇鹏、周桂钿译注：《春秋繁露》，中华书局2012年版，第78页。

② 张世亮、钟肇鹏、周桂钿译注：《春秋繁露》，中华书局2012年版，第76页。

即位三年之后才可以称王是“经礼”，但是如有特殊原因，不到三年也可以称王，这就是“变礼”；妇女本不该出国，这是“经礼”，但是女子为了给自己的孩子娶亲或者为自己的父母奔丧，就可以出国，这是“变礼”。

至于如何才能在众多的礼仪当中“明乎经变之事”，董子主张要坚持“理百物，辨品类，别嫌微，修本末”[①]的原则，根据时间、地点、环境、来源、性别等因素，运用自己的意志，针对具体情况进行分析，进而达到权衡变通的目的。

第二，“经辞”与“诡辞”。就“经辞”与“诡辞”而言，“经辞”是在正常情况下，人们为记录事情的真实情况所用的言辞；“诡辞”是在特殊情况下，人们为了掩盖事件的真实情况而特意选用的言辞。《春秋繁露》就“经辞”与“诡辞”的运用以及“真话假说”的方式进行了简单论述：“《春秋》之书事，时诡其实，以有避也；其书人，时易其名，以有讳也。故诡晋文得志之实，以代讳避致王也。诡莒子号谓之人，避隐公也。易庆父之名谓之仲孙，变盛谓之成，讳大恶也。然则说《春秋》者，入则诡辞，随其委曲而后得之。”[②]《春秋繁露》中记录了“天王狩于河阳”“公及莒人盟”和“变盛谓之成”三个“真话假说”的事例。现将其中“诡辞”的运用简述如下。

《春秋公羊传·僖公》载道：“五月，癸丑，公会晋侯、齐侯、宋公、蔡侯、郑伯、卫子、莒子，盟于践土，陈侯如会。其言如会何？后会也。公朝于王所。曷为不言公如京师？天子在是也。天子在是，则曷为不言天子在是？不与致天子也。”[③]僖公二十八年（公元前632年），晋文公因

---

① 张世亮、钟肇鹏、周桂钿译注：《春秋繁露》，中华书局2012年版，第76页。

② 张世亮、钟肇鹏、周桂钿译注：《春秋繁露》，中华书局2012年版，第84页。

③ 黄铭、曾亦译注：《春秋公羊传》，中华书局2016年版，第317—318页。

大败楚国，想借此成就霸业。但他又担心各诸侯不追随他，所以将天子招致郑地，让各诸侯前来朝拜，借此拉拢各诸侯。众所周知，诸侯与天子属于上下级关系。诸侯若想与天子见面，必须亲自到京师朝见天子。晋文公在践土上朝见天子，属于一种失礼的行为。《春秋》为了掩盖晋文公想成就霸业的现实情况，遂用"狩猎"一词隐讳他朝见天子的事实。

《春秋公羊传·隐公》载道："九月，辛卯，公及莒人盟于包来。公曷为与微者盟？称人则从不疑也。"[①]按照《春秋》之常礼，国君不能与臣子结盟，否则会造成君臣无别的失礼行为。由于鲁隐公急于和莒国结盟，如果将"公及莒人盟"写成"公及莒子盟"，则二者地位相等，恐怕会给人留下隐公急于与莒子结盟，而莒子不肯的错觉。所以为了避讳两者之间存在等级差别这一事实，运用了"诡辞"，将"公及莒子盟"书写成"公及莒人盟"，进而维护了封建等级秩序。

《春秋公羊传·庄公》载道："八年，春，王正月，师次于郎，以俟陈人、蔡人。次不言俟，此其言俟何？托不得已也。甲午，祠兵。祠兵者何？出曰祠兵，入曰振旅，其礼一也，皆习战也。何言乎祠兵？为久也。曷为为久？吾将以甲午之日，然后祠兵于是。夏，师及齐师围成，成降于齐师。成者何？盛也。盛则曷为谓之成？讳灭同姓也。曷为不言降吾师？辟之也。秋，师还。还者何？善辞也。此灭同姓，何善尔？病之也，曰师病矣。曷为病之？非师之罪也。"[②]庄公八年（公元前686年），鲁国为了灭亡盛国，早在正月就将军队驻扎在朗邑，等候陈人和蔡人与之会合。二月十四日，鲁国举行了出兵之礼，开始进军盛国。夏天的时候，鲁国军队和齐国军队围了盛国，盛国因为兵败向齐师投降。到了秋

① 黄铭、曾亦译注：《春秋公羊传》，中华书局2016年版，第55页。

② 黄铭、曾亦译注：《春秋公羊传》，中华书局2016年版，第154—157页。

天，鲁国军队得胜班师回朝。

按照常理，此次战役只不过是鲁国与盛国之间的一场战争。但若仔细品读，就会发现其中几处“诡辞”的运用。

其一，“师次于郎，以俟陈人、蔡人”。按照惯例，《春秋》在记录军队出征时，只须记录军队驻扎的地点“郎”，不必记录等候的对象是谁。这里之所以说出等候的对象是陈人和蔡人，是为了假借等待二者，实为等待齐国之师。即便真的是为了等候陈人和蔡人，也只需要写成“师次于郎”即可，不必有“俟”。另外，由于“俟”是等候的意思，若真是等候陈人、蔡人，应当书写为“俟陈人、蔡人”，不需“以”字。之所以选择假托陈、蔡者，是因为陈、蔡两国先前与鲁共伐卫，是同心之人，并且离鲁国又远，故须“俟”。

其二，“托不得已”。“托不得已”即假托有其他不得已的事，故需要等候陈人和蔡人。由于盛国与鲁国同为姬姓之国，而灭同姓之国被古人称为大恶。所以用“托不得已”是为了给鲁国找到避讳之辞。

其三，“甲午，祠兵”“为久也”。按照礼制，军队在出师时方能举行祠兵之礼。但由于鲁国正月便开始兴师准备，《春秋》为了避讳鲁国急切的灭盛之情，故意用“甲午，祠兵”“为久也”等词语迁延时日，好像鲁国并无汲汲于灭同姓之国的意思。

其四，“成者何？盛也”。按照《春秋》之礼，灭同姓之国为大恶。为了避免鲁国遭到抨击，所以将文中的“盛”改为“成”。

由此可见，《春秋》中“经辞”和“诡辞”的运用也非常普遍。有时不透漏真实情况是因为有所避讳。有时更换名字，是因为有所忌讳。而若想真正了解《春秋》中“经辞”与“诡辞”的运用，就必须随顺历史的复杂变化，挖掘事情的来龙去脉，才能明白其中的真实意义。

(3)以阴阳释经权

阴阳观念作为董子天人思想的重要内容,以天道运行的客观法则为基点,阐释了以阳为经,以阴为权,经用于盛,权用于末的客观规律,从而为经权观念存在的必然性与普遍性做出了极为有效的建构和论证。《春秋繁露·阳尊阴卑》载道:“是故推天地之精,运阴阳之类,以别顺逆之理,安所加以不在?在上下,在大小,在强弱,在贤不肖,在善恶。恶之属尽为阴,善之属尽为阳。阳为德,阴为刑。刑反德而顺于德,亦权之类也。虽曰权,皆在权成。是故阳行于顺,阴行于逆。逆行而顺者,阳也;顺行而逆者,阴也。是故天以阴为权,以阳为经。阳出而南,阴出而北。经用于盛,权用于末。以此见天之显经隐权,前德而后刑也。故曰:阳,天之德;阴,天之刑也。……是故人主近天之所近,远天之所远;大天之所大,小天之所小。是故天数右阳而不右阴,务德而不务刑。刑之不可任以治世也,犹阴之不可任以成岁也。为政而任刑,谓之逆天,非王道也。”[①]董子指出,天地运行应该使用阴阳的规则来识别顺逆。天以阳为经,以阴为权。阳往往顺着正道运行,阴往往背着正道运行。就善恶而言,善是阳属于经,恶是阴属于权;就德教与刑罚而言,德教是阳属于经,刑罚是阴属于权;就运用而言,经用于盛大根本之处,权用于细枝末节之处。因此,君主应该近天之所近,远天之所远;重天之所重,轻天之所轻;治理国家应以德教为经,以刑罚为权,否则“为政而任刑,谓之逆天,非王道也”。

不仅如此,董子还将天气的春、夏、秋、冬四季之变化与人类的感情变化相比配,认为君主应当在春、夏、秋、冬四季分别施行仁爱、宽大、刑

---

① 张世亮、钟肇鹏、周桂钿译注:《春秋繁露》,中华书局2012年版,第417—418页。

罚、清明四种政治，进而效法天道之“经”来治理人事。与此同时，他又强调人道与天道的效法不应该机械简单地追求“经”，而应该抓住天地之道的根本，根据实际情况采取相应措施，免于天、人相合的死板框架。《春秋繁露·如天之为》载道：“天之生有大经也，而所周行者，又有害功也，除而杀殛者，行急皆不待时也，天之志也，而圣人承之以治。是故春修仁而求善，秋修义而求恶，冬修刑而致清，夏修德而致宽。此所以顺天地，体阴阳。然而方求善之时，见恶而不释；方求恶之时，见善亦立行。方致清之时，见大善亦立举之；方致宽之时，见大恶亦立去之。以效天之方生之时有杀也，方杀之时有生也。……天非以春生人，以秋杀人也。当生者曰生，当死者曰死，非杀物之义待四时也。而人之所治也，安取久留当行之理，而必待四时也？此之谓壅，非其中也。”①

总而言之，董仲舒作为先秦儒家经权思想的集大成者，在吸收前期儒家哲人思想的基础上，经过自身的进一步独特发挥，确乎实现了经权思想的华丽转身，形成了他的经权理论，在中国哲学的经权概念史上占据着一定的地位。他在经权方面的论述主要体现在三个层面。第一，董子用“常”与“变”解读《春秋》经典。“常”在一般情况下普遍适用，体现了原则性；“变”是在特殊情况下的变通，体现了灵活性。原则性要求执一不二，灵活性反对拘泥不变，二者的特性相互独立，各自适用于不同的场合。第二，董子对先秦时期的经权观做了进一步的引申，用“经”和“变”言“礼”，用“大”和“小”言“德”，用“正”和“诡”言“辞”，分指“礼”“德”“辞”的原则性与灵活性，进以提升王者为政的方法，使刻板化的行政措施被打开了一个面向事件实情的缺口，也为政治哲学增添了鲜活的内容与力量。原则性讲求对“礼”“德”“辞”的固守不变，让人心性平

---

① 张世亮、钟肇鹏、周桂钿译注：《春秋繁露》，中华书局2012年版，第643页。

安；灵活性讲求“礼”“德”“辞”的反常变通，让人随时、境应变。但由于“经”“大”“正”与“变”“小”“诡”皆合于道，因此既不可执“经”以否“权”，亦不可执“权”以否“经”，而应“经”“权”各处其所，分别运用。第三，董子以天道运行的客观法则为基点，将天道的阴、阳之气与经、权一一对应，阐释了“经”“权”是天、人世界同有的规律，从而为“权”的正当性、合法性做了有效的论证。

董子虽然在以上三个方面对经权的运用给出了相应的解释，但其特殊的经权处事方法以及相对平衡理论，决定了其在新儒学理论上的保守性。在这个理论体系中，所有的思想以及观念都被精心安排，事物的矛盾都被人为地掩饰，一切关系都显得那样和谐，并处于一个有序的状态之中。但究其实质，董子提出的“权”不是为“权”而“权”的，而是为“经”而“权”的。离开了“经”的“权”，失却了任何约束的“权”，就无所谓“权”与不“权”了。这里的“权”，无论如何都已脱离了“权”本身，已不再获得与“经”相对的“权”的内涵。也就是说，董子提出的“权”之所以能够“反经合道”是因“以奉巨经”为指归，虽然合乎逻辑，但最终还是受制于“经”，不能逾越“三纲五常”这一封建道德的藩篱。

(二)宋朝“经权”思想的发展与演变

在儒家经权思想的发展过程中，汉宋之争可谓是长期争执不下的话题。与汉儒鼓吹的经权思想不同，北宋理学的开创者程颐以“理”为最高哲学范畴，明确提出了“权即是经”的理论观点。这一观点的提出不但丰富和拓展了儒家经权理论，而且增加了人们对道德准则普遍性的了解与关注，反映了中国传统伦理思想发展的必然追求，对道德准则约束力的提升具有积极的启发意义。

1.程颐的“经权”思想

程颐作为宋代理学体系的创始人之一，在提出理学经权理论之初就坚持要彻底荡除汉儒“反经合道”可能产生的各种流弊。他认为，汉儒在“道学”的氛围中，汲取了黄老道家“道生天地”的思想观念。这一观念虽然没有否定“道”对“权”这一概念的辖制，但以“反经”为“行权”的思想主张无疑将“权”置于“经”的对立面，试图论证“反经行权”的合理性及正当性，否认了“经”的权威性、至上性。这种理论的提出不仅为各种不遵礼法、违背纲常的行为提供了口实，导致道德准则的约束力普遍降低，使人的行为流入权术、变诈的风险，还对主张“天理”无所不照的理学思想体系构成挑战。程颐觉察到这一点之后，极力反对将“权”置于“经”的对立面的汉儒经权观念，并提出“权即是经”的观点。将“经”视为人们必须普遍遵守的道德准则，将“权”置于“经”的范围之内，并通过“权”的方式实现行为合理化。这样，道德准则不但在抽象的形上层面具有了普遍性，而且在现实的形下层面也形成了普遍约束力。

(1)程颐对“经”的理解

程颐对“经”的理解与汉儒不同，他站在理学的立场上将“经”与其主张的“天理”理论相联系，将先天性和普遍性的“理”解释为“经”，即“定理者，天下不易之理也，是经也”①。

就“理”而言，程颐主要从以下三个方面对“理”进行了解释。

第一，“理”指“天理”，强调客观性。“理”是宇宙万物的本源、自然法则与精神实质。它停留于抽象的世界之中，是一种超越时间和空间的客观存在。它不生不灭，不以人的意志为转移，既不会因为一个好人而存在，也不会因为一个坏人而消亡。它是完美的，“原无少欠”“百里具备”。对此，《二程集·伊川先生语四》载道：“天下物皆可以理照，有

① 程颢、程颐：《二程集》，王孝鱼点校，中华书局2004年版，第160页。

物必有则，一物须有一理。”[①]《二程集·二先生语二上》也载道：“‘生生之谓易’，是天之所以为道也。天只是以生为道，继此生理者，即是善也。”[②]“理则天下只是一个理，故推至四海而准，须是质诸天地，考诸三王不易之理。故敬则只是敬此者也，仁是仁此者也，信是信此者也。”[③]

第二，“理”指“物理”，是万事万物所根据的法则，是物质世界的“所以然”，是具体事物的原理、原则、规律和本质。程颐认为，天地万物之理不会单独存在，而会两两相对出现。这种对立统一的出现正是生生变化的根源，是宇宙变化的普遍法则。《二程集·道明先生语一》载道：“万物莫不有对，一阴一阳，一善一恶，阳长则阴消，善增则恶减。斯理也，推之其远乎？人只要知此耳。”[④]“生生之理，自然不息。如复言七日来复，其间元不断续，阳已复生，物极必返，其理须如此。有生便有死，有始便有终。”[⑤]

第三，“理”指“伦理”，是封建社会的道德规范和伦理纲常，是“天理”在社会、人伦关系中的具体表现。它的存在指导着人们的日常行为规范以及各种道德关系，并涵盖着人类生活的一切可能性。不仅如此，程颐还将儒家主张的三纲五常等人伦关系上升为“天理”，把维护封建君权、父权统治的伦理观念、道德法则进行绝对化和永恒化，把儒家的伦理规范看成世界的最高要求，提倡人们要按照自己的社会角色规范自身的行为，争取做圣人。《二程集·周易下经下》载道：“夫有物必有则，父止于慈，子止于孝，君止于仁，臣止于敬，万物庶事莫不各有其所，

① 程颢、程颐：《二程集》，王孝鱼点校，中华书局 2004 年版，第 193 页。

② 程颢、程颐：《二程集》，王孝鱼点校，中华书局 2004 年版，第 29 页。

③ 程颢、程颐：《二程集》，王孝鱼点校，中华书局 2004 年版，第 38 页。

④ 程颢、程颐：《二程集》，王孝鱼点校，中华书局 2004 年版，第 123 页。

⑤ 程颢、程颐：《二程集》，王孝鱼点校，中华书局 2004 年版，第 167 页。

得其所则安,失其所则悖。圣人所以能使天下顺治,非能为物作则也,唯止之各于其所而已。”[①]“圣人,人伦之至。伦,理也。”[②]“凡眼前无非是物,物物皆有理。如火之所以热,水之所以寒,至于君臣父子间皆是理。”[③]

由上可知,程颐之“理”是永恒的存在,是形而上者,是万事万物的本体。它不仅存在于形上的世界之中,是自然的终极本源和普遍规则,还存在于世俗世界,是人类社会的道德准则。就实质而言,程颐将“理”“经”同构,最终目的是使“经”具有“理”的特性,进而把伦理道德普遍化、永恒化,为巩固封建制度和地主阶级的统治地位创造理论依据。

(2)程颐对“权”的理解

就“权”的含义而言,程颐回归“权”的原始含义,不仅将“权”解释为“秤锤”,而且将其作用局限于“权衡”“权量”,即“权只是秤锤,称量轻重”。“‘权’与权衡之权同,称物而知其轻重者也。人无权衡,则不能知轻重。”[④]程颐认为,“权”作为一种道德实践能力和应对具体道德情境的方法,是现实道德选择中所必需的,不能因其具有消解道德准则普遍性的风险就将其放弃,而应该扩展“经”的普遍性,将“权”至于“经”的范围之内,既突出“经”的不可变易的普遍性,又强调“权”并非随意的、无原则的权宜、变通。

(3)程颐“经权”思想的主要内容

总体而言,程颐的经权思想可以从以下几个方面进行理解。

第一,程颐主张“权即是经”,反对汉儒“反经行权”的思想主张。程

① 程颢、程颐:《二程集》,王孝鱼点校,中华书局2004年版,第968页。
② 程颢、程颐:《二程集》,王孝鱼点校,中华书局2004年版,第182页。
③ 程颢、程颐:《二程集》,王孝鱼点校,中华书局2004年版,第247页。
④ 程颢、程颐:《二程集》,王孝鱼点校,中华书局2004年版,第384页。

颐从道义论出发，认为孔孟之后的儒家学者对“权”的含义的理解存在误读和错用。他在评价老子的思想时说：“老氏之学，更挟些权诈，若言与之乃意在取之，张之乃意在翕之，又大意在愚其民而自智，然则秦之愚黔首，其术盖亦出于此。”[①]根据程颐的理解，汉儒“反经行权”的经权观念存在很大的道德相对主义风险。这种风险不仅弱化了“经”的权威性和普遍适用性，还容易使“权”成为背信弃义的借口。众所周知，“经”是规范我们日常行为的道德准则。倘若在特殊的情境中遵循“经”的指导可能会产生不良后果，这种观点就会要求“权”要超脱“经”的束缚，以“权”的方式使行为能够达到想象的“友善”与“合道”。这种观点虽然看似合理，但也存在一个致命性缺点，即倘若“经”能够被行为主体的主观判断随意影响，那么道德准则将不被人们敬畏，“经”对个人行为的约束及指导将不复存在，从而使人们的道德行为脱离“经”的控制，使“权”流于“变诈或权术”。

由此，程颐遵循孔子“可与立，未可与权”的思路主张，将“权”牢牢地控制在“经”的范围之内，提出了“权即是经”的独特经权观念。程颐这一观念的提出既非要把“权”完全抹去，也非要将“权”完全等同于“经”，而是要把“权”这一概念包含于“经”，让“权”从属于“经”的范畴之内。事实上，虽然程颐对汉儒不符合规范的变诈、权术持否定态度，但就实际道德生活来说，他对特殊情境下行“权”的行为是持支持态度的。究其原因，承认“权”的使用就意味着“经”在实际生活中有“不及”之处，而“不及”之处的出现又恰恰为“权”的规范和发挥提供了可行的平台，从而为“经”“权”关系的互补起到应有的作用。否则，道德生活中只需要有“经”的指导就可以了，“权”也就会失去用武之地。

① 程颢、程颐：《二程集》，王孝鱼点校，中华书局 2004 年版，第 152 页。

第二，程颐认为“权”必须“合于义”，必须将行权的要求控制在“义”的范围之内，不能在道义准则之外寻找其他的实践方式。

“义”作为儒家伦理纲常和道德准则，一直规范着我们的日常生活。而“经”“权”作为“义”的两种不同属性，在“义”中所起到的作用也有所区别。“经”主要体现了“义”的伦理纲常和道德规范等固定属性，“权”主要体现了“义”在不同境遇中权衡变通和灵活多变的属性。程颐曾就“义”与“经”“权”的关系强调道：“欲知中庸，无如权，须是时而为中。若以手足胼胝，闭户不出，二者之间取中，便不是中。若当手足胼胝，则于此为中；当闭户不出，则于此为中。权之为言，秤锤之义也。何物为权？义也。然也只是说得到义，义以上更难说，在人自看如何。”[①]“不知权只是经所不及者，权量轻重，使之合义，才合义，便是经也。今人说权不是经，便是经也。”[②]在程颐看来，“权”本身就是“经”这一道德准则在某些特殊情境中的特殊运用。只要行权的行为合于“义”的要求，那么其自然而然也就合乎“经”的要求，即“权即是经”。由此可见，程颐以“义”为中介，将“权”纳入“经所不及”的范围进行理解，提醒人们如若不能对道义原则进行深刻理解，如若没有达到孔子所谓的“可与立”的道德境界，就不要轻易论“权”、言“权”、用“权”。人们只要遵照“经”的要求老老实实地守“经”便可做出恰当的行为。

第三，程颐认为“道”是本体论的范畴，是形而上的精神实体，主张行“权”必须合于“道”。既要合乎本体之“道”，也要合乎规律之“道”，还要合乎伦常之“道”。程颐认为“道”是本体论的范畴，是形而上的精神实体。《二程集·二先生语一》载道：“盖上天之载，无声无臭，其体则谓

---

① 程颢、程颐：《二程集》，王孝鱼点校，中华书局2004年版，第164页。

② 程颢、程颐：《二程集》，王孝鱼点校，中华书局2004年版，第234页。

之易，其理则谓之道，其用则谓之神，其命于人则谓之性，率性则谓之道，修道则谓之教。……形而上为道，形而下为器，须著如此说。器亦道，道亦器，但得道在，不系今与后，己与人。”[①]首先，行权要合乎本体之“道”。“权”与“道”虽然互不相同，但行“权”要以“道”为准则，不能脱离“道”的范围。《二程集·伊川先生语八上》中载道：“能用权乃知道，亦不可言权便是道也。”[②]其次，行权要合乎规律之“道”。《二程集·中庸解》中载道：“天下古今之所共由，谓之达道。所谓达道者，天下古今之所共行。”[③]程颐认为，形而上的宇宙本体，又是天地运行的法则和基本规律。“夫心通乎道，然后能辨是非，如持权衡以较轻重，孟子所谓知言是也。揆之以道，则是非了然，不待精思而后见也。学者当以道为本。心不通乎道，而较古人之是非，犹不持权衡而酌轻重，竭其目力，劳其心智，虽使时中，亦古人所谓‘亿则屡中’，君子不贵也。”[④]最后，行权要合乎伦常之“道”。在理学中，“道”是“五伦”“五常”的伦理道德规范，行权既要符合“经”的要求，也要符合仁、义、礼、智、信等伦理道德规范。程颐曾说：“且如五常，谁不知是一个道？”[⑤]

第四，就行权范围来讲，其必须符合“经所不及者”的规定。《二程集·伊川先生语四》载道：“古今多错用权字，才说权，便是变诈或权术。不知权只是经所不及者，权量轻重，使之合义，才合义，便是经也。今人说权不是经，便是经也。权只是称锤，称量轻重。孔子曰：‘可与立，未

① 程颢、程颐：《二程集》，王孝鱼点校，中华书局2004年版，第4页。
② 程颢、程颐：《二程集》，王孝鱼点校，中华书局2004年版，第295页。
③ 程颢、程颐：《二程集》，王孝鱼点校，中华书局2004年版，第1156页。
④ 程颢、程颐：《二程集》，王孝鱼点校，中华书局2004年版，第601页。
⑤ 程颢、程颐：《二程集》，王孝鱼点校，中华书局2004年版，第223页。

可与权。’”[①]在程颐看来，“经之所不及者”是指在道德生活中的某些细枝末节中，由于“经”没有提供明确的道德行为准则，道德主体在此行动过程中无法直接求助于现有的道德准则，进而产生的道德困扰。程颐这里提出的“经所不及者”与汉儒主张的“可以然之域”的行权观点看似相似，实际却有很大区别。汉儒认为，“可以然之域”是行权的范围，“不可以然之域”是守经的范围。“权”与“经”所涉及的范围一个是“可以然”，一个是“不可以然”，两者的地位是平等的。而在“经之所不及者”这里，“经”与“权”是不可以等量齐观的。“权”只能在“经”没有涉及的地方发挥作用，“权”对“经”只起到了辅助作用，所以两者地位是不同的。然而，程颐对“权只是经所不及者”却有更为深刻的理解。他认为，“经”同“理”或“道”一样，都是具有高度的宏观性和抽象性。“经”之所以会出现“所不及”的特殊状况是因为“经”作为规范我们日常生活的行为准则和“人纲大法”，既不可能将人类在道德生活中方方面面的要求都包括进去，也不可能对道德生活中可能发生的各种状况都提出明确的要求，以至于我们不能用已有的道德准则来判断自己在某些“精微曲折处”的行为的对与错。这时，就需要将道义原则与现实情境相互结合，通过“权”的分析，继而保证所选择的行为方式能够合乎道义的要求。正如明代高拱在谈及程颐的经权观时所说：“权者，经之所不及也。经者，只是存得个大纲大法，正当的道理而已；其精微曲折处，固非经之所能尽也。所谓权者，于精微曲折处，曲尽其宜，以济经之所不及尔。”[②]

第五，就行权的境界问题而言，程颐希望“权”能够达到“随时而动，

---

① 程颢、程颐：《二程集》，王孝鱼点校，中华书局 2004 年版，第 234 页。

② 高拱：《高拱全集》，岳金西、岳天雷编校，中州古籍出版社 2006 年版，第 1159 页。

合宜适变”的理想境界。《论语·子罕》篇载道：“可与共学，未可与适道；可与适道，未可与立；可与立，未可与权。”[①]程颐吸取了孔子对“权”的解读，认为在“共学”“适道”“立”“权”四种递进关系中，“权”的境界居于首位。而“权”的境界之所以最高，关键在于能够“随时而动，合宜适变”。对此，《二程集·论语篇》载道：“若夫随时而动，合宜适变，不可以为典要，非造道之深，知几可与权者，不能与也。”[②]

由上可知，在程颐的经权思想体系中，“经”是普遍性的道德准则，“权”内在于“经”，对“经之所不及者”起到补充作用。在道德实践中，如若人们的道德行为有确定的规则可循，那么这些规则就被称为“经”。如若道德行为尚无确定的规律可循，那么人们只能在遵循“道”和“义”的前提下，根据具体的道德情形，重新权衡或寻找与“理”相配的可行性行为准则，这就是所谓的“权”。而在此种特殊情境中，一旦“权”找到了合乎“道”和“义”的理论依据，便意味着“权”有了“理”的“实例”，那么“权”所适用的情境和准则自然也就成了新的“经”。这种内在包含了“权”的新的“经”便不再是汉儒所以为的仅仅具有相对的普遍性，而是变成了永恒的、绝对普遍性的“经”。这种道德准则不但在抽象的形而上的层面上具有绝对的普遍性，而且在现实的道德生活中，也成了具有普遍性的原则或规范。不仅如此，程颐还认为无论是直接适用的“经”还是即将使用的“权”，其行为标准都是先天存在于“理”之中的，都是“理”的普遍性的体现。总之，无论是遵循原有的“经”还是寻求可行性的“权”，都没有因为承认“权”的价值而否认“经”作为道德准则的绝对普遍性。其目的都是在不损害原有道德准则的前提下，使人们的道德

---

① 陈晓芬、徐儒宗译注：《论语·大学·中庸》，中华书局2015年版，第109页。

② 程颢、程颐：《二程集》，王孝鱼点校，中华书局2004年版，第1204页。

生活朝“善”的目标进行追求。

2. 朱熹的“经权”思想

“经”“权”作为宋代理学道德实践理论中的一对重要范畴，着力解决道德规则的普遍性和道德情境的特殊性这对存在于道德选择与道德评价等实践活动中的基本矛盾。朱熹作为二程理学的继承者和发展者，在综合汉儒以及程颐经权思想的基础上，创造性地提出了“经是已定之权，权是未定之经”的命题，即延续了程颐强调道德准则的普遍性立场，也避免了“经”“权”相互混淆的弊端。

(1)朱熹“经权”思想的来源

朱熹作为理学体系的完成者，其经权思想是在对早期理学思想继承发扬的基础上，对其中一些不尽完善的观点进行系统的梳理和反思，进而对“经”“权”关系进行的更为准确的表述。总体而言，朱熹对程颐经权观的态度比较矛盾。一方面，他深知程颐“权即是经”的真正用意，认为这一思想的提出有其合理之处。《朱子语类·论语十九子罕篇下》载道：“某常谓不必如此说。孟子分明说：‘男女授受不亲，礼也；嫂溺援之以手者，权也。’权与经岂容无辨！但是伊川见汉儒只管言反经是权，恐后世无忌惮者皆得借权以自饰，因有此论耳。”[①]朱熹认为，“经”是“权”的内在本质，“权”是“经”的外在表现。对此，他还举例道：“权者，乃是到这地头，道理合当恁地做，故虽异于经，而实亦经也。且如冬月便合著绵向火，此是经。忽然一日煖，则亦须使扇，当风坐，此便是权。伊川谓‘权只是经’，意亦如此。”[②]无论是冬日以火取暖还是使扇子扇风都是为了身体的舒适，虽然二者的形式不同，但其实质都是一样的。另

① 黎靖德编：《朱子语类》，王星贤点校，中华书局2020年版，第1061页。

② 黎靖德编：《朱子语类》，王星贤点校，中华书局2020年版，第1060页。

一方面，他对程颐“权即是经”的提法并非完全同意，因此站在辩证否定的立场上对程颐的经权观念进行了批评。《朱子语类·论语十九子罕篇下》载道：“汉儒谓‘权者，反经合道’，却是权与经全然相反；伊川非之，是矣。然却又曰‘其实未尝反经’，权与经又却是一个，略无分别。恐如此又不得。权固不离于经，看‘可与立，未可与权’，及孟子‘嫂溺援之以手’事，毫厘之间，亦当有辨。”[①]朱熹认为，“经”和“权”作为道德生活准则的普遍性要求与道德情境的特殊性要求都有其各自的含义和内容，不应该简单地将它们进行统一。“权”虽然合于“经”，但“权”有其自身的独特性，二者的范域是有分界的，应当在承认“经”“权”分别的基础上进行融会贯通，辩证综合，构筑辩证的经权关系。

（2）朱熹“经权”思想的主要内容

第一，“经”与“权”的关系。就经权关系而言，朱熹在克服汉、宋经权理论缺陷的基础上，运用体用思维方式对经权关系进行了辩证的论述，提出了“经是已定之权，权是未定之经”的辩证命题。

就两者的差异性而言。首先，“经”与“权”有体用之别。“经”与“权”就如同秤衡与秤锤一样。“经”是“体”，是秤衡；“权”是“用”，是秤锤。《朱子语类·论语十九子罕篇下》载道：“‘经与权，须还他中央有个界分。如程先生说，则无界分矣。程先生‘权即经’之说，其意盖恐人离了经，然一滚来滚去，则经与权都鹘突没理会了。’又问：‘权是称锤也。称衡是经否？’曰：‘这个以物譬之，难得亲切。’久之，曰：‘称得平，不可增加些子，是经；到得物重衡昂，移退是权，依旧得平，便是合道，故反经亦须合道也。’”[②]朱熹认为，“经”如同秤衡，是事物的本体。秤衡上面虽

① 黎靖德编：《朱子语类》，王星贤点校，中华书局 2020 年版，第 1063 页。

② 黎靖德编：《朱子语类》，王星贤点校，中华书局 2020 年版，第 1059—1060 页。

有铢、两、斤、钧、石等不同单位的度量标准，但不能独自为用。“权”如同秤锤，是事物的外在表象。它能使秤衡上面的铢、两、斤、钧、石得以实现，由秤衡之“体”转化为“用”。其次，“经”与“权”有常变之别。“经”与“权”就如同“常”与“变”一样，“经”是常行的道理，“权”是经不及之处，不得已而变通的道理。《朱子语类·论语十九子罕篇下》载道：“然经毕竟是常，权毕竟是变。”①“经，是常行道理。权，则是那常理行不得处，不得已而有所通变底道理。权得其中，固是与经不异，毕竟权则可暂而不可常。”②再次，“经”与“权”有原则性与灵活性之别。“经”具有原则性和稳定性特征，它能够维护个人与社会之间和谐、有序的规范性架构。但在现实社会中，由于受到各种外在道德因素的影响，“经”的施行不可能覆盖现实生活的方方面面，肯定会面临重重挑战。此时，就需要运用“权”的灵活性去弥补“经”的不足，进而实现“经”的价值指向。因此，经权有原则稳定之本与灵活趋时之末的差异和对立。《朱子语类·论语十九子罕篇下》载道：“盖经者只是存得个大法，正当底道理而已。盖精微曲折处，固非经之所能尽也。所谓权者，于精微曲折处曲尽其宜，以济经之所不及耳。所以说‘中之为贵者权’，权者即是经之要妙处也。”③“经只是一个大纲，权是那精微曲折处。且如君仁臣忠，父慈子孝，此是经常之道，如何动得！其间有该不尽处，须是用权。权即细密，非见理大段精审，不能识此。”④最后，“经”与“权”有稳定、变通之别。《朱子语类·论语十九子罕篇下》中记载了“经”“权”之不同：“固是不

① 黎靖德编：《朱子语类》，王星贤点校，中华书局2020年版，第1061页。

② 黎靖德编：《朱子语类》，王星贤点校，中华书局2020年版，第1062页。

③ 黎靖德编：《朱子语类》，王星贤点校，中华书局2020年版，第1064页。

④ 黎靖德编：《朱子语类》，王星贤点校，中华书局2020年版，第1064页。

同:经是万世常行之道,权是不得已而用之,大概不可用时多。”[①]“某之说,非是异程子之说,只是须与他分别,经是经,权是权。且如‘冬日则饮汤,夏日则饮水’,此是经也。有时天之气变,则冬日须着饮水,夏日须着饮汤,此是权也。权是碍着经行不得处,方使用得,然却依前是常理,只是不可数数用。”[②]“经”作为封建社会的伦理纲常是常行之道,具有稳定性特征。“权”作为施行封建伦理纲常的具体方法和手段是对“经”的一种权益之计和应对措施,具有变通性特征。由此,“权”是“经之所不及处”,“经”包含万事却不能尽净无遗,而其“精微曲折处”须得行“权”以补足,而其差异虽在“毫厘之间,亦当有辨”。

就两者之间的统一性而言。首先,“经”与“权”作为相互矛盾的对立面,总是相辅相成,不可分离的。经权之间的体与用、常与变,道德规范的原则性和实施的灵活性,伦理纲常的稳定性和应用的变动性,都是相互依赖、常相为用的。因此,《朱子语类·论语十九子罕篇下》中朱熹就经权之间相辅相成的关系说道:“只是虽是权,依旧不离那经,权只是经之变。”[③]“权与经固是两义,然论权而全离乎经,则不是。”[④]其次,经权二者虽有区分,却殊途同归,存在由此达彼的桥梁。朱熹认为,“经”所向者,道也,“权”所向者,亦道也。“道”贯穿着“经”与“权”,它从至高层面统领二者。同时,我们还应知晓,“经”中有“权”,“权”中有“经”,“权者即是经之要妙处也”。《朱子语类·论语十九子罕篇下》载道:“经自经,权自权。但经有不可行处,而至于用权,此权所以合经也。”[⑤]最

① 黎靖德编:《朱子语类》,王星贤点校,中华书局2020年版,第1061页。

② 黎靖德编:《朱子语类》,王星贤点校,中华书局2020年版,第1065页。

③ 黎靖德编:《朱子语类》,王星贤点校,中华书局2020年版,第1067页。

④ 黎靖德编:《朱子语类》,王星贤点校,中华书局2020年版,第1063页。

⑤ 黎靖德编:《朱子语类》,王星贤点校,中华书局2020年版,第1058页。

后,“经”与“权”在一定条件下可以相互转化。《朱子语类·论语十九子罕篇下》载道:“经是已定之权,权是未定之经。”[①]“经”作为道德践行、政治实践的准则及标准都是已定的、有定的。但在“经”的执行过程中,其具体施行方法和措施并不是机械的,而是灵活的、多变的。由此,已定之经可以转化为未定之权。“权”作为政治实践、道德践行的方法和措施本是未定的、无定的。但在一定条件下,我们可以将未定的措施和方法进行总结,将其概括为一种新的原则或制度,使之成为已定之经。在朱熹看来,经权之间的已定与未定并不是完全固定的、绝对的,而是辩证的、相对的,二者相互渗透、相互贯通,并在一定条件下相互过渡、相互转化。也就是说,未定、无定之权可以转化为已定、有定之权,即经;已定、有定之经又可以转化为未定、无定之经,即权。

朱熹为了消解和程颐在经权关系理论上的紧张和冲突,运用体用思维方式对经权关系进行论述,既汲取其长,又舍弃其短,建构起了“经是已定之权,权是未定之经”的辩证思想观念。这一观念的提出既说明了自己的理论与程颐思想观念的相同之处,化解了和程颐经权观念上的矛盾,又标明了二者之异,大大提升了宋朝经权理论的思辨水平。

第二,“权”与“义”的关系。如上所言,经权两者之间既存在一定的统一性又具有一定的差异性。那么,“经”与“权”到底是如何进行统一的呢?为了解决这一问题,朱熹把“义”引入经权观,将“义”作为“经”与“权”的属性,使其成为贯通经权的媒介,由此阐发了理学的权义观念。

《朱子语类·论语十九子罕篇下》载道:“义者,宜也。权固是宜,经独不宜乎?”[②]“‘义’字大,自包得经与权,自在经与权过接处。如事合当

① 黎靖德编:《朱子语类》,王星贤点校,中华书局2020年版,第1060页。

② 黎靖德编:《朱子语类》,王星贤点校,中华书局2020年版,第1061页。

如此区处，是常法如此，固是经；若合当如此，亦是义当守其常。事合当如此区处，却变了常法恁地区处，固是权；若合当恁地，亦是义当通其变。文中子云：'权义举而皇极立。'若云'经、权举'，则无害。今云'权、义举'，则'义'字下不得。何故？却是将义来当权。不知经自是义，权亦是义，'义'字兼经、权而用之。若以义对经，恰似将一个包两物之物对着包一物之物。"[①]就"义"与"经"的关系而言，"义"被解释为"适宜""合宜"，与"经"的时代内涵相一致，符合儒家伦理纲常和道德规范。就"义"与"权"的关系而言，"权"本身就是紧急状态下的权宜之计。其目的是要通过对时势的正确判断和恰当处置以达到最后适宜的要求。由此可见，"权"与"经"的地位相侔，二者所行都是为了事物能够"合宜"。所以，朱熹对此说道："义当守经，则守经；义当用权，则用权，所以谓义可以总括得经、权。"[②]

第三，"权"与"道"之间的关系。朱熹认为，"道"属于本体论范畴，是形而上的精神实体。它存在于天地之间，不依附于任何外在媒介而单独存在。"道"还是宇宙的本体，时间上的"今与后"，主体上的"己与人"，甚至世间的万事万物都依附"道"而存在。《朱子全书》载道："千五百年之间，正坐如此，所以只是架漏牵补，过了时日。其间虽或不无小康，而尧、舜、三王、周公、孔子所传之道，未尝一日得行于天地之间也。若论道之常存，却又初非人所能预。只是此个自是亘古亘今常在不灭之物，虽千五百年被人作坏，终殄灭他不得耳。"[③]"经"与"权"作为"道"的不同表现形式存在于"道"之中。"经"体现了"道"的原则性与恒常

---

① 黎靖德编：《朱子语类》，王星贤点校，中华书局2020年版，第1067—1068页。

② 黎靖德编：《朱子语类》，王星贤点校，中华书局2020年版，第1062页。

③ 朱熹：《朱子全书》(第21册)，朱杰人、严佐之、刘永翔主编，上海古籍出版社、安徽教育出版社2002年版，第1583页。

性,“权”体现了“道”的灵活性与变通性。正如《朱子语类·论语十九子罕篇下》中所说“经者,道之常也;权者,道之变也。道是个统体,贯乎经与权”[①]。就“权”与“道”的关系来看,朱熹主要从三个方面对它们进行了论述。

其一,行权要合乎本体之“道”。朱熹认为,“道”是内在本体,是世界观。“权”是外在现象,是方法论。就两者关系而言,内在的“道”决定外在的“权”,外在的“权”体现内在的“道”。只有对内在的“道”进行深刻认识、把握和体悟,精通其中的本质要求,才能从外在对“道”进行灵活的变通,才能达到知权行权的最高境界。故此,朱熹说道:“以此观之,权乃经之要妙微密处。非见道理之精密、透彻、纯熟者,不足以语权也。”[②]

其二,行权要合乎规律之“道”。朱熹认为,“道”是形而上的本体,是天地万物运行之规律。人们在行“权”之时,应该“以道为本”,遵循“道”之法则和规律,正确发挥权的主体能动性,才能去非存是,改邪归正。对此,朱熹说道:“天地之化,往者过,来者续,无一息之停,乃道体之本然也。其可指而易见者,莫如川流,故于此发以示人。”[③]“所谓道,不须别去寻讨,只是这个道理。非是别有一个道,被我忽然看见,攫拏得来,方是见道。只是如日用底道理,恁地是,恁地不是。事事理会得个是处,便是道也。”[④]

其三,行权要合乎伦常之“道”。在理学体系中,“道”还包含了“五伦”“五常”的伦理道德规范。就“五伦”而言,朱熹认为,“道”是“慈”

① 黎靖德编:《朱子语类》,王星贤点校,中华书局2020年版,第1061页。
② 黎靖德编:《朱子语类》,王星贤点校,中华书局2020年版,第1065页。
③ 黎靖德编:《朱子语类》,王星贤点校,中华书局2020年版,第1045页。
④ 黎靖德编:《朱子语类》,王星贤点校,中华书局2020年版,第244页。

“孝”“仁”“敬”的实理。《朱子语类·孟子二公孙丑上之上》载道:“如父当慈、子当孝,君当仁,臣当敬,此义也。所以慈孝,所以仁敬,则道也。”[①]就“五常”而言,“道”还指仁、义、礼、智、信。

总而言之,朱熹“道贯经权”的思想观念既阐述了权变的规律性,又为行权的合理性确立了本体论支持,既认为“经”与“权”都从属于“道”,又认为“道”需要通过“经”与“权”才能得以体现。诚如赵纪彬先生所言:“‘行权’的方法,从‘适道’的原理而来;亦即‘道’是‘权’的本体,‘权’是‘道’的应用,‘体用一源’……必须先‘明道’而后才能将原理应用于实际;此即古人所说的‘精义入神以致用’;亦即今语所说的‘方法论从属于世界观’。”[②]在这里需要指出的是,朱熹虽然承认“经”的重要性,承认“经”从属于“道”,但在特殊情况下,他也肯定“反经”的合理性,认为“反经”要“去其不善,为其善者而已”。《朱子语类·论语十九子罕篇下》载道:“要之,‘反经合道’一句,细思之亦通。缘‘权’字与‘经’字对说。才说权,便是变却那个,须谓之反可也。然虽是反那经,却不悖于道;虽与经不同,而其道一也。”[③]“盖事也有那反经底时节,只是不可说事事要反经,又不可说全不反经。如君令臣从,父慈子孝,此经也。若君臣父子皆如此,固好。然事有必不得已处,经所行不得处,也只得反经,依旧不离乎经耳,所以贵乎权也。”[④]

其四,“权”与《易》之间的关系。在朱熹的权变思想中,最具特色的就是以《易》解“权”。他通过“巽”与“权”的关联对“巽以行权”进行解读,进而为“权”的内涵引入新的内容。《朱子语类·易十二系辞下》载

① 黎靖德编:《朱子语类》,王星贤点校,中华书局2020年版,第1345页。
② 转引自岳天雷:《高拱研究三编》,河南人民出版社2018年版,第93页。
③ 黎靖德编:《朱子语类》,王星贤点校,中华书局2020年版,第1067页。
④ 黎靖德编:《朱子语类》,王星贤点校,中华书局2020年版,第1064—1065页。

道:“才卿问‘巽以行权’。曰:‘权之用,便是如此。见得道理精熟后,于物之精微委曲处无处不入,所以说‘巽以行权’。”[①]《四书章句集注》也载道:“易九卦,终于巽以行权。权者,圣人之大用。未能立而言权,犹人未能立而欲行,鲜不仆矣。”[②]“九卦”就是《易经》中的九大修德之卦,即:“履”“谦”“复”“恒”“损”“益”“困”“井”“巽”。《周易》对它们解释道:“履,礼也。上天下泽,定分不易,必谨乎此,然后其德有以为基而立也。谦者,自卑而尊人,又为礼者之所当执持而不可失者也。九卦皆反身修德以处忧患之事也,而有序焉。基,所以立。柄,所以持。复者,必不外而善端存。恒者,守不变而常且久。惩忿窒欲以修身,迁善改过以长善,困以自验其力,井以不变其所,然后能巽顺于理,以制事变也。”[③]朱熹认为,从“礼”至“顺于理,以制事变”,儒家不仅追求明道于心、行道于世,还强调“巽”德的践行能力。就经权关系而言,“巽以行权”反映了经权之间“隐”的特征,即将“权”当作“经”之隐微曲折处的补充。对此,《朱子语类·易十二系辞下》载道:“‘巽称而隐’,‘隐’字何训?曰:‘隐,不见也。如风之动物,无物不入,但见其动而不见其形。权之用,亦犹是也。’”[④]

(3)朱熹对行“权”层次的理解

如前所言,朱熹一直强调“经”作为众人皆能遵循的规则,应当积极遵守。“权”作为“经”之所济,赋予其可行者则须颇为谨慎。《朱子语类·论语十九子罕篇下》载道:“‘权莫是中否?’曰:‘是此一时之中。不中,则无以为权矣。然舜禹之后六七百年方有汤;汤之后又六七百年方

① 黎靖德编:《朱子语类》,王星贤点校,中华书局2020年版,第2098页。

② 朱熹:《四书章句集注》,中华书局2011年版,第110页。

③ 朱熹注:《周易》,李剑雄标点,上海古籍出版社1995年版,第155—156页。

④ 黎靖德编:《朱子语类》,王星贤点校,中华书局2020年版,第2098页。

有武王。权也是难说。故夫子曰：'可与立，未可与权。'到得可与权时节，也是地位太煞高了也。'"[①]"'可与立，未可与权'，亦是甚不得已，方说此话。然须是圣人，方可与权。若以颜子之贤，恐也不敢议此。'磨而不磷，涅而不缁。'而今人才磨便磷，才涅便缁，如何更说权变？所谓'未学行，先学走'也。"[②]由上可知，朱熹对待行权的态度十分谨慎，认为只有圣人才有资格行"权"。但是，如果将行"权"的主体局限在如此小的范围之内，"权"的意义和价值不仅会大打折扣，还会影响其具体实践的积极意义。对此，朱熹在其弟子的追问下将行"权"的层次做了区分。"'可与立，未可与权'，看来'权'字亦有两样。伊川以权只是经，盖每日事事物物上称量个轻重处置，此权也，权而不离乎经也。若论尧舜禅逊，汤武放伐，此又是大底权，是所谓'反经合道'者也。曰：'只一般，但有小大之异耳。如尧舜之禅逊是逊，与人逊一盆水也是逊；汤武放伐是争，争一个弹丸也是争。康节诗所谓'唐虞玉帛烟光紫，汤武干戈草色萋'，大小不同而已矣。"[③]

就其"大"而言，朱熹认为"尧、舜禅逊，汤、武放伐"这种每隔六七百年才发生一次的事情是"大"的行权层面。就其"小"而言，朱熹将抽象的经、权关系具体为现实生活中的礼、权关系："礼有经，有变。经者，常也；变者，常之变也。"[④]为此，他举例道："或问：'设如母卒，父在，父要循俗制丧服，用僧道火化，则如何？'曰：'公如何？'曰：'只得不从。'曰：'其他都是皮毛外事，若决如此做，从之也无妨，若火化则不可。'泳曰：'火化，则是残父母之遗骸。'曰：'此话若将与丧服浮屠一道说，便是未识轻

① 黎靖德编：《朱子语类》，王星贤点校，中华书局2020年版，第1061页。
② 黎靖德编：《朱子语类》，王星贤点校，中华书局2020年版，第1059页。
③ 黎靖德编：《朱子语类》，王星贤点校，中华书局2020年版，第1066页。
④ 黎靖德编：《朱子语类》，王星贤点校，中华书局2020年版，第2352页。

重在。’”[①]在这里，朱熹主要面对“父命”和“丧制”相互矛盾的两难境况。按照儒家礼仪标准，母亲去世举办的丧礼应遵循严格的礼仪制度，绝不能按照僧道火化。但是如若不这么做，就违背了父亲“循俗制”的要求，有违孝道。是遵父命还是依丧制？是违背礼还是违背孝？朱熹在此情况下并没有简单地择一而行，而是做出了礼制不可全守，父命不可全遵的权变决定。他认为，“丧服用僧道”虽然不符合儒家的礼仪，但只是一些细枝末节的“小”问题，可以做出退让，遵循父命，使之符合孝道。但用“僧道火化”是“残父母之遗骸”的“大”事，必须坚持礼制，即使违背父命也绝不退让。朱熹此种做法既顾及了父亲之情，又兼顾了儒家之礼，可谓情礼兼顾而不失其常。简言之，朱熹认为“权”有大小之异。其“大”者，“圣人亦罕言之”；其“小”者，常人可知而行之。但须注意的是，朱熹言“权”往往只论其“大”而忽视其“小”，致使常被后人诟病。

(4)朱熹“经权”思想的蔽失

众所周知，朱熹思想的核心范畴是“理”。“理”呈现于人的是人伦纲常之大本，是只可顺而成之的“经”。“经”作为社会存在的本质，其地位是绝对而神圣的，它虽然不能包含全部的社会生活，但甚少有可以偏反、悖逆纲常的理论存在。朱熹之所以强调“经”的重要性不仅在于它能够起到维持社会纲常的规范作用，还在于它能够尽量弱化甚至遮盖“权”在社会实践中的积极作用。《朱子语类·孟子十一尽心下》载道：“经便是大经，君臣、父子、夫妇、兄弟、朋友五者。若便集义，且先复此大经。天下事未有出此五者，其间却煞有曲折。如大学亦先指此五者为言。使大纲既正，则其他节目皆可举。若不先此大纲，则其他细碎工

① 黎靖德编：《朱子语类》，王星贤点校，中华书局2020年版，第2447页。

夫如何做！谓如造屋先有柱脚，然后窗牖有安顿处。”[①]在这里，朱熹虽然提出了“其间却煞有曲折”的特殊状况，但他认为此种“曲折”只是守经基础上的“细碎工夫”，不必过多地理会，只要持守好大经大纲，就可纲举而目张，就可以实现“经”的本质意义。至于对“权”的解读，朱熹将其放在整个理学思想框架之下，认为“权”在“经”面前所具有的理论可行空间极为有限，现实行“权”的合法性几乎不存在。究其原因，行“权”似乎只能是“如汤、武事，伊、周事”，行权的主体“须是圣人，方可与权”。朱熹此种重“经”轻“权”的态度不仅消解了“权”之创造性的积极层面，而且使“经”在社会中原本表现出的积极作用发生了偏向，其作用由规范变为禁锢，由稳定变为僵化。

总而言之，朱熹经权思想的建立无论在深度上还是在广度上都远超汉儒和程颐。这种试图调解道德准则普遍性与道德情境特殊性之间的矛盾的思想体系的建立和发展，不仅有助于理解儒家思想发展的逻辑进程，而且为现实的道德实践和伦理学理论发展提供了有益的借鉴。

四、明清时期“经权”思想的发展与演变

明清时期，王阳明、王夫之的经权理论都具有鲜明的启蒙色彩，对于主体价值的发现以及破除外在权威的束缚，都起到了积极的作用。王阳明认为，“经”的形而上的依据只能在“良知”中寻求。通过“良知”对具体情境中的行为的正当性进行判断取舍的过程，就是施行“权”的过程。经权统一的现实路径就是“致良知”。而王夫之针对“反经合道为权”的经权观在道德实践中可能导致权术、变诈的流弊，提出了“就事

① 黎靖德编:《朱子语类》，王星贤点校，中华书局 2020 年版，第 1582 页。

上说”“学问心德”的观点。他将“经”“权”关系理解为一种体用关系，认为二者是统一的，在承认道德准则的普遍约束力的基础上，对主体在具体情境中意志自由的发挥给予了充分的尊重，深化和推进了儒家的经权理论。

1. 王阳明的“经权”思想

从伦理意义上讲，“经权问题……是指如何通过恰当地处理道德准则的普遍性与道德情境的复杂性之间的关系，以确保实践选择的正当性与合理性的问题”[①]。就明代儒家代表王阳明而言，他对“经权”问题的讨论与前期儒家学者的观点存在较大差异。他并没有直接对“经”“权”问题进行阐释，而是通过对“良知”“致良知”等理论的梳理，将“良知说”对心物关系的讨论与“经权”相联系，进而推动“经权”思想的发展。这种理论的提出不但体现了他对道德实践中善恶准则的普遍性与实践情境的特殊性之间关系问题上的基本观点，而且表现出浓厚的启蒙色彩，对于主体价值的发现以及破除外在权威的束缚，都起到了积极的作用。

(1)王阳明对“经”的理解

关于“经”的基本内涵，王阳明认为，“经”既可理解为“常道”，又可理解为“命”“性”“心”，还可理解为记载“常道”的《诗》《书》《礼》《乐》《易》《春秋》等经典著作。《王阳明全集·稽山书院尊经阁记》载道：“经，常道也。其在于天谓之命，其赋于人谓之性，其主于身谓之心。心也，性也，命也，一也。通人物，达四海，塞天地，亘古今，无有乎弗具，无有乎弗同，无有乎或变者也。是常道也，其应乎感也，则为恻隐，为羞

---

① 赵清文：《“良知”与“经权”——王阳明的经权观及其启蒙意义》，《浙江社会科学》，2018年第2期。

恶，为辞让，为是非；其见于事也，则为父子之亲，为君臣之义，为夫妇之别，为长幼之序，为朋友之信。是恻隐也，羞恶也，辞让也，是非也；是亲也，义也，序也，别也，信也；一也。皆所谓心也，性也，命也。通人物，达四海，塞天地，亘古今，无有乎弗具，无有乎弗同，无有乎或变者也，是常道也。是常道也，以言其阴阳消息之行焉，则谓之《易》；以言其纪纲政事之施焉，则谓之《书》；以言其歌咏性情之发焉，则谓之《诗》；以言其条理节文之著焉，则谓之《礼》；以言其欣喜和平之生焉，则谓之《乐》；以言其诚伪邪正之辩焉，则谓之《春秋》。"[①]"经"是永恒不变之道。它充盈于"天"和"地"，沟通着"人"与"物"，贯通着"古"与"今"，是一种无处不存在，无处不相同，无处都能改变的存在。在"天"，"经"被称作"命"；在"人"，"经"被称作"性"；在"身"，"经"被称作"心"。在人的情感世界中，"经"表现为恻隐之心、羞恶之心、谦让之心、是非之心；在"五伦"关系中，"经"表现为父子之亲、君臣之义、夫妇之别、兄弟之序、朋友之信。因此，"恻隐心""羞恶心""谦让心""是非心"和"亲""义""序""别""信"一样，都是"心""性""命"，都从属于"经"，是永恒不变之道。另外，这种永恒不变之道还被理解为《易》《书》《诗》《礼》《乐》《春秋》等经典著作，主要用以阐述阴阳盛衰的运行，表明纪纲政事的施行，传达歌咏性情的感发，显示体统仪节的表征，宣泄欣喜和平的跃动，辨别真假邪正的标准。

不仅如此，王阳明还对"史"和"经"的关系进行了说明。他认为，历代经典虽然在体例上各具心裁，但纵深发掘其内涵大致以"经"和"史"最为重要。"史"用以记事，专门记载具体的历史事件；"经"旨在说教，用以规范人的行为。两者虽有差别，但密不可分。对此，王阳明说道：

---

① 王守仁：《王阳明全集》，吴光等编校，上海古籍出版社 2017 年版，第 214 页。

“爱曰：‘先儒论《六经》，以《春秋》为史。史专记事，恐与《五经》事体终或稍异。’先生曰：‘以事言谓之史，以道言谓之经。事即道，道即事。《春秋》亦经，《五经》亦史。《易》是包牺氏之史，《书》是尧、舜以下史，《礼》《乐》是三代史：其事同，其道同，安有所谓异？’又曰：‘《五经》亦只是史。史以明善恶，示训戒。善可为训者，时存其迹以示法；恶可为戒者，存其戒而削其事，以杜奸。’”[①]

虽然王阳明对“经”的理解与前文中汉、宋儒家学者的观点有些相似，但在对“经”的普遍性以及权威性的理解上，其观点还是很独特的。《王阳明全集·传习录上》载道：“心即理也。天下又有心外之事，心外之理乎？”[②]“心即理”是指“心”是“理”的主宰，天下所有事物和道理都在“心”之内，舍此心外，没有“理”的存在。在王阳明的心学体系中，他虽保留了“理”这一核心概念，但他认为，“理”并非是那种外在于道德主体的“定理”或行为规范，而是行为主体“心”中的“良知”。对此，他说道：“人惟不知至善之在吾心，而求之于其外，以为事事物物皆有定理也，而求至善于事事物物之中，是以支离决裂，错杂纷纭，而莫知有一定之向。今焉既知至善之在吾心，而不假于外求，则志有定向，而无支离决裂、错杂纷纭之患矣。无支离决裂、错杂纷纭之患，则心不妄动而能静矣。心不妄动而能静，则其日用之间，从容闲暇而能安矣。能安，则凡一念之发，一事之感，其为至善乎？其非至善乎？吾心之良知自有以详审精察之，而能虑矣。能虑则择之无不精，处之无不当，而至善于是乎可得矣。”[③]在他看来，无论是“理”还是“至善”都需要“良知”对其进行鉴别。

---

① 王守仁：《王阳明全集》，吴光等编校，上海古籍出版社2017年版，第9页。

② 王守仁：《王阳明全集》，吴光等编校，上海古籍出版社2017年版，第2页。

③ 王守仁：《王阳明全集》，吴光等编校，上海古籍出版社2017年版，第800页。

日常生活中，由于人们不清楚“至善”存在于道德主体的“心”中，所以时常会先从外面的事事物物中寻找定理，再从这些定理中寻求“至善”。但是由于寻求方向上的错误，人们求取“至善”的方式、方法变得支离决裂、错杂纷纭。在得知“至善”存在于人们的心中之后，人们就会坚定信念，确定方向，摆脱支离决裂、错杂纷纭的弊病，安静下来从容不迫地安于现状，静等对某种事物感受的出现。只要这种感受出现，道德主体心中的“良知”自然会以详细审视的本能对它进行精细的观察，使之能够达到虑事精详、分辨精确、处事恰当，最终达到“至善”。

由上可知，“理”也好，“至善”也好，总不出“良知”二字。如果说，“经”是现实道德行为中所应遵循的规矩或准则，那么“经”的形而上的依据，也只能从内心的“良知”那里去寻求。王阳明认为，“良知”对于随着时间变化的具体细节，就像规、矩、尺度对于方、圆、长短一样。方、圆、长短的变化是无穷无尽的，具体细节随着时间变化也不能够事先预测。因此，规、矩、尺度一旦确定，那么方、圆、长短就一目了然了。如果确实已经达到了“致良知”的境界，那么具体细节会随着时间的变化一览无余，人们对于天下不断变化的细节就能应付自如了。“夫良知之于节目时变，犹规矩尺度之于方圆长短也。节目时变之不可预定，犹方圆长短之不可胜穷也。故规矩诚立，则不可欺以方圆，而天下之方圆不可胜用矣；尺度诚陈，则不可欺以长短，而天下之长短不可胜用矣；良知诚致，则不可欺以节目时变，而天下之节目时变不可胜应矣。”①虽然王阳明对“经”的普遍性以及权威性并无异议，但他清楚地认识到“经”的普遍性并非完全固定、一成不变。《王阳明全集·传习录上》载道：“孟子言‘执中无权犹执一’。先生曰：‘中只有天理，只是易。随时变易，如何

① 王守仁：《王阳明全集》，吴光等编校，上海古籍出版社2017年版，第43页。

执得？须是因时制宜，难预先定一个规矩在。如后世儒者要将道理一一说得无罅漏，立定个格式，此正是执一。’”①王阳明在这里对孟子提出的权变之道予以充分肯定，认为道德法则虽然具有一定的普遍性，但在现实的道德实践过程中不能将“经”视为神圣的教条。人们应遵循“因时制宜”的原则按图索骥，亦步亦趋。究其原因：

第一，圣人是诚达天德之人，他们著述《六经》的目的旨在明圣道、存天理、正人心、去人欲。“圣人述《六经》，只是要正人心，只是要存天理、去人欲，于存天理、去人欲之事，则尝言之；或因人请问，各随分量而说，亦不肯多道，恐人专求之言语，故曰‘予欲无言’。若是一切纵人欲、灭天理的事，又安肯详以示人？是长乱导奸也。”②“子以明道者使其反朴还淳而见诸行事之实乎？抑将美其言辞而徒以譊譊于世也？天下之大乱，由虚文胜而实行衰也。使道明于天下，则《六经》不必述。删述《六经》，孔子不得已也。”③王阳明强调，阐明圣道使天理返璞归真就是要遵循敦本尚实、反朴还淳、崇尚先圣经典的宗旨，将后世注经解经者附加在儒家经典上面的大量浮词虚语和虚意浮躁之风彻底清除，将“经”落实到日常生活中去。

第二，王阳明注重经典文本中透漏出的圣人形神，而非纯粹的知识传承。他认为，著述示人以形状大略，才是淳朴纯真的表现，稍有冗繁，就犯了文敝之病。所以，为人必须精于学问，注重教化，独善其身，净化社会，继承祖辈的文化传承。“人心天理浑然，圣贤笔之书，如写真传神，不过示人以形状大略，使之因此而讨求其真耳；其精神意气，言笑动

① 王守仁：《王阳明全集》，吴光等编校，上海古籍出版社2017年版，第17页。

② 王守仁：《王阳明全集》，吴光等编校，上海古籍出版社2017年版，第8页。

③ 王守仁：《王阳明全集》，吴光等编校，上海古籍出版社2017年版，第7页。

止，固有所不能传也。后世著述，是又将圣人所画，摹仿誊写，而妄自分析加增，以逞其技。其失真愈远矣。”[①]圣贤留下的经典是对他们内心想法的描绘和传达，只不过是把大概外观给人看，让人从中探求其实质罢了。但是，这些经典再浩繁，文字毕竟有限，它只能记载大的纲领，无法对其中一些细节性和具体性的东西一一进行描绘。后世之人在模仿、誊写圣人描绘出的东西时，又会妄作分析，将自己的精神和想法强加进去，以显示自己手段的高明，这样离本质就更远了。

第三，“《六经》者非他，吾心之常道也”。作为“常道”的载体，“经”的依据便是“吾心”的“良知”。《王阳明全集·传习录下》载道：“良知即是《易》，‘其为道也屡迁，变动不居，周流六虚，上下无常，刚柔相易，不可为典要，惟变所适’。此知如何捉摸得？见得透时便是圣人。”[②]在对“良知”的体认中，王阳明主张用《易传》中的“易象”观念来描述“良知”的境界特征。他认为，“良知”如同易之道，总括天人宇宙之理，它内在于世间万象之中，外在表现和《易》一样没有固定的范式。既然“良知”是动的不是静的，那么以“良知”为根本的对行为进行正当性判断的准则也就不是固定的、僵死的。因而，在道德实践中，如果枝枝节节都试图到经典中寻求，也是毫无意义的。“圣如尧、舜，然尧、舜之上，善无尽；恶如桀、纣，然桀、纣之下，恶无尽。使桀、纣未死，恶宁止此乎？使善有尽时，文王何以‘望道而未之见’？”[③]

如上所述，既然王阳明反对将“经”作为现实道德实践过程中的神圣教条，那么如何才能保证行为的正当性与合理性呢？他认为，行为正

① 王守仁：《王阳明全集》，吴光等编校，上海古籍出版社2017年版，第11页。
② 王守仁：《王阳明全集》，吴光等编校，上海古籍出版社2017年版，第110页。
③ 王守仁：《王阳明全集》，吴光等编校，上海古籍出版社2017年版，第11页。

当性的终极标准就是“良知”，而通过“良知”对具体情境中的行为的正当性进行判断取舍的过程，就是“权”。

(2)王阳明对“权”的理解

就“权”而言，王阳明主张的“权”既不是经典文献中圣贤制定的礼义准则，也不是世俗生活经验中约定俗成的规范，而是存在于我们每个人内心中的“良知”。他认为，行“权”最根本的问题在于对心中“良知”的磨砺，只有这样才能够觉着应对种种复杂的境遇，从容中道，任何对于定理的预先讲求都不足以担当“权”的重任。

王阳明曾以“舜不告而娶”和“武王不葬而兴师”二事就“权”的问题分析道：“夫舜之不告而娶，岂舜之前已有不告而娶者为之准则，故舜得以考之何典，问诸何人而为此邪？抑亦求诸其心一念之良知，权轻重之宜，不得已而为此邪？武之不葬而兴师，岂武之前已有不葬而兴师者为之准则，故武得以考之何典，问诸何人而为此邪？抑亦求诸其心一念之良知，权轻重之宜，不得已而为此邪？使舜之心而非诚于为无后，武之心而非诚于为救民，则其不告而娶与不葬而兴师，乃不孝不忠之大者。而后之人不务致其良知，以精察义理于此心感应酬酢之间，顾欲悬空讨论此等变常之事，执之以为制事之本，以求临事之无失，其亦远矣！”[①]夫舜之所以不告知父母而娶妻，并不是在他之前已经有了此种不告而娶的准则，也不是舜考证了某部经典著作或寻求了他人的意见，而是依照自己内心的良知，经过权衡利弊轻重之后才决定的。周武王没有安葬周文王就兴师伐纣，不是周武王之前已经有了不葬而兴师的准则，也不是周武王能够考证某些法典或询问别人，而是依照自己心中的良知，权衡利弊后才这样做的。由此可见，舜不禀告父母而娶妻，周武王不葬周

① 王守仁：《王阳明全集》，吴光等编校，上海古籍出版社2017年版，第44页。

文王而兴师不是不孝和不忠，而是依照自己内心“良知”的显现，在具体的情境之中进行权衡的结果。这一行“权”的过程，就是将“良知”推至于具体的事物之中的过程。

对于道德主体而言，如若想要恰当地行“权”，成为一个高尚的人，必须遵循两个方面的要求。

一方面，认真体认自身“良知”，不要希高慕外。王阳明认为，人人都想以圣人为楷模，借此修养身心。但由于每个人效贤的心态各有差别，如果采取“先认圣人气象”而不把握圣人成为楷模的真正原因，就等于没有把握住要领。只有真切地从自己的良知上去体认、学习，才算得是踏实的“圣算”。《王阳明全集·答周道通书》载道：“‘先认圣人气象’，昔人尝有是言矣，然亦欠有头脑。圣人气象自是圣人的，我从何处识认？若不就自己良知上真切体认，如以无星之称而权轻重，未开之镜而照妍媸，真所谓以小人之腹而度君子之心矣。圣人气象何由认得？自己良知原与圣人一般，若体认得自己良知明白，即圣人气象不在圣人而在我矣。”[①]每个人的“良知”都是权衡自身善恶行为的根本标准。“圣人气象”是“圣人”体认自身“良知”并与自身生活实践相感应的结果。由于我们每个人的生活实践与“圣人”不尽相同，所以在具体的生活实践中只有从“良知”上下功夫，才可能像圣人那样在事事物物的处理中都能够恰当行“权”。

另一方面，时时刻刻用“良知”对自身道德行为进行检视，使行为保持在内心“良知”的范围之内。对此，王阳明曾举例道：“来书比旧所见益进，可喜可喜！中间谓：‘弃置富贵与轻于方父兄之命，只是一事。’当弃富贵即弃富贵，只是致良知；当从父兄之命即从父兄之命，亦只是致

① 王守仁：《王阳明全集》，吴光等编校，上海古籍出版社 2017 年版，第 51 页。

良知。其间权量轻重，稍有私意于良知，便自不安。凡认贼作子者，缘不知在良知上用功，是以有此。若只在良知上体认，所谓‘虽不中，不远矣’。”[①]在这里，行“权”的过程就是以自身“良知”为衡量标准对现实道德行为进行衡量的过程，如若两者契合，则应及时行“权”，如果两者相左，则应及时调整方向，使之符合“良知”的要求。

(3)“致良知”：“经”“权”统一的实践路径

在王阳明的经权思想体系中，他将“经”与“权”的实践合理性依据直接统一在了“良知”这一范畴之中，认为“良知”既是“经”的正当性来源，又是“权”的合理性依据。《王阳明全集·传习录下》载道：“‘无适也，无莫也，义之与比’，事事要如此否？先生曰：‘固是事事要如此，须是识得个头脑乃可。义即是良知，晓得良知是个头脑，方无执著。且如受人馈送，也有今日当受的，他日不当受的；也有今日不当受的，他日当受的。你若执着了今日当受的，便一切受去，执着了今日不当受的，便一切不受去，便是‘适’‘莫’，便不是良知的本体，如何唤得做义？’”[②]在这里，王阳明认为“义”就是“良知”，只要遵循“良知”，明白“良知”这一主旨，才不会有所执着，才能够事事“无适”“无莫”。就像接受别人的馈赠，有当天应该接受而换个时间却不接受的，也有今天不应该接受而换个时间却又可以接受的。如果以今天可以接受的标准将一切都接受了，或者以今天不该接受的标准将一切都不接受，就成了“适”和“莫”，就做不到“义”，也就不再是“良知”的本体了。由上可知，“良知”是行为善恶的标准，是“经”“权”的来源和依据。两者若要统一必须遵循“知行合一”的基本原理，并以“致良知”作为统一现实的路径。

---

① 王守仁：《王阳明全集》，吴光等编校，上海古籍出版社2017年版，第181页。

② 王守仁：《王阳明全集》，吴光等编校，上海古籍出版社2017年版，第89页。

王阳明认为，合理的“经权”行为必须建立在善恶准则的基础上，而善恶准则的确定必须以“良知”为内在依据。他说道：“道之大端易于明白，所谓‘良知良能，愚夫愚妇可与及者。……’‘道之大端易于明白’，此语诚然。顾后之学者，忽其易于明白者而弗由，而求其难于明白者以为学，此其所以‘道在迩而求诸远，事在易而求诸难’也。孟子云：‘夫道若大路然，岂难知哉？人病不由耳！’良知良能，愚夫愚妇与圣人同。但惟圣人能致其良知，而愚夫愚妇不能致，此圣愚之所由分也。‘节目时变’，圣人夫岂不知？但不专以此为学。而其所谓学者，正惟致其良知，以精察此心之天理，而与后世之学不同耳。吾子未暇良知之致，而汲汲焉顾是之忧，此正求其难于明白者以为学之弊也。……毫厘千里之谬，不于吾心良知一念之微而察之，亦将何所用其学乎？是不以规矩而欲定天下之方圆，不以尺度而欲尽天下之长短，吾见其乖张谬戾，日劳而无成也已。”[①]在王阳明看来，圣道的宗旨是很容易明白的，就像“良知良能，愚夫愚妇可与及者”。至于具体的细节，随着时间的变化，往往差之毫厘、谬之千里，这些都需要学习之后才能明白。后世的学者们在研究圣人之道时往往忽视那些简单明白的道理不去遵循，却去追求那些很难明白的道理，最后造成大道理明白了，小事理却混淆了；事理上分清了，行动起来又糊涂了；行为上不离规则，事理上又有了偏离。这些都是不能够“致良知”的原因。而“圣人”之所以能够在现实的道德生活中精准地发现“经”和恰当地运用“权”，是因为他们是有意识地保存自己的“良知”，并从本心“良知”上的细微处去体察运用，而不是在事前已经完全了解和掌握事物所谓的“定理”，再将这些明确的准则运用到生活中去。

---

① 王守仁：《王阳明全集》，吴光等编校，上海古籍出版社 2017 年版，43—44.

《王阳明全集·传习录上》又载：“‘圣人应变不穷，莫亦是预先讲求否？’先生曰：‘如何讲求得许多？圣人之心如明镜，只是一个明，则随感而应，无物不照，未有已往之形尚在，未照之形先具者。若后世所讲，却是如此，是以与圣人之学大背。周公制礼作乐以文天下，皆圣人所能为，尧、舜何不尽为之而待于周公？孔子删述《六经》以诏寓世，亦圣人所能为，周公何不先为之而有待于孔子？是知圣人遇此时，方有此事。只怕镜不明，不怕物来不能照。讲求事变，亦是照时事，然学者却须先有个明的工夫。学者惟患此心之未能明，不患事变之不能尽。’”①王阳明就陆澄提出的圣人能够随时行“权”的原因进行了解释。他指出，圣人的心就像明镜一样，只要足够明亮，没有什么东西不能反映，没有什么东西不能随着感触而应付自如。也就是说，圣人能够行“权”得宜并成为后世典范，从根本上说是由于他们“心如明镜”。正是由于“心如明镜”才能以镜照物，才能事理明确。另外，圣人行“权”如同明镜照物一样，建立在“察时”“明德”的基础之上，没有镜、没有物，物之形都不可能在镜中显现。自己的内心不明，不能照物就会被事物牵引、蒙蔽，这种人即使存活千年，也无法穷尽现实，不但不能认识到问题的本质，还会被外物支配。

王阳明指出，合适的行“权”行为不仅需要善恶准则上的“知”，而且还要有能“致”其“知”的“行”。他认为，“良知”是人人所具有的，愚夫、愚妇与圣人之间的真正区别并不在于自己是否具有“有知”“能知”和“知知”的能力，而是在于是否能够“致知”，即“但惟圣人能致其良知，而愚夫愚妇不能致，此圣愚之所由分也”②。在现实道德行为中，受自身道

---

① 王守仁：《王阳明全集》，吴光等编校，上海古籍出版社2017年版，第11页。

② 王守仁：《王阳明全集》，吴光等编校，上海古籍出版社2017年版，第43页。

德水平的影响,行为主体之间存在巨大的差异。这种差异对于行为主体能否主动、完整地将道德的“知”转化为自身的“行”,也会产生巨大的影响。例如,每位孝子都应该无微不至地侍奉父母。但就对父母的“温凊定省”来讲,王阳明指出:“然而能致其知者鲜矣。若谓粗知温凊定省之仪节,而遂谓之能致其知,则凡知君之当仁者皆可谓之能致其仁之知,知臣之当忠者皆可谓之能致其忠之知,则天下孰非致知者邪?以是而言,可以知‘致知’之必在于行,而不行之不可以为‘致知’也明矣。知行合一之体,不益较然矣乎?”[①]王阳明认为,如果简单地知道一些温凊定省的礼节,便能认为这已经做到了致孝的“良知”;凡是那些知道应当仁爱百姓的国君,便认为他们能够致仁爱的“良知”;凡是知道应当忠诚的臣子,便认为他们能致忠诚的“良知”,那么天下的人岂不是都能够“致良知”了?因此,“良知”人人本有,但并非人人都能“致良知”。“知行二字,即是功夫”,依“良知”所“知”而行即是“致良知”。不仅如此,王阳明还指出:“义者宜也。心得其宜之谓义。能致良知,则心得其宜矣,故‘集义’亦只是致良知。君子之酬酢万变,当行则行,当止则止,当生则生,当死则死,斟酌调停,无非是致其良知,以求自慊而已。”[②]根据这种理解,道德主体在道德实践中的“权”就是将“良知”推至于具体事物的过程,根据自己所处的地位采取适当的“行”“止”“生”“死”等活动,进而达到“致良知”的状态。

为了提高个人道德境界,王阳明既主张学“经”必须“尽吾心”,又主张在学“经”的过程中摆脱经文典籍中枝节文辞的束缚,进而达到熟知内心“良知”的境界。在王阳明看来,“良知”只有一个,圣人的经典说来

① 王守仁:《王阳明全集》,吴光等编校,上海古籍出版社 2017 年版,第 44 页。

② 王守仁:《王阳明全集》,吴光等编校,上海古籍出版社 2017 年版,第 63—64 页。

说去，都是在阐扬天理。前人的经文典籍和言辞论断只是他们对“良知”的体察，如若后人对圣典研习不深，对“良知”体察不明，就会在字里行间迷失方向。“圣人何能拘得死格？大要出于良知同，便各为说何害？且如一园竹，只要同此枝节，便是大同。若拘定枝枝节节，都要高下大小一样，便非造化妙手矣。”[①]王阳明认为，道德法则虽然具有普遍性但也同时具有个体性，只要每个人提出的观点都出自“良知”，不拘定枝枝节节，画地为牢，作茧自缚，即便是各自立说又有何妨呢？没有必要用固定不变的合理性标准来判别其高下。因此，后人在学习先人之“经”时没有必要纠结于一些枝节，只要将其作为培养自身“良知”的途径即可。《王阳明全集·答季明德》载道：“圣贤垂训，固有书不尽言、言不尽意者。凡看经书，要在致吾之良知，取其有益于学而已。则千经万典，颠倒纵横，皆为我之所用。一涉拘执比拟，则反为所缚。虽或特见妙诣，开发之益一时不无，而意必之见流注潜伏，盖有反为良知之障蔽而不自知觉者矣。”[②]与此同时，如果在学“经”的过程中遇到看不明白、想不通的，一定要回到自己内心的“良知”仔细体会，切忌只求明白字面含义，将经典中的文辞视为不变的教条。

由上可知，在王阳明的“良知”理论阐发中“经”与“权”都是非常重要的实践概念。王阳明对“经”与“权”的问题也多有涉及。“经”作为一种形而上的存在，作为现实道德行为中应当遵循的规矩或准则，只能从“良知”那里去寻求。“权”作为具体情境中的行为的正当性判断和不同准则之间的权衡对比，必须以“良知”为终极标准。也就是说，“良知”既是行为主体自身确立的善恶准则，也是具体情境中道德主体权衡判断

① 王阳明：《传习录》，秦琼译，南海出版社 2015 年版，第 376 页。

② 王守仁：《王阳明全集》，吴光等编校，上海古籍出版社 2017 年版，第 180 页。

的终极标准。不仅如此，王阳明还将“知行合一”作为“经”“权”统一的基本原理，将“致良知”作为“经”“权”统一的实现路径。对此，《传习录》载道：“尔那一点良知，是尔自家底准则。尔意念着处，他是便知是，非便知非，更瞒他一些不得。尔只不要欺他，实实落落依着他做去，善便存，恶便去，他这里何等稳当快乐！此便是‘格物’的真诀、‘致知’的实功。”[①]王阳明将自己内心的“知”视为自身行为善恶判断的准则，将“行”视为具体情境下道德主体行为方式的选择，“知行合一”的过程就是普遍性的行为准则与道德选择的具体情境合一的过程，也是“经”“权”统一的过程。总之，王阳明以“良知”解“经”“权”既打破了人们对“经”的迷信，又给行为主体的自主道德选择开辟了道路，极大地促进了封建社会晚期人们思想的解放，在程朱理学一统天下、皇权专制达到顶点的时代中，对主体价值的发现以及破除传统权威的束缚都起到了积极的作用。

2. 王夫之的“经权”思想

自古以来，“经”“权”之间的关系便是一个仁者见仁、智者见智的问题。明清之际的著名哲学家王夫之对此也曾多有论述。他在承认“经”的普遍约束力的基础上，对道德主体在具体情境中“权”的发挥给予了充分的尊重，既深化和推进了儒家经权理论，又将明代空疏之学重新拉回到经世实学的道路上来。

(1)王夫之“经权”思想的来源

众所周知，儒家对“经”“权”的论述最早可以追述到孔子的“可与立，未可与权”。到了孟子这里，“权”有了两种解释。它既可以解释为侧重行为选择结果的“权变”，也可以解释为侧重选择过程的“权衡”。

---

① 王阳明：《传习录》，秦琼译，南海出版社 2015 年版，第 278 页。

两汉时期，儒家学者在继承孟子“权变”思想的基础上，将“经”“权”对举，提出了“反经为权”的哲学观点，得到了汉儒的广泛认可。直到北宋，著名理学家程颐才对“反经为权”的观点提出了不同的意见，认为汉儒对“权”的理解是有失偏颇的，容易诱导道德主体在行“权”过程中背离“经”的要求，导致“权诈”行为的发生。在此基础上，程颐吸取了孟子对“权”在“权衡”方面的理解，提出了“权即是经”的重要理论。对于上述汉儒、程颐提出的经权观点，王夫之给予了充分的分析。他认为，汉儒对“经”“权”关系的理解是不正确的，其根本的错误在于将“经”“权”两个并非对立的概念直接对应甚至对立起来。“古云‘处经事而不知宜，遭变事而不知权’，就天下之事而言之，‘经’字自与‘变’字对。以吾之所以处事物者言之，则在经曰‘宜’，在变曰‘权’，权亦宜也。”[①]与此相反，王夫之对于程颐的经权理论深表赞同，认为程颐的主张是最为纯正和缜密的。“朱子之言权，与程子亦无大差别。其云‘于精微曲折处曲尽其宜’，与程子‘权轻重，使合义’正同。‘曲尽其宜’一‘宜’字，即义也。”[②]“朱子曲全汉人‘反经合道’之说，则终与权变、权术相乱，而于此章之旨不合。反经合道，就事上说。此繇‘共学’‘适道’进于‘立’‘权’而言，则就心德学问言之。学问心德，岂容有反经者哉？”[③]

(2)王夫之对“经”“权”观念的理解

如上所述，王夫之赞同程朱的经权观念并继承了他们的一些观点。但在“经”的静动含义以及“权”的理解上，王夫之与程朱还是有一些

---

① 王夫之：《读四书大全说》，中华书局1975年版，第347页。

② 王夫之：《船山全书》(第6册)，船山全书编辑委员会编校，岳麓书社1988年版，第738—739页。

③ 王夫之：《船山全书》(第6册)，船山全书编辑委员会编校，岳麓书社1988年版，第739页。

差别。

就“经”而言，王夫之将“经”的含义分为“就事上说”和就“学问心德”上说两个层面。《船山全书·子罕篇》载道：“于天下之事言经，则未该乎曲折，如云‘天下之大经’，经疏而纬密也。于学问心德言经，则‘经’字自该一切，如云‘君子以经纶’，凡理其绪而分之者，不容有曲折之或差，则经固有权，非经疏而权密也。”①从“就事上说”这一层面来讲，这种偏向静态和抽象的“经”主要是指“仁义礼智信”等人们普遍遵守的“大经”。这种“大经”往往居于形式规定，需要道德主体根据自身状态不断地进行磨炼才能在自身的行为实践中得以显现和充实。“经，纶，皆治丝之事。经者，理其绪而分之；纶者，比其类而合之也。经，常也。大经者，五品之人伦。大本者，所性之全体也。”②这种抽象、静态的“经”虽对行为主体具有明显的规定和指导作用，但并不能够完全尽乎人情事变之曲折。所以，在具体的境遇中行权的必要性还是不容忽视。而就“学问心德”这一层面上说，这种偏向“动态”的“经”是一种人心本来具有的先天判断能力，是一种“理其绪而分之”“比其类而合之”的原初能力，是指“人对境域的理解、分析、判断、权衡的综合性统一”③。《船山全书·子罕篇》载道：“以已成之经言之，则经者天下之体也，权者吾心之用也。如以‘经纶’之经言之，则非权不足以经，而经外亦无权也。经外无权，而况可反乎？在治丝曰‘经’，在称物曰‘权’；其为分析微密，挈持要妙，一也。特经以分厚薄、定长短，权以审轻重，为稍异耳。物之轻

① 王夫之：《船山全书》（第6册），船山全书编辑委员会编校，岳麓书社1988年版，第739页。

② 朱熹集注：《四书集注》，陈戍国标点，岳麓书社2004年版，第43—44页。

③ 参见田丰：《船山对阳明“经权”思想的扬弃》，《山西师大学报（社会科学版）》，2013年第2期。

重既审，而后吾之厚薄长短得施焉。是又权先而经后矣。”[①]由上可知，船山所主张的“经”并不是现成的，一蹴而就的，而是在动、静两种不同维度中保持张力，在动态的循环中扩展内涵并回归本源。总而言之，从“就事上说”的角度来说，经权之间是一种由内而外的体用关系；从“学问心德”的角度来讲，经权之间是一种由外而内的学问功夫，其最终目的是让心达到“从欲不逾矩，而后即心即权，为‘可与权’也”[②]的境界。

就“权”而言。王夫之虽然承认“经”是一种源自人心的先天判断能力，但他并不认为人们可以依靠先天之“经”而脱离外在“权”的作用。《船山全书》载道：“权之度之，须吾心有用权度者在，固亦非外。然权度生于心，而人心之轻轻、重重、长长、短短者，但假权度以熟，而不因权度以生也。圣人到精义入神处，也须有观物之智，取于物为则。”[③]“权度”作为衡量事物轻重缓急的准则，是行为主体根据外在尺度结合内心权衡能力而制定的。“在外在尺度与人心权衡能力的关系上，船山对阳明将心之良知作为‘权’之本源的思想有所吸收，但同时又对其脱离客观世界而完全依靠主体先天判断的倾向有所警惕。尺度生于人心，但成之于与外物的相遇，生成之后又进一步运用于权衡操作，并在实践中不断得到改进和修正。”[④]

就经权两者之间的关系而言，虽然王夫之对程颐提出的“权即是经”这一观点非常赞同，但在具体实施过程中，他并没有简单地沿袭这

① 王夫之：《船山全书》（第 6 册），船山全书编辑委员会编校，岳麓书社 1988 年版，第 739 页。

② 王夫之：《船山遗书》（第 5 卷），傅云龙、吴可主编，北京出版社 1999 年版，第 2493 页。

③ 王夫之：《船山全书》（第 6 册），船山全书编辑委员会编校，岳麓书社 1988 年版，第 1062 页。

④ 参见冯琳：《王船山经权观中的实践智慧》，《哲学动态》，2018 年第 1 期。

一思想，而是提出了新的独有的经权观念。

船山打破了朱熹、程颐对“经权”“常变”的理解，创新性地将“经”与“变”、“宜”与“权”联系在了一起。按照程朱二人对经权关系的理解，无论是程子提出的“权即是经”还是朱子主张的“经是已定之权，权是未定之经”，他们都是从相互对应甚至相互对立的角度看待“经”与“权”和“常”与“变”。因此，为了保证“权”在紧急状态下的特殊运用，保证“权”的实施能够符合道义的要求，只能将行“权”的主体限定在“圣人”这一特殊群体范围内，将“权”视为“圣人之大用”。但是，依照王夫之的理解，“经”对应于“变”，两者用以表达不同道德情境中道德主体的行为实践方式。“权”对应于“宜”，用以描述两种行为实践方式正当性的表现形态。无论出于何种情况，我们都不能武断地将“经”“权”两者对立起来并分别适用于“常”“变”两种道德情形。虽然“经”“权”二者所追求的过程和结果看似相异，但两者在本质上是一样的，都是为了使道德主体的行为方式合乎道义。

与程朱理学不同，王夫之虽然也主张“经”“权”之间的相互统一，但并未将“行权”绝对地限定在已定之“经”的范围之内。与此相反，他还提出了“权”重于“经”的特殊经权观念。他认为，既然“经”“权”两者并非相互对立，“行权”也就意味着未必一定“反经”。但在“无道之世”这类极端特殊情况下，“权之变”这种“行权”违背已定之“经”的特例还是有可能发生，只不过这种“权之变”的使用有着特殊的要求。一方面，外部环境必须符合“当无道之天下，积习深而事势违”。另一方面，这种“权”不能频繁使用，是“一用而不可再者也”。也就是说，船山虽然痛斥汉儒的“反经合道”之说，但在其经权理论中，还是给“反经合道”之说留下了一定的生存空间，只不过自己又对这种“权之变”进行了限定而已。例如，他曾对东晋崇德皇后临朝摄政之事评论道：“汉儒反经合道，程子非之，谓权者审经之所在，而经必不可反也。于道固然，而以应无道之世，则又有不尽然者。母后之不宜临朝，岂非万世不易之大经乎？谢安以天子幼冲，请崇德皇后临朝摄政，灼然其为反经矣。王彪之欲已之，而安不从。彪之之所执者经也，安之所行者权也，是又反经之得为权也。”①

总而言之，王夫之将“经”“权”两者之间的关系理解为一种体用关系。这种体用关系的重新定位，一方面解决了汉儒将“经”“权”对立之后可能导致的日常生活中的行为失去具体道德准则约束的问题，另一方面又通过突出“经”与“权”在实践上的相关性，弥补了程颐只是简单地将“权”纳入“经”的范畴之中，在“经”“权”统一问题上论证过于简单化、“不活络”的缺陷。②

(3)王夫之对行“权”主体的要求

就行“权”主体而言，王夫之对其提出了以下几个方面的要求。

第一，只有拥有极高智慧和德性的圣人才能对礼之节文有所损益，才能恰当、完美地行权。程颐曾在“可与共学”章中对行权的主体进行了限定：“有求为圣人之志，然后可与共学；学而善思，然后可与适道；思而有所得，则可与立；立而化之，则可与权。”③对于这一论述，船山持支持的态度：“夫礼，经也；因事变之不齐而斟酌以中节者，权也。惟圣人而后可与权，则下此者不得与矣。”④他认为，常人受自身道德境界和眼

---

① 王夫之：《船山遗书》（第5卷），傅云龙、吴可主编，北京出版社1999年版，第3024页。

② 参见赵清文：《王船山对汉儒经权观的批判与理论建构》，《伦理学研究》，2019年第5期。

③ 程颢、程颐：《二程集》，王孝鱼点校，中华书局2004年版，第322页。

④ 王夫之：《船山遗书》（第3卷），傅云龙、吴可主编，北京出版社1999年版，第860页。

界的限制难以体会“权”之真谛，只有努力提高自身修养和德性才有可能恰当行“权”。另外，船山在对《礼记》“勿轻议礼”的注解中也解释道：“诚不至，德不盛，道不凝，徒测义理以议损益之文，必无当也”[①]。王夫之虽然强调行“权”结果的好坏与道德主体自身修养水平密切相关，但他也承认“可与权”的道德修养境界并不是每个人都能达到的。在具体的道德实践中，随着个人知识水平和实践能力的提高，个人行“权”能力会随着“自取自用”能力的发展而不断完善，同“日生日成”的“性”一样，也要经历一个“生之初，人未有权”到“已生以后，人既有权”的发展过程。因此，虽然常人很难达到圣人“可与权”的行“权”水平，但都会随着自身能力的不断提高具有不同程度的权衡能力及承担相应善恶结果的能力。

第二，对行权者自身道德要求来说，其在道德实践过程中必须端正自身，随时接受道义的约束和监督。王夫之明确反对假借行权名义而谋取个人私利的“机权”行为，认为只有这样“权”才不会溢出合“理”的范围之外，才能够达到“随所往而恒不自失”的目的。《船山全书·礼记章句卷四》载道：“权者，善恶之审、轻重之准也。……君子大居正，正己而物之从违顺命以俟之，故言满天下无口过，行满天下无咎恶，随所往而恒不自失，所谓‘可与权’者，此尔。”[②]

第三，为了避免汉儒经权观中的流弊现象再次发生，王夫之还提出行权应遵守“不易于正”的主张。在他看来，行“权”与守“正”两者相互补充，相互促进。与“权”相比，“正”具有根本性意义。它要求行为主体在行“权”的过程中要始终坚持“正”道，不能偏离“正”的要求和准则。

---

① 王夫之：《船山全书》(第 4 册)，船山全书编辑委员会编校，岳麓书社 1988 年版，第 618 页。

② 王夫之：《船山全书》(第 4 册)，船山全书编辑委员会编校，岳麓书社 1988 年版，第 258 页。

《船山全书·四书训义卷二十一论语十七》载道:“圣人之待小人也以正,而未尝不可用权也;乃其行权,终不易于正也。未尝为之屈,而亦无所欺。”[①]在日常行为礼仪方面,“礼”的“过”和“不及”都不能达到基本的价值要求。只有执中守正,采取合宜的权变行为,才能使自身的价值目标得以发挥到最大。“权”本身就是真实的,恰如其分的,是理义之“正”的集中体现。《船山全书·读通鉴论卷二十》载道:“制天下有权,权者,轻重适如其分之准也,非诡重为轻、诡轻为重,以欺世而行其私者也。”[②]王夫之认为,恰当地行“权”不仅能够在复杂的情境中随机应变,还能使自身行为时刻符合“正”和礼义的要求。例如,王夫之曾对孟子“男女授受不亲”一事中“权”与“礼”的关系评论道:“夫礼定于道之贞一,而权因于事之轻重。故君子审经以定礼,而因礼以达权。故男女授受不亲,礼也;礼定而理得,可以达情。嫂溺援之以手,权也,权审而初不失礼。盖先王制礼,尽权度之宜于得为之际。而方溺之时,非行礼之日,故权伸而不损于礼,又何疑乎!”[③]在此事中,“权”与“礼”的最终目的都一样,都是要在权衡的基础上选择恰当的行为方式。只要行“权”的过程符合理义之“正”,那么也就不会对“礼”这一社会道德规范造成任何的影响和损害。

虽然王夫之对“权”的行为主体及行“权”原则进行了指导和规定,但在日常生活中,难免会有个别行为主体违背行“权”原则,追逐个人私

① 王夫之:《船山全书》(第7册),船山全书编辑委员会编校,岳麓书社1988年版,第900页。

② 王夫之:《船山全书》(第10册),船山全书编辑委员会编校,岳麓书社1988年版,第736页。

③ 王夫之:《船山遗书》(第5卷),傅云龙、吴可主编,北京出版社1999年版,第2127页。

利，最终陷入“机权”“权诈”的危险境地。他指出，行权者在道德实践过程中如果不能端正自身、坚守正道，那么其施行的“权变”行为很有可能变成一种危害社会的“机权”“权诈”行为。例如，他曾对宋代苏洵的《权书》进行了激烈地批评。他认为，苏洵在用兵和政治斗争过程中主张的行“权”之术并不是真正符合道义的权变行为，而是一种宣扬“机权”的投机行为，是一种“权术笼驭之说”。人们一旦对这种超轶于“正”道之外的“机权”思想产生推崇之意，势必会对当时整个社会的道德风气和道德主体的思想观念造成重大伤害。所以，他批评道：“朝暮其术，参差其教，以颠倒天下之士而矜其权；立一切之法，崇豆区之效，以从事于苟简而矜其断；别其同、同其别，驳其章，削其文，欲天下之弗乱，其可得哉！故知苏洵之《权书》，乱之首，亡之囮，俾得志而雠其说，祸且甚于王安石，君子距之，不惜余力焉可矣。”[①]与此相反，王夫之对唐朝政治家狄仁杰的权变之术给予了充分的赞扬。他指出，狄仁杰之所以能够恢复李唐正统，辅国安邦，身居宰相之位，依靠的并不是“机权”等投机之术，而是因为他为人正直、嫉恶如仇，能够“持大正以自处于不挠”。《船山全书·读通鉴论卷二十一》载道：“以机权制物者，物亦以机权应之，君子固不如奸人之险诈，而君子先倾；以正自处，立于不可挠之地，而天时人事自与之相应。”[②]总而言之，外部情况越是复杂，越是危险，“君子”越要端正自身、坚守正道，只有将原则性与灵活性充分结合起来，才能适当行权，才能“涉大难，图大功”。

概言之，王夫之的经权观，既对汉儒“经”“权”对立的思想表达了明

---

① 王夫之：《船山遗书》（第3卷），傅云龙、吴可主编，北京出版社1999年版，第787页。

② 王夫之：《船山全书》（第10册），船山全书编辑委员会编校，岳麓书社1988年版，第804页。

确的批判态度，又对程、朱“经”“权”统一的理论进行了深化和推进。无论是在个体道德实践问题的理解上，还是在社会治理思路的选择上，其见解都具有一些超越前人之处。作为汉儒“反经合道为权”思想的批判者，王夫之将经权分为“就事上说”和就“学问心德”上说，从而彰显了自身的理论特色。“就事上说”是指他将“经”看作如“仁义礼智信”这样的大德；就“学问心德”而言，“经”指的是人对境域的综合理解和分析判断，富有动态的实践意义。船山之“权”因语境有权衡、权变、权度等含义，而成为人衡量事物之轻重长短的准则，是人与物相遇之时运用智识而制定的。也就是说，王夫之的经权实践智慧不仅表现在具有动态意义的“经”是在具体的权衡实践中循环并生成的，也体现在他对与“权”相关的“权度”等观念的理解上。他将原则与规范贯彻到具体现实情境当中，在实践智慧中融合了价值理性与工具理性。

第四章　“达德至诚”
——中庸价值理想的实现论

第一节　“至诚”的内涵与境界

为了能够更加清楚地了解“至诚”的含义，我们首先要对“诚”的含义做出相关的解释。

一、“诚”的内涵

“诚”是儒家提出的重要概念之一，在中国哲学史上占据着十分重要的地位。从本意来讲，“诚”主要是指“告祭”和“信”。后来，又引申为“真心实意”“诚实”“对的”以及“德性修养”四个方面的含义。到了《中庸》这里，其思想内涵出现了新的格局，形成了哲学意义上“诚”，并完美地体现在“天命之谓性，率性之谓道，修道之谓教”三个命题之中。

（一）“诚”的本义

历史上有很多的经典都对“诚”给出了解释。第一，“诚”具有告祭的含义。例如，伊尹劝告太甲：“呜呼！……鬼神无常享，享于克诚。天位艰哉!”[①]上帝不会偏爱谁,能够恭敬从事的,上帝就会爱护。百姓不会永远感戴谁,只有推行仁德的君主,百姓才会感戴他。鬼神不会固定于享受谁的祭祀,只享受那诚实无欺之人的祭祀。从中我们可以看出,“诚”字不仅表达了告祭在日常生活中的重要性,而且还表达出人们只有对上帝时时刻刻都保持着诚心的谦虚态度才能够得到它的庇护和恩赐,最终达到告祭的效果。第二,“诚”还含有“信”的含义。《尔雅·释诂》载:“诚,信也。”在这里,“信”用来解释“诚”在道德方面的意义。之所以用“信”来对“诚”进行解释,主要是因为“诚”与“信”两个字具有一个相同的特点,两者都可以表达出与“言”字有关的含义。“诚”的本意可以表达出真实无妄的含义,其主要突出了“不伪”的特点,我们在这里可以将其引申为对客观存在的某种事物的肯定。“信”所表达的含义是真实,其主要突出了“不疑”的特点,主要表达了对人们在道德方面的要求,我们在这里可以将其引申为处事真诚、可靠的含义。

(二)“诚”的引申义

在子思完成《中庸》一书之前,人们已经对“诚”字进行了大量的使用,主要表达了以下几个方面的引申含义。

第一,“诚”具有真心实意的含义。《诗经·崧高》载道:“申伯还南,谢于诚归。”[②]这里的“谢于诚归”的意思是说,诚心回归于谢城这个地方。

第二,“诚”表现为诚实这一美德。《左传·文公十八年》载道:“昔高阳氏有才子八人,苍舒、隤敳、梼戭、大临、龙降、庭坚、仲容、叔达,齐、

---

① 王世舜、王翠叶译注:《尚书》,中华书局 2012 年版,第 405 页。

② 王秀梅译注:《诗经》,中华书局 2015 年版,第 705 页。

圣、广、渊，明、允、笃、诚，天下之民谓之八恺。”[①]在这里，“诚”表现为高阳氏部族中八个有才之人都具有的诚实美德。

第三，“诚”含有好的、对的之义。《论语·颜渊》篇载：“诚不以富，亦祇以异。”[②]这确实是对自己没有好处，只是令人奇怪。《论语·子路》篇载：“‘善人为邦百年，亦可以胜残去杀矣。’诚哉是言也！”[③]孔子认为“善人治理国家连续一百年也可以遏制残暴、去除杀戮”这句话说得很对。

第四，“诚”表现为德性修养。例如，《周易·乾卦》载道：“庸言之信，庸行之谨，闲邪存其诚，善世而不伐，德博而化。”[④]君子应该通过自我规范自己的言行，以此来存养和充实内在的“诚”，进而防止邪恶。在这里需要指出的是，在《周易》一书中，“诚”在道德修养层面的意义已经逐渐显现出来，并与人们在现实生活中的具体行为建立了非常密切的联系。

通过上述对“诚”字引申含义的论述，我们可以看出，“诚”字在很早的时候就已经被人们运用，其不仅表达出了告祭方面的内涵，还表达出了道德修养方面的内容。随着“诚”思想的逐步发展，其在哲学方面的意义逐渐凸显出来。

（三）《中庸》之“诚”

在《中庸》一书中，“诚”主要表达了两个方面的含义：一方面，上天通过“命”这一中介将“性”这一品质下贯到人们自身。另一方面，人们

---

① 郭丹、程小青、李彬源译注：《左传》，中华书局2012年版，第715页。

② 陈晓芬、徐儒宗译注：《论语·大学·中庸》，中华书局2011年版，第143页。

③ 陈晓芬、徐儒宗译注：《论语·大学·中庸》，中华书局2011年版，第155页。

④ 杨天才、张善文译注：《周易》，中华书局2011年版，第12页。

自身通过道德、品格各方面的修养进而达到知“天命”的境地。“诚”在这两个方面的内容可以在“天命之谓性，率性之谓道，修道之谓教”三个命题中完美体现出来。另外，“诚”作为天道与人道的中心内容，具有“诚”和“诚之”两个层面的含义，在这里我们就先对“诚”与“诚之”进行解释。《中庸·第二十章》载道：“诚者，不勉而中，不思而得，从容中道，圣人也。”[①]天然具有真诚的人，不必勉为其难就能符合道德规范，不必苦心思虑就能适得事理之宜，能够从容不迫、自然而然地遵循中庸之道，这样的人就是圣人。在这句引用中，“诚”作为“天”最自然、最真实的品质，无可非议是符合“中庸”要求的。而如果这种“天”之“诚”下贯到人性当中，这个具有“天”之“诚”的人物自然而然就成为我们平常所说的圣人，那么圣人的天性也就是天之“诚”了。周敦颐曾对“诚”的含义进行过详细的论述，他认为“诚”是圣人最根本的品质，是“仁”“义”“礼”“智”“信”五种品格的根本，是各个行业兴旺的动力源泉，具有“寂然不动者，诚也。感而遂者者，神也”的本质。他在这里将“诚”作为世间之物之所以能够在世间存在的根本依据，将“诚”作为社会各种道德规范以及法律规范的根本，将“诚”作为人们形成道德品质的来源。《中庸·第二十章》又载：“诚之者，择善而固执之者也。”[②]要使自己成为真诚的人，就必须选择至善的道德，并能坚守不渝地达到真诚之境。这里所说的“诚之者”就是指努力修养“诚”的品德之人。孟子曾经对“诚之”做过相关的论述。他说，“诚”是自然的规律，追求“诚”是做人的规律。极端诚心而不能使别人感动的，是天下不曾有过的事情，不诚心就不能够感动人。孟子在这里将“诚之”解释为“思诚”。在我们看来，《中庸》

---

① 陈晓芬、徐儒宗译注：《论语·大学·中庸》，中华书局2015年版，第331页。

② 陈晓芬、徐儒宗译注：《论语·大学·中庸》，中华书局2015年版，第331页。

所论述的“诚之”的内容应该包含了孟子所论述的“诚之”的内容，它强调的是求得一种真实可靠、毫不荒谬的内心真实感受，在内心确定之后就会展现在人们的日常行为之中。换句话说，“诚之”就是人们在经过自身的努力之后最终成为道德高尚之人，进而达到圣人的道德修养境界。

总之，“诚”是上天本来就有的，是一种本体性的存在。而“诚之”则是人们在认识到“诚”的重要性之后，通过自身的努力，修养成为具有高尚道德品质之人的过程，它使人通过选择善的本质进而达到一种至善的境界。在《中庸》一书中，“诚”作为“天道”与“人道”的中介物，起着至关重要的作用。它对上揭示了上天最本质的、最真实的内涵，给人们建立了一种至高无上的理想境界；对下激励着人们努力提高自身修养和自身品质，进而努力达到真诚这一理想境界。既然人们想要通过努力达到圣人的境界，那么“诚”的最高境界又是什么呢？在《中庸》一书中，作者给出了“至诚”这一概念，以此来解释“诚”的最高境界。

二、“至诚”的内涵与境界

“至诚”作为贯穿《中庸》的核心概念之一，子思将其上升到形上的哲学范畴。这一概念强调内在与超越的心性本体，突出了人的道德主体性和道德主体的内在完满性，彰显了人对道德自由之境这一理想目标的追求，奠定了内圣外王、成己成物的“尽心”践履。

（一）“至诚”的内涵

在上文中，我们已经了解到，“诚”是天之道，是终极取向，不可复加。但在《中庸》一书中，作者又提出了“至诚”的概念。那么到底什么是“至诚”呢？“至诚”的内容又是什么呢？在这里，我们先对《中庸》一书中关于“至诚”的相关论述一一列出，以便更好地进行分析。《中庸·第二十二章》载道：“唯天下至诚，为能尽其性。……可以赞天地之化育，则可以与天地参矣。”[①]《中庸·第二十三章》载道：“诚则形，形则著，著则明，明则动，动则变，变则化。唯天下至诚为能化。”[②]《中庸·第二十四章》载道：“至诚之道，可以前知。……祸福将至，善，必先知之；不善，必先知之。故至诚如神。”[③]《中庸·第二十六章》载道：“故至诚无息。不息则久，久则征，征则悠远，悠远则博厚，博厚则高明。”[④]《中庸·第三十二章》载道：“唯天下至诚，为能经纶天下之大经，立天下之大本，知天地之化育。”[⑤]“至诚”一词在《中庸》一书中一共出现过六次，按上述出现顺序分为六例。通过对其内涵进行分析，我们大致可以将其分为三个部分。

首先，从第一、第二、第六三处例证可以看出“至诚”的重要作用，即“唯天下至诚”。这句话主要体现了两个方面的内容。一方面，“至诚”所起到的作用是任何事物都不可替代的。另一方面，“至诚”是主体通过主动的行为才能够达到的。那么“至诚”能够起到什么作用呢？能够造成什么样的结果呢？从第一、第六两个例证的结尾处，我们可以从中找出结果，“至诚”最终就是为了实现通晓天地化育万物的道理，即“天地化育”。《中庸》一书表明要通过修养自身，从自身做起进而影响身边的人和物最终达到圣人的境界，这是儒家最根本的思想。但是我们认为，儒家的这种思想太过理想化，只能在理论中实现，在现实的生活中

---

① 陈晓芬、徐儒宗译注：《论语·大学·中庸》，中华书局2015年版，第335页。

② 陈晓芬、徐儒宗译注：《论语·大学·中庸》，中华书局2015年版，第336页。

③ 陈晓芬、徐儒宗译注：《论语·大学·中庸》，中华书局2015年版，第337页。

④ 陈晓芬、徐儒宗译注：《论语·大学·中庸》，中华书局2015年版，第340页。

⑤ 陈晓芬、徐儒宗译注：《论语·大学·中庸》，中华书局2015年版，第356页。

是不可能实现的。《中庸》一书之中所描述的这种"至诚"人物恐怕只有书本上的"圣王"了，只有他的道德修养能够在影响自身的同时进而发展成为普世大众的行为准则。另外，从第六例中的"为能经纶天下之大经，立天下之大本"之语也同样可以想象出来，天下只有达到真诚的最高境界的圣人，才能够创制治理天下的根本大法。所以我们认为，"至诚"是一种理想化的境地，是《中庸》作者为了帮助统治者治理百姓而特意勾勒出的一种理想化人物，它的存在是为了强调君权独一无二的作用，具有教化大众的意义。

其次，第三、第四两个例证都出自《中庸·第二十四章》。这一章主要论述了与占卜有关的内容："至诚之道，……必有妖孽……故至诚如神。"[①]这里是说，达到最高真诚之道的人，可以预知未来。当国家兴旺的时候，一定会有祯祥这种吉利的预兆；当国家将要衰落的时候，一定会有妖孽这种祸患的预兆。这种预示着吉凶的征兆，可以从蓍草和龟甲的占卜方式中表现出来，也可以从人们的动作威仪当中体现出来。当灾祸与福祉将要来临的时候，不论是好的事情还是坏的事情都可以被预先知道。所以达到最高真诚境界的人，犹如神明一般灵验。从上述两处例证中我们可以看出，这里的"至诚"思想发生了巨大的变化，它不仅产生了一种神秘的、至上的气息，使人们无法琢磨出何时才能兴旺、何时才能衰落，而且人们对它似乎又存在着一种虔诚的敬仰思想，就像《中庸》一书中所提到的那样，鬼神的降临是人们无法揣测的，鬼神的形象虽然隐微虚无，其功德却又是昭明显现的，真诚的德性是不可以加以掩盖的，就如同鬼神一样。但是此处的"至诚"又与鬼神的神秘有所不同，它所论述的是一种神性，是一种至圣之人受之于天命的神性。

---

① 陈晓芬、徐儒宗译注：《论语·大学·中庸》，中华书局 2015 年版，第 337 页。

最后，从第五例我们可以看出“至诚”的意义以及功效，它鼓励人们不断地追求至诚，与天道配合。不仅如此，“至诚”在这里还表达了只有圣人才能够依靠自己的德性毫不费力地支配和治理天下的意思，也就是上文所说的，圣人不用刻意去表现自己的行为就能够引起外界的注意，不用刻意去做些什么事情就能够引起世间万物的变化，不用刻意做出什么成绩就能够自然而然地成就世间万物。儒家主张“天人合一”，人与自然界和谐相处，就可以对自然界的变化发展起到相应的协助推动作用。天人之间所普遍遵循的原则可以用一个“诚”字来体现。“诚”是万事万物的本质属性，而人生的过程，就是不断加强自身修养的过程，也就是对真诚不断追求的过程。因此，生命无息，真诚不已。人类如果能够做到真诚，就具有了和天一样广博、地一样深厚、山一样高大、水一样悠远的品质。这种品性能够承载万物、覆盖万物、生长万物，是一种伟大的品质。所以说，圣人的“全诚无息”之道，能够载物、成物，可以配天、配地，于是圣人就能够主宰天地万物了。

(二)“至诚”的境界

上文已经对“诚”和“至诚”做了具体的分析，那么“至诚”的境界是什么呢？或者说达到“至诚”境界的人具有什么样的人格呢？自先秦以来，儒家所谓的道德修养的理想人格是“至诚”之人，也就是我们所说的“圣人”。早期儒学创始人孔子将人们的修养分成了三个层次，分别是“君子”“仁者”和“圣人”。孔子认为，“圣人”是人们能够达到的修养的最高层次，他是具有最高德性的人，是生而知之的人，是生而至善的人。子思在继承了孔子思想之后，在其著作《中庸》一书中也将“圣人”看成是社会中道德修养最高的人，这种理想人格也是普罗大众都应该追求的。

“至诚”之人是具有天德之人。《中庸·第三十二章》一书中曾经论述道:“唯天下至圣,为能聪明睿知,足以有临也;宽裕温柔……故曰配天。”[①]上述引文是对“圣人”的赞美。“圣人”出现的最大的作用在于他能够上承天命,下顺人心,进而维护整个社会的正常运转,值得我们所有人学习。另外,“至诚”之人天生具有聪明睿智、宽裕温柔、刚强弘毅、端庄中正和文理慎密等品性,所以他能够成为人们的表率,能够包容万物,能够决断大事,能够受人尊敬,能够区别是非。他所具有的品德就像天地和深渊那样广博深厚,在任何时候、任何地方都能够表现出来。他的表现、他的言论、他的行为都受到人们的信服和欢迎。因此,他的美名不仅在中原地区广为流传,而且还会传播到边远的少数民族地区乃至传遍四方,天下所有的民众都尊敬他,亲近他,所以说他德配天地,是具有天德之人。也只有他才具有治理天下的根本大法,才能够成为天下道德修养之典范。另外,《中庸》一书还对“至诚”之人论述道:“唯天下至诚,为能经纶天下之大经,立天下之大本,知天地之化育。”[②]从上述引文我们可以看出,至诚之道的本质在于极诚无妄而纯出于自然,而其功用则体现为治国之大经、立身之大本、化育之大理。因为至诚之人能够掌握天下的至道,对于各种伦理都能够发挥到极致,足以作为天下人与后世人的法则。他凭借至道,可以建立天下的根本,把所有伦理道德都能够不含私欲地运用和发挥出来,可以统御千变万化的道理。而于天地的化育之道,也能以极诚无妄的德性加以领会,无不融会贯通。所以至诚不息才是一切的根本,而不是凭借其他事物的存在。于是,《中庸》又进而赞美了至诚君子的仁、深、大。至诚君子之所以能够治理

---

① 陈晓芬、徐儒宗译注:《论语·大学·中庸》,中华书局2015年版,第353—354页。

② 陈晓芬、徐儒宗译注:《论语·大学·中庸》,中华书局2015年版,第356页。

天下，靠的是胸中厚积的诚意。所以用“肫肫”“渊渊”“浩浩”三个形容词来描绘“诚”的恳至、渊深、广大的特征，也只有至诚之人才能够通晓天地之道。

“至诚”之人是“中庸之道”的执行者。《中庸》开篇就载：“天命之谓性，率性之谓道，修道之谓教。”①在这里，《中庸》通过“天”“命”“性”“道”“教”几个中心内容论述了一个由上而下以及由下而上的循环过程。而这一过程在现实中就是通过“中庸之道”体现出来的。《中庸》一书中还记载：“喜怒哀乐之未发，谓之中……致中和，天地位焉，万物育焉。”②从上述引用中我们可以看出，如果“天”“地”“人”三者能够真正做到各司其职、各尽其能，那么就能够达到理想中的“中和”状态。并且“中庸之道”就是“天命”下贯到世间的行为准则，它无处不在、无处不有，运行于社会中的各个方面，世间的任何物质都离不开它。“诚”就是“中庸之道”的核心，是“中庸之道”最本质的体现。另外，《中庸》中还引用了孔子的话：“鬼神之为德，其盛矣乎！……夫微之显，诚之不可掩如此夫。”③其用意在于用孔子来阐述鬼神的道理，来说明君子之道，即盛极隐微，又不远离人的意思。儒家的学者认为，宇宙之间的一切事物，都是由阴阳二气的化育而形成的，也是由阴阳二气的相互作用而变化发展的。鬼神之道，是阴阳之道的形象化，神代表着阳气，鬼代表着阴气。所以用鬼神之德来比拟自然界在无形之中变化发展的巨大功能。它虽然看不见、摸不到，但是它无处不在、无时不有，万事万物都离不开它。“中庸”就是贯穿于这种巨大功能之中的客观规律，而“诚”则是这种巨

① 陈晓芬、徐儒宗译注：《论语·大学·中庸》，中华书局 2015 年版，第 288 页。

② 陈晓芬、徐儒宗译注：《论语·大学·中庸》，中华书局 2015 年版，第 289 页。

③ 陈晓芬、徐儒宗译注：《论语·大学·中庸》，中华书局 2015 年版，第 313—314 页。

大功能得以体现的本质，因而它们同样具有不闻不见、隐藏不漏的特征，又具有无处不在、无时不有，体现在万物之中的特征。由此可知，“至诚”之人就是“圣人”，就是“从容中道”之人，他不仅是具有天德的人，而且还是“中庸之道”的具体执行者。

总而言之，“至诚”作为《中庸》的核心概念之一，以心性的视角构建了形而上的本体论内涵，通过道德性体打通了道德界与自然界之间的阻隔，说明了“天道”与“人道”之间的重要关系，极大地突出了人的道德主体性和道德主体的内在完整性，彰显了人的道德主体性的自由之境，奠定了内圣外王、成己成物的道德基础。这种道德自由之境不仅是“人道”的道德之境，更使“天道”的“天人合一”这一道德自由之境的实现成为可能。在这种境界中，人虽然行的是“人道”的道德之事，但其意义就不仅是个人伦理道德层面的，而是具有“天道”层面的价值了。所以，圣德以诚为贵，甚至诚之至极，无丝毫私伪留于心目之中。如此，方可“经纶天下之大经，立天下之大本，知天地之化育”①。

第二节　至圣之道：五种美德

从上一节的论述我们可以看出“诚”作为“中庸思想”的核心，体现在社会的各个方面，尤其体现在整个社会的伦理体系之中。而在社会的伦理体系当中，“五伦”思想既是最基本的伦理思想，也是最重要的道德哲学思想。“五伦”思想将人们在家庭、社会各个方面所遇到的各种复杂关系简单化，进而将它们概括为最简单的五种关系，即父子关系、

① 陈晓芬、徐儒宗译注：《论语·大学·中庸》，中华书局2015年版，第356页。

君臣关系、夫妇关系、兄弟关系以及朋友关系。这五种关系不仅体现了中国人伦社会精神的丰富内涵，而且将家庭伦理、社会伦理与国家连为一体，对于我国封建社会的统治起到了不可估量的作用。

“五伦”思想是儒家学者孟子对中国社会整个社会关系的设计，它不仅在个体上囊括了全部的人际关系，而且以伦理的形式概括了血缘、伦理、政治等各种性质的社会关系。在“五伦”思想的设计中，寄托了儒家的人生理想、人伦理想、社会政治理想，体现了丰富的价值取向，体现了中国文化的特征，是儒家德性的出发点和归宿。

一、“五伦”概念的形成过程

“五伦”概念虽然到了孟子时期才被正式地提出来，但是“五伦”思想的实质性内容在孟子之前就已经被人们关注了。《尚书·尧典》载道：“慎徽五典，五典克从。”①舜诚心诚意地推行德教，教导臣民要以父义、母慈、兄友、弟恭、子孝五种美德指导自己的行动，臣民都能听从这些教导而不违背。《左传》载：“舜臣尧，举八恺，使主后土……举八元，使布五教于四方，父义、母慈、兄友、弟共、子孝，内平外成。”②舜举荐八恺，让他们担任管理土地、军事、司法等官职，以掌管和处理各种事务，他们处理事情没有不顺当的，使得地上和天上都平静无事。举荐了八元，让他们到四方各国宣扬五种教化，让父亲重道义、母亲有慈爱、兄长知友爱、儿子懂孝顺，里里外外都平安无事。由以上例证可知，孟子提出的“五伦”思想早在尧舜禹时期人们就已经开始关注并进行过相关论

---

① 王世舜、王翠叶译注：《尚书》，中华书局2012年版，第15页。

② 郭丹、程小青、李彬源译注：《左传》，中华书局2012年版，第715页。

述。但是当时所论证的“五伦”思想与孟子的“五伦”思想并不完全相同。其中,《左传》中所描述的尧舜禹时期的“五伦”思想主要局限于家庭内部成员之间的关系,主要论述了父亲、母亲、兄长、弟弟、儿子五个方面的内容,并没有对家庭关系以外的社会关系进行相关的论述。究其原因,尧舜禹时期的社会生产力水平还不高,人们的活动范围主要局限在自己的部落以及部落联盟之内,那么他们所关注的人理所当然只有自己的亲属。另外,《尚书》一书中有关于“五伦”思想的论述:“今商王受,狎侮五常,荒怠弗敬。”①现在商王纣轻侮五常,荒废怠慢无所敬畏。这里的“五常”与《左传》中所论述的“五伦”相同,就是指父义、母慈、兄友、弟恭、子孝。到了周王朝的晚期,我国社会发生了巨大的变化,国家以及国家内部的各个阶级开始逐渐形成,各阶级之间的和谐相处成为人们逐渐关心的话题。虽然在这一时期家庭内部的亲属关系依然是整个社会中最普遍的关系,但是亲属之间的关系开始逐渐退后,君臣关系逐渐走向前台。至此,孟子又将舜时期所提出的“五伦”关系重新构建,即:“父子有亲,君臣有义,夫妇有别,长幼有叙,朋友有信。”②

二、“五伦”思想的具体内容

人伦一直是儒家思想研究的主要内容,儒家一直希望通过构建各种伦理关系以维护社会的正常发展与运作。孟子在这种情况下,将舜时期所提出的“五伦”关系进行重构:“圣人有忧之,使契为司徒,教以人

---

① 王世舜、王翠叶译注:《尚书》,中华书局 2012 年版,第 439 页。

② 方勇译注:《孟子》,中华书局 2015 年版,第 96 页。

伦，父子有亲，君臣有义，夫妇有别，长幼有叙，朋友有信。”①

1. 父子有亲

“父子有亲”的重点在于“亲”。它所论述的主要是家庭内部之间父母与子女应该以何种方式进行相处的关系准则。对此，孟子说道：“事，孰为大？事亲为大……事亲，事之本也。”②他认为，侍奉父母是天下最大的事情。在“五伦”关系之中，父子关系之所以被首先推出来，主要取决于以下两个方面的原因。一方面，《礼记·郊特牲》载道：“男女有别，然后父子亲；父子亲，然后义生；义生，然后礼作；礼作，然后万物安。”③男女有别，然后父子才能相亲；父子相亲，然后产生有关父子关系的原则；父子关系的原则产生了，然后礼才能据此制定出来。《孝经·士章第五》也载道：“资于事父以事母而爱同，资于事父以事君而敬同，故母取其爱而君取其敬，兼之者父也。”④拿侍奉父母的心来侍奉国君，对国君的尊敬就如同对父亲一样；拿侍奉父亲的心来侍奉母亲，对母亲的爱心就如同对父亲一样。从以上两个例证可以看出，在封建社会中，社会各个阶层的血缘伦理关系以及社会各个阶层的等级制度都是建立在父权制基础上的。在五伦关系中，君臣、夫妻、长幼、朋友这四种关系都是在父子关系建立之后进一步演变而来的。另一方面，“仁”是孔子和孟子思想的核心内容，是他们二人行事的根本。父子之间的伦常关系恰恰是他们所提倡的“仁”的思想的最直观体现。孔子曾说：“夫仁者，己欲立而立人，己欲达而达人。”⑤仁者，自己想立身于世，也使别人立身，

---

① 方勇译注：《孟子》，中华书局2015年版，第96页。

② 方勇译注：《孟子》，中华书局2015年版，第143页。

③ 胡平生、张萌译注：《礼记》，中华书局2017年版，第500页。

④ 李隆基注、邢昺疏：《孝经》，金良年校点，上海古籍出版社，2014年版，第21页。

⑤ 陈晓芬、徐儒宗译注：《论语·大学·中庸》，中华书局2015年版，第72页。

自己想做事通达,也使别人通达。孟子说“仁之实,事亲是也”[①],仁爱的实质就是侍奉双亲。《礼记·蔡义》也载道:“立爱自亲始,教民睦也。”[②]确立爱心从爱自己的双亲开始,这样就可以教民和睦了。综合以上说法可以看出,“仁”作为人们在处理各种社会人际关系时最基本的准则,是我们所必须遵守的。而父子关系作为各种人际关系和社会关系中最初、最基本、最正常的一种,对整个家庭、社会的稳定、发展起着非常重要的作用。人们只有从爱自己的家庭内部成员做起,爱自己的父母、爱自己的兄弟姐妹,最终才能建立相对父子关系更为疏远的君臣、夫妻、长幼、朋友关系。

2.君臣有义

在“君臣有义”这一命题中,核心的内容在于“义”字,它的主要含义是合适、合理。它是处理君主与臣子两者关系的基本准则。“君”在这里所代表的并不是君主自己一个人,而是代表着一个国家、一个民族。“君臣有义”的主要内容就是要论述作为一个国家的最高领袖和国家的执政团队成员之间应该以何种方式相处的问题。孟子说道:“未有仁而遗其亲者也,未有义而后其君者也。”[③]从来就没有重仁义的人会怠慢他的君主。在这里,孟子所论述的就是君主与臣子之间所应遵守的原则性问题。也就是说,作为一国之臣对待自己的君主是不能够违背“义”这一原则的,不能对自己的国君不敬。但是需要指出的是,孟子在这里强调的重点并不是君臣之间的权力大小以及地位尊卑问题,而是强调即使作为一国之君也应该遵守“义”这一准则。对此,孟子论述道:“古

① 方勇译注:《孟子》,中华书局2015年版,第147页。
② 胡平生、张萌译注:《礼记》,中华书局2017年版,第903页。
③ 方勇译注:《孟子》,中华书局2015年版,第2页。

之贤王好善而忘势，古之贤士何独不然？……见且由不得亟，而况得而臣之乎？"[①]古代的贤君喜欢善言善行，因而常常忘记自己的权势；古代的贤士何尝不是这样呢？乐于遵行自己的大道，因而忘记了别人的权势，所以王公贵族如果不对他们恭敬有加、以礼相待，就别指望能够多次见到他们了。见面的次数都不多，何况还想要他们做自己的臣子呢？

由此可见，孟子所论述的"君臣有义"是相互的，而不是单方面的。我们之所以这么说是因为在孟子的"君臣有义"思想当中，他要求臣子一定要坚持对君主恭敬。他曾说："责难于君谓之恭，陈善闭邪谓之敬，吾君不能谓之贼。"[②]用仁政来要求君主叫作"恭"，向君主讲说仁义、堵塞异端叫作"敬"，如果认为君主不能为善，这便是"贼"。臣子对君主的恭谨与否不在于他见到国君时表面的礼数，而在于能不能够坚持道义，做好君主的助手，在国君的治国政策有偏差时及时给予批评指正，以帮助君主治理国家。孟子虽然提倡做臣子的要对君主恭敬，但是这一恭敬是具有一些前提条件的。《孟子·离娄下》载道："君之视臣如手足，则臣视君如腹心；君之视臣如犬马。则臣视君如国人；君之视臣如土芥，则臣视君如寇雠。"[③]君主如果能够将自己的臣子当成自己手和脚一样对待，那么做臣子的就会成为君主的心腹，完全站在君主的立场，时刻为君主着想；如果君主将自己的臣子当作狗和马一样使唤，那么臣子也不会尊敬自己的君主，只是将他当作一般人一样看待；如果君主把臣下看成泥土草芥，那臣下就会把君主看成仇敌。《孟子》中又载："欲为君，尽君道；欲为臣，尽臣道。"[④]作为君主，就要尽君主之道；作为臣子，

---

① 方勇译注：《孟子》，中华书局2015年版，第260页。

② 方勇译注：《孟子》，中华书局2015年版，第128页。

③ 方勇译注：《孟子》，中华书局2015年版，第151页。

④ 方勇译注：《孟子》，中华书局2015年版，第130页。

就要尽臣子之道。孟子在这里想要表达的意思是，君主与臣子两者之间虽然是君尊臣卑，但是彼此都应该以礼相待，君主只有善待自己的臣子，臣子才会给自己的君主卖命。

不仅如此，孟子还认为如果君主与臣子之间发生分歧，并且做臣子的占据着“道义”的一方，那么君主即使处在高高在上的地位，还是应该礼贤下士，虚心接受臣子的建议和批评，最终向臣子学习。《孟子·公孙丑下》载道：“《礼》曰：‘父召，无诺。’‘君命召，不俟驾。’……宜与夫礼若不相似然。”[①]在这里，景丑说，按照《礼》中说的，父亲召唤，来不及答应就应该起身，君主召唤，来不及驾好马车就动身。但是孟子引用曾子的话回答道：“天下有达尊三：爵一，齿一，德一。朝廷莫如爵，乡党莫如齿，辅世长民莫如德。恶得有其一以慢其二哉？故将大有为之君，必有所不召之臣；欲有谋焉，则就之。其尊德乐道，不如是不足与有为也。”[②]天下有三样最尊贵的东西：爵位、年龄和道德。在朝廷之上先要论爵位，在乡党之中先要论年龄，辅佐君主长养人民道德为上。怎么能够凭借爵位而怠慢我的年龄和道德呢？所以天下大有为的君主一定有不受召唤的臣子，如果有事情商量，就一定会亲自拜访臣子。只有这样，才能够得到贤人的帮助。孟子还认为，如果君主整日虚度光阴、不理朝政，做事不讲道义，鱼肉百姓，置人民大众于水火之中，那么做臣子的甚至可以推翻君主的统治，以此来对他进行惩罚。例如，《孟子·梁惠王下》中记录了齐宣王与孟子的对话：“‘臣弑其君可乎？’曰：‘贼仁者谓之贼，贼义者谓之残，残贼之人谓之一夫。闻诛一夫纣矣，未闻弑君

---

① 方勇译注：《孟子》，中华书局 2015 年版，第 67 页。

② 方勇译注：《孟子》，中华书局 2015 年版，第 67 页。

也。’”[①]孟子认为破坏仁义的人叫作“贼”，破坏道义的人叫作“残”。既“贼”又“残”的人，被称为“独夫”。孟子只听说过周武王诛杀了独夫殷纣，没有听说过周武王是以臣弑君的。

总之，孟子所尊崇的“君臣之义”的思想中既包含了对臣子的要求，也包含了对君主的要求。它不仅要求臣子要对自己的君主尽心尽责，而且要求君主做事要遵从道义的原则，既要对臣子负责，又要对百姓负责，而其最终的目的还是对自己的子民负责，使自己的所作所为符合整个社会的利益，进而达到国家昌盛、民族富强。

3. 夫妇有别

在夫妇关系中，孟子提出的“夫妇有别”原则的重点在于“别”字。“别”是指有所区别的意思。在我国古代社会关系中，家庭担当着十分重要的角色。它不仅是社会最微小的组成部分，还对国家的稳定、民族的富强起着至关重要的作用。“别”作为夫妻所应共同遵守的准则，是指男女之别，也是内外之别。“夫妇有别”就是说，丈夫和妻子在家庭的责任分工中分别担任着不同的角色。妻子在家庭中主要担负着整理家务、服侍丈夫、赡养双方的父母，抚养和教育自己的子女使其能够成人、成才的任务。丈夫主要从事农业生产、社会交往、经营对外生意，甚至是协助君主治理国家等重要事宜。从夫妻双方承担的社会角色可以看出，封建社会男尊女卑的观念极为严重，女子是不容许过多参与社会管理方面的相关内容的。不仅如此，作为“夫”和“妇”也应该各自具有相应的道德。《礼记·昏义》篇载道：“敬慎重正而后亲之，礼之大体而所以成男女之别，而立夫妇之义也。男女有别，而后夫妇有义；夫妇有义，

① 方勇译注：《孟子》，中华书局2015年版，第33页。

而后父子有亲；父子有亲，而后君臣有正。故曰：‘昏礼者，礼之本也。’”[①]《中庸·第十二章》也载道：“君子之道，造端乎夫妇，及其至也，察乎天地。”[②]君子所恪守的中庸之道，是从普通的匹夫匹妇都可以知、都可以行的浅显的道理开始的。

由上述例证可以看出，夫妇一伦作为人类生命之本，是人伦始基，是“人之大伦”。儒家将夫妻关系作为一切男女关系的范型和校准，实际上是将丈夫与妻子两者之间的关系确定成为家庭和社会政治关系的起源。这里需要注意的是，“夫妇有别”虽然强调夫妻在承担的家庭、社会角色方面各有分工、各尽其责，但两者之间应该讲求一个“义”字，应该在生活上相互关心、相互扶持。丈夫不能因为在家庭以及社会上的身份高而欺负自己的妻子，妻子不能因为自己的丈夫事业不成而背叛自己的丈夫。

4. 长幼有序

长幼有序的重点在于“序”，这里的“序”是指晚辈对长辈的敬重、弟弟对兄长的尊敬，这里的“长”是指年长者，“幼”是指年幼者。长幼有序直观地反映出了封建社会尊卑有别的礼仪制度。在封建社会，年长者与年幼者之间的关系是兄弟关系的延伸。在家里，年幼的孩子没有不爱自己父母的，年轻的弟弟没有不尊重自己的兄长的。在社会上，全社会的人们都要像兄弟姐妹一样，在赡养自己父母的时候，不会忘记赡养别的没有血缘关系的人的父母；在抚养自己孩子的时候，不会忘记抚养别的和自己没有血缘关系的的人孩子。例如，《礼记·射义》载道：“乡

---

① 胡平生、张萌译注：《礼记》，中华书局2017年版，第1184—1185页。

② 陈晓芬、徐儒宗译注：《论语·大学·中庸》，中华书局2015年版，第305页。

饮酒礼之礼者，所以明长幼之序也。”[①]乡饮酒的礼仪，用以明确长幼之间的秩序。《礼记·经解》载：“乡饮酒之礼废，则长幼之序失，而争斗之狱繁矣。”[②]乡饮酒之礼废弃，长幼的秩序就会变得繁多，而争斗的案件就会丧失。从以上的论述我们可以看出，“长幼有序”其实就是封建社会孝悌思想的延伸，是封建社会“仁义”思想的延续，它被提出的根本目的就是促使人们要懂得尊老、尊长，进而为构建家庭以及社会的和谐提供合理的社会法则和道德依据。

5.朋友有信

朋友有信的重点在“信”这一字上面。“信”是朋友之间关系的准则。朋友有信就是说朋友之间应该真诚待人、诚实守信、互帮互助、相互信任。例如，曾子说：“与朋友交而不信乎？”[③]与朋友交往是否真诚守信了？孔子也曾经论述道：“老者安之，朋友信之，少者怀之。”[④]使老人得到安逸，使朋友们信任，使年轻人怀念。孟子也曾说：“不挟长、不挟贵、不挟兄弟而友。友也者，友其德也，不可以有挟也。”[⑤]朋友之间的交往，应该不依仗年长，应该不依仗显贵，应该不依仗兄弟的势力。朋友之间最应该看重的就是彼此的德性。《论语·学而》篇载道：“信近于义，言可复也。”[⑥]也就是说，“信”必须要合乎于道义。这个“道”实际上就是“义”。要想合于“义”，就要合于实际、恰当合理。孟子还说：“大人

---

① 胡平生、张萌译注：《礼记》，中华书局2017年版，第1203页。

② 胡平生、张萌译注：《礼记》，中华书局2017年版，第956页。

③ 陈晓芬、徐儒宗译注：《论语·大学·中庸》，中华书局2015年版，第8—9页。

④ 陈晓芬、徐儒宗译注：《论语·大学·中庸》，中华书局2015年版，第59页。

⑤ 方勇译注：《孟子》，中华书局2015年版，第198页。

⑥ 陈晓芬、徐儒宗译注：《论语·大学·中庸》，中华书局2015年版，第12页。

者，言不必信，行不必果，惟义所在。”[①]有德性的人，说话不一定句句守信，行为不一定贯彻始终，与义同在，依义而行。孟子在这里所表达的意思是，“信”虽然作为朋友之间交往的基本准则必须要遵守，但是朋友之间的“信”是必须建立在“义”的基础上的，如果答应的事情符合大义，那么无可非议地应该遵守“信”，但是如果朋友之间的诺言违反了大义，那么就不应该遵守了，而应该坚决抵制这种行为。换句话说，朋友之间的“信”应该是合乎于“义”的。关于“信”的论述范围不仅仅局限在朋友之间，还存在于其他方面。例如，《论语·为政》篇载：“人而无信，不知其可也。”[②]一个人如果没有信用，不知道他还可以做什么。孔子还说：“言忠信，行笃敬，虽蛮貊之邦，行矣。言不忠信，行不笃敬，虽州里，行乎哉？”[③]言语忠诚守信、行为笃厚严肃的人，即使到蛮貊地区，也能行得通。言语不忠诚守信、行为不笃厚严肃的人，纵然是在乡里本土，难道能行得通吗？《论语·颜渊》篇载：“子贡问政。子曰：‘足食，足兵，民信之矣。’……‘去食。自古皆有死，民无信不立。’”[④]在这里，子贡询问孔子如何治理政事，孔子回答要粮食充足，军备充实，人民信任政府。如果只留下最重要的，那就是“民信”。如果人民不信任政府，那么国家就站不住了。通过以上论述我们可以看出，“信”作为人与人、国与国之间相互交往的准则，不仅可以促进朋友之间相互的了解和友谊的长存，还是治国安民的重要手段，对我们社会和国家的发展具有非常重要的意义。

总而言之，“五伦”思想的提出既是孟子时期社会发展的需要，也间

---

① 方勇译注：《孟子》，中华书局2015年版，第154页。

② 陈晓芬、徐儒宗译注：《论语·大学·中庸》，中华书局2015年版，第24页。

③ 陈晓芬、徐儒宗译注：《论语·大学·中庸》，中华书局2015年版，第185页。

④ 陈晓芬、徐儒宗译注：《论语·大学·中庸》，中华书局2015年版，第141页。

接地反映出当时社会伦理关系的复杂程度。这一思想的最大特点在于,它不仅规范了君臣、父子、夫妇、兄弟以及朋友五者之间相处的准则,更为重要的是,“五伦”之间的关系是相互的,是具有道德性的,是道德主体相互之间的期许。它并不是单方面的义务,更不是为了统治阶级的利益而强加给弱势群体的法律条文。

第三节 达德的路径

“三达德”思想最早出自《中庸》,指明了通向“中庸”的途径是“三达德”,即通过“知”“仁”“勇”就可以达到“至诚”的“中庸”境界。其实在提出“三达德”的思想之前,关于这三种德性的论述就已经有很多。比如,《国语·晋语二》一书载道:“‘仁不怨君,智不重困,勇不逃死。’若罪不释,去而必重。去而罪重,不智。逃死而怨君,不仁。有罪不死,无勇。”[①]仁者不怨君主,智者不陷入双重困境,勇者不逃避死亡。如果罪名不能够免除,那么逃离晋国必定加重罪恶。逃离晋国而加重罪恶,这是不智;逃避死亡而怨恨君主,这是不仁;有罪而不赴死,这是不勇。由此可见,“知”“仁”“勇”这“三达德”作为儒家学者一直尊崇的思想观念,不仅在春秋时期深刻地影响着人们的日常行为,而且对当今人们的修身、处事等行为方式也具有重要的指导作用。

---

① 陈桐生译注:《国语》,中华书局2013年版,第313页。

一、“三达德”思想的溯源

“三达德”思想产生于春秋战国时期。在这一时期，各诸侯为了争夺更多的土地和财物不惜连年发动战争，致使牺牲战士的尸骸遍布战场，百姓流离失所。而各诸侯为了自身利益将各种礼仪制度摒弃到一旁，进而造成了“礼崩乐坏”的局面。在这种情况下，曾经被官府垄断的文化资源随着社会秩序的转变而下移，为民间文化的传播提供了有利条件。诸子百家也正是在发现了社会“失范”的本质之后，进而针对各种问题，提出了大量不同的救世思想，儒家“三达德”思想正是在这样的背景下产生的。

第一，国家的治理离不开“知”德的人才。春秋时期，各诸侯不仅为了满足自身不断膨胀的私欲，而且为了促进自己的国家快速发展壮大，不惜重金搜寻和重用治国之人才，寻找治国之良策。例如，楚悼王在见到吴起投奔自己之后，委以重任。吴起也不辱使命，根据吴国的具体情况，制定了大量的改革措施，使吴国的经济、法律、政治环境在短时间内得到了巨大的改善，国家实力得到了很大的提升。另外，各个学派抓住“学术下移”的时机广收门徒，他们不仅传授门徒做人做事之礼，还将自己所主张的治国理念通过他们宣传出去，进而加速了知识的传播和自身影响力的扩大。一些有志之士也抓住这一机遇，通过学习各种礼仪、文化、军事、治国理念得到了统治阶级的重用，这些现象的发生对“知”德的推广都具有良好的促进作用。

第二，“仁”德的实施对以“暴”治国现象的发生具有很好的抑制作用。一方面，各国统治者为了自身的发展不惜发动战争以暴力手段侵占别国的领土，致使普通百姓家破人亡，痛不欲生。另一方面，各诸侯在治理国家的过程中，会不断地颁布各种政令以对国家的各个领域进行调整。但是在对社会制度进行大幅度调整的同时，极有可能会导致各阶级之间矛盾的激化，从而造成社会动荡不安，人民生活极其痛苦。在这种现实情况下，各国统治阶级会不断地进行反思，寻找更加快速、和谐的方法进行改革。普通百姓在深受战争之苦的情况下更加渴望过上平安、和谐的生活，这些社会现象的发生都对儒家"仁"德思想的传播提供了非常有利的条件。

第三，"仁政"思想的提出需要有志之士具有"勇"德。春秋战国时期是一个非常动荡的社会，一些有志之士通过学习提高自身认识水平，提高自身明辨是非的能力，从而变得果敢无畏。但是各个学派以及有志之士在传播思想的同时很有可能会违背统治阶级的意愿以及各种法律法规。因此，这些思想的传播者就有可能会受到统治阶级的打压、抨击甚至遭受牢狱之灾。受外界客观条件的限制，有志之士在传播"仁政"思想的同时必须具备"勇"德这一品质。只有这样，他们才能克服各种艰难险阻，勇于挑战各个反对势力，为实现自己的理想而奋斗。

概言之，正是受到文化下移、社会动荡、新旧秩序转换等客观因素的影响，"知""仁""勇"三种德性才能够得以形成。"三达德"思想的形成不仅对人们的日常行为准则进行约束，而且对儒家思想的践行以及儒家道德体系的构建都有着巨大的促进作用。

二、"三达德"思想的提出

"三达德"思想作为儒家道德思想的核心内容，在中国伦理思想史上起着举足轻重的作用。"知""仁""勇"作为"三达德"思想的主要内容始见于《论语》《中庸》等著作当中。

《论语·子罕》载道:“知者不惑,仁者不忧,勇者不惧。”[①]孔子认为,聪明的人不迷惑,仁德的人不忧愁,勇敢的人不畏惧。在这里,孔子在充分重视和把握人类客观发展规律的前提下,保持着高昂的人生态度,使自己的言行超越内在的思想局限,提出了“知”“仁”“勇”三种高尚的品德,并认为同时具备这三种品德的人才是现实中真正的君子,也只有这样的人才能在整个社会发展过程中发挥出更为重要的作用。

《中庸·第二十章》也载道:“天下之达道五,所以行之者三,曰:君臣也,父子也,夫妇也,昆弟也,朋友之交也,五者天下之达道也;知、仁、勇三者,天下之达德也。”[②]天下之人应共同遵循的大道有五条,而用以实现这五条大道的基本品德有三项。这就是:君臣、父子、夫妇、兄弟以及朋友的交往之道,是天下之人应共同遵循的大道。智慧、仁爱、勇敢是天下之人应该具备的基本品德。在这里,《中庸》明确地将“知”“仁”“勇”三种能够贯通天地的德性提了出来,并将这三种德性归纳为“三达德”。不仅如此,《中庸》还记载道,“五达道”只有在具有“知”“仁”“勇”三种德性的基础上才能够施行,才能够最终达到“中庸”这一理想的境界。《中庸·第二十章》又载:“好学近乎知,力行近乎仁,知耻近乎勇。知斯三者,则知所以修身;知所以修身,则知所以治人;知所以治人,则知所以治天下国家矣。”[③]如果一个人爱好学习知识,那么他就接近于智慧之人了;如果一个人努力施行善事,那么他就接近于仁爱了;如果一个人知道耻辱的含义,那么我们就可以认为他已经接近勇敢了。知道了“知”“仁”“勇”这三种品格之后,人们就知道如何修身、治国、平天

① 陈晓芬、徐儒宗译注:《论语·大学·中庸》,中华书局2015年版,第109页。
② 陈晓芬、徐儒宗译注:《论语·大学·中庸》,中华书局2015年版,第326页。
③ 陈晓芬、徐儒宗译注:《论语·大学·中庸》,中华书局2015年版,第326页。

下了。

至此,“知”“仁”“勇”三种德性不仅是指导人们处理日常人伦关系的基本准则,而且是人们达到“中庸”境界必不可少的德性。

三、“三达德”的内涵及“知”“仁”“勇”三者之间的关系

《论语·宪问》篇载道:“君子道者三,我无能焉:仁者不忧,知者不惑,勇者不惧。”①从中我们不难看出,孔子将“知”“仁”“勇”作为君子应该具备的道德品质。而“知”“仁”“勇”作为“三达德”思想的主要内容具有丰富而深厚的内涵。

(一)“知”的内涵

“知”作为“三达德”之一的“知德”,有着特别丰富的内涵,在儒家道德体系中独具一格。从道德的目的性层面来讲,“知”包含了“知人”“知其性”“知天命”三个层面的含义。

从“知人”的角度而言。“知”表达的含义是“知晓”“了解”的意思。而“人”不仅仅是指自己还可以指他人。例如,《荀子·子道》篇中孔子分别追问子路、子贡、颜渊三人:“‘由,知者若何?仁者若何?’子路对曰:‘知者使人知己,仁者使人爱己。’……子贡对曰:‘知者知人,仁者爱人。’……颜渊对曰:‘知者自知,仁者自爱。’子曰:‘可谓明君子矣。’”②从子路、子贡、颜渊三人的回答我们可以看出,子路认为聪明的人使人了解自己,仁德的人使人热爱自己。子贡认为,聪明的人了解别人,仁德的人热爱别人。颜渊认为,聪明的人自己了解自己,仁德的人自己热

① 陈晓芬、徐儒宗译注:《论语·大学·中庸》,中华书局2015年版,第175页。

② 方勇、李波译注:《荀子》,中华书局2015年版,第488—489页。

爱自己。在这里,颜回将"知"理解为自己了解自己,也只有"自知"的人才能够被称为君子。再如,《大戴礼记》对"知人"所包含的"知晓他人"这一层面的含义论述道:"知者,莫大于知贤。"这里的"知人"所表达的就是知晓他人的含义。

从"知其性"的角度而言。《孟子·尽心上》中记载了"知"所蕴含的"知其性"的含义:"尽其心者,知其性也。知其性,则知天矣。存其心,养其性,所以事天也。"①如若能够充分地扩张善良的本心,这就算得上懂得人的本性了;如若能够充分地懂得了人的本性,那么就算得上懂得天命了;如若人们能够始终坚持自身原有的本心,保持人们自身原有的心性,那么人们就能够正确地对待天命了。孟子在这里所论述的"知其性"就是知晓人们本身原有的"本性"的含义。

从"知天命"的角度来讲。《论语·为政》篇中孔子说道:"吾十有五而志于学,三十而立,四十而不惑,五十而知天命,六十而耳顺,七十而从心所欲,不逾矩。"②孔子十五岁有志于学习,三十岁能够立身于世,四十岁对世事不再疑惑,五十岁懂得什么是天命,六十岁对听到的一切都深明其意,七十岁在处理事情的时候能够处处得心应手,而且不会触犯各种规定。在这里,孔子将"志于学""立""不惑""知天命""耳顺""从心所欲"作为其在不同人生阶段对自身经历的不同感受。而"知天命"作为一种高尚的道德目标一直备受孔子尊崇,并且孔子认为不知天命的人,就不能够成为君子。

从功能性的层面来讲,"知"还具有明辨是非、解除疑惑以及明确仁、义关系的内涵。孔子认为,"知"具有解除疑惑的内涵。例如,《论语

① 方勇译注:《孟子》,中华书局2015年版,第257页。

② 陈晓芬、徐儒宗译注:《论语·大学·中庸》,中华书局2015年版,第17页。

·子罕》篇载道:“知者不惑。”[①]孔子认为,有智慧的人是不会迷惑的。孟子认为,“知”具有“仁”和“义”两层内涵。孟子继承孔子这一思想的同时也进一步地指出“是非之心,智之端也。”[②]在这里,孟子将是非之心看成是“智”的萌芽,并认为“智”包含了“仁”与“义”两层含义。不仅如此,孟子还始终坚信有智慧的人之所以不会像常人那样产生迷惑,是因为智慧之人能够明辨“仁”与“义”两者之间的关系以及两者各自的作用。“仁”的作用就是为了侍奉自己的双亲,“义”的作用就是为了遵从自己的兄长,而“智”在这里起到了协调“仁”“义”两者关系的作用。荀子在继承孔、孟两人思想的基础上,将“知”解释为“明智”和“明辨是非”。例如,《荀子·修身》载道:“是是、非非谓之知,非是、是非谓之愚。”[③]在这里,荀子将明辨是非作为“知”的具体表现。另外,“知”还具有“乐水”的内涵。从上文所论述的道德的目的性层面来看,我们了解到,智者能够在处理事情的时候处处得心应手,并且不会触犯各种规定。这种随心所欲的境界就像“水”所具备的灵活特性一样。因此,“知”还具有“乐水”的内涵。例如,《荀子·宥坐》篇载道:“夫水,大遍与诸生而无为也,似德。其流也埤下,裾拘必循其理,似义。其洸洸乎不淈尽,似道。若有决行之,其应佚若声响,其赴百仞之谷不惧,似勇。……其万折也必东,似志。”[④]在这里,孔子认为,水遍生万物而无所作为,就像德;它总是流向低下的地方,曲曲折折必定遵循这个规律,就像义;它浩浩荡荡而永不停息,就像道;如果决口使它畅行,它奔流而泻就好像回应响声一样,涌向上百丈深的山谷也不惧怕,就像勇敢;它注入

① 陈晓芬、徐儒宗译注:《论语·大学·中庸》,中华书局 2015 年版,第 109 页。
② 方勇译注:《孟子》,中华书局 2015 年版,第 59 页。
③ 方勇、李波译注:《荀子》,中华书局 2015 年版,第 15—16 页。
④ 方勇、李波译注:《荀子》,中华书局 2015 年版,第 477 页。

低洼处必定很平，就像法；它将物体注满而不会刮平，就像公正；它能够到达所有细微的地方，就像明察；物体放入水中冲洗后，就变得新鲜洁净，就像善于教化；它千回百折必向东流，就像意志。从中我们可以看出，孔子之所以对“水”情有独钟是因为“水”拥有智者所具备的“德”“义”“道”等德性。

(二)“仁”的内涵

从古至今，“仁”的思想一直对我们的日常生活以及行为方式有着极为深刻的影响，并且“仁”在我国古典文化中也占有着非常重要的地位。探析“仁”的思想内涵，我们可以从以下四个角度着手。

从“爱人”的角度来讲。《国语》对“仁”论述道：“言仁必及人。”也就是说，要想探讨“仁”的思想内涵必然会涉及人。人才是施行“仁”的关键。如果没有人，那么“仁”这一思想品格也不可能被实施。儒家哲人认为“仁”具有普适性的特点。无论人们处于什么阶级、什么地位，无论人们达到了什么年龄，无论人们贫穷还是富贵，都会有“仁爱之心”。这里的“爱人”既包含“血亲之爱”的内容，也包含了“泛爱”的内容。血亲之爱就是指爱自己的父母、兄弟、子女等亲人。例如，《中庸·第二十章》载道：“仁者，人也，亲亲为大。”①所谓仁，就是做人的道理，而爱自己的亲族就是做人的头等大事。而“泛爱”是说，不能够仅仅爱自己的亲人，还要将这种爱推广出去，不论人们身份的高低贵贱，不论人们贫穷还是富有，都可以去爱他们。孔子将“爱人”的最高境界表述为：“弟子入则孝，出则弟，谨而信，泛爱众而亲仁。”②这里所论述的“爱”就是一种泛爱之心，一种博爱之心，一种超越血缘关系的爱。儒家提出的“泛爱”

---

① 陈晓芬、徐儒宗译注：《论语·大学·中庸》，中华书局2015年版，第324页。

② 陈晓芬、徐儒宗译注：《论语·大学·中庸》，中华书局2015年版，第9页。

思想虽然是一种理想的境界，但对我们处理日常人伦关系还是起到了良好的指导和规范作用。

从“忠恕”的角度来讲。这里的“忠”主要包含了两个层面的意思。一方面，“忠”要求臣子要对自己的君主忠诚，即“忠君”。例如，《论语·八佾》载道：“君使臣以礼，臣事君以忠。”[①]从中我们可以看出，在古代君臣两者的关系中，不论是君主还是臣子都应该恪守礼义规定。作为一国之臣子，不但要帮助君主治理朝政，管理行政事务，最重要的是要对君主忠心，绝不背叛自己的君主。而一国之君若想要自己的臣子对自己忠诚，死心塌地地为自己服务，就必须以礼相待，对臣子提出的意见要虚心接受。也就是说，“忠”与“礼”两者是相辅相成的关系，如若其中任何一方违背了礼义，那么这种关系就很有可能随之破裂。在这里需要指出的是，先秦时期以“忠”作为处理“君”“臣”关系的首要内容着重体现了普通百姓的爱国之情。另一方面，“忠”还要求人们在日常生活的交往中要对彼此诚实守信。《论语·学而》篇中孔子说道：“吾日三省吾身：为人谋而不忠乎？”[②]在这里，孔子将曾子所论述的“忠”表达为人与人之间的交往应该以是否尽心尽力和是否真诚守信为评价标准。朋友之间应该相互坦诚，邻里之间应该将心比心，扩大至社会，人与人之间应该诚实守信，及时地为别人着想。《论语·里仁》篇对“忠恕”思想论述道：“夫子之道，忠恕而已矣。”[③]由此可以看出，孔子学说以“仁”思想为核心，将“忠恕”思想作为儒家“仁”思想的扩展和延伸，对儒家“仁”思想的发展具有促进作用。

---

① 陈晓芬、徐儒宗译注：《论语·大学·中庸》，中华书局2015年版，第34页。

② 陈晓芬、徐儒宗译注：《论语·大学·中庸》，中华书局2015年版，第8页。

③ 陈晓芬、徐儒宗译注：《论语·大学·中庸》，中华书局2015年版，第44页。

从“复礼”的角度来讲。在春秋时期，原有的旧的社会秩序已经被打破，而新的社会秩序尚未建立完成。周王室的政治和经济实力均已衰败到无法控制诸侯势力的地步，因此各诸侯们逐渐掌握了周王室“礼乐征伐”的权力，从而导致了春秋时期“礼崩乐坏”现象的发生和发展。《左传》中仲尼从“复礼”的角度对“仁”论述道：“古也有志：‘克己复礼，仁也。’”[①]这句话是说，如果能够克制自己的日常行为进而恢复到“礼”的要求上面，那么就可以称之为“仁”了。孔子在这里指出楚灵王的日常行为有悖于“礼”的要求，所以落得个昏君的骂名。楚灵王蛮横骄淫，好大喜功，对外大肆侵扰别国的领土，致使国家周边不得安宁，对内奴役百姓，致使民不聊生。朝廷的忠臣多次进谏要以“仁”治国，克己复礼，但都遭到了楚灵王的打压，致使奸臣当道，楚灵王最终死于战乱之中。从中我们可以看出，“礼”作为一种约束自身行为的标准，不仅对普通百姓的日常行为具有指导作用，而且对各诸侯也具有一定的警示作用。

从“仁政”的角度来讲。“仁政”是孔子思想的基本内容，主要体现在其著作之中。例如，《论语·雍也》篇中记载了子贡与孔子关于“仁政”思想的讨论：“‘如有博施于民而能济众，何如？可谓仁乎？’子曰：‘何事于仁！必也圣乎！尧、舜其犹病诸！’”[②]孔子说如果有人能对民众广施恩惠，周济百姓，那么这个人就做到了“仁”，而且是“圣人”了，恐怕尧舜也会觉得难以做到吧。再如，《论语·尧曰》中记载：“子张问于孔子曰：‘何如斯可以从政矣？’……子曰：‘君子惠而不费，劳而不怨，欲而不贪，泰而不骄，威而不猛。’……子张曰：‘何谓四恶？’……‘出纳之吝

---

① 郭丹、程小青、李彬源译注：《左传》，中华书局2012年版，第1764页。

② 陈晓芬、徐儒宗译注：《论语·大学·中庸》，中华书局2015年版，第72页。

谓之有司。’”[①]在这里，孔子认为一个人如果能够做到以下两个方面就可以从事政治了。第一，从施政方法上来说，君主要提高自身素质进而得到百姓的认可，即：自己有欲望但从来不贪求任何东西，自身安泰但是并不会给人一种骄傲的感觉，具有威严的气质，但是并不会使人产生凶猛的畏惧感。第二，从施政水平来讲，从事政治的人如果能够做到施惠于百姓而自己又没有什么耗费，役使自己的百姓，但是百姓对于自己被役使不会产生任何的怨恨就可以算是高水平了。在这里，孔子提出尊崇五种美德的目的就是希望统治阶级能够摒除“虐”“暴”“贼”“吝”四种陋习，进而修养身心服务百姓。

（三）“勇”的内涵

“勇”在三种德性之中位列第三，其内涵主要体现在四个方面。

第一，从自身血气的角度来讲。当人们遇到困难或者面临危险的时候，不会因为一时的困难或危险而产生畏惧、退缩的心理，而是克服一切阻碍自身前进的外在因素，奋勇向前，即使失败也不回头。例如，《国语》载道：“知死不辟，勇也。”

第二，从“义”的角度来讲。“义”与“勇”紧密的结合明确了“勇”的价值取向。例如，《论语·阳货》篇载：“君子义以为上，君子有勇而无义为乱，小人有勇而无义为盗。”[②]孔子的意思是说，君子认为“义”是最可崇尚的，君子只有“勇”而没有“义”就会逆反作乱；小人只有“勇”而没有“义”，就会成为强盗。孔子在这里并不否定“勇”是成德的关键，但他认为行“勇”要以“义”为前提，如若认为所做的事情符合“义”的要求，那么就要无所畏惧地坚持下去，只有这样“义”才能够实现，“勇”德才能够被

① 陈晓芬、徐儒宗译注：《论语·大学·中庸》，中华书局2015年版，第240页。

② 陈晓芬、徐儒宗译注：《论语·大学·中庸》，中华书局2015年版，第217页。

赋予道德方面的属性。

第三,从“礼”的角度来说。孔子认为一个国家如果想要政治清明、社会稳定就必须确定正常的礼义关系,使每个人的行为都能够符合其所应该担当的社会角色。由此“勇”开始向“礼”的方面靠近,并与其结合在了一起。例如,《韩诗外传》对子夏以“礼”力争齐王之事进行了相关的论述。当时的卫国发展缓慢,国力弱小,晋国自恃国力强盛经常对卫国进行掠夺。卫国国君为求自保提出与齐国结盟共同抵抗晋国。但是由于齐国国力相对强大,两国之间稍有不和,齐国国君就会羞辱卫国国君。子夏在这种情况下,临危不惧,与齐国国君以礼相争,不仅从根本上维护了卫国的尊严,还将“勇”的含义发挥到了极致。子夏的这种“勇德”行为不得不令人佩服。由此我们可以看出,儒家所崇尚的“勇”并不是匹夫之勇,而是符合礼义制度的“勇”,也只有具备这种“勇德”之人才会在现实中得到人们的尊崇和爱戴。

第四,从“仁”的角度来说。孔子曰:“好勇疾贫,乱也。人而不仁,疾之已甚,乱也。”[①]喜好勇力而厌恶贫困,就会生乱。对于不仁之人痛恨得过分,也会生乱。孔子又曰:“有德者必有言,有言者不必有德。仁者必有勇,勇者不必有仁。”[②]孔子认为,有道德的人一定有出色的言论,有出色言论的人不一定有道德。有“仁”之人一定勇敢,勇敢的人不一定“仁”。在这里,“勇”与“仁”两者结合到了一起,并成为勇德的重要特性之一。

(四)“知”“仁”“勇”三种德性之间的联系

先秦儒家将“知”“仁”“勇”作为处理君臣、父子、夫妇、兄弟、朋友

① 陈晓芬、徐儒宗译注:《论语·大学·中庸》,中华书局2015年版,第92页。
② 陈晓芬、徐儒宗译注:《论语·大学·中庸》,中华书局2015年版,第164页。

“五伦”关系的基本德性。它们功能各异，互为补充，三位一体，构成先秦儒家道德体系的重要内容，也体现出儒家先哲在构建道德体系时的深思熟虑。

1. “知”是“仁”和“勇”的基础

“知”是“仁”的基础。《论语・子张》篇载道：“博学而笃志，切问而近思，仁在其中矣。”①广博地学习并能够坚守志趣，问与自己所学切近的问题，思考近前的事情，仁就在其中了。孟子也认为“知”与“仁”是相互统一的，“知”对“仁”具有重要的作用。学习不知足，这就是知，教人不嫌疲劳，这是仁，既仁又知，这就是圣人了。从中我们可以看出，“知”和“仁”是圣人不可缺少的两种品德，只有那些博才之士才能够更为深刻地理解“仁”的内涵，并将“仁”的思想在现实中完整地体现出来。反之，如果一个人只有仁心而没有过人的智慧和才干，那么在处理事务的过程中就很有可能陷入种种误区，进而影响整个事件的发展。

“知”是“勇”的基础。儒家哲人所倡导的“勇”既不是逞匹夫之勇，也不是行事莽撞，而是要求在处理事务的过程中既要做到细心、认真、谨慎，又要在克服困难的关键时刻不惧艰难困苦，勇往直前。“知”与“勇”的结合不仅赋予了“勇”更多的智慧，以防个人因“勇”而脱离礼义的要求范围，害人害己，而且赋予了“知”更多的勇气，以防个人因“知”而惧怕困难停滞不前。在《论语・述而》篇中，孔子对“知”与“勇”两种德性的结合论述道：“暴虎冯河，死而无悔者，吾不与也。必也临事而惧，好谋而成者也。”②孔子认为，徒手斗虎，徒步过河，死了都不后悔的人，他不会与之共事。孔子与之共事的一定是遇事小心谨慎，善于谋略

---

① 陈晓芬、徐儒宗译注：《论语・大学・中庸》，中华书局 2015 年版，第 230 页。

② 陈晓芬、徐儒宗译注：《论语・大学・中庸》，中华书局 2015 年版，第 77—78 页。

而能成事的人。总之,“知”是“仁”和“勇”两种德性的基础,“知”为“勇”的践行辨明了方向,为“仁”的施行拓宽了道路。

2.“仁”是“知”和“勇”的核心

“仁”作为先秦儒学思想的核心,作为社会伦理道德规范的基础,在中国伦理思想史上有着重要地位。“知”“仁”“勇”三者以“仁”为基础,凸显“仁”对“知”“勇”的重要作用。

“仁”是“知”的核心。子曰:“仁者安仁,知者利仁。”[①]有仁德的人安于仁道,聪明的人知道行仁道有利于己。聪明才智从属于“仁”,是为“仁”服务的。智者只有不断反思,不断修养身心,才能达到利“仁”的境界。子曰:“里仁为美。择不处仁,焉得知?”[②]由此可以看出,无“仁”之“知”会导致人迷失方向,甚至犯上作乱,给国家带来祸患。这些都说明,“知”必须以“仁”为核心。

“仁”是“勇”的核心。“勇”指的是人们无所畏惧、勇往直前的品质。勇者离开了“仁”就会盲目冲动,甚至犯上作乱,可见“勇”以“仁”为核心,才具有真正的勇德。如前文所引,孔子曰:“仁者必有勇。”有仁德的人一定勇敢,在任何艰难险阻面前也会勇往直前,永不退缩。反之一个人如果只有勇敢,而不具有“仁”德,那么“勇”则成为背义之勇和匹夫之勇,此人更有可能犯上作乱,成为强盗。所以只有以“仁”作为核心的“勇”,才是真正的勇德。

3.“勇”是“仁”和“知”的支撑

如前所述,哲学先人在论述“勇”这一德性的时候将其解释为“血气之勇”“义礼之勇”和“仁德之勇”等含义。所以我们可以说在“知”德以

---

① 陈晓芬、徐儒宗译注:《论语·大学·中庸》,中华书局2015年版,第40页。

② 陈晓芬、徐儒宗译注:《论语·大学·中庸》,中华书局2015年版,第39页。

及“仁”德思想形成的过程中“勇”德思想起到了重要的支撑作用。

“知”德的形成离不开“勇”德的支撑。《尚书·仲虺之诰》篇中记载道：“天乃锡王勇智，表正万邦，缵禹旧服。”[①]上天赐给统治者勇敢和智慧两种德性。作为表率，统治者应该不惧艰险，勇往直前，将智慧运用到百姓的身上，端正万国，继承大禹的传统。作为百姓也应该学习和支持统治者的这种勇德精神，做事勤勤恳恳，不惧艰难困苦，只有这样才能促使自己的国家繁荣昌盛，人民幸福安康。

“仁”德的形成离不开“勇”德的支撑。儒家学者提倡人们要具有“志士仁人”的精神。孔子曰：“志士仁人，无求生以害仁，有杀身以成仁。”[②]这里体现出了“仁者必有勇”的思想。“勇”是“仁”的重要支撑，一个人只有具备了坚毅的品性才能“当仁不让”“见义勇为”。

四、“三达德”思想的特征

“知”“仁”“勇”作为儒家伦理思想的核心，三者之间相互联系，不可分割，而各自又相对独立。把握“三达德”思想的特点，有助于考察儒家道德体系的建构和道德实践的特征。

(一)“三达德”思想具有相对独立性

从前文中我们可以看出，“知”“仁”“勇”作为儒家学者尊崇的三种德性，相互之间具有非常紧密的联系。但是从道德的角度而言，三者之间又相对独立。

---

① 王世舜、王翠叶译注：《尚书》，中华书局2012年版，第380页。

② 陈晓芬、徐儒宗译注：《论语·大学·中庸》，中华书局2015年版，第187页。

1."知"的相对独立性

就"知"的含义而言。"知"包含了智慧、明辨是非等多方面的含义，它的含义与另外两种德性完全不同，因此我们可以说"知"在自身的含义方面具有独立性。

就"知"的内容而言，《论语》记载道："博学而笃志，切问而近思，仁在其中矣。"[①]广博的学习，并能够坚守志趣，问与自己所学切近的问题，思考近前的事情，"仁"就在其中了。很明显，"知"的内涵主要集中在学习方面，这与"仁"和"勇"两者的内涵有很大的不同，具有相对的独立性。

2."仁"的相对独立性

就"仁"的含义而言。从前文中我们了解到，"仁"主要包含了"爱人""忠恕""复礼"三个层面的含义。其含义与"知""勇"两者的含义具有很大的区别，所以我们可以说"仁"在含义方面具有独立的特性。

就"仁"的体系而言。"孝悌"作为儒家仁德思想的基础，要求人们在家要孝顺自己的父母，出门要敬顺兄长，说话要谦虚谨慎，做人要诚实有信，最终达到泛爱众人而亲近仁者的地步。"爱人"作为儒家仁德思想体系的核心内容不仅要求人们爱自己的父母、爱自己的子女、爱自己的亲人，还要将这种爱推广出去，变成一种大爱、一种博爱，进而达到爱天下所有人，与天下所有人和谐共处的理想境界。不仅如此，"爱人"还要求人们在日常生活中将仁德思想体系的具体内容付诸实践，并将儒家所提出的各种德性要求运用到实际的生活当中。"天下归仁"作为儒家仁德思想的最终目标，指出了儒家哲人一直提倡和努力追寻的最

① 陈晓芬、徐儒宗译注：《论语·大学·中庸》，中华书局2015年版，第230页。

终价值目标。因此，就“仁”德思想的基础、核心和最终目标而言，“仁”的体系具有相对的独立性。

3.“勇”的相对独立性

就“勇”的内涵来说。前文主要展现了“血气之勇”“义礼之勇”“仁德之勇”三个层面的含义。综合这三个方面的内容，“勇”不仅具有勇敢的含义还具有大、小之别。例如，《荀子·宥坐》篇载道：“夫水，大遍与诸生而无为也，似德。……若有决行之，其应佚若声响，其赴百仞之谷不惧，似勇。”[①]水，如果让它任意畅行，它奔流而泄就好似回声一样，涌向上百丈深的山谷，一点也不惧怕，这就是勇敢。由此可见，“勇”的内涵与“仁”“知”两者具有很大差别，具有相对的独立性。

(二)“三达德”思想具有实践性

“三达德”思想作为先秦儒家思想的核心内容，不仅是指导人们处理日常人伦关系的基本准则，而且是人们达到“中庸”境界必不可少的条件。儒家提出的“知”“仁”“勇”三种德性虽然美好，但是如若不能够经受住实践的检验，那么也只是纸上谈兵，毫无用处。儒家先哲在认识到这一问题之后，特别强调“三达德”思想的实践性内容。他们认为，“三达德”思想的实践过程是一个由内而外的嬗变过程。人们要先努力学习“知”“仁”“勇”三种德性的内涵，并将其转化成自身所具备的基本德性，进而将“知”“仁”“勇”三种德性应用于实践生活中。

1.“知”的实践性

“知”作为“三达德”思想的基础，主张人们通过学习理论知识，阅读文献资料，积累大量的知识理论，进而在实际生活中将自己所学的内容

① 方勇、李波译注：《荀子》，中华书局 2015 年版，第 477 页。

运用到具体的实践当中。或者是在处理实际事件的过程中，将理论与实践相结合，在对整个事件进行综合分析和考量的情况下，做出最符合时宜的结论。所以我们可以说，“知”具有实践性。

2.“仁”具有实践性

儒家先哲在对其提出的仁德思想进行实践的过程中，主张将“仁”的思想运用到社会的各个方面。就个人而言，儒家先哲认为不论是君主还是臣民，不论是贫穷还是富有都应该努力提高自身仁德方面的修养。在这里，儒家学者还特别提出，作为统治者更应该以身作则，将“仁”作为自身修养的重要内容，为普通百姓做好榜样，进而达到君、臣、民三者之间的和谐状态。就家庭和国家而言，如果人人都注重仁德的培养，那么家庭就会和睦，如果每个家庭都具有仁爱的精神，那么这个国家就会因为“仁”而变得更加繁荣富强。

如若我们将仁德思想运用到国家的治理层面，那么可以将这种治国政策称为“仁政”。孟子认为君主如若能够爱自己的亲人，进而仁爱自己的百姓；因为仁爱自己的百姓，进而能够爱惜万物。最终天下就会归附于他。另外《孟子·梁惠王上》中还指出：“王如施仁政于民，省刑罚，薄税敛，深耕易耨……可使制梃以挞秦、楚之坚甲利兵矣。”[①]假若君主施行仁政、减免刑罚、减轻赋税，使百姓能够深耕细作、早除稗草，还使年轻的人在闲暇时间讲求孝顺父母、敬爱兄长、为人尽心竭力、待人忠诚守信的道德，并且运用这些道德在家里侍奉兄长，上朝尊敬上级。这样下来，就是制造木棒也可以抗击拥有坚实盔甲、锋利刀枪的秦楚军队了。

不仅如此，践行仁德思想不仅要求人们要有恻隐之心，还要求人们

---

① 方勇译注：《孟子》，中华书局 2015 年版，第 8 页。

要具有奉献精神。例如,《孟子·梁惠王上》篇载道:“今人乍见孺子将入于井,皆有怵惕恻隐之心。”[①]《论语·卫灵公》也载道:“志士仁人,无求生以害仁,有杀身以成仁。”[②]志士仁人,不会因为贪生怕死而损害仁德,只有牺牲生命而成全仁德。

3.“勇”具有实践性

“勇”德的实践过程就是一个不怕困难、勇于挑战,为了自己心中的理想,不断攀登,即使粉身碎骨也无怨无悔的过程。例如:孔子在各地讲学以及到各诸侯国宣传儒家学说的过程中,遇到了各种困难。他曾被拘于匡地,到过卫国、曹国、宋国、郑国和陈国,这一路途中曾经绝粮七日,所幸被楚人相救才免于一死。孟子也曾对勇德大加赞赏,称赞有志之士坚守节操,不怕死无葬身之地,弃尸山沟;勇敢的人见义而为,不怕丢掉脑袋。由此可见,孔、孟二人自身都具有“勇”德的精神,并且对那些在实践过程中所展现出来的不畏艰险、勇往直前的英勇精神大加赞赏。

(三)“三达德”思想具有统一性

孔子曰:“知、仁、勇三者,天下之达德也。”[③]孔子认为,“三达德”具有统一性,三者并列,没有轻重之分,更无主次之别,都是“达德”。同时,三者互相包含,互为补充。“知”离不开“仁”“勇”、“仁”离不开“知”“勇”、“勇”离不开“知”“仁”,体现出“知、仁、勇”三者相互联系、缺一不可的统一性。另外,三者的统一还体现在道德实践方面。孔子曰:“好

---

① 方勇译注:《孟子》,中华书局 2015 年版,第 59 页。

② 陈晓芬、徐儒宗译注:《论语·大学·中庸》,中华书局 2015 年版,第 187 页。

③ 陈晓芬、徐儒宗译注:《论语·大学·中庸》,中华书局 2015 年版,第 326 页。

学近乎知，力行近乎仁，知耻近乎勇。”[①]孔子认为，爱好学习，就接近智慧了；努力行善，就接近仁爱了；懂得耻辱，就接近勇敢了。可见“知”“仁”“勇”三者互相促进，使“三达德”呈现出结构谨严、有机结合的整体风貌。

要而言之，“三达德”在我国哲学思想史上始终蕴含着积极的价值，对我国民族精神的塑造产生了深远的影响，具有赓续与升华的意义。“知”包含有“究天人之际”的认识论精神，这种精神不仅包含人的道德理性，而且奠定了中华民族根深蒂固的整体主义价值观。“仁”因依循“天无私覆”“地无私载”的天道奉献精神，而被后世哲人创造性地融入“仁者爱人”“民胞物与”等观念，这些观念进一步深化了道德主体对“仁”的坚守，使“仁”由内而外地散发出奉献与付出的显性特征，并逐渐沉淀为坚定的意志追求。“勇”是君子进行道德反思、提升道德能力的一种优秀品质。这种优秀品质激励人们坚持不懈地追求“仁”，并在人生旅途中不断地践履“仁”的优秀品质，最终达到“仁”的最高境界。

---

① 陈晓芬、徐儒宗译注：《论语·大学·中庸》，中华书局2015年版，第326页。

第五章 “天人合一”——中庸价值理想的境界论

儒家“天人合一”思想作为中国哲学的核心精神之一，不仅彰显中国文化的整体思维观念，同时也是中国先哲对于人与自然关系独特思考的智慧结晶。它强调人与自然、人与社会、人与人之间以及人的身心的整体和谐，蕴含着整体和谐、厚生爱物、节用适度、尊重自然的思想。

第一节 “天”与“人”的内涵

“天人合一”作为儒家处理天人关系的基本思路，不仅被视为中国传统哲学的核心理念，而且对于中庸价值理想的最终实现也起到了举足轻重的作用。就“天”“人”的内涵而言，“天”的内涵我们在本书的第二章中已经做过解释，这里就不再进行赘述，而“人”的内涵在中国传统哲学中主要表现为以下两个方面。

第一，“人”是指在宇宙间与其他物类相区别的称属，即人类。这种类的区分是以思维的足够发展作为前提的。人们在对客观事物进行分类的同时发现了自身作为一个独特的族类存在，于是就有了“人”的概念。例如，荀子对“人”的特征以及“人”与外物的区别论述道：“人之所以为人者，何已也？曰：以其有辨也。饥而欲食，寒而欲暖，劳而欲息，好利而恶害，是人之所生而有也，是无待而然者也，是禹、桀之所同也。……夫禽兽有父子而无父子之亲，有牝牡而无男女之别，故人道莫不有辨。”①荀子认为，人之所以被称为人是因为人具有区别事物的能力。饥饿了想要吃饭，寒冷了想要暖和，劳累了想要休息，喜欢利益而厌恶祸患，这些是人们天生就有的本能。虽然动物也具有这种本能，但是动物具有父子之实而没有父子之情，有雌雄的不同而没有男女的分别，所以为人之道就在于人们对待事物有区别的能力。

第二，“人”最基本的属性就是拥有德性。人类之所以能够区别于动物是因为“人”具备社会属性。古代的人们很早就意识到了这一点，孟子强调“人”因为具有先天的植根于心的仁、义、礼、智、信等道德，才被称为天下最珍贵的物种。王夫之进一步指出：“恻隐、羞恶、恭敬、是非，唯人有之，而禽兽所无也；人之形色足以率其仁义礼智之性者，亦唯人则然，而禽兽不然也。”②由此我们可以看出，王夫之对“人”的认识已经突破了“人”的自然属性，和其他的物类产生了分别。更为重要的是，王夫之对“人”的认识已经深入了“人”的内在本质方面。

第二节　天人之辩

早在先秦时期，各个学派的先哲就针对“天”与“人”两者之间的关系进行过深入的分析，并从价值观的视角进行了阐述，进而产生了不同的价值观点。其中儒家的天人关系思想在众多学派的思想当中显得尤

---

① 方勇、李波译注：《荀子》，中华书局 2015 年版，第 59 页。

② 王夫之：《读四书大全说》，中华书局 1975 年版，第 680 页。

为突出。儒家“天人之辩”思想包含了多个方面的内容。它既涉及了天道观思想方面的内容，又涉及了价值观方面的内容。下面我们就对孔子、孟子、荀子三人的天人关系思想以及其中的内蕴做出阐述，并在此基础上分析和把握儒家的价值体系。

在孔子时期，人类已经迈进了文明社会。在漫长的社会发展过程中，“天”与“人”两者之间的关系也一直在发生着微妙的变化。孔子正是基于对人类文明发展的思考和认识才对“天”“人”两者之间的关系进行了深刻的论述和探讨。他曾就人与自然中万物的关系进行过论述：“鸟兽不可与同群，吾非斯人之徒与而谁与？”[①]人们不可与鸟兽合群共处，我们不与人群交往又与什么交往呢？在这里，“斯人之徒”是指脱离了自然状态被社会文明逐渐同化的人。人不能脱离社会而退回到自然状态，因此人作为社会文明的主体，只能互相形成一定的社会关系。也正因为如此，孔子肯定了社会文明发展的重要价值。当然，社会文明的发展进程并不仅仅局限于人的文明化这一个方面，还有更多的价值内涵。殷周时期的礼制思想在社会生活的各方面都发挥着重要作用，孔子正是在充分认识到了礼制所具备的社会价值之后才肯定了它的社会意义。例如，《论语·八佾》中孔子说道：“郁郁乎文哉！吾从周。”[②]这句话表明了孔子对周礼是非常认可的，认为礼乐制度是丰富多彩的，人们应当遵循它。孔子对于周朝的礼制之所以如此缅怀，其实包含着他具有深远意义的价值倾向，即周礼对于现世的存在不仅是一种老旧的制度，更多的是人类曾经经历过的文明社会的象征，“从周”代表着延续人类创造的文明，是具有重要历史意义的。而“夷夏之辨”代表着孔子的

---

① 陈晓芬、徐儒宗译注：《论语·大学·中庸》，中华书局 2015 年版，第 222 页。

② 陈晓芬、徐儒宗译注：《论语·大学·中庸》，中华书局 2015 年版，第 32 页。

又一价值取向,即夏的文明程度高于夷,因此其社会历史意义要高于夷。也正因为如此,孔子十分赞赏管仲:"微管仲,吾其被发左衽矣。"①如果没有管仲的话,他们都要成为披头散发,衣襟左开的样子了。这里孔子认为管仲为推进社会文明的进步与发展做出了应有的贡献。

不仅如此,孔子认为文明社会中的"人"应该是高于自然的存在,应该以"仁"为核心。其实,对于"仁"的概念的提出,孔子并非第一人。《诗经·齐风·卢令》篇中就已经提到了"仁"字:"卢令令,其人美且仁。"②不过,这里所说的"仁"并没有体现"一以贯之"的概念。孔子将"仁"提高为一种较为普遍的价值观念。"樊迟问仁。子曰:'爱人。'"③可见孔子将爱人作为界定"仁"的最基础的标准,这是较为传统的人文观念,表达了"人"要高于自然万物的价值观念。另外,《论语·乡党》篇载:"厩焚。子退朝,曰:'伤人乎?'不问马。"④在孔子看来,人较于牛马要更加宝贵,当遇到马棚着火时,应该以人的安全为重。但是这并不代表牛马轻贱,而是牛马与人相比更多是作为自然状态存在,并不具有内在的价值。孔子认为人应具有的最基本的观念就是尊重,《论语·为政》篇还载:"今之孝者,是谓能养。至于犬马,皆能有养。不敬,何以别乎?"⑤现在的所谓孝,认为能够供养父母就行了。如果这样看的话,连犬马也有人喂养着。如果不存孝敬之心,供养父母与喂养犬马有什么区别呢?孔子在此处是想表达,子女应该在人格上尊重父母,如果仅仅关心父母的生活和生存,而不重视尊重他们的人格,那么人与物无差

① 陈晓芬、徐儒宗译注:《论语·大学·中庸》,中华书局2015年版,第170页。
② 王秀梅译注:《诗经》,中华书局2015年版,第199页。
③ 陈晓芬、徐儒宗译注:《论语·大学·中庸》,中华书局2015年版,第147页。
④ 陈晓芬、徐儒宗译注:《论语·大学·中庸》,中华书局2015年版,第119页。
⑤ 陈晓芬、徐儒宗译注:《论语·大学·中庸》,中华书局2015年版,第18页。

别。敬重人格是对人内在价值的肯定,同时也是对人高于自然状态观念的肯定。孔子运用"敬"将人与物的关系鲜明地区别开。虽然在文中所提出的是父母与子女的关系,但是对于人格的尊重已经超出了亲戚的范畴。

另外,孔子还说:"孝弟也者,其为仁之本与!"[①]孝悌就是仁道的根本。在这里,"孝"主要表现的是父母与子女之间的关系,而"悌"则体现的是兄弟姐妹之间的关系。通常而论,无论是亲子还是兄弟姐妹之间的关系都是以血缘关系作为桥梁,与生俱来带有自然的属性。然而孝悌的形式打破了原有的自然性质,带有更多的人文意义。孝悌被孔子当作"仁"之本,其实质是社会的伦常关系,即将原本属于自然的关系人文化。从这个方面来讲,"孝悌"体现了"仁道"原则中高于自然的特质。孔子认为,如果人能够将原始的自然关系提升,建立起人之为人的族类本质,那么仁道的实现就可以得到基本的保证了。曾经有人提出,孔子的"爱有差等"主张使得仁道原则产生了一定的局限性,因为孔子提出的孝悌为仁之本是为了体现手足情深,这样便否认了孔子仁道原则的普遍性。我们认为,孔子所提出的孝悌为仁之本的思想并非仅仅局限于以血缘关系来界定仁道原则,其实质是将原本自然属性的关系人文化。实质上,孔子所主张的孝悌为本与仁道原则的普遍性并不存在逻辑矛盾,相反,孝悌是仁道原则的前提。例如,孔子在《论语·学而》篇中所言:"弟子入则孝,出则弟,谨而信,泛爱众而亲仁。"[②]作为一个年轻人,在家里要孝顺父母,出门要敬顺兄长,谨慎而有信用,泛爱众人而亲近仁者。孔子通过孝悌将自然的属性人文化,从而建立起了人们相互

① 陈晓芬、徐儒宗译注:《论语·大学·中庸》,中华书局2015年版,第8页。

② 陈晓芬、徐儒宗译注:《论语·大学·中庸》,中华书局2015年版,第9页。

交往的起点，他将“仁”从手足之情拓展到群体之情，进一步将仁道原则普遍化。与超越自然相比，仁道原则体现了天人相分的价值倾向。但是天人相分并不等同于天人隔绝，孔子的仁道原则虽然打破了自然的限制，却没有完全切断与自然之间的联系。关于这一点，我们可以从《论语·阳货》篇中的相关论述看出：“夫君子之居丧，食旨不甘，闻乐不乐，居处不安，故不为也。……夫三年之丧，天下之通丧也。”①在这里，孔子与宰我关于“三年之丧”的事情发生了冲突。孔子认为三年之丧是天经地义的事情，君子在居丧期间应该吃美食无味，听音乐不快乐，住在家中不安适。而宰我认为，三年的时间太长了，如果君子三年之间不习礼仪，不奏音乐，那么很多礼仪就会丧失，所以期限为一年最好。从中我们可以看出，孔子认为“三年之丧”是基于人的自然情感，其主张的孝悌为本的仁道原则符合人们对于情感的自然需求，但并不意味着强制性的行为。孔子以人的心理情感为出发点将仁道原则与自然相联系。“食旨不甘，闻乐不乐”所表现出的状态并非是自然本性，也包含了超出本性的内容，所以说情感中被人文化的内容也可以以自然的形式呈现出来。与此同时，孔子在结合超越自然观念的基础上又阐释了“则天”的相关理念。他在《论语·泰伯》中提出“唯天为大，唯尧则之”②的观点，体现了顺应自然的思想观念。这种观念与发展文明社会的主张并不冲突，提倡不要把指导人的行为规范变成抑制人性的苛令。孔子认为对于自然的超越并不意味着反自然，将自然人文化应当理解为人对于自然的引导和升华。他曾经就曾皙等四人的志向进行过评论，并对曾皙的“莫春者，春服既成，冠者五六人，童子六七人，浴乎沂，风乎舞

---

① 陈晓芬、徐儒宗译注：《论语·大学·中庸》，中华书局2015年版，第215页。

② 陈晓芬、徐儒宗译注：《论语·大学·中庸》，中华书局2015年版，第95页。

雩，咏而归”[①]的看法大加赞赏，认为与其他三人的志向相比，曾皙对自然境界的憧憬是最值得肯定的。这种憧憬并非等同于与鸟兽为伍，而是通过人文化的行为来展示人与自然的关系，即在人影响自然的同时，自然同时也作用于人，两者相互联系，相互同化，文明社会的发展脱离不了自然的联系。

孔子的自然原则从价值观的立场来进行论述有着非常重要的意义。一方面，人作为主体价值需要经历由自然到人文化的进程，人取得内在价值的基础是超越自然。另一方面，文明社会所衍生的人文化的社会准则，不应脱离自然，应该将自然融于主体，作为主体的第二天性。离开了自然原则的社会规则是空虚而虚伪的，只是作为外在的强制性行为。所以孔子既肯定了仁道原则也提倡自然原则，说明人的自然化与自然的人文化并不冲突。总而言之，在天人之辩的观点上孔子倾向于人，他认为自然的原则归根结底还是要体现仁道原则。仁道原则是儒家学说的积淀，并充分体现了儒家学说的人文主义原则和人道主义的价值观点。

孟子是继孔子之后对于天人关系提出看法的又一儒学大师。他强调了人与禽兽之间的区别，并以此进行辨析。其核心依然是对“天人之辩”的思想进行讨论。孟子认为，人在心理层面普遍具有道德情感。他在《孟子·告子上》篇中说道：“恻隐之心，人皆有之；羞恶之心，人皆有之；恭敬之心，人皆有之；是非之心，人皆有之。”[②]同情心、羞耻心、恭敬心、是非心是每个人都有的，而正是因为人们具有本善之心，才能超越自然的状态，进而成为“文明人”。孟子将人与禽兽、自然与社会进行了

---

① 陈晓芬、徐儒宗译注：《论语·大学·中庸》，中华书局2015年版，第135页。

② 方勇译注：《孟子》，中华书局2015年版，第218页。

区分，提出了要超越“野人”的自然状态，进入文明社会，这种观点所体现的是儒家学说人文主义的价值观念。孟子的思路在于从人与禽兽的区别中寻找人道原则与人的心理情感之间的关系。例如，孟子的“恻隐之心”与孔子思念父母的“孝”的情感相类似，但是孔子重点强调自然的情感流露，而孟子所提出的“恻隐之心”则被当作人区别于禽兽的特质。另外，“恻隐之心”作为仁道的内在依据并未将仁道原则局限于主体意识，仁道作为人文化的象征表现为普遍的社会规范。因此孟子主张以“不忍人之心”行“不忍人之政”。他曾说：“人皆有不忍人之心。先王有不忍人之心，斯有不忍人之政矣。以不忍人之心，行不忍人之政，治天下可运之掌上。”[①]每个人都有怜恤别人的心情。先王因为有怜恤别人的心情，于是就有了怜恤别人的政治。凭着怜恤别人的心情来实施怜恤别人的政治，治理天下可以像在手掌心运转小物件一样简单。孟子曾具体设定了仁政的内容，其中包括两个方面：一方面，“制民以恒产”。将一定的土地给予小生产者，使他们能上足以侍奉父母，下足以养活妻儿，丰年可以衣食无忧，灾年有能力抵御饥寒。另一方面，实行德治。运用教化的方法来对待民众，以取代强制性的暴力手段来镇压人民。在当时的社会历史背景之下，孟子仁政的不同之处在于他用井田制作为制民以恒产的方式违背了社会的发展趋势。然而孟子将人民的安身立命作为政治理想并否定了压抑人民意志的暴政，这体现了人道主义的精神，将“泛爱众”的理念在政治领域中推广。无论是孔子的仁道还是孟子的仁政，所体现的是儒家的人文精神不断深化的过程，即由一般的伦理理论上升到社会生活的准则。

孟子所主张的“性善说”与“仁政说”在心理感情和社会关系层面延

① 方勇译注：《孟子》，中华书局2015年版，第59页。

续了孔子的仁道主义原则，并延伸了其内涵，使其规范化、功能化、普遍化。孟子将儒家学说的价值倾向进一步深化，他在强化仁道原则的同时又体现出了泛道德主义的趋向。孟子认为，仁政作为德治的表现形式否定了“以力假仁”，从而构成了“王霸之辨”。《孟子·公孙丑上》载：“以力假仁者霸，霸必有大国……以德服人者，中心悦而诚服也，如七十子之服孔子也。”[①]依靠武力假借仁义的，可以称霸，称霸必有大国为基础；依靠道德施行仁政的，可以称王，称王不必有大国做基础。在这里，孟子通过道德否定实力，从另一个角度体现道德对人们的重要性，并进一步从政治层面解释道德转化功能。《孟子·离娄上》载：“三代之得天下也以仁，其失天下也以不仁。……士庶人不仁，不保四体。”[②]夏、商、周三个朝代统一天下运用的是“仁”，而失去天下的原因是不仁，“仁”造就了国家的生存和灭亡。天子不仁就会失去天下，诸侯不仁就会失去国家，卿大夫不仁就会失去祖庙，士兵不仁就会失去生命。孟子将道德渗透于社会的各个阶层，将道德泛化为抽象的力量，这种泛道德主义的观点将更多的因素都包含在道德里面了。

值得我们注意的是，孟子的“仁政说”和“王霸说”所体现的仁道主义原则主要关注于人文，但并非将“天”与“人”对立起来。孟子认为“天”与“人”存在着必然的联系，并不是对立的。《孟子·离娄上》又载：“是故诚者，天之道也；思诚者，人之道也。”[③]“诚”的基本含义在本体论中是实然，而在伦理学中指真诚。自然的天是实体存在，而这种作为实然的“诚”，同时又构成了作为当然的“诚”的根据。这样，以“自然之天”

---

① 方勇译注：《孟子》，中华书局 2015 年版，第 56 页。

② 方勇译注：《孟子》，中华书局 2015 年版，第 131 页。

③ 方勇译注：《孟子》，中华书局 2015 年版，第 138 页。

与“人之道”的统一为内容，“天”与“人”便合二为一了。孟子将“诚”作为连接天人合一的媒介，蕴含了模糊天道与人道界限的思维趋向。“诚”作为实然是当然之则的依据，而如果模糊了两者之间的界限，实然便等同于当然，天道便随之伦理化。《孟子・尽心上》载道：“尽其心者，知其性也。知其性，则知天矣。”[①]极力发展人的善良本心，就可以认识人的本性。认识了人的本性，就会懂得上天好善的道理了。以“天”的伦理特性作为出发点，将人性作为天人合一的基础，实际是以“天”伦理化为前提将“天”与“人”相统一。总而言之，孟子将儒家仁道原则强化并发展为泛道德主义的同时，忽略了自然原则。

到了荀子时期，荀子又将“天”与“人”两者之间的关系做了新的阐释。《荀子・天论》中指出，“故明于天人之分，则可谓至人矣”[②]。如果一个人能够明白“天”与“人”两者之间的不同之处，那么这个人就可以算得上“至人”了。荀子在这里将“天”与“人”两者分开，并将各自的职责以及两者之间的关系做了详细的划分。

荀子提出了“天行有常”的主张。《荀子・天论》一书载道：“天行有常，不为尧存，不为桀亡。”[③]天是没有意识的自然界，自有变化规律，不会因为人们的主观意志以及自身愿望而发生转移，也不会因为君主品德的好坏发生任何改变。亿万繁星与天体相随不断旋转，日月相互交替照耀着大地，春夏秋冬交替变化，阴阳化生万物，风雨滋润着万物茁壮成长，自然界的各种生命都得到了天的滋养日趋成熟，我们看不到天化生万物的形迹，却看到了它的功效，它无形无迹，无时无刻不在我们

---

① 方勇译注：《孟子》，中华书局 2015 年版，第 257 页。

② 方勇、李波译注：《荀子》，中华书局 2015 年版，第 265 页。

③ 方勇、李波译注：《荀子》，中华书局 2015 年版，第 265 页。

的身边。

荀子在论述“天行有常”这一观点的时候既列举了一些自然现象又列举了一些非自然现象。他认为，这些自然现象的发生都是常态的、有规律可循的，也正是这些可遵循的自然规律才促使人们能够与自然之天相互了解、相互适应。而对于那些非自然现象，荀子则提出了自己的观点。他认为，自然之怪并不可怕，人们只需要找出它发生的原因即可，可怕的是那些人为的奇怪现象，这些现象才是祸乱国家的根本。至此，荀子“天行有常”的观念将研究的最终点放到了人事方面。他认为，既然人类产生于天地之间，并从自然世界中获取自身所需的各种自然资源以满足自身发展的需要，那么“人”理所应当也就是自然界的一个重要组成部分。另外，荀子还指出，“天”与“人”两者之间是相互制约的。如若人类为了自身的发展而破坏了天体运行的自然发展规律，就会受到“天”的惩罚。由此可见，“天”与“人”两者之间既相互依存又相互制约。而我们应该效法圣人：“圣人清其天君，正其天官，备其天养，顺其天政，养其天情，以全其天功。”①澄清天然的君主，端正天然的感官，备足天然的供养，顺从天然的政治，保养天然的情感，以此来保全天然的功绩。如若人们遵从这种行为方式，那么人们就会知道自己应该做什么，不应该做什么，那么天地就能够被人类利用，万物也就能够被人类役使了。也只有这样，才能够真正地促成“天”与“人”两者之间的和谐发展，进而护养“天”与“人”两者之间的“常”了。在这里需要指出的是，荀子特别强调“人”与“禽兽”之间是有区别的，“人”具有社会性，更具有“礼”的品格，也正是这种“人”与自然万物的不同才使人们能够真正地做到“制天命而用之”。

① 方勇、李波译注：《荀子》，中华书局2015年版，第267页。

荀子提出了“制天而用”的主张。他说道：“水火有气而无生，草木有生而无知，禽兽有知而无义，人有气、有生、有知，亦且有义，故最为天下贵也。”[①]水火虽然有气却没有生命，草木虽然有生命却没有知觉，禽兽虽然有知觉却没有道义。人有气、有生命、有知觉，而且有道义，所以是天下最为珍贵的。在这里，荀子将人与自然的区别做了论述。他认为，在“有常”的自然面前，人们并不是只能顺从和屈服“天”所固有的特性，而是具有更加主动的一面。人们可以将“天”当作一种特定的“物”来饲养，可以根据天体运行的变化规律对其加以利用，可以顺应季节的变化种植各种农作物进而增加产量。总而言之，人们要充分发挥自身的主观能动作用，积极掌握“天”体运行规律，并在此基础上有效地进行升级和改造，进而使得世间万物都被人们合理地利用。

荀子在这里提出的“制天而用”的思想主张，一方面充分肯定了“天行有常”的自然规律，突出了“天”的权威性；另一方面，又明确地指出人们自身所具备的主观能动作用。总的来说，荀子“制天命而用之”的思想主张还是以“天”为中心，只不过在保证“天”为中心的同时相对来说更加注重人的主观能动作用，而不是将“人”的作用放在了比“天”更高的位置上面，更不会产生“人定胜天”的狂妄主张。

荀子还提出了“吉凶由人”的主张。从上文中了解到，荀子既强调“天”的自然规律，又强调“人”的主观能动作用。但是荀子的这种主张必然会大大削弱“天”一直以来带给人们的神秘感以及人们对“天”的依赖作用。所以荀子在此基础上提出了“吉凶由人”的主张。荀子认为，世间的祸乱和吉祥大多是由人们的主观作用所引起的，与自然并无太

① 方勇、李波译注：《荀子》，中华书局2015年版，第127页。

大的关联。他说道:“应之以治则吉,应之以乱则凶。”[1]天体的运行有其自然规律,用安定的方式来适应天体的变化就会变得吉利,用混乱的方式来适应天体的变化就会变得异常混乱。“故良农不为水旱不耕,良贾不为折阅不市,士君子不为贫穷怠乎道。”[2]好的农民不会因为自然灾害的发生就不去耕种,好的商人不会因为折本而不去经营自己的买卖,士人与君子不会因为自身的贫穷而懈怠道义。荀子“吉凶由人”的观点就是在提醒人们不论身处顺境还是逆境,都要积极地面对自己所遇到的各种困境,只有这样才不失人之高贵所在。

从上述内容可以看出,荀子“明于天人之分”的思想观念是在将“天”与“人”两者分开的基础上,充分地将“人”的主观能动作用调动起来,这一思想观点的提出在儒家思想体系中具有里程碑式的意义。荀子既然已经将“天”与“人”二者的职能和作用都分开了,那么又是如何将两者统一的呢?荀子“天人合一”是指人们自身在充分把握客观规律的前提下,在将自然之物转化为自身之物的过程中,能够将天道与人道和谐地融合在一起的过程。在这一融合的过程中,起到最关键作用的就是“人”。荀子认为,“人”因为具有“气”“生”“知”“义”等特点,所以能够与“天”“地”二者并排而列之,合称为“三才”。这里称“人”为“三才”之一,并不是说“人”能够与“天”“地”二者在精神上合为一体,而是说“人”不仅能够“知天”还能够“用天”。换句话说,“天”“地”“人”三者的地位是同等的,“人”在“天”“地”两者面前并不处于被动和消极的地位。荀子对“人”的主观能动作用论述道:“故天地生君子,君子理天地。君

① 方勇、李波译注:《荀子》,中华书局 2015 年版,第 265 页。
② 方勇、李波译注:《荀子》,中华书局 2015 年版,第 17 页。

子者，天地之参也，万物之总也，民之父母也。”[①]天地生育君子，君子治理天地。君子，是天地的匹配、万物的总领、人民的父母。这里的“参”准确地表达出了“人”在面对自然之天的时候所展现出来的积极姿态，以及充分利用自然资源为自身服务的主观能动作用。另外，荀子对于“错认而思天”的行为感到非常愤恨。因为如若这么做就不能够达到“坐于室而见四海，处于今而论久远，疏观万物而知其情，参稽治乱而通其度，经纬天地而材官万物，制割大理，而宇宙里矣”[②]的理想境地了。

总而言之，在荀子的“天人”思想中，他不仅将“天”与“人”二者分开，在“分”的过程当中彰显了“人”所独有的功能和作用，而且还将“天”与“人”二者相合，在“合”的过程中实现“人”自身所具备的巨大价值。这种先“分”后“合”的独特构思不仅丰富和深化了儒家“天人合一”思想，而且对促进后世儒家“天人”思想的发展起到了至关重要的作用。

第三节 “天人合一”是中国文化的最高境界

“天人合一”作为我国古代哲学思想的一个伟大命题，不仅时刻影响着社会、生活、文化等方面的内容，而且其“人与自然和谐共处”的核心思想还对当今社会的和谐发展起到了不可估量的推动作用。就儒家“天人合一”思想而言，它之所以能够成为中国文化的最高境界，主要因为具有以下三个方面的表现。

第一，“天人合一”思想是“天”与“人”两者的整体思维方式。既然

① 方勇、李波译注:《荀子》，中华书局2015年版，第126页。

② 方勇、李波译注:《荀子》，中华书局2015年版，第344页。

说是一个整体思维方式，就是要将“天”“人”两者作为一个有机的整体结合起来，各个系统以及各个要素之间相互配合、相互依存，最终使“天”“地”“人”“物”以及德性等方面的内容都处于整个体系之中。我国古代的哲学家就十分重视天人之间的相互联系和统一。也正是基于这种整体思维，人类与天地万物才能成为两个密切联系的生命共同体。这种整体性的思维特点必然要求人类尊重自然和客观规律，保持人与自然应该的和谐相处的关系，不能违背自然规律办事，否则迟早会遭到自然的报复和惩罚。

第二，“天人合一”是对人类终极关怀的人文价值取向。儒家“天人合一”思想最大的特点就是在充分认识以及了解“天”“人”两者各自内涵、功能以及两者价值关系的基础上，尊重自然自身发展规律。就现在的哲学观点来看，这种对自然尊重的态度就是对“天”“人”两者自然价值关系的肯定，“和谐”作为儒家“天人合一”思想所追求的唯一崇高宗旨也正是“天”与“人”两者价值关系的根据。纵观儒家“天人合一”思想的发展历程，尽管不同时期的不同人物对“天人合一”思想的阐述各有所长，但就其共同点而言，他们不仅追求“天”与“人”的和谐相融，而且追求“人”与社会的和谐相处，不仅承认“人”自身所具备的主观能动价值，而且承认自然自身所具备的巨大价值。他们将外在的“天”所具备的自然原则与人们通过主观能动作用所建立的仁道思想体系相统一，用哲学、伦理、道德的角度看待世间的万事万物，憧憬人们能够通过自身的努力与客观世界融为一体，实现“天人合一”的理想境界。更为重要的是，作为儒家学者所向往的一种理想境界，“天人合一”思想不仅要求人们要努力修身，而且要求人们要充分尊重和保护自然环境，遵循自然发展的客观规律，不能为了人类自身的发展而损害人类赖以生存的自然环境，只有这样，“天”与“人”以及人与社会才能真正实现和谐。

第三,“天人合一”是儒家德性修养的最高境界。“天人合一”作为儒家德性修养的最高境界,自从被提出就与人们的道德修养联系在一起。它不仅注重人与自然的和谐,而且主张个人与社会的和谐,还提倡个人与家庭、个人与个人之间的和谐相处。我国著名哲学家张世英先生曾经对儒家“天人合一”思想论述道:“儒家的天人合一本来就是一种人生哲学。人主要不是作为认识者与天地万物打交道,而是作为一个人伦道德意义的行为者与天地万物打交道,故儒家的天人合一境界是一个最充满人伦道德意义的境界。在此境界中,哲学思想与道德理想、政治理想融为一体,个人与他人、与社会融为一体。”[①]通过张世英先生的论述我们可以看出,在我国封建社会时期,各大学派不论是出于自家学派的最终理想考虑,还是为了迎合、服务统治阶级的利益,都提出了以提高德性修养为基础的一系列哲学理论,并将“天人合一”作为德性修养的最高境界。他们认为,人生的意义就是为了实现自身的价值,而衡量自身价值的尺度就是个人道德修养水平的高低。由此儒家先哲们提出了以修身为起点,以泛爱、博爱为途径,进而实现人与自然、人与社会以及人与万物的和谐共处,最终达到“天人合一”的德性修养最高境界。

综上所述,儒家的“天人合一”思想代表着我国封建社会一段历史时期内“天”与“人”两者关系的主流观点,其中所蕴含的人与人、人与社会、人与自然如何相处的道理至今仍值得我们借鉴和深思。

---

① 张世英:《中西哲学对话:不同而相通》,东方出版中心 2020 年版,第 313 页。

结　语

“中庸”作为我国传统文化中最重要的思想观念之一，经过几千年的继承和发展已经成为我国主流文化思想中最重要、最核心的内容。这一思想不仅指导着古代人们的日常行为，而且还对当今社会的和谐发展起着至关重要的指导作用。本书以中庸价值观念的起源与形成为线索，在厘清中庸思想的价值本体论、中庸思想价值选择的方法论、中庸价值理想的实现论、中庸价值理想的境界论等内容的基础上，探讨各个时期儒家先哲“中庸”观念的演变过程及差异。

“中”是一个起源很早的概念，它是构成“中庸”的重要语素。从字源上看，“中”字由“旌旗”和“战鼓”组成，表明它的原始意义是族群或部落的“中央”。氏族社会时期，随着各氏族、部落、部落联盟的出现及快速扩张，部落首领逐渐将目光由部落联盟内部转向了整片大地，递次形成了“部落中央”“地中”“天中”“天地之中”等各种观念。后来，经过成汤、周文王、周武王时期的发展，以及史伯、晏婴“和同之辨”思想的汇入，“执中”“尚和”的治国指导方针最终得以形成。孔子在充分吸收前人“尚中”思想基础上，将“中”的思想发挥运用到他的伦理道德理论之中，提出了儒家“中庸”学说。子思将孔子侧重于内在的、基于道德层面的“中庸”思想转向了外在的、基于伦理层面的“中和”思想。孟子以“中”“时”为核心内容，以“经权”关系为总则，以合宜、适度为形式追求，以合乎德性之道为根本目的，提出了“中道”思想。荀子倡导通过协调异质以及消解冲突,从而使得世间万物能够共生共存、生生不息,呈现一种广大和谐、化生万物的圆融"中和"状态。汉代的经学大师董仲舒,在承袭先秦儒家"中和"思想观念的基础上,第一次从哲学角度解释我国古代的阴阳五行学说,通过对阴、阳、五行及天、人关系的充分论证,彰显了儒家"中和"之道。宋代的大儒朱熹从"喜怒哀乐之未发,谓之中;发而皆中节,谓之和"中的"未发""已发"角度定义"中""和",提出了一个多方面、多层次的"中和"命题。明代最有影响的儒学代表人物王阳明,在"千死百难"的政治危机中,日夜默坐,动心忍性,将"致良知"这一核心思想贯穿于"中庸之道"这一道德修养理论之中。清代的儒家大师王夫之则以"体""用"为基础丰富了"中庸"思想,并在这一思想基础上将"中和"作为个人修身的最高准则,"太和"作为人与自然和谐共处的最高境界,构建了"和合"思想。

"中庸"的价值哲学之本源可以概称为"得天为性"的价值本体论。天命既是一切存在的终极本源,也是一切价值的终极源泉。天下万物之本是什么?人的价值之本源何在?"天命之谓性,率性之谓道,修道之谓教。"得天为性,率性为道,修道为天。这是一个环状的结构,圆上有三个点(天、性、道),有三段弧(由天而性,由性而道,由道而天);圆心即所谓"中",就是"人"。这意思是说:性不离人,道不离人,天亦不离人。人"得天为性"正是"中庸之道"的价值本体论之体现。

在中庸思想价值选择的方法论方面,"执两用中"作为"中庸"方法论的表述形式,其中心内涵就是将事件的两端或矛盾事件的两个对立面充分地结合起来,使矛盾双方都能够和谐地处于统一整体之中。"执中用权"作为儒家重要的权变方法在每一时期都有着不同的阐述。先秦时期,孔子对"权"极为重视,不仅将"执经达权"作为其一生处理事务所追求的最高行为准则和目标,还给出了"可与共学,未可与适道;可与适道，未可与立；可与立，未可与权”的重要论述。孟子在坚持“执中”原则的同时，提出了“用权”的理论，给出了“执中无权，犹执一也”的重要主张。荀子将孔孟的经权思想由“迂阔”推向了具体化，在维护“仁”“义”“礼”的基础上拓展了道德准则和行为准则之间的张力，体现了先秦儒家经权思想内生权变的灵活性。汉宋时期，《公羊传》中的“经”“权”辩证关系展现出人们在公与私、规则与规则、规则与多变的现实之间的特殊选择，为我们更好地理解后世儒者起到了不可替代的作用。董仲舒迫于中央集权的意识形态要求，保守地提出了“常”与“变”、“经”与“权”、“经礼”与“变礼”、“正辞”与“诡辞”、“阴”与“阳”的辩证关系。北宋理学开创者程颐以“理”为最高哲学范畴提出了“权即是经”的理论观点，他将“经”视为人们必须普遍遵守的道德准则，将“权”置于“经”的范围之内，认为人们可以通过“权”的方式实现行为合理化。朱熹作为二程理学的继承者和发展者，提出了“经是已定之权，权是未定之经”的命题，既延续了程颐强调道德准则的普遍性立场，也避免了“经”“权”相互混淆的弊端。明代儒家代表人物王阳明对“经权”问题的讨论与前期儒家学者的观点存在着较大差异，他并没有对“经”“权”问题进行直接阐释，而是通过对“良知”“致良知”等理论的梳理，将“良知说”对心物关系的讨论与“经权”相联系，进而推动了“经权”思想的发展。清代儒学大师王船山在承认“经”的普遍约束力的基础上，对道德主体在具体情境中“权”的发挥给予了充分尊重，既深化和推进了儒家经权理论的发展，又将明代空疏之学重新拉回到经世实学的道路上来。

实现中庸思想价值理想的路径是通过五达道（君臣、父子、夫妇、兄弟、朋友）、三达德（知、仁、勇），统一“明”和“诚”，融合尊德性与道问学而彰显天地之文。“至诚达德”是处理人际关系应坚守的价值原则。智慧、仁爱、勇敢是实现五达道的方法，是天下最重要的美德。“达德”也叫“至德”，孔子奉“中庸”为“至德”。所谓“至德”，即尽善尽美、至高无上之德。中庸之所以被奉为“至德”，不仅是因为它言无定体，抽象若虚，没有具体的行为承担者，须以道德实践或行为过程作为载体才能实现自己，还因为中庸是自尧舜以降历代圣王治国安民的指导方针，背离了中庸，则民不能安，国不能治。那么，如何实行“至德”？《中庸》概括为一个字，就是“诚”。不管是哪种途径，最终目的都是实行大道，这都具有实现“诚”的可能性。“诚者，天之道也；诚之者，人之道也。诚者，不勉而中，不思而得，从容中道，圣人也；诚之者，择善而固执之者也。”①从实际功夫行动顺序而言，“君子不可以不修身；思修身，不可以不事亲；思事亲，不可以不知人；思知人，不可以不知天”。

“天人合一”作为中庸价值的理想境界，讨论的是人在宇宙中的位置以及人与自然和谐共生的关系。其基本观点是：从“天人一物，初无间隔”出发，探究天地自然界发展变化特点同人类追求生存发展行为之间协调共济的一般规律。“天人合一”实乃中庸之道价值哲学思想的突出表现，是人类追求理想的太和境界的最好说明。

通过对儒家中庸价值观念的梳理，我们不难发现中庸价值观念集中体现了中国儒家经典的若干基本特质。其一，中庸价值观念具有开放性。在不同的历史时期，不同的儒家先哲往往会通过对自身观点的诠释使得中庸价值观的内容得以不断丰富和发展。其二，诠释者在经典诠释过程中具有主体性。每一位诠释者在经典面前并非完全顶礼膜拜，而是通过自己的主体选择，把自己的中庸价值观念融入著作当中。其三，中庸价值观念具有极强的实践性。诠释者往往以自己的生命体验来诠释经典，并将诠释活动与个人体验结合在一起。总之，本书主要

---

① 陈晓芬、徐儒宗译注：《论语·大学·中庸》，中华书局2015年版，第331页。

从中国传统文化的视角切入，从本体论、方法论、实现论、境界论四个方面入手，探讨不同时期儒家哲人对中庸价值观念的不同理解，从而对儒家中庸观念进行梳理，希望对读者更深入地理解“中庸”的价值意蕴有所裨益。

参考文献

一、普通图书

班固:《汉书》,中华书局 2007 年版。

陈来:《诠释与重建:王船山的哲学精神》,生活·读书·新知三联书店 2010 年版。

陈来:《有无之境:王阳明哲学的精神》,北京大学出版社 2006 年版。

陈来:《朱子哲学研究》,生活·读书·新知三联书店 2010 年版。

陈桐生译注:《国语》,中华书局 2013 年版。

陈晓芬、徐儒宗译注:《论语·大学·中庸》,中华书局 2015 年版。

陈亦儒:《说文解字》,研究出版社 2018 年版。

陈瑛:《中国伦理思想史》,湖南教育出版社 2004 年版。

程颢、程颐:《二程集》,王孝鱼点校,中华书局 2004 年版。

戴震:《戴震全书》(第 2 册),张岱年主编,黄山书社 1994 年版。

范晔、司马彪撰:《后汉书》,陈焕良、李传书标点,岳麓书社 2008 年版。

方勇、李波译注:《荀子》,中华书局 2015 年版。

方勇译注:《孟子》,中华书局 2015 年版。

高拱:《高拱全集》,岳金西、岳天雷编校,中州古籍出版社 2006 年版。

葛荣晋:《中国哲学范畴史》,黑龙江人民出版社 1987 年版。

顾炎武:《日知录校注》,陈垣校注,安徽大学出版社 2007 年版。

桂馥撰:《说文解字义证》,中华书局 1988 年版。

郭丹、程小青、李彬源译注:《左传》,中华书局 2012 年版。

郭沂:《郭店楚简与先秦学术思想》,上海教育出版社 2001 年版。

何新:《孔子论人生论语新解》,时事出版社 2003 年版。

何休解诂、徐彦疏:《春秋公羊传注疏》,刁小龙整理,上海古籍出版社 2014 年版。

何晏注、邢昺疏:《论语注疏》,中国致公出版社 2016 年版。

胡广等纂修:《四书大全校注》,周群、王玉琴校注,武汉大学出版社 2015 年版。

胡平生、张萌译注:《礼记》,中华书局 2017 年版。

皇侃:《论语义疏》,高尚榘校点,中华书局 2013 年版。

黄铭、曾亦译注:《春秋公羊传》,中华书局 2016 年版。

荆门市博物馆:《郭店楚墓竹简·性自命出》,文物出版社 2002 年版。

黎靖德编:《朱子语类》,王星贤点校,中华书局 2020 年版。

李敖主编:《戴震集·雕菰集·严复集》,天津古籍出版社 2016 年版。

李冬军、刘刚:《中国圣人文化论纲》,山西教育出版社 2014 年版。

李昉等:《太平御览》,中华书局 1960 年版。

李隆基注、邢昺疏:《孝经》,金良年校点,上海古籍出版社,2014 年版。

李山、轩新丽译注:《管子》,中华书局 2019 年版。

梁启超:《中国近三百年学术史》,中国书籍出版社 2020 年版。

刘纯茂、刘艾林编著:《我读〈论语〉》,西南交通大学出版社 2019 年版。

刘义庆撰:《世说新语》,岳麓书社 2015 年版。

陆玖译注:《吕氏春秋》,中华书局 2011 年版。

陆岩司、程秀龙、吕福利:《〈读史方舆纪要〉选译》,山西人民出版社 1978 年版。

路易斯·亨利·摩尔根:《古代社会》,马东莼、马雍、马巨译,商务出版社 2009 年版。

罗振玉:《增订殷虚书契考释》,朝华出版社 2018 年版。

彭林译注:《仪礼》,中华书局 2012 年版。

束景南:《朱子大传》,商务印书馆 2003 年版。

司马迁:《史记》,中华书局 2011 年版。

汤化译注:《晏子春秋》,中华书局 2015 年版。

唐兰:《殷墟文字记》,上海古籍出版社 2016 年版。

万献初:《〈说文〉学导论》,武汉大学出版社 2014 年版。

王夫之:《船山全书》,船山全书编辑委员会编校,岳麓书社 1988 年版。

王夫之:《船山遗书》,傅云龙、吴可主编,北京出版社 1999 年版。

王夫之:《读四书大全说》,中华书局 1975 年版。

王世舜、王翠叶译注:《尚书》,中华书局 2012 年版。

王守仁:《王阳明全集》,吴光等编校,上海古籍出版社 2017 年版。

王素编著:《唐写本〈论语〉郑氏注及其研究》,文物出版 1991 年版。

王秀梅译注:《诗经》,中华书局 2015 年版。

王阳明:《传习录》,秦琼译,南海出版社 2015 年版。

徐勇:《尉缭子·吴子》,中州古籍出版社 2010 年版。

徐正英、常佩雨译注:《周礼》,中华书局 2014 年版。

许慎:《说文解字》,马松源主编,线装书局 2016 年版。

杨天才、张善文译注:《周易》,中华书局 2011 年版。

杨天宇撰:《礼记译注》,上海古籍出版社 2004 年版。

于省吾:《甲骨文字释林》,商务印书馆 2017 年版。

岳天雷:《高拱研究三编》,河南人民出版社 2018 年版。

张世亮、钟肇鹏、周桂钿译注:《春秋繁露》,中华书局 2012 年版。

张世英:《哲学导论》,北京大学出版社 2005 年版。

郑玄注、孔颖达疏:《礼记正义》(第 5 册),喻遂生等整理,山东画报出版社 2004 年版。

朱熹:《四书章句集注》,中华书局 2011 年版。

朱熹:《朱熹集》,郭齐、尹波点校,四川教育出版社 1996 年版。

朱熹:《朱子全书》,朱杰人、严佐之、刘永翔主编,上海古籍出版社、安徽教育出版社 2002 年版。

朱熹:《朱子文集》,沈抱秋校,商务印书馆中华民国二十五年版。

朱熹集注:《四书集注》,陈戍国标点,岳麓书社 2004 年版。

朱熹注:《周易》,李剑雄标点,上海古籍出版社 1995 年版。

二、期　刊

冯琳:《王船山经权观中的实践智慧》,《哲学动态》,2018 年第 1 期。

姜亮夫:《"中"形形体分析及其语音演变之研究》,《杭州大学学报》,1984 年第 14 期特刊。

刘达成:《论氏族社会发展的两个阶段》,《西北民族学院学报(社会科学版)》,1985 年第 3 期。

田丰:《船山对阳明“经权”思想的扬弃》,《山西师大学报(社会科学版)》,2013 年第 2 期。

田树生:《释中》,《殷都学刊》,1991 年第 2 期。

赵清文:《“良知”与“经权”——王阳明的经权观及其启蒙意义》,《浙江社会科学》,2018 年第 2 期。

赵清文:《王船山对汉儒经权观的批判与理论建构》,《伦理学研究》,2019 年第 5 期。

后　记

本部著作是郑州中华之源与嵩山文明研究会重大课题《中华传统中文化研究》之子课题《执中致德——中庸价值观念的历史考察》的最终成果。该项目能够顺利完成，我要感谢两个人：一个是我的恩师陈道德先生，另一个是郑州中华之源与嵩山文明研究会的刘太恒教授。

2014 年秋，在获得湖北大学哲学硕士学位之后，我有幸拜在陈道德先生门下继续攻读哲学博士学位。2015 年春，陈先生为了帮助我快速提升科研能力、明确研究方向，询问我是否愿意参与到本课题之中，我欣喜若狂，立刻答应。在随后充实而紧张的博士生活中，我通过学习、交流和思考，在许多方面都取得了长足的进步。这一课题研究，从项目选题、资料准备、拟定大纲、文章撰写到最终完成大致延续了 4 年时间。在此过程中，陈先生给予了具体的指导、督促和鼓励，付出了大量的精力和汗水。在此，我要表示诚挚的感谢，感谢您把我引进哲学之门，并教我如何学习和做人。

2018 年秋，我有幸在陈先生的带领下认识了郑州中华之源与嵩山文明研究会的刘太恒教授。刘教授对本课题的研究给予了极大的关怀和支持，对书稿的修改提出了很多建设性意见，付出了大量的心血。所有这一切对我们能够完成这一课题，具有重要的意义。

本书的出版得到了郑州中华之源与嵩山文明研究会和商务印书馆的鼎力支持，特别是商务印书馆的编辑吴俊杰为该书的出版付出了辛勤劳动，向您道一声谢谢！此外，借本书出版之际，对曾给予我关心和帮助的胡现岭教授、贾滕教授、段卓夫教授一并表示感谢！

高涌瀚

2022 年 6 月 12 日

作者简介

高涌瀚，周口师范学院马克思主义学院教师。参与国家社科基金项目 1 项，主持并参与省部级课题 3 项，在《道德与文明》《湖北大学学报》等刊物上发表学术论文 3 篇。

陈道德，湖北大学哲学学院二级教授、博士生导师，曾任湖北大学社科处处长、《湖北大学学报》常务副主编。获省部级社科优秀成果奖 4 项，主持国家社科基金项目 2 项，出版专著 5 部，在《哲学研究》《道德与文明》《江汉论坛》等刊物上发表学术论文 80 余篇。